SMEs

中小企业
自主创新道路探索

Explore the Road of
Indigenous Innovation for SMEs

朱　斌／著

社会科学文献出版社

SOCIAL SCIENCES ACADEMIC PRESS (CHINA)

序

　　我国"十三五"规划的制订已进入关键性阶段,"十三五"规划的重点之一是实现创新驱动。习近平同志在中国科学院第十七次院士大会、中国工程院第十二次士大会上的讲话中指出:"面向未来,增强自主创新能力,最重要的就是要坚定不移走中国特色自主创新道路,坚持自主创新、重点跨越、支撑发展、引领未来的指导方针,加快创新型国家建设步伐。"中国特色的自主创新道路是开拓性的实践探索。我国自主创新道路的特色之一,在于自主创新的主体是中小企业。中小企业通过创新实现创业。

　　从美国的情况看,许多高科技企业,例如苹果、谷歌、脸谱、雅虎等,都是通过创新型中小企业的崛起而发展壮大的。我国改革开放以来,自主创新的主力类似美国,由中小企业担当创新的重任。近年来,我国65%的发明专利、75%以上的技术创新、80%的新产品由中小企业开发并实现市场化。中小企业创造了60%以上的国内生产总值,贡献了50%以上的税收。许多中小企业经过自主创新成长为跨国公司,如华为、中兴、腾讯、阿里巴巴等。我国中小企业量大面广,对市场需求反应最灵敏,适应市场需求进行创新的愿望最强烈。在以中高速、优结构、新动力、多挑战为主要特征的经济新常态下,中小企业从要素驱动向创新驱动发展转变,关系到我国创新驱动发展战略的成功实施。只有中小企业着眼于深化民族品牌的特色自主创新能力,我国经济增长方式才能实现转变。因此,在中国经济转型历程中,如何寻求适应中国国情的中小企业自主创新道路,是我国学者艰苦探索和研究的重要课题。

　　《中小企业自主创新道路探索》针对"如何破解中小企业自主创新两

难困境"的瓶颈问题，进行了系统的理论研究。根据中小企业的特色创新历程，提出了中小企业主导要素创新理论、主流与新流创新理论、复杂性创新理论，形成了科学的理论研究框架；在理论研究的基础上，根据中小企业创新能力演化层次的递进规律，提出创新能力建设型、进步型和领先型的三层次划分构想；立足中小企业创新的实际，从跨层次视角，探究特色创新、自主性创新与网络化创新三层次差异化的创新能力提升模式；综合中小企业个体化、群体化与区域化创新特征，强调多层次之间的联动关系，阐明个体化、群体化、区域化三层次协同提升创新能力的运行与发展机制。研究工作颇具特色，为我国实施创新驱动战略提供了决策依据，为进一步发展中小企业自主创新事业做出了理论贡献。

纵观全书，内容丰满、体系完整、条理清晰、特色鲜明、观点新颖、案例丰富、图文兼具、深入浅出。本书是一本具有较高学术水平和应用价值的学术专著。相信该书将使读者受益匪浅，激发创业创新的活力，进一步丰富中小企业创新理论，推进中小企业的创业创新。

中共中央提出到 2020 年我国将进入创新型国家行列，到 21 世纪中叶成为世界科技强国。实施创新驱动发展战略，建设创新型国家，为实现"两个一百年"奋斗目标提供强大科技支撑，是时代赋予我国广大科技工作者的历史使命。任务艰巨，使命光荣，任重道远。中国特色自主创新道路，需要我们不断探索、开拓创新，为中华民族之伟大复兴做出积极贡献。

中国工程院院士

许庆瑞

2015 年 8 月

前　言

　　中国特色的自主创新是一个理论的困惑，也是实践性难题。我国中小企业占全国企业总数的99.8%，对全国GDP贡献率超过60%，而东南沿海是我国中小企业最活跃的区域，因此，中小企业走上自主创新道路是求生存、谋发展、适应经济新常态的客观需要，也是我国经济转型的关键。然而，中小企业自主创新的老问题是创新资源匮乏、资源创新参与度低、创新驱动力薄弱、技术创新能力不足，体制与机制改革任重道远；在向"创新驱动、内生增长"的转型中，我国中小企业又面临着自身机会有限与创新竞争加速的矛盾，新兴技术追赶与技术追赶陷阱的矛盾，寻求高端突破与遭遇技术壁垒的矛盾，市场高度开放与创新保护乏力的矛盾；在新旧问题与多种矛盾交织下，中小企业自主创新呈现两难："不创新等死，创新找死"；与此同时，中小企业的自主创新又呈现"低端切入""逆向推进""山寨制造"等特点；在新的矛盾与新的发展趋势面前，原有研究已不能解决出现的新问题。

　　如何破解中小企业自主创新的两难困境？本人参与了中国工程院院士、浙江大学许庆瑞教授主持的IDRC项目"To Leverage Innovation Capabilities of Chinese Small & Medium - Sized Enterprises by Total Innovation Management"，深获教益与启迪，许庆瑞教授创立的全面创新管理理论为中小企业持续创新提出了新的思路。研究与实践表明，解决中小企业创新矛盾的关键在于：探索出符合中小企业特色的自主创新能力提升的模式与机制，这是实现我国经济增长方式转变的重要而紧迫的研究课题。为此，本书根据"走中国特色自主创新道路"的要求，在理论探索上，立足中小企业独特的创新视角，丰富、拓展自主创新理论的研究内容；

从实践上看，对于加强中小企业的内生创新能力、优化自主创新的有效模式与机制，具有现实的应用价值与意义。

本书分六章，分别解决"什么是中小企业自主创新的两难问题以及为什么要探究中小企业自主创新能力提升的模式与机制""中小企业存在什么样的自主创新及其能力演化机理""中小企业自主创新能力现状如何""怎样发展与完善中小企业自主创新能力提升的模式与机制""在发展与实践中，中小企业如何提升自主创新能力，有哪些值得借鉴的经验，形成了哪些有特色的模式与机制"这五个层面的问题。通过对这些问题的探讨，厘清中小企业自主创新道路的脉络，通过对典型案例的研究，勾勒出中小企业自主创新的路径。

本书的研究观点如下：

（1）中小企业自主创新诸要素之间存在相互依存与互动关系。在企业自主创新的不同阶段，引领创新的主导要素不同，推动创新能力提升的主导要素各异，进而形成差异化的要素导向型创新能力和模式，形成"主导要素创新→先发优势→主导要素序列→主流创新→主导创新模式→主导创新形态"的演进过程，及其"潜力要素→后发优势→后发要素序列→新流创新→（新流转化）新主流创新"的更替规律。根据企业调研，要素导向型创新能力往往体现在创新水平较弱的中小企业的创新过程中，在市场作用下，具体表现为特色创新能力，即中小企业基于现有管理、市场或技术要素能力，通过挖掘和拓展企业自身特色，创造差异化价值的能力，从而在市场竞争中演绎为特色创新模式。

（2）中小企业自主创新能力的提升是一个动态过程，是主流创新与新流创新的不断兴衰更替过程，也是强化主流创新、孵化新流创新、实现汇流创新的过程。调研发现，主流与新流创新能力代表了创新水平中等的中小企业逐步发展核心技术、提升技术创新水平，逐步摆脱外源技术引进依赖，实现突破性技术或设计内生化、知识产权创造内生化、价值活动控制内生化的能力，这种能力的产生伴生着主流技术的凸显与新流技术的孵化，从而在市场竞争中演绎为自主性创新模式。

（3）中小企业的自主创新体现出多维因素联动创新的复杂过程。单一要素创新难以取得持续绩效，要向组合创新、全面创新与网络创新发展，形成全要素创新能力的集成。企业创新中，技术、人力、资源、行为和发展等多维创新因素需要交互集成、联动创新，形成复杂性网络创新能力。研究发现，复杂性创新能力主要体现在创新水平较高的中小企业中，表现为整合企业内外部多维要素、资源的网络化创新能力，即中小企业在开放式环境下跨部门、跨企业、跨地域、跨国界融合内外部创新资源，建构研发、设计、制造、服务、物流等复杂性创新网络，从而实现开放式资源互补、创新互动的能力，并在市场竞争中演绎为复杂性网络创新模式。

（4）中小企业自主创新能力层次不同，存在创新差异性。通过中小企业自主创新能力层级测评研究，提出创新能力建设型、进步型和领先型三层次中小企业划分构想，描绘出不同层次中小企业创新能力水平的差异分布图，指出不同层次的中小企业具有不同的创新能力提升目标、差异化的创新模式及其演化路径。

（5）构建与整合企业、集群、区域三层次全面创新网络体系，是实现中小企业自主创新能力个体化、群体化、区域化联动提升的关键。本书从企业创新的微观个体层、中观群体层、宏观区域层提出中小企业创新能力的三层次提升机制。

在整个研究过程中，本书力求突出四个结合：一是理论研究与实际个案研究的结合，既重视中小企业自主创新理论及其能力演化机理研究得出的规律，又强调实际个案的解剖和佐证解释。企业案例分析不仅支撑了主导要素创新理论、主流与新流创新理论与杂性创新理论，同时还立足于技术要素，揭示中小企业自主创新需要经过多代技术和工艺的逐步追赶，从引进系统的生产技术，掌握成熟技术和工艺原理→引进国际新兴技术或实验室技术，积累技术和工艺能力→掌握生产技术和工艺原理→掌握设计技术和工艺→掌握设计原理（形成自主研究与发展能力）→自主开发改进型产品和工艺的过程。二是点面研究结合，采用中小企业的区域性及描述性统计分析方法，从面上分析中小企业的普适性特征和问题，又采用个案研究方法，从点上探究中小企业个体的特性和问题。三是定性分析与定量分析结合，既采用定性的逻辑，理性地对中小企业自主创新的基本问题进行抽象性描述，又采取定量模型对自主创新发展水平进行科学评价。四是系统分析与单元分析结合，既强调系统研究的整体性，又突出不同细分单元的独特性分析。

　　本书凝聚着集体的智慧，是集体劳动的结晶。在本书付梓之际，深感还有许多理论与实际问题尚需进一步探索。由于作者的学识有限，书中不足之处敬请国内外同行专家、学者和广大读者不吝赐教。

朱　斌

2015 年 8 月

目　录

第一章　绪论

第一节　研究背景及意义

中国特色的自主创新是一个理论困惑，也是实践性难题。习近平同志在中国科学院第十七次院士大会、中国工程院第十二次院士大会上的讲话中指出："面向未来，增强自主创新能力，最重要的就是要坚定不移走中国特色自主创新道路，坚持自主创新、重点跨越、支撑发展、引领未来的指导方针，加快创新型国家建设步伐。"[①] 我国自主创新道路的特色之一，在于自主创新的主体是中小企业。中小企业通过创新实现创业。

我国中小企业数量已经超过6000万家，占全国企业总数的99.7%，提供了80%以上的城镇就业岗位，对全国GDP的经济贡献率超过60%[②]。东南沿海地区是我国中小企业最活跃的区域，以福建省和浙江省为例，截至2014年7月，福建各类企业数增长到57万家，中小企业数量占比达97%以上。以中小工业企业为例，2013年全省中小工业企业数为7.41万家，占全部工业企业的99.5%，完成工业总产值26175.2亿元，同比增长12.2%，增速比大型工业企业高3.4个百分点，占全部工业总产值的73.4%[③]。2013年浙江省中小微企业92.42万家，完成工业总产值67376.30亿元，其中，中小企业3.896万家，完成工业总产值46246.34亿元，同比分别增长8.5%和7.0%；微型企业（工业生产单位）88.52

---

① 习近平在中国科学院第十七次院士大会、中国工程院第十二次院士大会上的讲话，学习活页文献，2014（26）。

② 中国中小企业信息网，http：//www.sme.gov.cn。

③ 福建统计调查数据网，http：//www.fjso.cn/show.asp？id=1360。

万家，完成工业总产值 21129 亿元，同比分别增长 3.2% 和 9.3%①。中小企业的发展状况，直接影响了整个国民经济的发展水平。如果中小企业的自主创新能力不能提升，中国的经济发展方式也将难以实现从资源驱动向创新驱动的转型，因此，中小企业走上自主创新道路是我国经济转型的关键。

目前，中国经济已进入一个与过去 30 多年高速增长期不同的新阶段，进入以中高速、优结构、新动力、多挑战为主要特征的新常态②。过去依靠低要素成本驱动的经济发展方式已难以为继，必须把发展动力转换到科技创新上来，坚持企业在创新驱动中的主体作用，提升中小企业自主创新能力，加快促进企业从要素驱动发展向创新驱动发展转变，努力实现更有质量、更有效益、更可持续的发展目标。从企业自身的发展来看，面临着同类、同质企业数量急剧攀升，有限市场空间不断被挤占，产品可替代性高，低水平恶性竞争加剧，资源环境约束强化，要素成本上升的局面③，自主创新成为中小企业形成并巩固自身核心竞争力、求生存、谋发展、积极适应经济新常态的重要举措。

然而，中小企业自主创新的老问题是创新资源匮乏、资源创新参与度低、创新驱动力薄弱、技术创新能力不足，体制与机制改革任重道远；在向"创新驱动、内生增长"的转型中，我国中小企业又面临自身机会有限与创新竞争加速的矛盾，新兴技术追赶与技术追赶陷阱的矛盾，寻求高端突破与遭遇技术壁垒的矛盾，市场高度开放与创新保护乏力的矛盾；在新旧问题与多种矛盾的交织下，我国中小企业的自主创新呈现两难："不创新等死，创新找死"④；与此同时，我国中小企业的自主创新又呈现"低端切入""逆向推进""山寨制造"等特点；在新的矛盾与新的发展趋势面前，原有的研究已不能解决出现的新问题。解决这些矛盾的关键在于：探索出符合中小企业特色的自主创新能力提升的模式与机制。

---

① 《中国中小企业年鉴》，2014。
② 《新常态，新在哪?》，《人民日报》2014 年 8 月 4 日。
③ 《经济发展迈入新阶段——新常态下的中国经济》，《人民日报》2014 年 8 月 7 日。
④ 《"不创新等死、创新找死"困局求解——细剖广东自主创新这只"麻雀"》，《南方日报》2008 年 4 月 9 日。

这是实现我国经济增长方式转变的客观需要。

当前，我国"十三五"规划的制订已进入关键性阶段，"十三五"规划的重点之一，是实现创新驱动。在"十三五"期间，如何依托产业园区、加速器、孵化器与众创空间等平台，加速中小企业自主创新，真正形成"创意（研发）＋孵化＋加速＋产业化"的梯级推进创新驱动模式，成为当前亟待突破的关键。为此，本书根据"走中国特色自主创新道路"要求，重点研究中小企业自主创新能力提升模式与机制，在理论探索上，立足中小企业的独特创新视角，丰富、拓展自主创新理论的研究内容；从实践上看，对于加强中小企业的内生创新努力、优化自主创新的有效模式与机制、探究有特色的自主创新路径，具有现实的应用价值与意义。

第二节　国内外研究现状

一　国外研究现状

20世纪80年代以来，随着中小企业在各国经济领域主体地位的不断突显，国外理论界开始将目光从大中型企业转向中小企业，针对中小企业的创新研究日益兴起。本书主要从能力、模式与机制三方面对国外中小企业创新研究加以梳理。

（一）基于能力视角的中小企业创新研究

1. 创新能力建设及提升研究

熊彼特最早提出创新理论，他将创新定义为企业家对生产要素的重新组合。基于熊彼特的观点，一些学者从要素构成角度指出，中小企业创新能力是组织能力、适应能力、创新能力和技术与信息获取能力的综合[1]，包括产品开发计划制订能力、开发资金管理能力和研发项目事后评估能力的综合创新能力[2]；是在创新活动中，环境多变和资源稀缺激发个人和组织的反应能力和利用能力[3]；是企业为了满足市场需求，实现盈利，研发新产品而不断创新的能力[4]，同时受到管理水平、内部资源、市场竞争等多方面因素制约[5]。企业创新能力也可以被看作一种资源或特征，包含知识、技术、工艺方法、产品和组织等因素在内的特殊资源[6]，涵盖了支持企业技术创新战略的企业的一系列综合特征[7]。也有学者认为，企业在制度与管理方面的创新能力也应该被纳入其中，但其核心要素在于市场能力、技术能力和整合能力[8]。对于如何提升中小企业创新能力，较多研究认为高效运作的创新网络是提升创新能力的重要助推力[9]，创新网络实现的互通有无有助于企业间的深层次互动，从而实现资源共享，提升中小企业创新能力[10]。创新网络中的资金输入型、管理输入型、团队输入型和其他输入型这四类孵化器是中小企业创新能力提升的有效激励因素[11]。战略联盟对于中小企业资源共享、提升创新能力也具有重要作用[12]。从中小企业集群角度看，地理位置上集中分布的中小企业集群凭借密集竞争和企业间协作有助于降低企业创新的不确定性，提升创新能力[13]。

2. 创新能力评价体系研究

国外有关企业创新能力评价的文献较多，可以从构造创新能力评价指标的不同视角进行归纳。

①创新能力要素视角，从实现创新所需的支持要素的数量和质量角度来评价企业技术创新能力。代表性的观点有：技术创新能力是产品开发能力、改进生产技术能力、储备能力、生产能力和组织能力的综合体现。Burgelman[14]从一种更为宏观的角度来理解技术创新能力，并将公司创新与外部环境挂钩，从可利用资源的分配能力，对竞争对手的理解能力，对技术环境的了解能力，企业组织结构和文化，战略管理能力等方面构建企业创新能力评价体系。

②创新过程视角，可以从创新的七个过程：概念生成、产品开发、生产、技术获取、领导、资源供给以及系统和工具的供给，评价企业的技术创新能力[15]。国外较新的研究成果是 Tobias 和 Ander[16] 提出的创新能力成熟度模型（I^2MM），认为技术创新过程对企业价值创造的所有阶段都会产生不同程度的影响。基于这种观点，他们将 I^2MM 的技术创新区域划分为四个过程：构思和产品开发、创新管理、需求工程和质量管理。

③系统视角，在引入系统概念的同时，把环境要素考虑在内，从而

形成了比较全面的评价指标体系。在构建技术创新能力的评价体系上，学者采用的衡量指标也各不相同。有的研究者采用比较单一的指标来衡量技术创新能力，比如，将组织采纳的新思想数作为衡量组织创新能力的指标[17]；有的学者则将企业技术创新能力划分为几个维度来进行分解，每个维度再用一些指标来衡量。例如，Romijn 和 Albaladejo[18]采用专利数和产品创新指数两类指标进行创新能力测评，Caloghirou 等[19]则对 OECD 的创新能力指标加以改造，以创新数量、创新销售比例、专利数以及研发支出占销售收入的比例等指标对企业创新能力加以评估。Wang 等[20]则从研发能力、创新决策能力、营销能力、制造能力和资本能力五个维度对企业创新能力进行评价。

（二）基于模式视角的中小企业创新研究

Rothwell 总结了自 20 世纪 50 年代以来国际上先后出现的五代具有代表性创新模式：技术推动创新模式、市场拉动创新模式、耦合创新模式、集成创新模式和系统集成与网络创新模式。前三代创新模式是简单的、机械的反应式创新模式，第四代和第五代创新模式强调连接、联盟、网络化、系统化的观念，创新过程中不同主体在多个层面、多个环节发生多重反馈，属于复杂的动态非线性交互式模式[21]。企业不一定是要遵循某种特定的创新模式，而是要根据企业特定资源和特定阶段来选择不同的创新路径[22]。适合科技型中小企业的创新模式有应用创新、市场创新、技术创新和制度创新，采取应用创新和技术创新的企业占绝大部分，而采用市场创新和制度创新的企业更具成长潜力。与此同时，着眼于市场的创新改革对于实施应用创新、市场创新的科技型中小企业更有效，而系统性改革则对采取技术创新和制度创新的科技型中小企业更有效[23]。随着经济社会的进步，创新模式也在不断演化。Rothwell[24]提出的集成创新是将科学创新和产业创新结合在一起，是中小企业集聚创新和发散创新的集成[25]。Andergassen 和 Nardini[26]提出了内生创新理论，并将其定义为一种系统内部自发的创新活动，这种创新活动不同于模仿创新、引进创新等创新模式。国外真正研究自主创新是开始于发展中国家。促进本国经济提升、赶超发达国家，需要依赖于技术创新。作为技术追赶者，自主创新是非常必要的，而且这种研发的方式不同于技术领先者[27]，企业应和国家研发机构合作推动自主创新[28]。近年来，还有学者提出交互式创新模式，关注组织因素、技术因素和环境因素间的联动关系，将创新视为公司内外部以及国家和区域创新系统共同作用的一个交互式学习过程[29]。2003 年，哈佛大学 Chesbrough 教授在其专著《开放式创新：从技术中获利的新策略》中首次提出开放式创新（Open Innovation）的概念[30]。中小企业的开放式创新模式，则关注市场商业化多于技术成果研发，具体形式有价值链整合模式和中介机构合作模式[31]。根据对技术和市场资源的影响不同，瑞士学者通过实证研究，进一步将创新模式归纳为开放式利用创新、开放式探索创新、封闭式利用创新和封闭式探索创新[32]。

（三）基于机制视角的中小企业创新研究

中小企业利用高效技术创新机制，可以成长为大企业。国外许多知名企业，如苹果、谷歌、脸谱、雅虎等，都是小企业通过技术创新而长大的。由于不同技术创新机制的作用，中小企业与大企业的市场地位是经常发生变化的，有时甚至是根本性的变化。Rothwell 和 Zegveld[33]认为，在技术创新过程中，企业内部组织、外部组织和企业的内部功能、技术和市场之间存在复杂的交互关系。在这种交互型技术创新动力机制中，技术创新的各个阶段都可能再产生新的技术创新，而不是以一种新产品被生产出来而结束。技术创新过程是循环反复的，而不是线性的[34]。促进经济发展的先决条件并不是技术本身，而是与技术开发、技术转移以及技术创新成果市场化相关的组织结构和创新环境等社会因素，要建立国家层面的创新机制来提升中小企业的技术能力和产品质量，以应对中小企业与大企业的竞争与合作关系[35]。独立的研究与技术组织对满足中小企业技术服务需求具有积极作用，建立这种技术转移机制为中小企业提供技术咨询和网络服务，可以作为中小企业创新动力机制之一[36]。建立中小企业创新绩效评价机制，有助于提升制造业中小企业持续竞争力，培养企业竞争优势[37]。中小企业在合作创新过程中应建立包括专利保护、商业秘密保护的创新保护机制，市场创新机制和相关辅助性创新机制[38]。针对创新型中小企业，可遵循技术研发和市场营销相结合的集成创新机制[39]。随着"网络范式"兴起，

Edquist[40]认为，在现代经济环境下，企业只有在与客户、供应商和知识生产部门之间的密切交往以及知识交流时才有可能找到适当有效的技术创新机制、方法、途径，从而能够改善公司的创新绩效，有效克服单个企业在技术创新能力方面的局限性以及有效降低在创新活动中的技术和市场不确定性等。创新网络对于中小企业发展有着非常重要的意义，每个企业的创新网络关系是不同的，这些网络也随着企业的发展而不断变化，企业的不断发展和技术进步不仅取决于企业创新网络的构成要素，还取决于这些网络的发展和延伸[41]。集群内的中小企业因重视垂直网络（供应商和客户）之间的交流与合作，并尽量地多靠近和接触新科学知识的来源，比如大学和各种科研机构，以此获得技术创新的必要资源[42]。从组织层面有意识地导入知识识别、消化和利用的学习机制[43]，增加与外部客户、政府部门及研究机构的联系，建立持续性创新机制，可以提升中小企业持续创新能力[44]。

二　国内研究现状

国内对中小企业的创新研究起步稍晚，但在吸取国际研究经验、成果的基础上，近年来中小企业创新研究已成为我国创新领域内的活跃力量。

（一）基于能力视角的中小企业创新研究

1. 创新能力建设及提升研究

魏江和许庆瑞[45,46]是国内较早提出企业创新能力的学者。他们认为，企业创新能力是企业支持创新战略实现、由产品创新能力和工艺创新能力两者耦合并由此决定的系统整体功能，并从企业技术创新的过程角度，将企业创新能力的结构要素分成创新决策能力、研究开发（R&D）能力、生产能力、市场营销能力和组织能力五个方面，指出可以从设备水平、人员水平、信息能力、技术管理与组织协调四个方面来提升我国中小企业的技术能力[47]。之后，魏江和寒午[48]对企业技术创新能力做出新的解释，认为其构成五要素是：资金投入能力、R&D能力、制造能力、市场营销能力、组织能力，只有在各要素组合提高的前提下，才能实现不断的技术创新。吴运建、吴健中和周良毅[49]认为技术创新既不同于一般的物质生产，也不同于科研成果的生产，因此其能力不能简单地以产出的经济量或公布项数来测度。傅家骥[50]则认为企业技术创新能力是企业发展技术能力的核心，可以分解为创新资源投入能力、创新管理能力、创新倾向、研究开发能力、制造能力和营销能力。在这一阶段，学者关注的主要是大中型企业的创新能力，观点的区别在于分解企业创新能力的角度不同，对其结构的看法也不一致。此外，在概念上将创新能力与技术创新能力基本等同起来，并未做严格区分。

进入 21 世纪，我国经济与世界经济进一步融合，有关中小企业创新能力的研究也逐渐增多，不仅停留在探讨中小企业创新能力的影响要素上，更多关注的是如何培育及提升中小企业创新能力。从企业内部视角来看，提升中小企业创新能力，就是改变企业领导层的创新意识，并积极培育人才，加大技术创新经费，以增强企业创新实力[51]。中小企业创新能力的培养应包括经营理念创新、组织结构创新、人力资本创新的管理能力创新，以及促进企业产品更新换代的技术能力创新[52]。从外部视角来看，要改变目前我国中小企业创新能力不足的状况必须从政府和社会的角度给予高度重视[53]，集群发展是推动中小企业创新能力提升的重要途径[54]，通过网络关系建设也可以促进企业创新能力的提高[55]。高飞和雷德森[56]则重点探讨了专业科学园、孵化器、虚拟孵化器和大学科学园在提升中小企业创新能力中的重要作用。汪应洛等人[57]以内外结合的视野，认为改善中小企业的外部环境、加强企业自身的战略管理、完善激励机制、建立企业创新文化和有效的培训体系是我国中小企业培训持续创新能力的有效策略。该阶段针对中小企业创新能力建设及其提升研究，立足于企业内外的不同资源要素，但研究对象都局限于单个创新过程、活动或者要素，缺乏对各构成要素之间的内在互动机理和关系的探讨。

党的十六届五中全会之后，国家发改委积极推动实施中小企业技术创新工程，提出"以提高中小企业自主创新能力为目标，以建立健全产学研相结合的中小企业创新支持体系"，如何提高中小企业自主创新能力成为研究热点。学者普遍认为应从企业、政府和社会多方联动角度提升中小企业自主创新能力[58-61]，通过内外合作，积极构建有利于创新的网络化服务体系，是提升中小企业自主创新能力的一条可行路径[62]。面对我国中小企业的自主创新能力较弱、缺乏核心技术和核心竞争力等问题，增强自主创新能力、完善自主创新资源整合、推进自主创新市场化，就显得尤为必要[63]。同时，中小企业自主创新的过程也是新产品开发和价值形成的过程，在新的市场环境下，中小企业需要注重新技术开发，从管理、技术、文化、营销等角度把握市场发展机会，为中小企业自主创新能力提升和可持续发展营造良好的氛围[64]。姜卫韬[65]初步建立了企业家社会资本增值范式下自主创新能力提升的理论分析框架，在此基础上，聚焦于联系紧密化、联系差异化和联系细分化，设计了中小企业自主创新能力提升策略。

随着环境的变化，企业对创新绩效提出更高的要求，有关中小企业创新能力的研究成果日益深入，基于系统理论之上，一些学者将研究的角度从单个的创新系统构件转到创新系统要素之间的关系上，代表性的有全面创新能力、开放式创新能力等。傅小舟[66]探讨了中小企业全面创新管理能力的构成，阐明战略创新管理能力、技术创新管理能力、市场创新管理能力、组织创新管理能力、文化创新管理能力和制度创新管理能力是一个有机统一体。许庆瑞[67]提出中小企业在转型和升级中，也需要借助全面创新管理提升其创新能力，并从战略和愿景、技术管理、组织创新、市场导向、企业文化、企业家精神、创新网络等角度综合论述了中小企业创新能力提升机制[68]。另一些学者从知识管理的视角出发，将开放式创新能力分解为发明能力、吸收能力、变革能力、连接能力、创新能力和解吸能力，指出通过吸收能力、转换能力和连接能力来带动发明能力、创新能力和解吸能力的提升是中小企业实施开放式创新的有效途径[69,70]。

2. 创新能力评价体系研究

由于企业自主创新能力和技术创新能力的相关性，国内学者一般从技术创新能力角度提出企业自主创新能力的构成要素。由于技术创新的最终实现涵盖范围很广，而且创新活动方式极不相同，很难找到一种通用性的指标来实现对创新能力的测度，现有的中小企业创新能力测评的主要视角有以下几个。

①创新能力要素视角。通过对企业创新不同方面能力的考察，针对创新能力的构成，建立评价指标体系是一种普遍的思路。毕克新[71]从中小企业产品创新和工艺创新能力角度建立评价指标体系，李柏洲和王玉英[72]基于价值管理的视角，建立从财务、客户与市场、内部经营、学习与成长四个层面反映企业潜在技术创新资源、技术创新活动、技术创新产出能力、技术创新环境的指标体系。

②创新过程视角。国内对于技术创新能力评价过程的研究较少，其中比较有代表性的有：远德玉等[73]提出的"技术与市场机会选择→技术开发→样品制造→批量生产→市场开拓与销售"五阶段模型。杨宏进[74]提出的"决策（资源）→实施（效率）→实现（效益）"三阶段过程模型。郑春东等[75]发现，先前学者提出的模型割裂了企业技术创新能力所包含的各要素之间的相互关系，从而使评价过于静态化，因此他们提出了"市场技术需求分析→创新构思与规划→研究开发→生产→价值实现"的五阶段过程模型。

③系统视角。该观点综合了要素和过程两方面，是一种目前对技术创新能力评价比较成熟和全面的方法。魏江和许庆瑞[45]认为企业创新能力可从企业技术创新的过程来探讨，技术创新的过程可分为六个阶段，即确认机会、形成思想、求解问题、得解、开发、运用并扩散，基于此，他们将企业创新能力的结构要素分成创新决策能力、R&D能力、生产能力、市场营销能力和组织能力五个方面，较为系统全面地分析了企业创新能力。还有一些典型的观点将中小企业创新能力结构划分为要素投入能力、研究开发能力、创新生产能力、新产品营销能力、创新管理能力和创新环境影响力[76-78]；另一些学者则从创新实现能力、创新推广能力和创新发起能力三个维度开展评价[79]。由此总结发现，企业创新能力评价的核心指标包括了创新投入能力、研究开发能力、创新管理能力、制造能力、营销能力和创新产出能力。

（二）基于模式视角的中小企业创新研究

由于企业的创新模式及其选择是与企业的竞争战略、生产技术能力和组织管理特征密切相关的，企业可以通过不同创新模式发展阶段进行动态管理，以便在市场竞争中和技术竞争中立于不败之地[80]。早期研究认为我国中小企业应以模仿创新为主，逐步增加自主创新的比重[81]。特别对于经济和技术实力较差而又急需技术创新、产品更新换代的中小企业，应优先采用模仿创新模式，其次是合作创新模式，而不宜过早地采用自主创新模式[82]。也有学者认为，中小企业应从自身实际出发，扬长避短，优先选择合作技术创新模式[83,84]，当然，中小企业技术创新究竟该选择何种路径，与企业的技术力量、经济实力和市场状况密切相关[85]。詹正华[86]从市场竞争结构变动和技术创新模式演进的视角，认为未来变动趋势是走向技术协同的创新模式。中小企业要在技术创新上有所作为，必须顺应潮流，走技术协同创新之路。史永进[87]指出增强中小企业自身持续创新能力的创新模式包括科技领先创新模式、技术跟随创新模式、创新者为经济元素的关键模式、持续技术创新的发展模式。这一阶段，研究内容主要集中于创新模式的选择，大多数研究都认为，必须考虑创新模式的适用性、可行性和可接受性，这样才能减少风险，增加成功率[88]。

2006年全国科技大会提出自主创新、建设创新型国家战略，中小企业自主创新模式也得到越来越多的关注。王众托[89]认为自主创新中的集成创新与引进吸收消化再创新都可以看作系统集成创新。系统集成创新具有成本低、时间短、风险小、灵活性大的特点，特别适用于我国中小企业当前的发展水平。但也有学者认为中小企业由于受经营规模和经济实力所限，通过研发实现创新之路机会成本太高、风险太大，创新路径应以产品创新和商业模式创新为主[90]。根据中小企业成长过程所依次经历的生存期、发育期和成熟期，相应的中小企业技术创新模式选择包括以下两种推进方式：一是企业获取技术的来源从易到难的"模仿型→引进型→合作型→自主型"技术创新战略模式；二是企业所处技术竞争的地位从低到高的"填空型→跟随型→领先型"技术创新战略模式[91]。随着创新理论的深化，创新模式研究也日益多元化，除了关注模式选择问题以外[92,93]，越来越多学者着力于探索我国中小企业适应经济新常态的创新模式。单航英[94]从利益相关者视角，把中小企业技术创新模式分为产学研合作、产业链合作、银—企合作、中介合作的合作模式以及综合主体因素和外部环境因素的网络模式。在约束条件下，技术联盟和产学研合作创新模式是中小企业自主创新的最佳选择[95]。考虑到技术创新具有高风险特点，开放性创新模式也比较适用于中小企业。张震宇和陈劲[96]提出中小企业开放式创新的关键是：在开放思维、开放学习、开放创新中提升自主创新能力，但需要社会支持体系帮助其度过企业生命周期的发展瓶颈期，促进自主创新产业化[97]。与此同时，基于产业集群视角的中小企业协同创新模式也逐渐受到重视。中小企业通过企业集群，扩大了企业范围，在内外部资源上进行一系列的结合，通过协同创新使中小企业保持竞争优势。在集群范围内的协同创新模式可分为区域内的产学研模式、价值链协同模式、专业分工模式、网络协同模式[98-100]。张惠琴等[101]通过对四川省338家中小企业的实证研究指出，虽然模仿创新和合作创新是比较适合中小企业的技术创新模式，但是从长远来看，必须要重视自主创新。

（三）基于机制视角的中小企业创新研究

企业的技术创新成功与否，创新的效果如何，都取决于企业的技术创新机制，因此，对技术创新研究的重点首先应该是对技术创新机制的研究。创新机制能对企业的运作产生创新导向，能帮助中小企业积聚技术创新要素，是形成并保持企业持续创新能力的源泉[102]。可将相关研究归纳为以下几类。

1. 中小企业创新动力机制研究

我国中小企业技术创新动力可分为外力和内力两大部分。外力有科技的推动力、需求的拉引力、竞争的激励力和政府的支持力；内力则包括创新的主体意识、激励机制等。企业创新的动力是所有外力和内力构成的合力[103,104]。针对中小企业缺乏有效的技术创新动力机制，现有动力机制存在产权不清、管理水平低下、缺少对外合作等问题[105]，葛玲英提出了建立中小企业技术创新动力机制的两条途径：从政府的角度来看，可通过建立市场机制"逼"企业创新和提供一些资金层面等的政策支持促其创新；从企业本身来看，引进和培养技术创新人才、选用合理的技术创新模式、加强产学研之间的互动、形成相应的互动机制[106]，可促进企业创新。施放和缪珊珊[107]从创新动力驱动系统要素角度提出了中小企业创新动力系统的构架及提升中小企业创新动力的相关对策。还有一些学者通过构建相关理论模型，为中小企业创新动力提供了更多的解释。例如，蔡瑞林和孙洁[108]设计了中小企业技术创新的"五力力学模型"，解释了竞争压力、成长动力、推动力、拉力、障碍力这五种变量，并探讨了技术创新机制的主客体系统及其协调机制。王丽[109]利用期望理论，构建了基于创新收益激励和创新风险保障的企业技术创新系统动力学模型，得出"企业创新动力＝预期创新收益×（1－创新风险）"。

2. 中小企业创新激励机制研究

关于创新激励机制的构成，尚未形成一致看法，有学者认为创新激励机制主要是由物质激励机制、精神激励机制和约束归化机制构成[110]。部分学者认为中小企业技术创新激励机制包含了市场激励、政府激励、产权制度激励、管理制度激励和组织制度激励[111,112]。还有一种整合的观点认为，中小企业创新激励机制包含了企业内外两方面因素：外部层面的激励包括政府激励和市场激励；内部层面的激励包括物质激励、精神激励和环境激励[113]。对创新激励机制不同的理解，也产生了不同的激励机制构建路径。陆海霞[114]提出了加强科技型中小企业技术创新的政府激励、市场激励、投入要素激励和企业激励等措施，以探求在知识经济背景下科技型中小企业技术创新的发展。秦利芹[115]从产权、市场、政府的角度，构建了企业自主创新激励制度的系统框架。阙四清[116]认为，中小企业创新激励机制包括内源机制、保障机制、运行机制三部分，政府应当成为中小企业创新激励的主体，在企业内源机制、保障机制、运行机制的建设过程中承担责任。个别学者研究通过内部分配制度的重新设定，来达到对技术创新活动的激励[117]。

3. 中小企业创新运行机制研究

所谓技术创新的运行机制是指企业如何运用技术创新的各种资源进行创新，它涵盖了从投入到产出的整个过程。小型高新技术企业在技术创新运行过程中，需要建立决策机制、资金保障机制和管理机制等，为企业创新提供组织和制度保障[118]。面向市场的中小企业技术创新中介服务运行机制，对于推动中小企业技术进步和提高其创新能力具有重要意义[119]。不同形式创新的运行机制也不尽相同。中小企业合作创新运行机制的构建，需要充分利用自身的社会资本建立网络化组织机制、资源整合机制和激励机制来实现[120]。中小企业开放式创新网络运行取决于网络主体效能和知识扩散，如把一些重要业务部分或完全外包给其他组织，逐步形成研发外包的探索式创新模式，加强政产学研的有效合作；或积极推进中小企业间在传统业务领域的商业化合作，共同挖掘现有资源优势[121]。从组织基础、运行过程和平衡机理三维融合效应下，实现双元性创新的运行机制，为探索中小企业创新路径及其运行提供一个新的视角[122]。完善企业协同创新运行机制，则需要充分调动各创新主体的积极性，明确中小企业参与协同创新的动力机制，优化优势互补机制，建立知识分享和信任机制以及分散风险等[123]。

4. 中小企业创新综合机制研究

此类研究主要针对的问题就是中小企业创新机制的构成及其内在关系。中小企业技术创新机制包含了很多子系统，而各个子系统之间协调的成功与否直接影响着中小企业的技术创新活动[124]，科技型中小企业技术创新机制是创新动力机制、运行机制、激励机制、风险决策机制和系统内部协调机制的综合[125]。另外的观点认为，中小企业技术创新的五大机制分别是战略决策机制、组织运行机制、激励机制、协调合作机制和知识产权保护机制[126]。构建一个有机的技术创新机制体系将实现创新动力机制、决策机制、运行机制、扩散机制的各尽其用、相辅相成[127]。立足中小企业自主创新的内外部环境，通过建立内部企业创新机制、人才开发机制、人才激励机制、动态管理机制和外部法律保障、税收环境、创新奖励机制、市场机制、服务机制，有助于培育和建设中小企业创新能力[128]。进一步的研究表明，中小企业建立基于供应链技术流视角的创新机制，不仅可以有效解决创新资源匮乏问题，还可以分散创新风险、加速创新成果的转化速度[129]。有关中小企业创新机制如何建立，比较普遍的看法是从建立合理的组织机构、建立适合的创新环境、形成有效的决策体系、建立有效的激励机制以及建立完善的评估控制制度等几个方面入手[130-131]。

三 文献评述

（1）基于能力视角的中小企业创新研究中，学者主要从企业创新要素、创新过程、创新需求角度分解和研究创新能力；并立足中小企业内外资源要素，开展了中小企业创新能力与内外部创新主体能动作用的研究，与网络、孵化器、园区、平台等创新资源的辅助、推动作用的研究；在创新能力评价方面，主要差异在于指标体系构建，认可度比较高的核心指标是技术、市场、管理、综合创新能力。总体上，基于能力视角的研究广度和深度正在不断推进，但也存在一定局限性，如现有研究关注中小企业创新能力共性研究多，差异性研究少；针对不同创新能力水平的中小企业的个性化、差异化能力提升的分析不足，缺乏分能力水平层次的中小企业创新能力研究。

（2）国内外对中小企业创新模式的研究表明，中小企业创新模式的发展趋势是从单一技术导向的创新模式逐步走向要素整合、集成的创新模式，联结多元创新主体或利益相关者的网络模式越来越在中小企业创新发展中受到青睐。但目前国内中小企业创新模式研究中，围绕技术发展、技术轨迹的技术创新模式研究占多数，而从不同企业的差异化能力提升需求出发，体现企业自身特色要素创新、自主性创新或网络化创新能力现状及其提升需求的中小企业创新模式的研究则较为少见，尚存在一定空白。

（3）国内外学者对中小企业创新机制的研究日益深入，涵盖了创新激励机制、动力机制、运行机制和综合机制等方面，为中小企业创新发展和能力提升提供了较为全面的支持和保障。但已有研究多是针对个体中小企业的创新能力提升机制，而从群体或区域视角展开的研究较少，尚缺乏全面、系统的对中小企业个体、群体和区域间协同创新机制的探讨和研究。

综上所述，国内外学者对中小企业创新能力、模式及机制的研究，有力地推进了创新理论和实践发展，也揭示出某些不足和可能的探索方向。创新能力、创新模式与创新机制是相辅相成的，不同创新能力层次所对应的创新模式及创新机制也不尽相同，三者的分离将影响研究成果在现实中的应用效果。鉴于当前鲜有将中小企业创新能力、模式及机制纳入统一的研究框架，尚未形成系统化的理论体系。因此，本书拟从多层次的研究视角，紧扣中小企业的创新实际，分层次、分类型地针对不同创新能力水平的中小企业，探索其创新能力提升模式及机制，深化现有的中小企业创新能力提升理论和实践研究，从而为我国中小企业迈向有特色的自主创新之路，提供较为系统的理论与实践指导。

第三节　研究特色及研究方法

一　研究特色

（1）在理论研究方面，本书立足中小企业创新实际，提出中小企业自主创新能力提升的三大理论观点与演化机理。

中小企业主导要素创新理论及其能力演化机理。基于全面创新管理理论，在分析中小企业创新能力构成的技术与非技术要素基础上，对中小企业的要素导向型创新形态的演化机理进行了研究，阐明不同类型的中小企业及其不同的创新阶段，推动中小企业自主创新能力提升的主导要素各异，进而形成差异化的要素导向型创新能力递进的规律，指出中小企业自主创新的生命周期是以主导创新要素的不断更新、更替为演化动力的。

中小企业主流与新流创新理论及其能力演化机理。基于技术周期性演变、技术范式转换和技术轨道发展等理论，阐明新旧主流技术兴衰更替、新旧主流创新交融共生的汇流创新演化规律及其主流与新流创新能力的转化、跃迁、递进机理；提出主流与新流创新共生互动、协同演进的研究思路。

中小企业复杂性创新理论及其能力演化机理。阐明在企业自主创新中，技术、人力、资源、行为和发展等多维创新因素的交互集成、联动创新规律及其形成复杂性网络创新能力的递进演化机理；揭示出中小企业特色化的创新路径，以及提升自主创新能力的网络化发展趋势。

这三大演化机理阐明了中小企业自主创新能力提升的新观点：第一，

中小企业是通过主导要素创新能力、主流与新流创新能力、复杂性创新能力的培育，逐步形成自主创新能力；第二，中小企业自主创新能力的提升是一个动态过程，是主流创新与新流创新的不断兴衰更替过程，也是强化主流创新、孵化新流创新、实现汇流创新的过程；第三，中小企业自主创新能力层次不同，存在创新差异性，其创新模式的演进为特色创新模式 - 自主性创新模式 - 复杂性网络创新模式；第四，建立中小企业创新能力个体化、群体化、区域化联动提升的机制，是自主创新能力提升的关键。

（2）在应用研究方面，本书通过中小企业自主创新能力状况与困境因素的分析，构建中小企业自主创新能力评价指标体系，在对东南沿海典型地区中小企业开展分行业大样本问卷调查的基础上，运用三角白化权函数灰色评估方法，进行中小企业自主创新能力层级测评研究，提出创新能力建设型、进步型和领先型三层次中小企业划分构想，描绘出不同层次中小企业创新能力水平的差异分布图，探讨形成差异化、分层化的中小企业创新能力提升模式及其路径，以及协同个体、群体和区域的跨层次中小企业创新能力联动提升机制，从而丰富国内现有中小企业创新模式的研究，初步实现了全面、系统地探究中小企业自主创新能力提升机制建立的目标。

（3）在案例研究方面，笔者对我国东南沿海地区节能环保、新一代信息技术、轻工纺织和高端装备制造等产业进行了广泛调研，根据技术优势、市场需求、带动关联、领引示范、综合效益、结构调整、发展方式转变等原则，选择七家代表性案例企业，运用企业蹲点跟踪式调研，选择企业重大技术创新（产品创新、工艺创新）项目，参与项目研究与整改过程，与企业科研团队与高层管理人员互动，收集各种数据与资料，深入分析企业自主创新进程，凝练企业自主创新能力提升的规律与经验，形成案例集，佐证并完善本书理论研究成果，总结出适合我国特色的中小企业自主创新路径。

二 研究方法

本书采取理论研究与实证研究相结合的方法，以文献研究为基础进行理论创新，并借助问卷调查、访谈、统计分析等实证研究工具，理论结合实际，对中小企业创新能力的提升展开研究。全文写作中采用了以下方法。

（1）以文献研究与逻辑演绎为基础。通过搜集、整理、分析相关文献和参考资料，以了解和掌握所研究问题。充分利用国内外数字化网络信息工具，如国内的中国知网（CNKI）、万方学位论文网，国外的Elsevier、Springer、EBSCO等全文数据库，广泛搜集有关中小企业创新，中小企业创新能力、创新模式和创新机制等的相关文献，在对已有研究成果进行归纳总结的基础上，运用定义、分类、分析、归纳等方式进行逻辑推演，构建出本书研究的理论基础。

（2）以问卷调查与深度访谈为手段。通过大量发放选择式结构型问卷，对涉及电子、机械、医药、建材、冶金、纺织、化工等10个行业，对国有、集体、民营个体、中外合资、外商或港澳台投资的福建、浙江两省中小企业进行调查，为实证研究收集一手的数据资料；并辅以对典型企业的管理层进行面对面深入访谈和实地调研等方式，以获取该区域中小企业的普遍创新特性、能力水平层次分布和瓶颈问题等数据信息。

（3）以统计分析与灰色评估为工具。借助SPSS软件、运用统计学原理及描述性统计分析方法对回收问卷中的各类定性变量数据进行统计性描述，并采用基于三角白化权函数的灰色评估法对采集数据进行灰类划分和创新能力水平评估等量化处理，从而通过定性与定量相结合的可视化数据信息，揭示出采集信息所蕴含的数据间的内在关系和发展规律，为中小企业创新能力提升模式和机制研究提供实证支撑。

（4）以理论推导与案例研究为指引。选择我国针织、光电、机械制造、集成电路、汽车玻璃、现代农业、物联网等行业企业开展案例研究，将案例分析与理论推导相结合，探索中小企业从技术引进迈向自主创新的主导路径与"转型模式"和"转型机制"；从"走中国特色自主创新道路"的现实需要出发，探究我国中小企业自主创新的不同路径。

三　技术路线

中小企业自主创新道路探索的技术路线如图 1 - 1 所示。

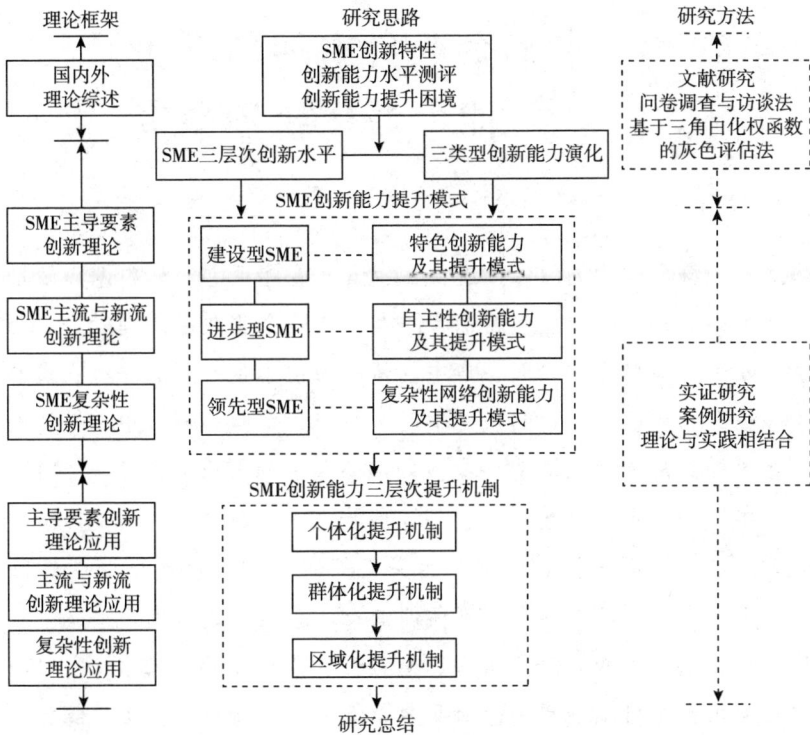

图 1 - 1　技术路线

第二章 中小企业自主创新理论及其
能力演化机理研究

随着经济全球化的深入推进，在我国经济体系中逐渐占据重要地位的经济主体——中小企业，面临着同类、同质企业数量急剧攀升，有限市场空间不断被挤占的局面，自主创新成为中小企业形成并巩固核心竞争力、在竞争环境中立足的重要举措。但与大企业不同，中小企业的创新存在内外部资源获取弱势、集成效应不足、规模化程度欠缺等局限。因此，指导中小企业创新实践的理论应当充分体现中小企业创新特性，反映企业现实发展需要。本书在相关文献研究和企业实证调研的基础上，提出中小企业的主导要素创新理论及其能力演化机理、主流创新与新流创新理论及其能力演化机理、复杂性创新理论及其能力演化机理，通过对中小企业自主创新理论的探索和研究，为指导企业实践奠定理论基础。

第一节 中小企业主导要素创新理论及其能力演化机理

中小企业的要素创新，是实现企业自主创新能力不断增强和创新形态持续优化的基础创新单位，是个体中小企业进行特色创新的出发点。正如中国工程院院士许庆瑞[132]（2007）提出全面创新管理（Total Innovation Management，简称 TIM）理论中强调的，技术要素与非技术要素（战略、组织、文化、制度、市场、管理）的全要素协同创新是大型企业创新活动的实现平台和支撑基石。朱斌等[133]（2009）针对中小企业也进一步提出服务、资源、价值和责任四种发展创新要素，指出以上七项基础要素和四项发展要素是推动中小企业获得突破性绩效的创新要素。因此，类似于大企业，中小企业在竞争白热化的市场环境下，同样需要追求企业各创新要素的全方位、协同发展。但鉴于中小企业资源不足、财力有限，其要素创新无法同时进行，而存在"先发带动后发"的现实情况，故而，个体中小企业的要素创新应是以主导要素先发，进而带动其余要素的依次推进、协同创新的过程[134]。

一　中小企业主导要素创新理论

（一）中小企业主导要素创新的理论内涵

中小企业主导要素创新理论，是指中小企业在创新中存在某种"主导要素"，作为一定阶段（时期）内企业的创新切入点和出发点，在发挥自身先发优势的同时，引领并整合其余后发要素，形成先导创新行为，进而催发主导创新模式，呈现具有阶段特征的主导创新能力，最终实现企业创新绩效。

其中，该理论的核心——主导要素，即现阶段（时期）内相对其他要素更具竞争优势、掌握企业核心资源的关键要素，它可能是单一要素，也可能是若干要素的组合，在创新活动中扮演着"先发带动后发"、推动全要素协同创新的重要角色；主导创新流，又称"主流创新"，是体现主导创新要素导向，由主导要素引领其余要素开展的整合多股要素流的协同创新活动，它是中小企业主营业务和价值实现的核心支柱；主导创新模式是主流创新活动的基本样式；主导创新能力，则是主导创新模式在中小企业创新实践中具体的能力表现，它反映了企业创造价值的着力点和实现手段。

中小企业主导要素创新理论描述了一个始于主导要素提取，终于主导创新形态生成，包括"主导要素—先发优势—主流创新—主导创新模式—主导创新能力"的动态创新过程（见图2-1）。对于创新能力水平各异的中小企业来说，其不同阶段的主导要素各异，由此形成适合不同企业类型的后发要素最优序列，从而在差异化的主导创新模式下实现各类中小企业的全要素依次、协同创新和能力提升。

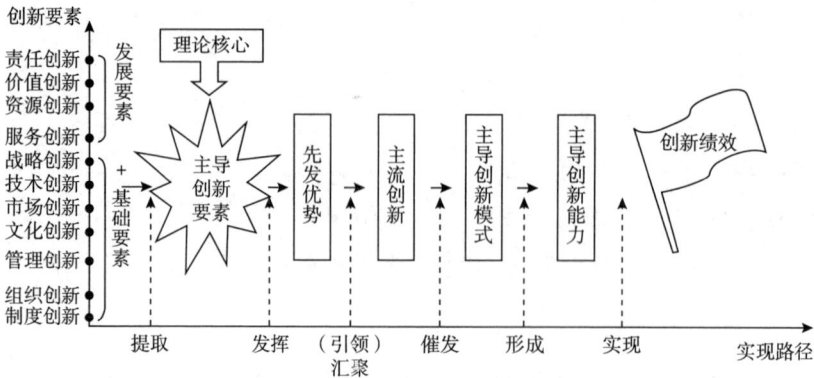

图 2 - 1　中小企业主导要素创新理论

（二）中小企业主导要素创新理论的主要特征

1. 引领性

中小企业主导要素创新理论的核心和源头是主导要素，是主导要素引领下产生的一系列创新行为。该理论架构的每一个标志性环节都体现出主导要素的引领作用："先发优势"是主导要素引领效应的首次体现，"主流创新"是主导要素引领后发要素实施的协同创新活动，"主导创新模式"是主导要素引领产生的创新模式，"主导创新能力"是体现主导要素引领性的具体能力表现。因此，中小企业主导要素创新理论具有明显的引领性特征。

2. 时段性

中小企业主导要素创新理论阐释了中小企业在一定时期（阶段）内从提取主导创新要素到形成主导创新能力的过程，其主导要素是在现时段中占有先发优势的创新要素，主流创新、主导创新模式和主导创新能力也都是基于该时段企业内外部客观条件和符合企业现时段发展需要而衍生的。因此，中小企业主导要素创新理论描述的创新过程与企业发展时段紧密相关，决定了该理论具有典型的时段性特征。

3. 更替性

中小企业主导要素创新理论包含了主流创新与后发创新的更替互动关系。理论中描述的主导要素引领后发要素汇聚主流创新的过程中，存在要素优势尚未显现，但蕴藏潜力的后发创新力量，本书称之为"新流创新"，其源自后发要素序列中位居首位、对企业现阶段发展重要性仅次于主导创新要素的要素。新流创新是体现企业未来发展需要的创新活动，是最具可能升级为新的主流创新的"潜力流"，即新流创新与主流创新存在"主流创新 - 新流创新 - （新流转化）新主流创新"的互动、更替现象。因此，中小企业主导要素创新理论包含了要素汇流创新的更替规律，具有更替性特征。

二　中小企业要素导向型创新能力的演化机理

中小企业主导要素创新理论，阐释了中小企业阶段性的创新过程，但创新活动作为企业保持优势地位、驱动利润增长的动力引擎，必须符合市场和需求的变化规律，应呈现为一个接一个创新时段首尾相继、与时俱进的动态、连续过程。借鉴许庆瑞[132]（2007）全面创新管理理论，全要素创新的动态协同思想，中小企业各阶段创新的切入点——主导创新要素不是一成不变的，随着企业的发展，新的主导创新要素必将替代旧的主导要素，新一轮主导创新能力的形成和绩效产出也将紧随其后。中小企业的创新实践正是一系列阶段性创新活动承前启后、周而复始的集合。

因此，这种基于 TIM 理论全要素动态协同创新思想的企业创新在主导创新要素驱动下，从现有创新能力向新兴创新能力演化，以主导创新要素的不断更新、更替为演化动力，以创新能力的持续突破、升级为实现形式，这种创新是循环往复、动态演进的过程，也即中小企业要素导向型创新能力演化过程。该动态演化机理具体包括以下四个阶段。

（一）新旧交替——前任能力落幕，新秀要素突显

随着个体中小企业的阶段性发展和外部市场环境的不断变化，当市场及消费者的关注点开始转移，新的替代品或新的发展趋势逐渐显现，中小企业现阶段的要素导向型创新能力将出现价值创造弱化、难以满足消费需求的"日薄西山"的态势。此时，在维持市场份额和利益最大化的驱动下，企业开始寻找创新运作的新着力点。符合市场需求、切合企业新时期发展趋势的创新要素将应运突显，打破后发创新要素排列方式，原后发创新要素序列中居于首位的要素上升成为新主导创新要素。新一轮的要素导向型创新拉开帷幕。

（二）汇流创新——主流创新主打，新流创新暗涌

这是要素导向型创新演化的关键环节。当企业处于创新酝酿继而突

破的阶段，中小企业的创新动力源——企业家的创新聚焦促使主导要素创新从众要素创新中脱颖而出，带动后发要素汇聚主流创新主打当前创新时段，同时，体现企业未来发展趋势的新流创新也相伴暗涌，蓄势待发。在中小企业创新实践中，新流创新要素不仅仅源自 TIM 全要素创新的七项基础要素创新，也着眼于满足企业竞争力增强、公众形象提升等长远需求的发展要素，如服务要素创新、资源要素创新、价值要素创新和责任要素创新，进而影响和导向下一阶段的主流创新。

就此，本书认为，主流创新和新流创新在中小企业整体创新进程中相互作用、相辅相成。一方面，正如中国古语"流水不腐，户枢不蠹"，主流创新需要新流创新的注入"保鲜"。每阶段的新流创新都如同源源不断地汇入主流域的支流，给现有主流创新注入体现新发展趋势的资源、信息，从而保证在阶段更替时，原有主流创新活动可顺势转变"航道"向新流靠拢，即企业调整创新要素序列，改变资源配置着力点，在继承原有主流创新精华和体现新流创新趋势的基础上，调整要素最优序列完成要素重组，顺利过渡到融合二者的新主流创新。在中小企业创新进程中，这种主流创新和新流创新的顺势融合、再生主流创新，确保了企业创新生命的生生不息。另一方面，新流创新离不开主流创新的承载"孕育"。新流创新从酝酿到引领新的主流创新所需的创新思想、信息和资源都来自现有主流创新过程，主流创新就是承载和孕育新流创新的"培养皿"。总之，主流创新和新流创新在企业创新进程中互为条件，对于创新形态的演化两者缺一不可（见图 2 - 2）。

（三）成效初现——主导模式生成，主导能力显现

在主流创新活动的主导和推动下，主导创新模式、主导创新能力依次生成并发挥其创新效力。不同主流创新对应不同主导创新模式，如以市场、技术、管理要素为主导要素的主流创新，则生成营销主导创新模式、技术主导创新模式、组织或制度主导创新模式等。这些主导创新模式进而展现在实际创新实践中，形成主导创新能力，如技术主导创新模式则表现为内生核心创新技术、突破性设计等自主性创新能力，这也决定了企业实现创新绩效的着力点和手段在于凭借自主创新技术、设计实现超额创新利润。

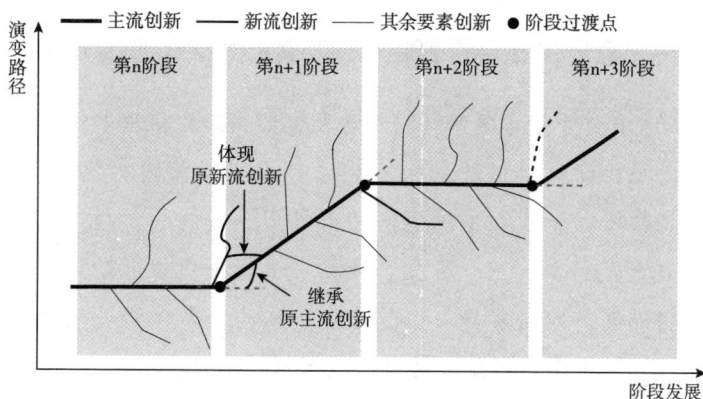

图 2－2　主流创新与新流创新的演变过程

（四）迎接循环——创新目标实现，新一轮演化酝酿

在主导创新能力的效力发挥下，中小企业创新行为及时响应市场和环境变化，在创造客户价值的同时实现自身价值，完成了企业阶段性创新目标。但竞争环境中永远不变的定律就是"变"，新一轮的创新革命将在不远的将来以迅雷不及掩耳之势拉开。竞争中的中小企业在把握先机、掌握市场动态、紧跟趋势发展的紧迫感驱使下，其创新节奏不能停滞，因此，当上一阶段创新绩效实现时，新一轮的演化循环已经时刻准备着了。

总而言之，中小企业的要素导向型创新能力演化机理，动态展现了不同创新水平的中小企业集中自身资源、挖掘和发挥优势要素创新潜力、逐步培育并形成企业特色主导创新能力的持续创新演进过程（见图 2－3）。

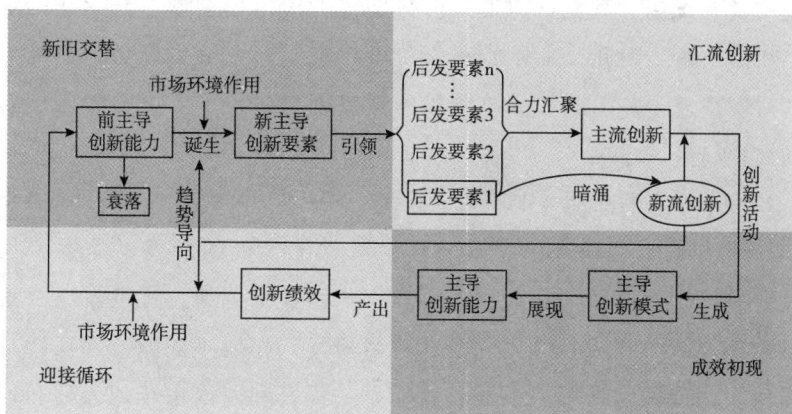

图 2－3　中小企业要素导向型创新能力演化机理

三 中小企业主导要素创新理论及其能力演化机理的应用与启示

（一）中小企业主导要素创新理论及其能力演化机理的案例研究

福建海源自动化机械股份有限公司是一家民营建材机械制造企业，是福建省高新技术企业和中国机电装备骨干企业之一。研究发现，海源22年发展历程的三阶段——原始积累阶段、规模化发展阶段和专业多元化阶段的主导创新要素各异，由此产生不同的先发优势、主流创新和主导创新模式，催生出各具阶段特色的主导创新能力。

1. 原始积累阶段（1988～1995年）——技术导向型创新能力及其演化

这是海源核心产品液压压砖机的发展起步阶段。受制于资金、技术和发展规模等现实因素，同时基于自身科技型中小企业的公司定位，海源将核心技术获取作为发展初期的首要任务，因此，该阶段公司聚焦技术要素为主导创新要素，通过技术的引进、消化、吸收、再创新，依次带动市场创新、战略创新和文化创新，汇聚主流创新，在技术项目研发的主流创新过程中，生成项目导向型主导创新模式，进而形成具体表现为技术主导、项目优先的技术导向型创新能力，为之后发展奠定了技术基础。

与此同时，海源技术导向型创新能力在生成过程中已暗涌着下一轮创新的演变前奏。由于当时国内市场上的陶瓷压机全部是德国进口，海源瞄准自身本土化优势，将市场创新作为该阶段后发要素创新序列首位，实施"免费试用，满意再购买"的体验式营销市场创新，开始在国内市场上崭露头角。因此，在原始积累阶段技术导向主流创新中，市场要素创新后发跟进，并汇流形成该阶段的新流创新，预示了下一阶段创新形态的演化趋势。

2. 规模化发展阶段（1995～2003年）——市场导向型创新能力及其演化

1995年后，公司开始进入全自动液压压砖机的开发、鼎盛和规模化发展阶段。这个阶段海源继承项目导向型技术创新，延续技术要素为主导创新要素，在原始技术上深化项目研发，拓展不同型号陶瓷砖自动液压机。与此同时，随着公司技术水平的提升和国内市场的入驻，推动技术创新成果的市场实现也上升为公司创新的重中之重。因此，该阶段海源采取了"技术+市场"的组合式主导要素创新，上一阶段的市场要素新流创新开始引领现阶段创新活动，以市场创新先发，依次带动战略和制度创新、组织创新、管理创新和文化创新，汇聚市场营销模式创新的主流创新，催生旨在拓展现有市场业务的业务导向型主导创新模式，进而形成具体表现为市场主导、业务优先的市场导向型主导创新能力。

规模化发展使海源在行业内成为举足轻重的优势企业，其公司产品和形象开始在消费者群体中产生影响，这也愈发促使公司关注产品之外的相关服务，以此塑造公司的品牌形象。因此该阶段新流创新的着力点上升为发展要素创新中提高服务水平、服务质量以巩固公司品牌形象的服务要素创新，其服务导向和品牌意识突出体现在后发要素创新序列居首的制度创新中，为下一阶段的创新革命埋下伏笔。

3. 专业多元化阶段（2003年至今）——服务导向型创新能力及其演化

2003年以来，海源不断精深技术，在压砖机行业内创新，进入以全自动液压压砖机为基点、带动自动液压压砖机配套生产线的专业多元化阶段。这一阶段，海源同样以技术创新作为主导创新要素，以技术为核心实施多元化的探索性创新，通过研发新技术、尝试新设计、开拓新市场等手段，顺应正在形成和潜在的市场需求，探寻行业内新的赢利和发展机会。同时，组合上一阶段新流创新中涌现出的发展要素创新——服务创新，构成"技术+服务"的主导创新要素组合。在新主导要素——服务创新的优势引领下，结合战略和市场创新、管理创新、文化创新、制度创新和组织创新的协同创新，汇聚形成服务模式创新导向的主流创新，推动生成以技术造品牌、服务兴品牌的品牌导向型主导创新模式，继而形成表现为服务主导、品牌优先的服务导向型主导创新能力。继全要素协同创新的专业多元化阶段之后，公司又开始孕育新一轮的新流创新，其将成为未来海源发展的风向标，指引海源在满足客户价值最大化的同时，实现自身价值最大化。

总结海源发展历程的三阶段（见图2-4），其主导创新要素转变及要素导向型创新能力演化表征了海源从原始积累起步，经历规模化发展，到目前专业多元化的成长历程，描绘了海源作为科技型中小企业逐步实现协同创新的发展轨迹。海源的创新实践也验证了中小企业主导要素创新理论和要素导向型创新能力演化机理的应用价值。

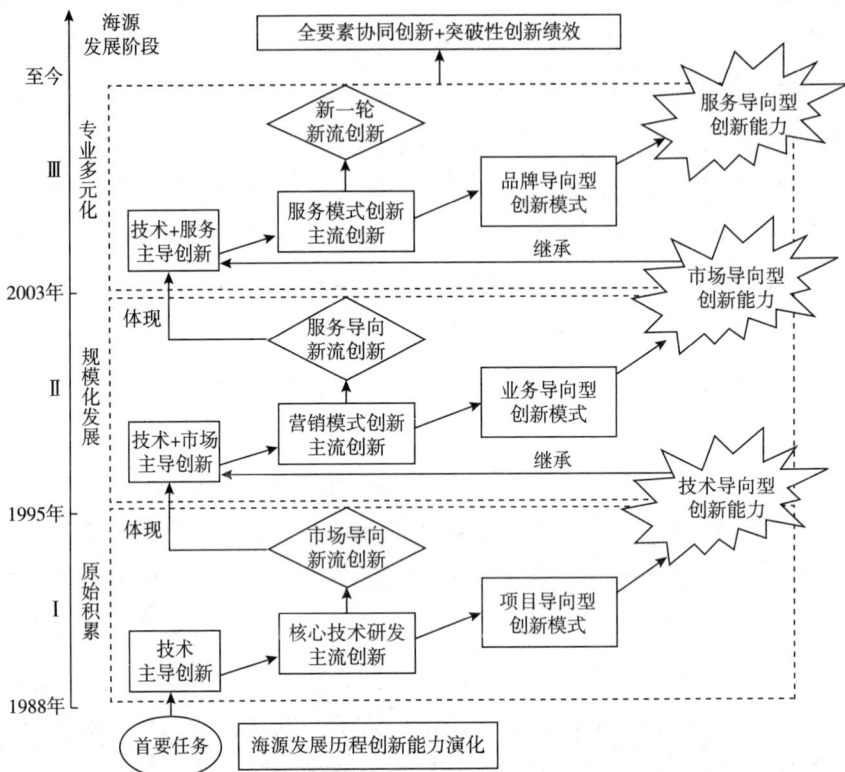

图 2-4 海源发展三阶段的要素导向型创新能力演化

（二）中小企业主导要素创新理论及其能力演化机理的应用启示

1. 中小企业自主创新应先精深后广博，以企业核心优势要素为创新切入点，由点及面实现全要素协同创新

中小企业应综合分析内外部环境，正视自身相对弱势，以创造和提升企业核心竞争力为首要任务，依据主导要素创新的理论，选取企业最具优势的要素实施优先创新，集中有限资源打造并精深企业主流业务，继而通过先发带动后发，实现全要素协同创新。

2. 中小企业自主创新应不拘一格，以要素导向型创新能力的百花齐放、百家争鸣为表现形式，争创突破性创新绩效

中小企业"船小好调头"，其创新相对大企业更具灵活性，因此中小

企业要素创新应因时、因需制宜，灵活提取基础要素或发展要素作为主导要素开展创新，衍生多元化的要素导向型创新能力，从而以更为多样的创新形式和能力途径创造突破性创新绩效。

3. 中小企业自主创新应持之以恒，以推动要素导向型创新能力的与时俱进为目标，逐步实现创新升级

中小企业受自身基础条件限制，创新活动往往为阶段性的短期行为，但持续性创新才是确保企业竞争优势与长远发展的生命力。中小企业要素导向型创新能力演化机理阐明了中小企业不同发展阶段持续性创新"新旧交替—汇流创新—成效初现—迎接循环"的内在规律，为中小企业运用现有要素资源实现创新能力提升和创新水平升级提供了方向。

第二节　中小企业主流创新与新流创新理论及其能力演化机理

中小企业优势要素导向下的特色创新，是企业立足纷杂的市场环境、积蓄创新实力和酝酿核心能力的重要保障，但随着企业创新能力的逐步提升，掌握核心技术创造力和价值活动控制力，则是企业在竞争中缔造卓越创新绩效、获得持久竞争优势的关键所在。因此，对中小企业核心技术的动态跃迁和创新升级的规律探讨，是中小企业创新理论研究的又一需要。

国内外理论界对技术动态演化、发展的研究主要从技术生命周期、技术范式转换、技术轨道发展几方面展开。

（1）技术生命周期研究。Tushman 和 Anderson[135]（1990）为分析产业技术的演变和发展，解释了呈现为 S 曲线运动轨迹的技术生命周期理论，认为新技术产生于技术非连续状态，当发展到一定阶段就会被创新打断，从而推动产业技术质变发展。我国学者张文辉[136]（2004）根据历次技术革命的技术创新时间，指出技术创新生命周期具有递减性规律。韩德昌等[137]（2008）提出技术演化是螺旋式上升的过程，每一主导技术都包含导入期、成长期、扩散期、成熟期到衰退期的生命周期

历程。

（2）技术范式转换研究。Dosi[138]（1982）在 Kuhn 的"科学范式"启发下对技术系统的发展予以关注，率先提出技术范式概念。日本学者 Kodama 等[139]（1991）分析了日本技术创新的范式变迁，总结出技术范式从"分流式"（spin – off）向"逆流式"（trickle – up process）转变的演化规律。我国学者郑雨[140]（2006）从技术发展的新旧替代角度，研究了新技术范式吸纳旧技术范式的有利因素，并不断削弱旧技术范式直至取而代之的范式转换过程。许广玉[141]（2009）进一步指明新旧技术范式转换过程即企业技术创新过程。

（3）技术轨道发展研究。Dosi[138]（1982）在技术范式基础上提出技术轨道概念，表明技术发展路径总是包含于某个技术轨道中，其反映了某一技术领域内技术发展的方向、内在逻辑性与规律。Jenkins 和 Floyd[142]（2001）认为技术轨道有三个关键属性：能量、动力和不确定性的程度，其中能量和动力突出体现了技术轨道对技术进步所产生的影响力和推动力。傅家骥等[143]（2003）分析了"行业技术轨道的转折"，认为，作为特定行业发展基础的科学研究、技术攻关出现新进展，或是技术市场需求出现重大变化，或是主导企业的技术轨道发生跳跃性变化，都将引起行业技术的转轨和质变。

综观技术周期性演变、范式转换和技术轨道发展等研究，多为针对产业、行业技术的规律探讨，而中小企业的自主性核心技术发展规律与之也有共通之处。囿于中小企业的技术创新活动往往始于技术、设备引进或模仿创新等低层次创新，唯有通过一轮接一轮地技术跃迁和创新升级，不断提升企业技术能力和创新水平，才能实现中小企业核心、关键技术的积累培育和动态成长，帮助企业走出低水平创新循环，迈向拥有稳定、成熟的自主性技术、自主知识产权甚至技术标准的自主性创新层次，使企业在竞争中立于不败之地[144 – 146]。

一　中小企业主流创新与新流创新理论

中小企业主流创新和新流创新是推动企业核心技术动态成长，从萌芽、发展到突破技术极限，实现技术跃进，带动市场价值创造和自主创新层次升级的内在动力。

此处，"主流创新"是指满足市场竞争和企业发展需要，在现阶段主流技术支配下支撑企业主营业务，促成主流技术范式确立、主流技术体系生成的周期性主导技术创新活动。主流创新作为一种技术创新形式，其自身发展也具有技术生命演变的周期性特征，呈现"萌芽—成长—成熟—衰退"的"S"曲线周期演进。其中，"主流技术"，是主流创新周期性演化的技术内核，即符合现阶段生产需要和竞争趋势，从众多现有技术中脱颖而出，主导企业技术创新活动的核心技术；"主流技术范式"，是在主流创新周期性演化过程中确立的技术发展规范，是指导企业选择和利用创新技术、创新机会的基本技术模式和标准；"主流技术体系"，是在主流创新成熟期形成的，以主流技术为核心，融合了主流范式扩散后相关拓展、衍生技术的主流技术网状系统。主流技术体系依赖于主流技术范式推广，并进一步促成了主流技术的传播和应用。

"新流创新"是指体现技术发展趋势和技术革新需要，根植于各阶段主流创新中，伴生主流创新实施新技术孕育、积累进而突破性发展，实现各阶段主流创新周期性承接的永动性新潮技术创新活动。出于提升现有主流产品附加值或挖掘新经济增长点的需要，企业在主流创新过程中，会出现一种或多种新流技术，创造出现有主流产品的改良品种、衍生产品、同类产品等。着眼于企业自主创新整体进程，区别于主流创新技术的阶段性衰亡特征，新流创新技术是不断涌现的潜力技术，其引领下的创新活动不受企业发展阶段和技术生命周期限制，而呈现生生不息的永动态势。

二　中小企业主流与新流创新能力的动态演进

（一）主流与新流创新能力的动态演进过程

主流创新的周期性和新流创新的永动性决定了中小企业技术演化整体进程将在主流创新的周期变革和新流创新的持续涌动中动态推进。中小企业主流创新能力与新流创新能力的动态演进，即在中小企业技术发展进程中，主流创新能力在主流技术萌芽、成长和成熟期，在主导创新活动确立主流技术范式、催生主流技术体系的同时，与新流创新能力的孕育、蓄势渐进性伴生、共荣；而在主流创新能力弱化、主流技术生命衰退时，主流创新能力则被蓄势已久、萌动欲出的新流创新能力突破性赶超，出现新旧技术创新替代、承接，和新旧技术范式、技术体系革新、演进，推动中小企业技术创新能力持续跃迁和创新水平不断提升，体现出"兴衰更替—共生成长—蓬勃蓄势—变革再起"的动态演进过程。该演进过程包括以下四个环节。

1. 萌芽期：兴衰更替——没落技术隐退，新生技术登场

主流技术生命周期的萌芽期，是在外部市场需求和企业技术发展合力的作用下，新旧技术更新换代、新主流技术的应运诞生环节。此时，已进入衰退期的原有主流技术逐步接近自身发展极限，出现创新停滞。继而在已酝酿多时、体现新时期技术发展趋势的新生强势技术的突破、冲击下，原主导技术逐渐融入常规技术行列，强势新生技术正式登场，开始引领新一轮的主流创新。

2. 成长期：共生成长——主流范式确立，新流创新伴生

主流技术生命周期的成长期，也是主流与新流创新能力的共生成长环节。完成了萌芽期技术积累的主流技术，在其创新产品试制成功、商品化后，主流技术范式基本确立，形成了主导企业技术创新、工艺创新的基本标准和模式，并在规范、指导后续创新的同时，进一步加速主流技术的传播扩散和主流创新的进化发展；与此同时，主流创新实践也衍生出与现阶段主流技术具有"直系"或"旁系"关系的新生技术。企业根据自身技术发展战略，选择性培育和发展新生技术中最具市场开发前景的潜力技术，通过汲取主流创新的技术、工艺、人力资源等创新养分，逐步培育和孵化新流技术创新能力。

3. 成熟期：蓬勃蓄势——主流体系成型，新流革新蓄势

主流技术生命周期的成熟期，是主流创新能力的蓬勃发展环节，以及新流创新能力进一步储备能量、萌动下一轮技术变革的蓄势环节。随着主流技术范式的扩散和完善，在主流技术范式下相继诞生以主流技术为核心的基础技术、辅助技术、衍生技术等关联技术，共同构成具有相互依存性和连锁性特征的系列主流技术创新团簇，催生趋于稳定、健全的主流技术体系，进而呈现以成熟技术点燃市场需求，主流产品销售达到最高峰的主流创新蓬勃发展态势；另外，新流创新能力通过前期技术储备和创新积累，也开始培育具有技术匹配、辅助功能的新流技术的配套技术能力，形成粗具规模的新流技术能力组合，为创新突破和新一轮技术革新筹备蓄势。

4. 衰退期：变革再起——新流创新突破，技术转轨跃进

当主流技术创新能力度过势头强劲的成熟期，其技术生命开始步入衰退期。这一环节，主流创新范式、创新体系的规范化、规模化程度仍在不断提高，主流创新趋于饱和，对主流技术进行根本性创新的可能性趋近于零。面对迅速变化的消费需求和技术实践，冲破现行主流技术范式、技术体系束缚的呼声高涨。此时，新流技术创新能力中最能响应市场发展趋势、满足潜在需求的潜力技术脱颖而出，在继承、吸纳现有主流创新生产线、操作管理人员、市场销售网络等创新要素基础上，替代现有主流技术成为新主流技术，形成新主流技术轨道，完成了新流创新突破和主流技术转轨、跃进，牵引企业步入新一周期的技术生命循环轨道。

正是这种主流创新与新流创新的周期性更替、演进，使主流技术生命获得了一次次重生，主流创新能力水平得到了不断发展、升级，共同成就了中小企业创新生命周期的绵延不绝、持续延伸以及自主性技术创新能力的培育、提升（见图 2 - 5）。

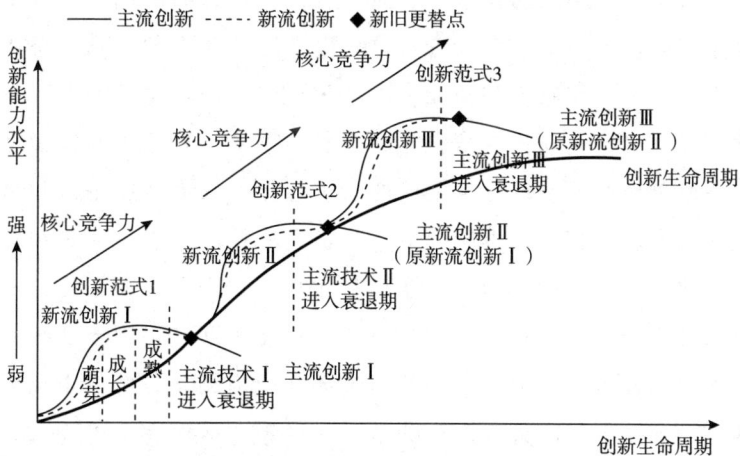

图 2 - 5　主流创新与新流创新的动态演进

（二）主流与新流创新动态演进的运行特征

1. 汇流创新目标——技术跃迁与创新升级相结合

企业自主创新进程中，主流与新流的汇流创新，具有清晰的目标导向——技术跃迁和创新升级，这是通过一轮轮技术创新的持续开展和循环演进，以提高企业技术能力、提升创新水平，最终实现企业的技术引进—应用研究与发展（R&D）—自主设计与发展（D&D）—原始性创新的汇流创新目标。

2. 汇流创新轨迹——线性顺轨演进与非线性跨越演进相结合

研究发现，新、旧主流技术的汇流创新体现出线性顺轨演进与非线性跨越演进两种发展轨迹。在阶段性技术生命周期内部，主流技术与新流技术各自遵循技术生命周期演进规律，是从技术萌芽到技术范式、体系形成的顺延演进，没有发生技术跨越或替代，技术发展轨迹具有线性、连续的顺轨特征；而在阶段性技术生命周期交替时，主流技术与新流技术出现技术接替、承接现象，企业整体技术轨迹表现为技术的转轨、跨越，具有非线性、不连续的跨越特征。线性顺轨演进与非线性跨越演进相结合的汇流创新，展现了中小企业技术创新能力发展的动态跃迁规律。

3. 汇流创新形态——渐进型伴生创新与突破型替代创新相结合

在中小企业的汇流创新过程中，主流创新能力是体现当前阶段主流技术创新水平的价值创造力，新流创新能力则是在汲取主流创新经验基础上，蕴含了更高层次创新水平的能力载体。二者的汇流创新推动企业整体技术创新水平迈上一个新台阶，呈现渐进型伴生和突破型替代两种创新形态。在主流与新流创新能力的共生成长、蓬勃蓄势环节，基于主流技术成长、成熟和新流技术积累、储备的需要，处于不同创新水平的主流、新流创新能力呈现共生共荣的渐进型伴生状态；在主流和新流创新能力的兴衰更替、变革再起环节，鉴于主流技术的创新迟暮和新流技术的发展势头，汇流创新的"量变"积累达到"质变"临界点，顺应发展、把握技术转轨和跨越机会成为企业实现技术跃迁、创新升级的大势所趋。此时，代表更高创新水平的新流创新能力超越、替代主流创新能力，主流、新流创新能力呈现突破型替代形态，从而完成能力升级，进入下一轮汇流创新循环。渐进型伴生与突破型替代相结合的汇流创新形态，展现了中小企业不同层次创新能力从渐变到升级的演进规律。

三 中小企业主流与新流创新理论及其能力演化机理的应用与启示

（一）中小企业主流创新与新流创新理论及其能力演化机理的案例研究

1. 线性顺轨与非线性跨越相结合的主流与新流演进——福建海源自动化机械股份有限公司案例研究

福建海源自动化机械股份有限公司在 1992 年从石材行业转入陶瓷行业，1994 年研制成功中国第一台千吨级自动液压压砖机，此后一直致力于机电液一体化成型技术的自主创新及市场应用，公司各类压机技术成熟可靠，综合性能达国际先进水平。海源系列压机技术和产品的创新发展过程，是在主流与新流创新演进下，企业创新生命周期不断延续、技术能力持续跃迁的体现（见表 2－1）。

表 2－1 福建海源四大液压成型技术的创新演变

主流技术	新流技术	主流技术范式	主流技术体系
HP 技术	HB 技术	HP1000 吨技术导向	HP1000 吨、HP1200 吨、HP1380 吨、HP1600 吨、HP1780 吨、HP2100 吨、HP2600 吨、HP3600 吨液压成型技术及其配套生产技术
HB 技术	HF 技术	HB1000 吨技术导向	HB1000 吨、HB1100 吨液压成型技术及其配套生产技术
HF 技术	HC 技术	HF1100 吨技术导向	HF1100 吨液压成型技术及其配套生产技术
HC 技术	新技术	HC2100 吨技术导向	HC1250 吨、HC1600 吨、HC2500 吨、HC3600 吨液体成型技术及其配套生产技术

（1）HP 技术→HB 技术的动态跃迁

1992 年海源投身陶瓷压机产品开发，在消化吸收德国压机技术基础上结合公司原始性创新，形成具有海源自主知识产权的主流技术——HP陶瓷砖液压成型技术，开启了 HP 主流技术的生命周期。HP1000 吨压机的成功研制促使 HP 主流技术范式确立，并规范、指导形成海源 HP1200吨、HP1380 吨、HP1600 吨、HP1780 吨、HP2100 吨、HP2600 吨、HP3600 吨系列技术团簇及其配套生产线，推动 HP 系列主流技术体系成型，促使 HP 技术走向技术生命的成长期、成熟期；与此同时，海源在拓展与开发并举的技术发展思路下，着手开发新流技术——HB陶瓷透水广场砖液压成型技术，在现有自主创新基础上孕育、萌发新流技术。此时，HP主流技术与HB新流技术在各自技术生命周期内顺势发展，汇流创新轨迹呈现线性顺轨演进。

当HP系列压机产品进入规范化生产阶段，主流技术创新活动强度减弱，而HB新流技术已完成前期储备，开始走向技术生命的成长期、成熟期。此时，海源在技术升级、市场拓展的目标导向下，把握技术跨越契机，将技术创新重心转向优于国内外同类产品、透水速率在20mm/s以上的HB新流技术，主流技术和新流技术出现了技术转轨、非线性跨越演进，完成了技术发展的第一次动态跃迁。

（2）HB技术→HF技术的动态跃迁

技术转轨、跃迁使HB新流技术成为海源的新一代主流技术，自2001年海源研制成功第一台HB1000吨陶瓷透水广场砖自动液压机，HB主流技术范式开始确立，并进一步规范企业创新行为，开发出HB1100吨液压成型技术及其配套生产线，催发HB系列主流技术体系；同时，在已有HP、HB技术基础上，海源响应时代发展需要，在"开发一代，成长一代，储备一代"的战略指导下，围绕环保、节能、利废标准开始孕育环保节能型新流技术——HF墙体材料液压成型技术。此时，HF新流技术和HB主流技术遵循各自技术生命轨道，汇流创新技术轨迹呈现线性顺轨演进。

当HB主流技术步入创新生命衰退期，HB技术逐步"退居二线"成为常规基础技术，体现循环经济发展趋势，"变废为宝"利用固体废弃物生产高品质新材料的HF新流技术成为时代发展的"弄潮儿"。此时，在HB创新生命消耗殆尽前，海源整体创新进程出现了第二次技术转轨，通过HB主流技术向HF新主流技术的非线性转轨跨越，实现了海源主流技术的又一次动态跃迁。

（3）HF技术→HC技术的动态跃迁

2003年，海源成功引领行业内非黏土砖技术革命，研制出具有自主知识产权的环保型HF1100吨全自动液压墙体压砖机及其配套生产线，迅速促成HF液压成型技术步入技术生命的成长期、成熟期。另外，海源在现有主流技术转化产品的同时，注重以持续创新储备、孵化新流技术，致力打造耐火材料生产的新生力军，在十几年液压成型技术基础上投入研发 HC 系列液压成型技术。企业汇流创新轨迹呈现 HF 主流技术与 HC 新流技术的线性顺轨演进。

一轮接一轮的技术开发、成长和储备，使海源掌握了领先于同行企业的核心技术，主流技术又从 HF 技术转入 HC 技术轨道，在新旧主流技术的非线性跨越演进中实现海源第三次技术跃迁。未来，在 HC 系列耐火材料液压成型技术生命的衰退期，不断寻求技术突破和持续创新的海源，还将继续涌现新一轮新流技术，完成新一轮技术跃迁。正是这种主流创新、新流创新的动态交替、循环演进，为海源在同行中立于不败之地、实现整体技术生命周期的绵延不断和技术能力的动态跃进，提供了坚实保障（见图 2-6）。

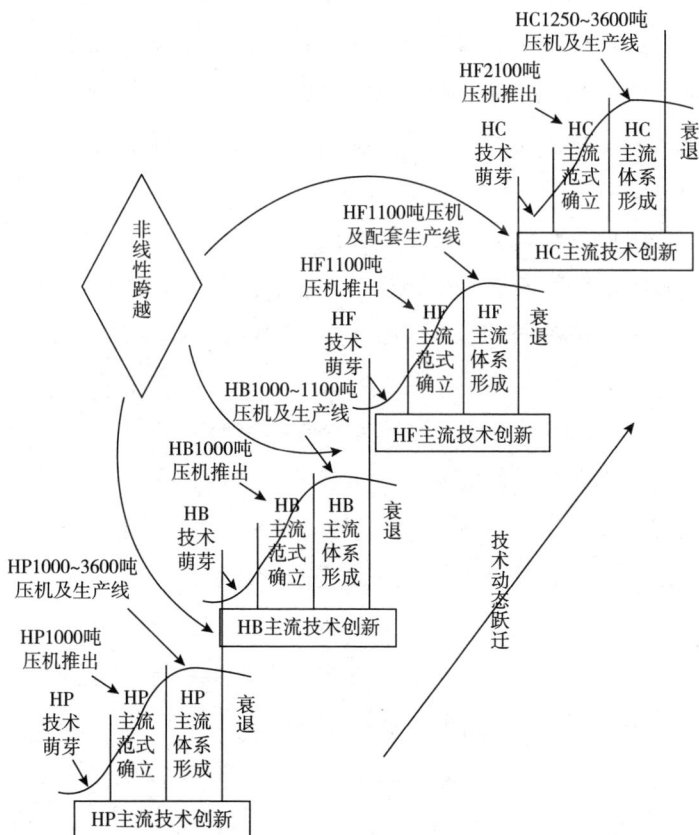

图 2-6 福建海源主流创新与新流创新的技术动态跃迁

2. 渐进型伴生与突破型替代相结合的主流与新流演进——福建凤竹集团案例研究

福建凤竹集团创立于1987年，是以针织织造、染整加工、漂染筒子色纱、鞋业生产为主，集工贸、环保、信息产业于一体的高新技术企业。凤竹的发展历程可分为创业期、成长期I和成长期II三个阶段，其在渐进型伴生创新与突破型替代创新的形态更替、创新升级中完成了企业主流染整技术的"基础领域—棉纺制衣领域—环保领域"的拓展、跃迁，是中小企业通过汇流创新实现技术水平不断提升、创新生命持续延伸的成功案例。

（1）创业期"常规业务技术与制衣领域技术"的"伴生—替代"创新演进

创业期，凤竹集团通过引进、消化、吸收国内外先进技术，购买相关设备，掌握并形成了凤竹织造、染整的主流技术——常规有盐溢流染色技术，在实现技术零突破的同时，开启织造、染整常规业务的主流创新活动；同时，面对日益兴起的服装、鞋帽产业，集团进一步拓展新流技术——制衣领域织造染整技术，以承担服装厂、制鞋厂的来料设计、加工等新流创新活动。这一时期，凤竹集团的主流和新流创新表征为始于渐进型伴生创新，终于突破型替代创新。

在凤竹常规织造染整主流创新下，相关污水处理等配套技术随之萌发，形成从主业染整技术到印染辅助、后续处理技术的主流技术体系，推动主流创新的成长、成熟演化。与此同时，凤竹制衣领域新流技术也越来越显示其市场发展潜力，二者在企业技术储备和价值创造的共同需要下，渐进积累现有创新资源、技术经验，伴生度过汇流创新的共生成长和蓬勃蓄势环节，呈现渐进型伴生创新形态；当常规织造染整主流技术创新呈现周期性衰退，制衣领域新流创新则在成熟市场刺激下脱颖而出，突破性赶超，企业技术创新生命步入主流创新与新流创新的变革再起环节，首次呈现突破型替代创新形态。新主流技术——制衣领域气雾染色技术诞生，推动凤竹技术创新进入下一循环周期。

（2）成长期 I ："制衣领域技术与环保领域技术"的"替代—伴生—替代"创新演进

成长期 I ，凤竹集团进一步向产业链两端的棉纺和制衣领域垂直多元化发展。该时期的主流技术——制衣领域气雾染色技术，开始引领凤竹棉纺、制衣领域成为主流创新；与此同时，环保印染技术和印染废水处理技术的广阔应用前景，促使凤竹集团开始研发新流技术——环保领域节能技术，开展环保新流创新活动。主流与新流创新动态展现了"一次突破型替代—渐进型伴生—二次突破型替代"的完整创新演进过程。

完成第一次创新突破后，凤竹集团再次进入新一轮汇流创新的渐进型伴生状态：在制衣、棉纺领域气雾染色主流技术范式的指导下，凤竹形成主流技术创新团簇并衍生系列创新产品，在主流创新生命的成长期和成熟期实现了工艺创新与产品创新的完美结合。随着印染行业环保需求的日益突显，该时期的新流技术——环保节能导向的新生代印染技术和废水处理技术，在主流技术及其印染辅助、后续技术的渐变积累、不断改进的基础上渐进萌发。两股技术伴生度过汇流创新的共生成长、蓬勃蓄势环节；此后，当制衣领域主流创新产品逐步定型、创新面临"天花板"困境时，汇流创新又一次进入变革再起环节，出现二次突破型替代形态。符合环保新趋势的新流创新异军突起，替代制衣领域主流创新，一跃成为凤竹新一轮汇流创新的主导力量。

（3）成长期Ⅱ："环保领域技术与发展技术"的"替代—伴生"创新演进

成长期Ⅱ，经过两次突破型创新替代，集团开始自主研发并重点攻克环保节能技术。自 2005 年以来，凤竹主流技术——印染和废水处理环保节能技术，引领绿色节能主流创新，形成了拥有凤竹知识产权的系列创新成果，并推出服务于周边同类企业污水处理的系列环保处理技术。环保型主流技术体系迅速成型，推动主流创新平稳度过成长期和成熟发展期；与此同时，随着发展低碳经济、走可持续发展之路的"低碳时代"的到来，凤竹集团奉行以"减量化、资源化"为目标的节水、节能、绿色、环保、时尚新流技术，又已潜伏于主流创新中。目前，凤竹集团的汇流创新正呈现主流创新与新流创新的渐进型伴生创新形态。低碳型新流技术又将引发新一轮突破型替代创新，实现凤竹集团整体创新进程的又一次跨越。

凤竹集团的主流技术跃迁和创新升级，是中小企业汇流创新进程中渐进型伴生创新与突破型替代创新交替呈现、合力推动的结果，是中小企业走出低水平技术引进，实现技术自给、原始性创新的成功创新实践（见图2-7）。

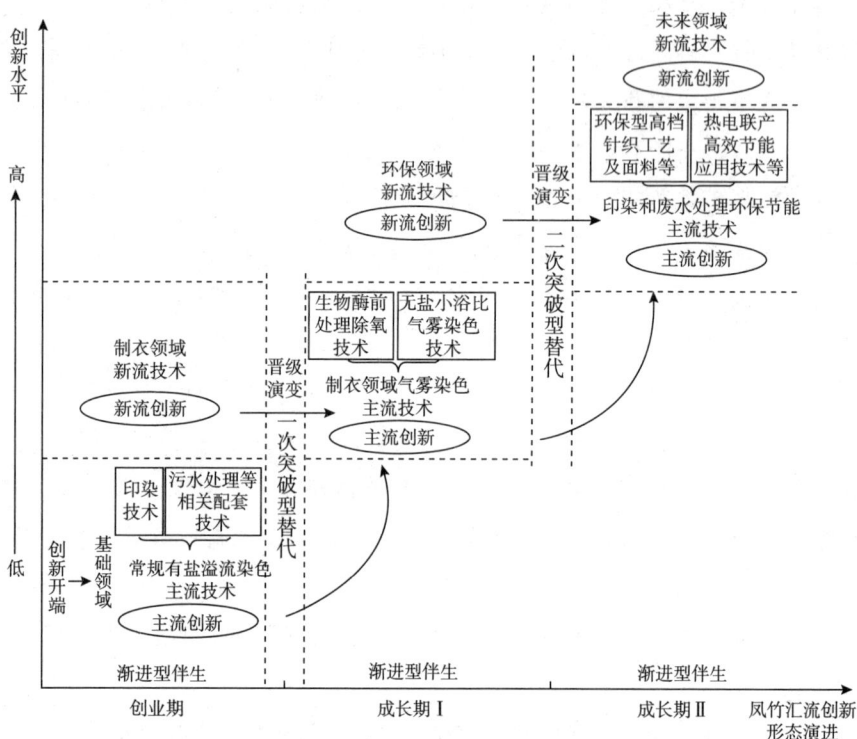

图 2-7　福建凤竹主流创新与新流创新的升级演进

（二）中小企业主流创新与新流创新理论及其能力演化机理的应用启示

1. 中小企业的汇流创新应强化主流创新，孵化新流创新，实现汇流创新

以新流技术作为创新方向，在二者的汇流创新、更替演进中推动自主性创新能力提升，实现持续创新。企业主流创新能力与新流创新能力的动态演进，是在一轮轮汇流创新的循环更替、持续演变下克服技术生命的周期性衰退，实现企业核心技术能力跃迁和自主创新升级的创新规律。该规律阐明，企业无法一成不变地依托一种技术寻求永续发展，只有遵循永不衰竭、持续涌动的新流技术的发展趋势，在新流技术方向引领下，持续开展自主创新，不断通过主流创新孵化新流技术，在新流创新涌现下促使主流技术更新换代，才能促使企业整体创新进程向前推进，

不断突破技术极限、实现创新能力升级，为企业在激烈竞争中赢得持续竞争力。

2. 中小企业的汇流创新应未雨绸缪，拓展与开发并重，通过汇流创新实现技术跃迁和创新升级

主流与新流创新的线性顺轨和非线性跨越相结合的创新轨迹，以及渐进型伴生与突破性替代相结合的创新形态，展现了新旧主流创新能力的技术跃迁和形态演化，而其中汇流创新的线性顺轨演进、渐进型伴生创新则是最终完成技术跨越、创新升级的先决条件。因此，在企业整体创新进程中，也应未雨绸缪，充分认识到进行新技术研发需要 5~10 年的时间跨度，在主流技术成长期开始孕育新流技术，同步进行主流技术拓展，并学习韩国三星集团设立 5 年工作室、10 年工作室、15 年工作室进行新流技术超前研发，从而确保新流创新的持续涌动和不竭生命力，避免主流创新衰退造成的技术"断层"和资源浪费，促成新旧主流技术的顺利转轨和"无缝"过渡，完成新旧主流创新能力的突破性替代和形态升级，最终实现企业的技术突破、知识创新的内生目标。

3. 中小企业的汇流创新应明确目标市场，以项目为导向，以产品为载体，致力于培育创新人才与创新团队，以实现"项目—人才—产品—市场"的协同创新

企业应根据自身特色准确定位市场目标，避开低水平重复竞争的低端市场，瞄准高端市场、专业市场，进行以客户为中心的主流与新流创新活动，持续设立满足现有和未来市场需求的主流与新流创新项目，在项目导向下开发创新产品，并以系列产品为载体，培育和建立创新型团队，在"团队作业式"的持续学习和技术攻关中实现主流与新流创新能力的循环更替，实现在企业自主性创新能力培育和提升进程中，汇流创新协同"项目—人才—产品—市场"的良性循环与演进。

第三节　中小企业复杂性创新理论及其能力演化机理

在经济全球化和市场竞争越来越激烈的时代背景下，中小企业的生存环境日趋复杂。单一领域创新，诸如价格手段创新、销售方式创新等，

已受到迅速被竞争对手跟进、模仿甚至赶超的威胁。创新水平不断提升、逐步向价值链高端攀登的中小企业，越来越需要在充分发掘自身特色创新能力，发挥主流和新流技术的更替、传播、扩散效应形成自主性创新能力的基础上，整合多维创新因素，探索因素间互动作用、共生关系。因此，以多维创新因素联动、耦合创新的复杂性创新理论，在中小企业创新理论研究和实践活动中显示出优越性和重要性。

目前，国内外理论界已开展了复杂性技术创新研究（Robert W. Rycroft & Don E. Kash，1993；Khurana，1999；饶扬德，2005）[147-149]，复杂性过程创新研究（Nelson & Winter，1977；Brown，2008）[150,151]以及复杂性创新系统研究（Vriend，1994；成思危，1999；王学军，2005）[152-154]，其研究对象的复杂化、研究关系的错综化和研究视角的系统化，为中小企业复杂性创新研究指明了方向。

由此，本书提出中小企业多维因素联动创新的复杂性创新理论，并在此基础上分析、总结了体现企业创新因素的内在运行逻辑及彼此交互关系的复杂性创新能力演化机理，旨在为中小企业在全球化竞争环境中打造具有竞争优势的复杂性创新网络，以此不断提升复杂性网络创新能力，实现中小企业向大中型企业转型、升级的目标[155,156]。

一　中小企业复杂性创新理论

（一）中小企业复杂性创新的理论内涵

中小企业复杂性创新的理论，是指中小企业为适应错综复杂的竞争环境和瞬息万变的市场需求，通过人力因素内生创意、资源因素优势运作、行为因素路径选择和发展因素全面支持，以多维因素的复杂联动促使企业网络化创新能力提升和创新制胜的复杂创新理论。

中小企业复杂性创新理论涵盖了创新的人力因素、资源因素、行为因素和发展因素，其创新因素的多维性和功能发挥的联动性，正是该理论的复杂性所在。其中，人力因素是中小企业复杂性创新的核心主体，指由企业家、创新团队构成的中小企业创新人力资本；资源因素是中小企业复杂性创新的运作客体，指企业技术要素和包括市场、战略、组织、文化、制度要素在内的非技术资源要素；行为因素是中小企业复杂性创新的实现形式，指培育和形成企业核心竞争优势的创新路径选择；发展因素是中小企业复杂性创新的持久支持，指能够巩固已有成果、提升创新水平的平台载体。

（二）中小企业复杂性创新理论的主要特征

1. 创新因素多维性

中小企业复杂性创新的理论通过研究人力因素、资源因素、行为因素和发展因素四维因素的复杂联动创新，旨在帮助中小企业在激烈竞争中突围制胜。该理论的着眼点并非销售创新、价格创新等简单市场竞争因素创新，而是深入创新整体运作系统，综合考虑创新主体、创新客体、创新形式和创新载体，基于多维因素的组合、联动创新提升企业创新能力、实现创新目标。因此，中小企业复杂性创新的理论体现了创新因素多维性。

2. 创新能力联动性

中小企业复杂性创新理论中的因素创新能力发挥呈现联动态势：人力因素作为运作创新资源、实施创新行为、构建创新平台的企业内生创新主体，其创新能力体现为内生创意能力；资源因素作为创新主体选择合适的创新路径、培育核心竞争力的要素基础，其创新能力体现为优势资源开发、营运能力；行为因素作为由创新主体发起、以客体优势资源为着眼点、以在竞争中突围制胜为目标的创新行为，其创新能力具体表现为最优路径选择能力；发展因素作为整合各类创新资源，支撑创新主体实施创新行为的创新平台，是实现中小企业网络化创新的重要支持和保障，其创新能力体现为对内生创意、优势资源和最优路径的集成整合能力。因此，中小企业复杂性创新的理论体现了创新能力联动性（见图 2 - 8）。

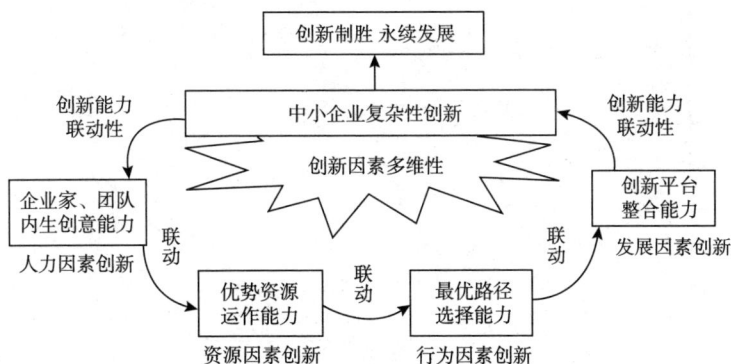

图 2 - 8　中小企业复杂性创新理论

二 中小企业复杂性创新能力的演化机理探析

中小企业复杂性创新能力的演化机理，是指基于中小企业复杂性创新理论，对创新理论中各因素创新能力及其内在运行逻辑、彼此交互关系的规律总结。该机理包括以下四个组成部分。

（一）人力资本内生创新——"企业家＋创新团队"

人力资本内生创新体现了中小企业人力因素创新能力的复杂性演化机理。中小企业组织规模小，创新人力、财力资本相对薄弱，其人力因素的创新能力演化规律，突出表征为以内生人力资本——企业家为核心主体，领导、组建创新团队，形成"企业家＋创新团队"双重主体实施复杂性创新的演化规律。一方面，企业家作为贡献创意和促成创新的关键角色，在企业初创、成长和发展壮大的过程中，都发挥了引领、推动和管理创新的重要作用。尤其对于自身具备研发能力的科技型企业家，其创新作用还将进一步放大，涵盖创新战略的规划制订、研发过程的组织领导、创新实施的管理监督和创新成果的生产推广，科技型企业家直接参与企业创新流程，能有效降低创新成本、加快创新速度、丰富创新成果。另一方面，随着企业的不断发展，在企业家的创新引领下逐步建立起来的稳定、专业的创新团队，将成为创新活动的又一主体，辅助企业家扩大创新范围、深化创新成果，为企业实现持续创新提供人力保障（见图2-9）。

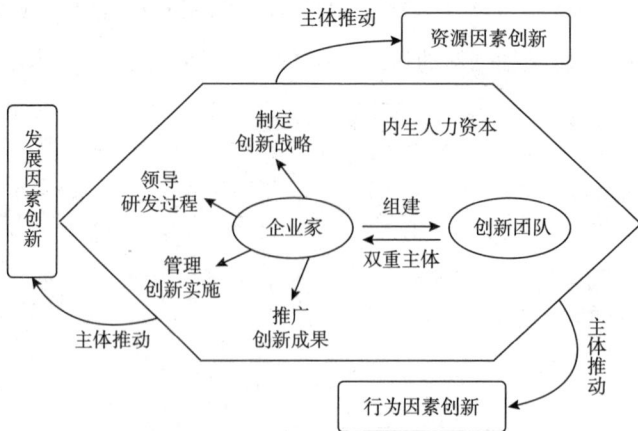

图2-9　中小企业人力资本内生创新

人力因素创新与企业其他因素创新存在交流、互动的内在关系：发起、运作和掌控中小企业各项创新活动的人力资本，是开展资源因素创新、行为因素创新和发展因素创新的动力源头。企业家和创新团队这两类中小企业内生创新主体，是企业各因素创新的共同起点，为其他因素创新奠定了智力基础。

（二）优势资源营运创新——"技术要素＋非技术要素"

优势资源营运创新体现了中小企业资源因素创新能力的复杂性演化机理。与大企业相同，中小企业的资源要素也包括技术要素和非技术要素，其相应的要素创新能力发展趋势也符合从单一要素创新向组合要素、全要素创新发展的能力演化规律。因此，对于创新能力较强、逐步向大中型企业发展的中小企业来说，其资源因素创新能力的演化机理，突出表征为以企业最具竞争力和发展前景的优势资源要素为核心，通过组建跨职能创新团队或项目组，统筹营运企业各类人、财、信息资源和创新要素，形成优势要素引领下的技术、市场、战略、组织、文化、制度等技术与非技术要素创新能力协同发展的复杂性规律。随着企业内外部竞争环境的变化，各类创新要素能力在企业创新中的重要性和地位将随之调整，源源不断地涌现的新一代优势创新能力，将主导新一轮的资源要素运营创新，进而保证企业有限资源的高效利用、优势能力的持续开发和全要素创新能力的协同提升。

资源因素创新与企业其他因素创新关系密切：中小企业优势资源营运创新是企业其他因素创新的前期准备，它为企业家、创新团队的人力资本内生创新创造了资源环境，为企业寻找最优创新路径导向创新行为提供了选择依据，是中小企业确立竞争优势、形成核心竞争力的重要环节。

（三）最优路径导向创新——"优势资源＋核心竞争力"

最优路径导向创新体现了中小企业行为因素创新能力的复杂性演化机理。根据中小企业创新实际，要在日趋激烈的市场竞争中角逐胜出，中小企业必须找到符合现阶段市场竞争需要和自身创新条件、能够展现企业优势创新能力的实现形式，即探寻具有企业自身特色的最优创新路径。因此，其行为因素创新能力的演化机理，突出表征为以企业已有优势资源为着眼点，发掘最有利于放大现有优势资源的作用、形成核心竞争力的创新路径，以此导向创新行为、实现创新目标的复杂性规律。中小企业将优势资源作为发掘最优创新路径的选择依据，以突显优势资源的作用、创造效用最大化为指导思想，实践最优路径导向下的创新行为，帮助企业培育立足复杂竞争环境的核心竞争力，架起由资源优势通往核心竞争优势的桥梁。

行为因素创新与其他因素创新存在的交互关系：行为因素创新是中小企业内生人力资本创新的实现手段，是资源因素优势营运创新的深化和延伸；其是由人力创新因素发起、由优势创新资源决定的创新行为，是企业培育自身核心竞争力、占据有利市场地位的关键举措。

（四）发展平台全面创新——"资源创新参与度＋创新效率"

发展平台全面创新体现了中小企业发展因素创新能力的复杂性演化机理。中小企业的创新成效需要在企业成长、壮大中不断地得到巩固和提升，以确保企业在瞬息万变的市场竞争中立于不败之地。因此，中小企业创新既要立足于现有条件进行优势资源、最优路径创新，又要考虑企业长远发展。其发展因素创新能力的演化机理，突出表征为以构建开放式创新平台为手段，通过平台运作整合企业内外部人力因素、资源因素、行为因素，形成以企业为核心的研发网、制造网、营销网、物流网等复杂性创新网络，凭借不断提高网络化资源的创新参与度和创新效率，推动中小企业网络化创新能力培育和提升的复杂性规律。创新平台是创新能力较强的中小企业巩固现有竞争优势、谋求未来长远发展的支撑和保障。随着企业的发展壮大，其创新平台还将不断升级、完善，发展全方位、开放式的网络化创新平台是中小企业走上全面持续创新道路、向大中型企业升级的坚强后盾。

发展因素创新与其他因素创新的内在关系体现为：以创新平台为核心的发展因素创新为其他因素的创新活动和功能发挥提供了资源交换、信息共享的运作载体，营造了推动其他因素创新实现的内外部组织环境，同时，发展因素创新也是企业因素创新的较高层次，体现了中小企业创新实践中对因素集成、联动创新的现实需求。

总之，中小企业复杂性创新机理是以中小企业人力资本为内生动力，提炼、营运优势资源要素，发掘最优创新路径形成企业核心竞争优势，并通过发展创新平台集成内外部创新资源、巩固已有竞争优势、提升创新能力水平，从而最终实现复杂性网络创新目标的创新规律（见图 2 - 10）。

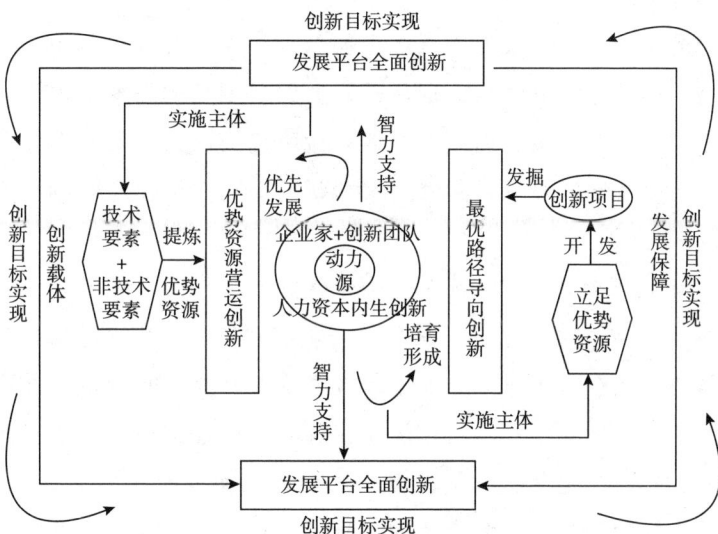

图 2 - 10　中小企业复杂性创新机理

三　中小企业复杂性创新理论及其能力演化机理的应用与启示

（一）中小企业复杂性创新理论及其能力演化机理的案例研究

福建海源自动化机械股份有限公司通过多因素联动创新，在短短 22 年间成为同行企业中掌握核心竞争优势、具备持续发展能力的佼佼者，验证了多维创新因素交互、联动的中小企业复杂性创新理论及其能力演化机理在实践中的效果。

1. 人力因素创新——企业家引领内生创新

作为科技型中小企业，海源公司的董事长兼总经理李良光是海源内生人力资本创新的引领者，其凭借自身技术优势与市场谋略，以技术创新作为公司生存、发展的主轴，引导企业确立技术创新发展方向，带领员工参与自动液压压砖机的设计、生产与营销各环节的创新活动，促使企业整体创新力迅速提升，竞争实力不断攀升。与此同时，李良光董事长在公司成立初期就成立了以技术研发为目标的项目攻关组，该项目攻关组之后逐步成长为包含技术领军人物、技术攻关骨干、技术战略规划人才、情报人才和标准制定人才的稳定的技术创新团队，形成企业家引领技术团队协同创新的内生创新态势，为公司形成并保持技术领先优势奠定了人力基础。

海源的企业家引领人力因素内生创新，是基于对各种资源要素创新机会的整合和研究，资源因素创新是人力因素创新的原始立足点，而行为因素创新和发展因素创新则是企业家做出创新决策、带领企业开展创新活动的行为表现。可见，四维因素创新的交互作用在海源创新实践中得以展现。

2. 资源因素创新——序列化优势营运创新

在海源 22 年发展历程三阶段中各异的优势资源，形成了以优势资源要素为核心，依次、序列化创新营运的"技术要素＋非技术要素"协同发展态势，促使海源高效利用、优化配置有限资源，最终实现技术、战略、市场、管理、文化、制度、组织的全要素协同创新。在该过程中，海源公司贯穿始终的技术要素优先创新、重点发展战略，为海源掌握并不断改进关键技术、培育核心竞争优势提供了强大的技术支持，也成为海源选择项目导向型创新的主要依据。

因此，海源的资源因素创新与其他因素创新也有着密不可分的内在联动关系：企业家引领的人力因素创新，为海源发展三阶段提炼优势要素、开展序列化资源因素创新提供了实施主体，而资源因素的序列化创新又是确立技术资源导向下最优创新路径的选择依据，是整合企业各类资源、构建全方位创新平台的要素准备。

3. 行为因素创新——项目导向型创新

随着技术优势的逐渐显现和市场地位的逐步确立，海源发掘具有自身特色的最优创新路径——项目导向型创新。海源的每项新产品开发都源于一个创新项目，在综合分析竞争环境和自身条件的基础上，公司组建以李良光董事长为首的项目攻关组（之后发展为技术团队）开展新产品研发。项目完成时就是新产品的推出时刻，在该新产品进入市场的同时，新一轮的项目导向型创新又紧锣密鼓地开场了。海源正是通过如此循环往复的项目导向型创新，来完成源源不断的产品技术创新和技术突破，从产品领先到填补国内空白，进而获得领先同行的技术创新能力，跻身行业标准制定企业之一，并凭借该路径实现技术持续改进，成为国内领先的液压成型装备专业制造商。

项目导向型创新是海源行为因素创新的内在机理体现，在海源这一科技型中小企业中，它的成败与否主要取决于内生创新主体——企业家，即项目导向型的创新行为是在企业家的战略指引、方案提供和产品策略下进行的创新活动。同时，该路径创新行为立足于资源因素创新的技术优势提炼，并服务于发展因素创新的集成平台建设，在海源因素创新发展中具有重要作用。

4. 发展因素创新——全方位 TIM 平台创新

构建全方位"TIM 平台"，形成以 TIM 平台为核心的发展因素创新态势，是海源巩固已有成果、持续提升创新水平的又一重大举措。海源的 TIM 平台创新不仅包括人力资本创新，技术、非技术要素创新等有形平台，同时也包括运用新观念、新策略，以及未来创新发展构想等无形平台，是全面整合企业内外部资源、实施协同创新的系统平台。随着公司创新进程的推进，海源还与时俱进地对现有 TIM 平台进行了重构、修正和再定义，以使公司保持持续竞争优势和长期稳定发展，为公司在竞争中立于不败之地提供了全方位支持。

海源构建全方位 TIM 平台的发展因素创新，是对人力因素和资源因素创新的整合、升级，并为两类因素的持续创新营造了互动、开放的组织环境，同时，为行为因素创新的顺利实施及核心竞争优势培育提供了资源支撑，TIM 平台创新与其他因素创新的良性互动也为海源的领先优势保持和未来发展提供了保障。

综上所述，海源通过科技型企业家引领内生创新、技术优势营运序列化创新资源、项目导向型创新培育核心竞争优势、全方位 TIM 平台提升创新层次的多维因素联动复杂性创新，实现了公司竞争制胜、永续发展的创新目标（见图 2 – 11），推动海源逐步从科技型企业向创新型企业转型、迈进，其复杂性创新的成功也为广大科技型中小企业创新提供了实践参考与借鉴。

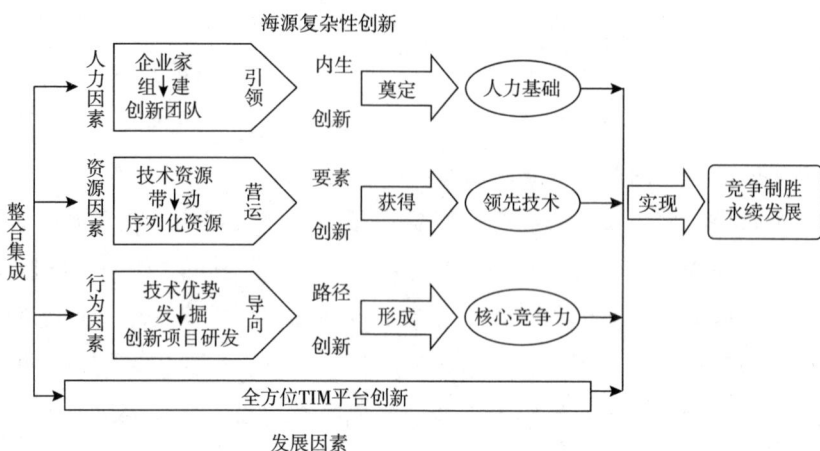

图 2－11　福建海源复杂性创新

（二）中小企业复杂性创新理论及其能力演化机理的应用启示

1. 中小企业创新应建立开放式创新平台，依托平台载体整合内外部创新资源，实施联动创新，以推动企业平台创新能力提升

中小企业复杂性创新理论及其能力提升机理阐释了中小企业创新过程中人力、资源、行为、发展因素多维联动的复杂性创新演化规律。其中，作为发展因素的创新平台建设，是中小企业激发企业家与创新团队内生创意，催生技术与非技术要素协同创新，并以企业优势资源为突破口导向最优创新路径，完成企业的"要素优势—竞争优势"转变、跨越的重要支撑。因此，置身复杂多变的市场竞争环境，中小企业进一步构建起"开放式创新平台"，形成沟通、对接企业内外部创新资源并持续改进、不断升级的开放式平台实体或虚拟空间，不仅是实现企业内部跨部门沟通协作、资源共享的有效途径，同时也是借力开放式运作和资源整合，推动企业与外部创新机构、经济政治组织积极展开商务对话、业务合作，有效弥补自身先天不足，实现创新资源参与度提升和创新效率最大化目标，提升中小企业平台创新能力和整体竞争实力的关键依托。

2. 中小企业创新应致力于构建复杂性创新网络，立足开放式创新平台，打造研、产、销、运等多项创新"投入－产出"环节交互联通的复杂性创新网络系统，以推动企业复杂性网络创新能力提升

中小企业复杂性创新理论及其能力提升机理指出了创新平台建设与

创新网络建构的密切关联，启示中小企业基于自身平台环境并不断改善、优化已有创新平台，逐步构建以自身为核心，贯穿从创新构思、创意转化、加工制造、市场营销到物流服务的系列创新环节，集研发网、制造网、营销网、物流网为一体的复杂性创新网络系统，以此最大限度地激发企业网络化创新资源的协同发展和集成创新，从而不断地提升企业驾驭复杂性网络资源实施创新的综合能力，为中小企业在激烈竞争中突出重围、角逐制胜，最终实现向大中型企业转型和升级奠定坚实基础。

本章小结

（1）中小企业要素导向型创新及其能力演化机理，是基于全面创新管理理论，在分析中小企业创新能力构成的技术要素与非技术要素基础上，阐明不同类型中小企业及其不同发展阶段，推动创新能力提升的主导要素各异，进而形成差异化的要素导向型创新能力和模式的规律。

根据企业调研，要素导向型创新能力往往体现在创新水平较弱的中小企业的创新过程中，在市场作用下，具体表现为特色创新能力，即中小企业基于现有管理、市场或技术要素能力，通过挖掘企业自身特色，创造差异化价值的能力，从而在市场竞争中演绎为特色创新模式。

（2）中小企业主流与新流创新及其能力演化机理，是基于技术周期性演变、技术范式转换和技术轨道发展等理论，阐明新旧主流技术兴衰更替、新旧主流创新交融共生的汇流创新演化规律及主流与新流创新能力的转化、跃迁、递进的机理。

主流与新流创新能力通常代表了创新水平中等的中小企业逐步发展核心技术、提升技术创新水平的需要，在市场竞争压力下，集中表现为自主性创新能力，即中小企业逐步摆脱外源技术引进依赖，培养实现突破性技术或设计内生化、知识产权创造内生化、价值活动控制内生化的能力，这种能力的产生伴生着主流技术的凸显与新流技术的孵化，从而在市场竞争中演绎为自主性创新模式。

（3）中小企业复杂性创新及其能力演化机理，是阐明企业创新中，技术、人力、资源、行为和发展因素等多维创新因素的交互集成、联动创新规律及其复杂性创新能力，尤其是网络创新能力的演进机理。

复杂性创新能力主要体现在创新水平较高的中小企业中，企业的这种复杂性创新能力在巩固市场优势的需求激发下，表现为整合企业内外部多维要素、资源的网络化创新能力，即中小企业在开放式环境下跨部门、跨企业、跨地域、跨国界融合内外部创新资源，构建集研发、设计、制造、服务、物流等于一体的复杂性创新网络，从而实现开放式资源互补、创新互动的能力，并在市场竞争中演绎为复杂性网络创新模式。

三大演化机理阐明中小企业通过主导要素创新能力、主流与新流创新能力、复杂性创新能力的培育，逐步形成提升企业特色创新能力、自主性创新能力、网络化创新能力的机理，为后续研究奠定了理论基础（见图2－12）。

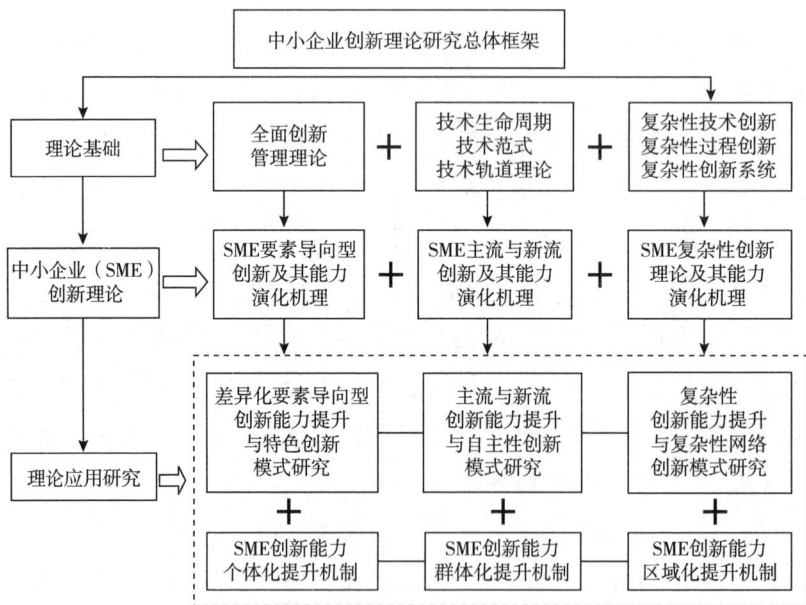

图 2－12 中小企业创新理论研究总体框架

第三章 中小企业自主创新能力的 实证研究

第一节 研究方法

本书采用问卷调查与访谈法、基于三角白化权函数的灰色评估法、描述性统计分析法对中小企业的创新特性、创新能力水平和创新能力提升困境加以研究，以期反映中小企业创新能力的总体现状。

一 问卷调查与访谈法

(一) 问卷调查法

问卷调查法，亦称"书面调查法"，是通过书面形式向被调查者发出简明扼要的征询单（表），请求填写对相关社会现象、社会行动的意见和建议，来间接获得人们行为、态度和社会特征等材料和信息的一种方法[157,158]。本次调查按问卷调查一般程序，包括问卷设计、调查对象选择、问卷发放、问卷回收与数据分析处理。

1. 调查问卷设计

此调查问卷设计基于前期典型企业实地调研、访谈和相关文献研究，遵循客观性、合理性、逻辑性、普遍性和全面性原则。问卷采用选择式结构型，共分为四部分，第一、第二部分采用填空、封闭式选择和顺序式题型，调查企业的基本情况、创新现状与存在困境；第三、第四部分采用李克特 5 量表制（Likert - 5）的等级度量方法，对被调查中小企业的创新能力水平和创新共识进行测度和评分。

2. 调查对象选择

本次问卷调查对象选取福建和浙江两省中小企业，共涉及电子、机械、医药、建材、冶金、纺织、化工等 10 个行业，包括国有、集体、民营个体、中外合资、外商或港澳台投资等性质的企业，数据汇总如表 3 - 1 所示。

表 3 - 1　企业的行业、性质分布

单位：家

所属行业 ＼ 企业性质	国有	集体	民营个体	中外合资	外资或澳台投资	其他	总计
食品饮料制造业			11				11
通用设备制造业			11				11
餐饮等服务业			18				18
石油化工行业			9	10			19
交通运输设备制造业			31				31
生物医药行业	21					8	29
化学原料及化学制品制造业			25		11		36
其他			15	10		33	58
冶金及金属制品业			33	20			53
电子信息行业	12		27	10	8	7	64
机械及器材制造业		9	43	11		9	72
纺织服务等轻工制造业			66		32		98
总　计	33	9	289	61	51	57	500

3. 问卷发放与数据分析处理

此次调查时间为 2014 年 5 月至 6 月中旬。向福建、浙江两省中小企业共发放问卷 680 份，回收问卷 520 份，经筛选获得 500 份有效问卷。问卷借助 SPSS 统计分析软件并运用灰色评估法对信息进行统一编码处理、录入和综合分析。

（二）访谈法

访谈法（interview）又称"晤谈法"，是指通过访员和受访人面对面地交谈来了解受访人的心理和行为的心理学基本研究方法[157,158]。此次我们对福建、浙江数家中小企业的企业家进行了面对面访问，结合调查问卷进一步了解了中小企业的创新现状与能力提升困境。

二　基于三角白化权函数的灰色评估法

鉴于此次问卷调查的样本容量，本书对被调查企业创新能力水平的测度和层次划分采用基于三角白化权函数的灰色评估法[159,160]。该方法假设有 n 个对象，m 个评价指标，s 个不同的灰类，且对象 i 关于指标 j 的样本观测值为 x_{ij}。要根据 x_{ij} 的值对对象 i 开展基于三角白化权函数的灰色评估，基本步骤如下：

（1）评价指标权重 η_j 的确定。

（2）评价灰类划分。将各个指标按其取值范围划分为 s 个灰类，如将 j 指标的取值范围 $[a_1，a_{s+1}]$ 划分为 $[a_1，a_2]$，$\cdots$，$[a_{k-1}，a_k]$，$\cdots$，$[a_{s-1}，a_s]$，$[a_s，a_{s+1}]$。

（3）评价指标取数域延拓。

（4）各指标白化权聚类系数的计算。令 $\lambda_k = (a_k + a_{k+1})/2$ 属于第 k 个灰类的白化权函数值为 1，连接 $(\lambda_k，1)$ 与第 $k-1$ 个灰类的起点 a_{k-1} 和第 $k+1$ 个灰类的终点 a_{k+2}，得到 j 指标关于 k 灰类的三角白化权函数 $f_j^k(\cdot)$，$j = 1，2，\cdots，m$；$k = 1，2，\cdots，s$。继而，根据各指标的观测值 x，计算出其属于灰类 k（$k = 1，2，\cdots，s$）的隶属度 $f_j^k(x)$，公式如下：

$$\lambda_k = (a_k + a_{k+1})/2 \tag{3-1}$$

$$f_j^k(x) = \begin{cases} \dfrac{x - a_{k-1}}{\lambda_k - a_{k-1}}，& x \in [a_{k-1}，\lambda_k] \\[2mm] \dfrac{a_{k+2} - x}{a_{k+2} - \lambda_k}，& x \in [\lambda_k，a_{k+2}] \\[2mm] 0，& x \notin [a_{k-1}，a_{k+2}] \end{cases} \tag{3-2}$$

（5）计算对象 i（$i = 1，2，\cdots，n$）关于灰类 k（$k = 1，2，\cdots，s$）的综合聚类系数 σ_k^i（公式 3-3），并根据 σ_k^i 大小对问题进行评价与分析。

$$\sigma_k^i = \sum_{j=1}^{m} f_j^k(x_{ij}) \cdot \eta_j \tag{3-3}$$

通过该方法，本书量化评价了500家被调查企业的整体创新能力水平和各个能力子项的创新水平，较为全面、客观地对中小企业创新现状进行层次划分和分析。

三　描述性统计分析法

描述性统计分析方法是运用统计学原理及分析方法，对调查对象的所有变量数据进行统计性描述，以揭示搜集数据所蕴含的变量间的内在关系和发展规律[161]。

此次统计资料来源于有效回收问卷的数据和《福建统计年鉴（2013）》数据，借助 SPSS 软件，采用变量频数统计和交叉分组频数分析等描述性统计分析方法进行数据汇总。数据显示，500家被调查企业中成立年限为"＜5年"、"5～10年"、"10～15年"、"15～20年"和"＞20年"的占总数比重分别为40%、22%、14%、12%和12%，递减趋势明显；企业类型中，劳动密集型、技术密集型和资本密集型企业分别占50.6%、17.8%、31.6%，劳动密集型企业仍是该区域中小企业的主要类型；企业所处发展阶段上，初创期130家，发展期211家，成熟期159家，虽然许多企业开始步入发展期、成熟期，但研发投入占销售收入比重为"＜10%"的企业数为331家，占企业总数的66.2%，且这331家企业中技术人员占全体员工比重为"＜10%"的占263家，创新投入不足仍是中小企业的共性问题（见图3－1）。

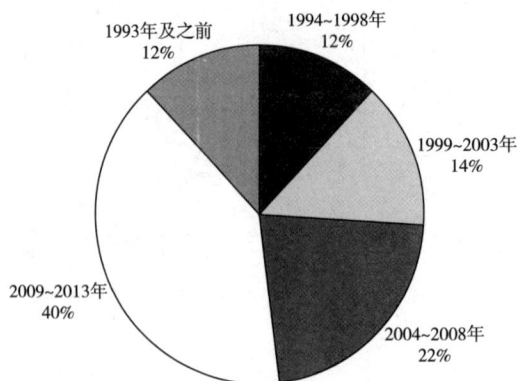

图 3 - 1 - 1　企业成立时间分布

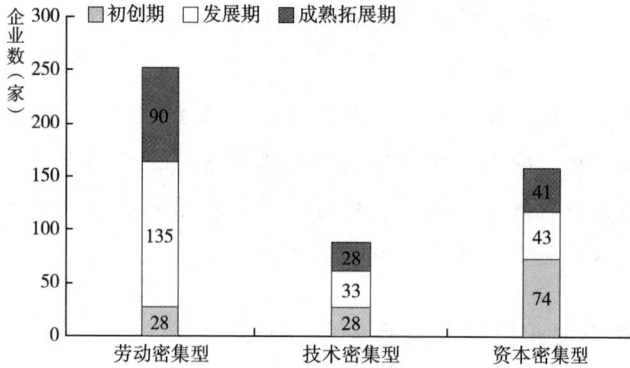

图 3 – 1 – 2　企业类型与所处发展阶段

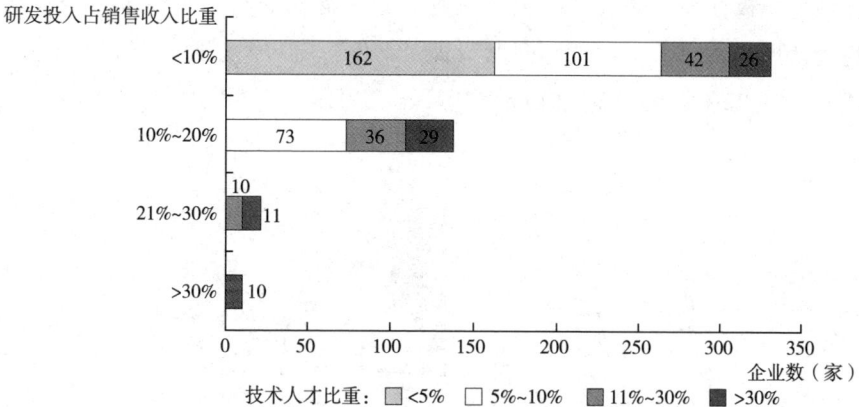

图 3 – 1 – 3　企业创新投入情况

图 3 – 1　中小企业基本情况

　　此次调查的 500 家中小企业，非国有、劳动密集型、制造业中小企业占比重较大，与该区域地处我国东南沿海，拥有众多早期沿海开放城市，经济结构多样化，民间资本活跃，港澳台、外商投资众多，制造业中小企业集聚的经济特征相吻合。因此，通过此次企业问卷调查和实地调研、访谈，本书期望从调查对象的创新特性、创新能力水平和能力提升困境中，获得该区域中小企业总体创新能力现状的价值。

第二节　中小企业创新特性分析

基于此次问卷调查、企业家面对面访谈和实地调研，我们发现，区别于大企业创新，中小企业的创新活动因自身局限而具有特殊性。了解并把握中小企业个性化创新行为特征，是进行中小企业创新能力提升研究的重要前提。

一　中小企业创新的关键角色——企业家

此次问卷"创新共识"部分的"中小企业企业家是影响企业创新主动性、积极性和创新效率的关键人物"这一题目，得到了被调查企业的高度认可，赞同率（"比较同意"即"4分"项和"最同意"即"5分"项）高达92%，如图3-2所示。

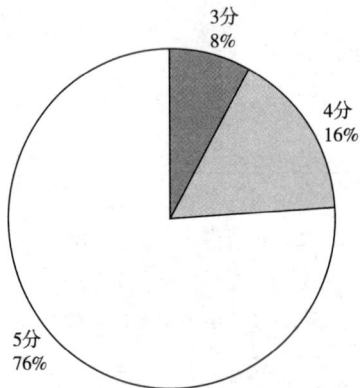

图3-2　中小企业企业家角色

我们所调研、访谈的福建、浙江两省中小企业，其创新实践和创业成果均离不开企业家的审时度势、专业引领和理念灌输。

福州福发发电设备有限公司总经理项丹，经历了企业由国有控股向民营经济的转制变革，清醒地认知到企业的这一转变，大刀阔斧地进行了机构重组和人员精减，迅速降低生产成本，与市场接轨，并立足企业产品特色，清晰定位军工专业市场为企业目标市场，凭借精湛的专业技术和高品质的产品、服务，使企业成为国家指定承担军品生产任务的重点骨干企业。项丹总经理对企业发展的远见卓识和锐意改革，是企业明确创新定位、找准创新突破口的关键因素。

福建海源自动化机械股份有限公司董事长李良光，是一位既富有大胆创新精神，又拥有过硬技术优势的科技型企业家。自企业成立以来，其以技术创新作为公司生存、发展的主轴，通过自身专业技术引领员工持续开展技术创新、产品创新与营销创新等活动，使企业跻身中国机电装备骨干企业之列。李良光董事长的技术优势与创新引领是企业迅速拥有核心技术、实现创新制胜的关键支撑。

浙江信雅达系统工程股份有限公司总经理郭华强，在公司成立之初即致力于营造企业创新型文化，秉持"诚信、文雅、速达"的核心价值观和"创造与创新"的存续理念，打造宽松和谐的创业、创新氛围，充分调动员工创新热情，凝聚全体员工积极投身研究、开发、制造、集成、技术支持和服务等创新能力建设，使公司成为经国家密码管理委员会批准的商用密码产品生产定点单位。郭华强总经理的创新理念和文化塑造，正是挖掘和激发企业创新资源，激励创新型员工、团队创意发挥的关键动力。

现代管理学之父 Peter Drucker[162]（2007）在《创新与企业家精神》一书中将"创新"解释为"一种系统化的有目的活动，是展现创业精神的特定工具，赋予资源一种新的能力，使之成为创造财富的活动"。大企业的创业精神发挥和资源活力创造，是在机构设置完备和职能分工规范化的环境下展开的，参与者涵盖范围广、角色功能分散。而通过此次问卷调查和实地调研，结果充分说明了在规模有限、人力资本薄弱的中小企业中，企业家就是承载创业精神、赋予资源活力、决定创新全程的核心人物。因此，企业家是中小企业创新的关键角色。

二　中小企业创新的突破口——比较优势下的中低端切入

数据显示，此次82%的被调查企业为非技术密集型中小企业，产品技术含量低、核心竞争力小，而电子信息业企业作为福建、浙江两省分布较广的技术密集型中小企业，其员工数也普遍少于300人，年销售额低于3000万元，多数未形成规模。囿于缺乏大企业以规模经济、雄厚资本、核心技术支撑起的竞争优势，中小企业的创新求生亟须寻找符合自身实际的突破口。

在对"中小企业以自身优势为突破口，通过创新放大企业现有优势"的调查中，共有376家企业认同（"最同意"与"比较同意"）该题目。如图3-3所示。

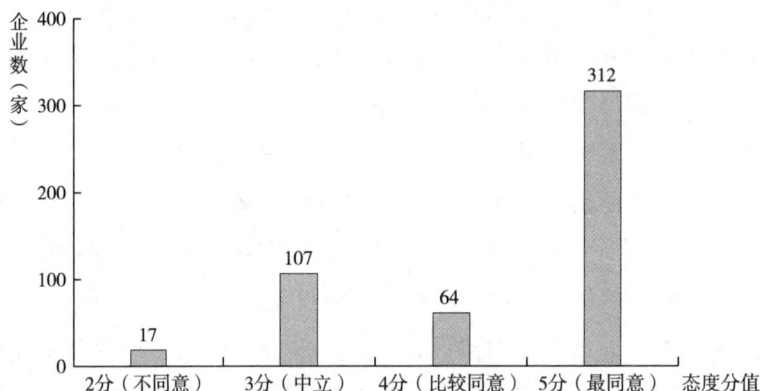

图3-3　中小企业的创新突破口

进一步访谈得知，福建、浙江两省中小企业的"自身优势"突出体现为降低劳动力成本、延长工作时间所换来的相对大企业的低价"比较优势"，极尽发挥该比较优势已成为福建、浙江两省中小企业挖掘生存空间、争取市场立足的共同资本。与此同时，福建、浙江两省作为我国东南沿海的商贸对外窗口，其贸易的自由化与资本流动的全球化加剧了本地市场同类企业间的同质化竞争的同时，也加速了国际跨国公司的大量进驻。产业分工中位于价值链高端利润区的"高、精、尖"技术大多被国内外大企业掌控，大企业凭借核心技术优势以及能够承担高投入、高风险、高不确定性创新的强势竞争力，享有对市场价值活动的核心控制力。而众多挣扎在生存线上的民营、三资中小企业，只能在低价比较优势的基础上，瞄准中低端价值链低利润、低附加值领域，在低成本、低风险性创新中寻求自身价值创造，实现夹缝生存。

因此，相对大企业创新的高端突破，福建、浙江两省中小企业多立足低价比较优势，从价值链的中低端微利区切入、抢占国内外大企业未涉足的中低端市场，依靠中低端消费群体对价格波动的敏感性，为自身赢得一批具有高忠诚性、高黏度的客户群，从而获得中低端创新定位下的市场利润和生存保障。可见，中小企业的创新具有鲜明的立足比较优势的中低端切入特色。

三 中小企业创新的内生驱动力——"市场拉力＞技术推力"

此次创新共识调查中，500家企业对"相比技术创新，风险小、投入少、见效快的市场创新更受青睐"题目表示认同的有405家，对"客户为中心，市场为导向是中小企业一切创新的核心思想"题目的赞同企业数也达423家（见图3-4、图3-5）。访谈中许多企业家进一步表明，"开拓市场和改进销售环节是企业创新的优先考虑，其次才是技术开发"。

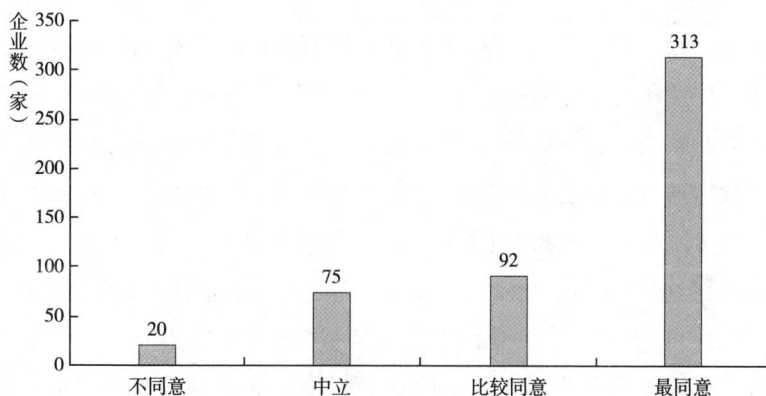

图 3-4 "相比技术创新，风险小、投入少、见效快的
市场创新更受青睐"态度分布

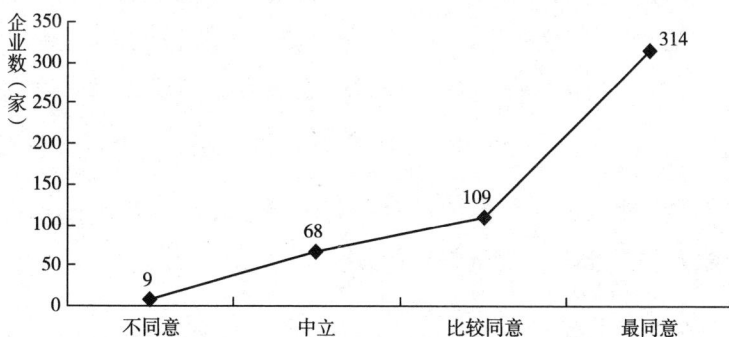

图 3-5 "客户为中心，市场为导向是中小企业一切创新的核心思想"态度分布

　　可见，相比技术领先所蕴藏的预期收益，市场成功获得的直接利润更能激发福建、浙江两省中小企业的创新积极性和主动性。究其原因，中小企业普遍存在的创新资金周转难、供给不稳定状况，决定了其创新"投入—产出"具有短周期、可视化倾向。技术研发导向的创新，是培育和提升企业核心竞争力的重要途径，但需要经历"技术需求预测—技术研发—转化产品—市场回报"的长周期回报等待，其所需的技术预测能力、研发投入能力、风险承担能力使大部分中小企业心有余而力不足；而市场满足导向的创新，则是直面客户的产品、服务需求，通过响应"市场需求—需求导向产品—市场回报"，能在较短时间内确保中小企业获得市场销售成功，是满足中小企业速战速决、创新获利需要的创新选择。

　　根据以上分析，围绕市场需求制定创新战略、实施创新行为，强调创新的适应性和时效性的市场拉力，相比以技术进步、技术提升为目标，强调创新的领先性和前瞻性的技术推力，前者对于中小企业创新更具影响力。技术推力和市场拉力这两类创新驱动力，在大企业中可实现双管齐下，技术攻关与市场维护同步进行。而对于中小企业，尤其是处于初创期或发展初期的中小企业，其相对匮乏的创新资源决定了企业具有"先求生存、后谋发展"的现实考量。能否满足眼前市场需求、能否最快获得市场回报成为企业实施创新的首要标准，而技术成长、技术储备则是次要考虑。

　　因此，相比大企业的技术推力、市场拉力双轮驱动的创新特点，福建、浙江两省中小企业的创新存在"市场拉力＞技术推力"的驱动特点，始终从市场出发、围绕客户需求，迎合市场、创造需求的市场拉力，成为符合中小企业实际需求、激发和牵引企业实施创新的最普遍内生驱动力。

四　中小企业创新能力的演化路径：要素能力—技术主导创新能力—自主性创新能力—全面创新能力

　　结合基础信息分析不同发展阶段中小企业的创新能力发展，发现，处于初创期的130家被调查企业，在"企业最常见的创新活动"中选择"市场需求预测和客户管理"的频数达 79 次，居首位，其次是管理类创新（包括管理体制改革、文化建设和组织结构优化）频数为 52 次，其后是频数 43 次的"技术改进或创新"且集中体现为"模仿后再创新"和"产品、工艺的改良创新"（见图 3-6）。在企业访谈中得知，该类企业开展频率较高的以上创新活动，实际上多停留在满足企业基础运营需要的市场能力、管理能力，以及简单的技术模仿、改良能力上。由于该类企业最迫切的需求在于快速获得市场回报、积累和储备资本，故其对于开发新产品、新技术、新工艺的创新需求尚未显现，创新能力还未真正成型。

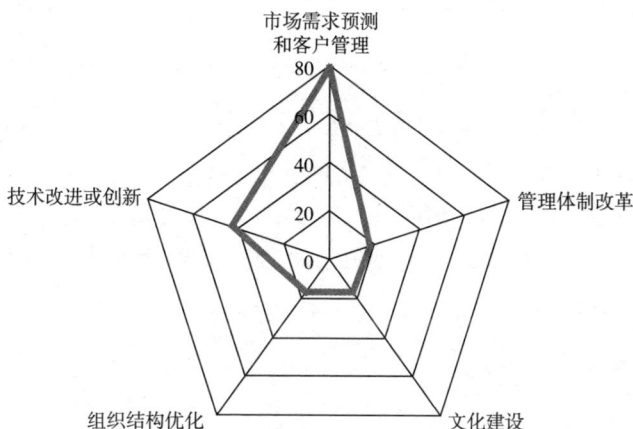

图 3-6 企业最常见的创新活动

对于已进入发展期的 211 家被调查企业，在创新共识中对"拥有核心技术才能确保中小企业长远发展"的调查中，148 家企业认同了（"最同意"与"比较同意"）核心技术能力培育是企业创新发展的必然选择（见图 3-7）。结合进一步访谈，该类企业已开始觉悟实施创新和拥有核心技术对于企业长远发展的必要性和重要性，在早期能力积累上引入创新需求，通过二次创新、集成创新，结合市场拓展、需求创造等市场创新能力，以及协调、统筹创新资源等管理创新能力，致力于培育具有企业核心竞争优势的技术研发和创新能力。

处在成熟拓展期的 159 家中小企业中，91 家企业对自身"拥有竞争对手难以模仿的自主研发核心技术"表示符合（"最符合"与"比较

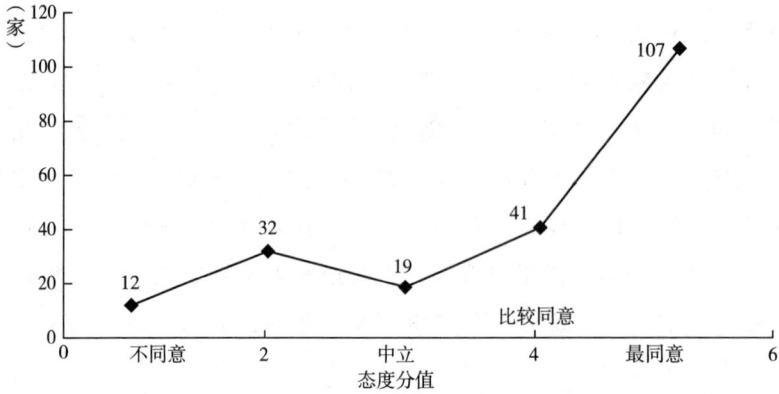

图 3 – 7 "拥有核心技术才能确保中小企业长远发展"态度

符合")。其中 62 家企业在访谈中表示已申请或正在申请知识产权法律
保护，可见该类中小企业的创新能力发展需求正逐步从"拥有自主研
发的核心技术"向"掌握核心技术知识产权甚至技术标准"转变升
级。与此同时，在"创新共识"对"技术创新与非技术创新的全面
发展，是中小企业创新的大势所趋"调查中，500 家被调查企业中
383 家表示赞同（"最同意"与"比较同意"）（见图 3 – 8），其中囊
括了全部该类企业。

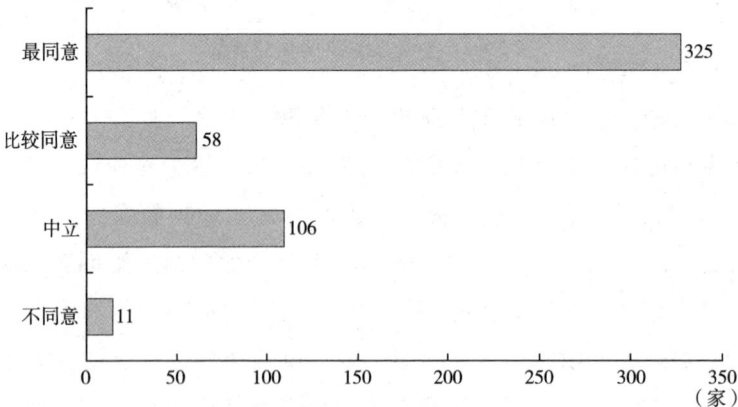

图 3 – 8 中小企业创新能力发展趋势

可见，区别于大企业凭借成熟稳定的创新实力所呈现的创新能力齐
头并进、全面发展的特点，中小企业的创新能力发展是一个伴随企业由

弱至强的成长壮大进而逐步发展、演化的过程。

概括而言，福建、浙江两省中小企业的创新能力早期雏形，是在企业发展初期，体现相对优势、能最快服务于企业财富创造和资本积累的市场、管理、技术等要素能力；在经历要素能力原始积累后，中小企业步入发展期面临单纯要素能力的价值创造周期性弱化，便开始引入创新需求，出现对掌控核心技术的创新觉悟，并开始培育围绕核心技术的相关创新能力；此后，技术主导创新能力随着企业进入成熟拓展期，进一步向更高层次的创新水平迈进，有关知识产权和技术标准的高水平竞争掀起了新一轮市场主导权和话语权的争夺，使得包括知识产权创造力、技术标准制定力和主要价值活动控制力的自主性创新能力，成为中小企业创新能力发展的制高点；而综观国内外关于中小企业的创新能力研究，从创新能力的发展趋势上看，继自主性创新能力之后，中小企业也类似大企业，是以技术要素与非技术要素的"全面创新"为发展目标和趋势，但全面创新对于绝大多数中小企业来说往往停留在趋势导向、方向指引上，当中小企业真正达到创新能力全面发展这一理想终点，其自身也已完成规模化发展阶段，成长、蜕变为大中型企业。因此，福建、浙江两省中小企业的创新能力发展具有鲜明的由低起点发起，逐步蜕变、升级，最终趋向全面创新的"要素能力—技术主导创新能力—自主性创新能力—全面创新能力"的路径演化特征。

第三节　中小企业的创新能力体系构建与能力层级测评

一　中小企业创新能力体系

借鉴国内外中小企业创新能力评价体系研究，本书在问卷调查、企业家访谈和专家意见征求的基础上，从技术创新能力、市场创新能力、管理创新能力和发展创新能力四方面来构建中小企业创新能力体系。

1. 技术创新能力

本书着眼于中小企业技术创新的内部、外部变量，从内部变量的技术研发投入、技术自主性、设计制作能力，以及外部变量的技术整合与学习、技术监测与连续性五方面构建中小企业技术创新能力。

2. 市场创新能力

由于福建、浙江两省中小企业多为劳动密集型企业，改进现有产品、改善客户服务等与市场直接关联的创新活动出现频率高，因此本书从企业的市场敏锐度、市场定位与品牌、营销手段与服务、市场开拓、市场信息获取与整合五方面来构建中小企业市场创新能力。

3. 管理创新能力

中小企业的管理创新能力，即以企业家为核心的管理层，创造性驾驭和运作创新资源创造企业价值的综合性能力。根据企业访谈，本书从创新战略与文化、人才管理与激励、组织设置与部门协调、生产控制与管理四方面来构建中小企业管理创新能力。

4. 发展创新能力

发展创新能力，是中小企业在创新过程中，多渠道、灵活获取和利用创新信息流来提升企业现有能力，增加产品、服务附加值的能力。在21世纪信息流和物质流全面融合的时代背景下，依托网络环境下高速流通的信息、资源，为各类经济实体创新发展和产业结构调整、升级创造的有利条件，本书从产业组织间沟通与协作、政府扶持、产学研合作、金融与社会服务四方面来构建中小企业发展创新能力（见表3-2）。

表3-2 中小企业创新能力体系

一级指标	二级指标	三级指标
技术创新能力（J）	技术研发投入（J1）	技术研发投入占销售收入的比重保持稳定水平（J11）
		有稳定的技术人才和团队（J12）
	技术自主性（J2）	拥有竞争对手难以模仿的自主研发核心技术（J21）
		不断地对生产工艺和流程进行改进（J22）
	设计制作能力（J3）	具有较强的工业技术设计能力（J31）
		产品或设备的再创新能力强（J32）
	技术整合与学习（J4）	技术整合能力强（J41）
		快速吸收、掌握和运用外部引进的生产设备和工艺（J42）
	技术监测与连续性（J5）	对技术发展趋势的监测、预见能力强（J51）
		在现有产品老化、淘汰前超前储备新技术或新产品（J52）

一级指标	二级指标	三级指标
市场创新能力（S）	市场敏锐度（S1）	对市场需求变化的响应速度快（S11）
		善于从用户需求、反馈信息中捕捉创新点（S12）
	市场定位与品牌（S2）	有清晰的市场定位和目标客户（S21）
		产品已具有品牌效应（S22）
	营销手段与服务（S3）	营销手段丰富多样，富有创新性（S31）
		重视产品的售前、售中、售后服务，并不断改进（S32）
	市场开拓（S4）	重视市场开拓（S41）
		市场开拓的方式方法灵活，富有创新性（S42）
		对潜在市场的分析、预测能力强（S43）
	市场信息获取与整合（S5）	用户、竞争对手等市场信息的收集、整合能力好（S5）
管理创新能力（G）	创新战略与文化（G1）	企业家富有创新精神和创新意识，容忍创新失败（G11）
		管理层鼓励创新，企业制定了可操作的创新战略（G12）
	人才管理与激励（G2）	具有规范、有效的招聘、考核、奖惩制度（G21）
		具有规范、有效的创新激励机制（晋升、深造等奖励）（G22）
		鼓励员工持续学习，重视员工培训（G23）
	组织设置与部门协调（G3）	不同职能部门的工作职责界定清晰，组织运转高效（G31）
		有统一的信息化平台，在全企业范围内实现信息共享（G32）
	生产控制与管理（G4）	具有完备的质量管理体系（G41）
		具备标准化的生产运作流程并严格按照流程执行（G42）
		具有严格的预算管理制度（G43）
发展创新能力（F）	产业组织间沟通与协作（F1）	与产业链上下游企业保持密切联系，获得创新信息（F11）
		能快速学习同行中小企业技术，获得技术扩散（F12）
		为同行大企业提供配套产品或服务，获得技术转移（F13）
	政府扶持（F2）	创新活动获得当地政府支持，享受一定优惠（F2）
	产学研合作（F3）	与高等院校保持良好合作关系（F31）
		与科研机构保持良好合作关系（F32）
	金融与社会服务（F4）	与银行等投融资机构具有借贷关系（F41）
		获得生产力促进中心支持（F42）
		获得中介、技术服务机构支持（F43）
		获得公共信息服务平台、技术市场信息支持（F44）

二 中小企业创新能力现状评价

根据表 3-2 的中小企业创新能力体系，本书用古林法[163]结合有关专家、企业家意见得出各个层次指标权重，如表 3-3 所示。

表 3-3 各层次指标权重

一级指标权重	二级指标	二级指标权重	三级指标	三级指标权重
J (0.268)	J1	0.218	J11	0.522
			J12	0.478
	J2	0.260	J21	0.763
			J22	0.237
	J3	0.220	J31	0.734
			J32	0.266
	J4	0.185	J41	0.543
			J42	0.457
	J5	0.117	J51	0.510
			J52	0.490
S (0.245)	S1	0.216	S11	0.568
			S12	0.432
	S2	0.258	S21	0.382
			S22	0.618
	S3	0.207	S31	0.490
			S32	0.510
	S4	0.166	S41	0.361
			S42	0.275
			S43	0.364
	S5	0.153	S5	0.153
G (0.244)	G1	0.378	G11	0.663
			G12	0.337
	G2	0.261	G21	0.297
			G22	0.369
			G23	0.334
	G3	0.189	G31	0.428
			G32	0.572

一级指标权重	二级指标	二级指标权重	三级指标	三级指标权重
G (0.244)	G4	0.172	G41	0.339
			G42	0.326
			G43	0.335
F (0.243)	F1	0.311	F11	0.330
			F12	0.337
			F13	0.333
	F2	0.254	F2	0.254
	F3	0.228	F31	0.578
			F32	0.422
	F4	0.207	F41	0.259
			F42	0.228
			F43	0.256
			F44	0.257

考虑到篇幅限制,以及计算的便捷性,本节采用基于三角白化权函数的灰色评估法对具有代表性的 50 家企业的 18 个二级指标进行评价分析,二级指标得分由三级指标分值结合表 3 - 3 中权重加权计算得到。将被调查企业的创新能力等级划分为 3 个评价灰类,灰类序号为 k, $k=1$、2、3 分别表示创新能力的弱、中、强三个等级。根据专家意见、企业访谈信息和标杆原理,确定各指标所属灰类,并根据调研资料对各评价指标进行延拓,结果如表 3 - 4 所示。

表 3 - 4　创新能力评价指标的灰类与延拓值

一级指标	二级指标	弱 $[a_1, a_2)$	中 $[a_2, a_3)$	强 $[a_3, a_4)$	延拓值 1 a_0	延拓值 2 a_5
技术创新能力 J	J1	$[1, 2.93)$	$[2.93, 4.6)$	$[4.6, 5)$	0	6
	J2	$[1, 2.82)$	$[2.82, 4.6)$	$[4.6, 5)$	0	6
	J3	$[1, 2.82)$	$[2.82, 4.6)$	$[4.6, 5)$	0	6
	J4	$[1, 2.82)$	$[2.82, 4.6)$	$[4.6, 5)$	0	6
	J5	$[1, 2.75)$	$[2.75, 4.6)$	$[4.6, 5)$	0	6

一级指标	二级指标	弱	中	强	延拓值1	延拓值2
		$[a_1, a_2)$	$[a_2, a_3)$	$[a_3, a_4)$	a_0	a_5
市场创新能力 S	S1	[1.42, 2.92)	[2.92, 4.6)	[4.6, 5)	0	6
	S2	[1.37, 2.95)	[2.95, 4.6)	[4.6, 5)	0	6
	S3	[1.5, 2.9)	[2.9, 4.6)	[4.6, 5)	0	6
	S4	[1.35, 2.9)	[2.9, 4.6)	[4.6, 5)	0	6
	S5	[1, 2.9)	[2.9, 4.6)	[4.6, 5)	0	6
管理创新能力 G	G1	[1, 2.9)	[2.9, 4.6)	[4.6, 5)	0	6
	G2	[1, 2.9)	[2.9, 4.6)	[4.6, 5)	0	6
	G3	[1, 2.88)	[2.88, 4.6)	[4.6, 5)	0	6
	G4	[1, 2.95)	[2.95, 4.6)	[4.6, 5)	0	6
发展创新能力 F	F1	[1, 2.9)	[2.9, 4.6)	[4.6, 5)	0	6
	F2	[1, 2.9)	[2.9, 4.6)	[4.6, 5)	0	6
	F3	[1, 2.9)	[2.9, 4.6)	[4.6, 5)	0	6
	F4	[1, 2.83)	[2.83, 4.6)	[4.6, 5)	0	6

以评价指标为序，依次将每一家被调查企业在表3-4中数据代入公式（3-1）和（3-2），计算各企业18个二级指标关于3个灰类的54个白化权聚类系数 $f_{ij}^k(x_{ij})$，限于篇幅，50家企业共2700个白化权函数不具体罗列。将结果代入公式（3-3），求得各企业四个一级能力指标和企业整体的综合聚类系数 σ_k^i。将50家中小企业创新能力评价的最终结果，以"$k = 1、2、3$"，即企业创新能力水平"弱、中、强"进行灰类划分，结果如表3-5所示。

表3-5 企业创新能力综合聚类系数总表

企业	$k = 1$ 创新能力弱			MAX	企业	$k = 2$ 创新能力中			MAX	企业	$k = 3$ 创新能力强			MAX
	σ_1	σ_2	σ_3			σ_1	σ_2	σ_3			σ_1	σ_2	σ_3	
9	0.76	0.21	0	0.76	2	0.36	0.67	0.43	0.67	1	0.05	0.17	0.78	0.78
15	0.49	0.4	0.24	0.49	7	0.39	0.77	0.39	0.77	3	0.13	0.29	0.68	0.68
18	0.58	0.48	0.15	0.57	8	0.38	0.42	0.41	0.42	4	0.23	0.41	0.53	0.53
19	0.77	0.37	0.02	0.77	10	0.34	0.61	0.44	0.61	5	0.14	0.56	0.7	0.7
20	0.58	0.38	0.16	0.58	12	0.27	0.77	0.53	0.77	6	0.06	0.24	0.78	0.78

企业	k=1 创新能力弱			MAX	企业	k=2 创新能力中			MAX	企业	k=3 创新能力强			MAX
	σ_1	σ_2	σ_3			σ_1	σ_2	σ_3			σ_1	σ_2	σ_3	
27	0.48	0.11	0.1	0.48	13	0.21	0.67	0.61	0.67	11	0.34	0.37	0.46	0.46
28	0.48	0.11	0.1	0.48	14	0.48	0.54	0.33	0.54	17	0.11	0.48	0.73	0.73
29	0.37	0.15	0.3	0.37	16	0.51	0.61	0.2	0.61	22	0.05	0.21	0.79	0.79
33	0.68	0.59	0.12	0.68	21	0.48	0.62	0.3	0.62	25	0.12	0.35	0.7	0.7
37	0.46	0.36	0.27	0.46	23	0.47	0.57	0.31	0.57	31	0.35	0.27	0.47	0.47
40	0.71	0.43	0.03	0.71	24	0.34	0.59	0.44	0.59	35	0.1	0.73	0.73	0.73
43	0.54	0.37	0.18	0.54	26	0.48	0.64	0.31	0.64	36	0.15	0.38	0.66	0.66
44	0.61	0.39	0.12	0.61	30	0.52	0.61	0.25	0.61	45	0.04	0.07	0.78	0.78
46	0.68	0.51	0.05	0.68	32	0.33	0.72	0.44	0.72	48	0		0.83	0.83
47	0.72	0.38	0.02	0.72	34	0.59	0.72	0.09	0.72	50	0.01	0.04	0.83	0.83
49	0.45	0.39	0.23	0.45	38	0.32	0.55	0.49	0.55					
					39	0.4	0.65	0.35	0.65					
					41	0.31	0.63	0.5	0.63					
					42	0.26	0.61	0.53	0.61					

注：“σ_1”为 $k=1$ 时白化权聚类系数；“σ_2”为 $k=2$ 时白化权聚类系数；“σ_3”为 $k=3$ 时白化权聚类系数；“MAX”指 $k=1$、2、3 三个白化权聚类系数中的最大值。

由表 3-5 评价结果可知，50 家被调查企业中，创新能力水平属于“弱”灰类的企业有 16 家，属于“中”灰类的企业有 19 家，属于“强”灰类的企业有 15 家，被调查企业的创新能力呈现弱、中、强的三层次分布现状。

三 中小企业创新能力水平的三层次分析

对三层次创新能力水平的被调查企业的技术、市场、管理和发展四个一级能力指标进行灰类划分，不同层次企业的创新能力水平分析如下。

（一）“$k=1$”创新能力水平“弱”层企业

处于创新能力水平“弱”层的 16 家企业，其一级指标的能力发展呈现两极分化。按四个能力子项白化权聚类系数的灰类等级均值进行排序为“管理 > 市场 > 技术 > 发展”创新能力（1.64 > 1.57 > 1.07 > 1）。其中，管理和市场创新能力具有明显相对优势，16 家企业中有 8 家的管理或市场创新能力达到"中"层水平，而技术、发展创新能力则是这类企业的软肋，仅1家科技型中小企业的技术创新能力达到"中"层水平，该类企业的发展创新能力均处于"弱"层水平，如表3-6所示。

表3-6 "$k=1$"企业的四项能力白化权聚类系数及灰类等级

| 企业 | $k=1$ 创新能力弱 | | | MAX | JM | k | SM | k | GM | k | FM | k |
	σ_1	σ_2	σ_3									
9	0.76	0.21	0	0.76	0.74	1	0.64	1	0.94	1	0.74	1
15	0.49	0.4	0.24	0.49	0.44	2	0.46	1	0.53	1	0.61	1
18	0.57	0.48	0.15	0.57	0.58	1	0.6	1	0.72	2	0.62	1
19	0.77	0.37	0.02	0.77	0.75	1	0.77	1	0.71	1	0.87	1
20	0.58	0.38	0.16	0.58	0.77	1	0.62	2	0.39	2	0.61	1
27	0.48	0.11	0.1	0.48	0.52	1	0.45	2	0.51	1	0.51	1
28	0.48	0.11	0.1	0.48	0.52	1	0.45	1	0.51	1	0.51	1
29	0.37	0.15	0.3	0.37	0.52	1	0.82	3	0.41	3	0.62	1
33	0.68	0.59	0.12	0.68	0.7	1	0.69	1	0.7	2	0.8	1
37	0.46	0.36	0.27	0.46	0.65	1	0.58	2	0.67	3	0.58	1
40	0.71	0.43	0.03	0.71	0.78	1	0.8	1	0.75	2	0.66	1
43	0.54	0.37	0.18	0.54	0.52	1	0.57	2	0.69	2	0.75	1
44	0.61	0.39	0.12	0.61	0.69	1	0.61	2	0.75	1	0.53	1
46	0.68	0.51	0.05	0.68	0.73	1	0.66	1	0.66	1	0.67	1
47	0.72	0.38	0.02	0.72	0.71	1	0.56	1	0.8	1	0.82	1
49	0.45	0.39	0.23	0.45	0.63	1	0.62	2	0.66	2	0.54	1

注："JM"指技术创新能力的白化权聚类系数最大值；"SM"指市场创新能力的白化权聚类系数最大值；"GM"指管理创新能力的白化权聚类系数最大值；"FM"指发展创新能力的白化权聚类系数最大值；"k"指所属的灰类等级。

综合分析该类企业的基本信息，16家企业中近5年内成立的新生企业占9家，积累不足、根基不稳，使得求生存、求市场融入成为该类企业的首要目标，扬长避短实施创新则是实现市场生存目标的主要手段。因此，该类企业的管理和市场创新能力呈现明显优势，前者表现为严格的预算管理、成本控制或组织结构调整；后者是企业实时追随市场、响应需求，进而创造需求、获得价值的优先选择。但这两项能力中，高层次创新如战略创新、品牌创新等涉及尚少，多处于低水平、初期阶段；

相比之下，能力积累和资源储备要求较高的技术、发展创新能力则明显滞后，93.8%的该类企业的技术、发展创新能力尚为空白或还在雏形阶段。因此，创新能力水平"弱"层企业的创新能力多处于初生、萌发阶段，是正在进行创新能力培育和建设的一类企业，本书统称之为"创新能力建设型中小企业"。

（二）"$k=2$"创新能力水平"中"层企业

处于创新能力水平"中"层的 19 家企业，其四项能力的等级均值排序为"管理 > 市场 > 技术 > 发展"创新能力（2.32 > 2.11 > 1.95 > 1.68）。在管理和市场创新能力上，19 家该类企业全数达到中等甚至以上水平，其中 6 家企业的管理创新能力、2 家企业的市场创新能力达到"强"层水平。与此同时，技术和发展创新能力追赶趋势明显，19 家企业中 16 家的技术创新能力达到中等甚至以上水平，12 家企业的发展创新能力达到中等水平，如表 3 - 7 所示。

表 3 - 7　"$k=2$"企业的四项能力白化权聚类系数及灰类等级

企业	$k=2$ 创新能力中			MAX	JM	k	SM	k	GM	k	FM	k
	σ_1	σ_2	σ_3									
2	0.36	0.67	0.43	0.67	0.76	2	0.71	2	0.78	3	0.65	2
7	0.39	0.77	0.39	0.77	0.84	2	0.67	2	0.89	2	0.66	2
8	0.38	0.42	0.41	0.42	0.42	3	0.42	3	0.71	3	0.7	2
10	0.34	0.61	0.44	0.61	0.78	2	0.62	2	0.76	3	0.51	2
12	0.27	0.77	0.53	0.77	0.78	2	0.78	2	0.68	2	0.84	2
13	0.21	0.67	0.61	0.67	0.84	2	0.8	3	0.71	2	0.68	3
14	0.48	0.54	0.33	0.54	0.46	1	0.72	2	0.71	2	0.6	1
16	0.51	0.61	0.2	0.61	0.68	2	0.65	2	0.87	2	0.54	1
21	0.48	0.62	0.3	0.62	0.5	1	0.91	2	0.63	2	0.73	1
23	0.47	0.57	0.31	0.57	0.74	1	0.84	2	0.7	2	0.52	1
24	0.34	0.59	0.44	0.59	0.63	2	0.67	2	0.71	2	0.52	1
26	0.45	0.64	0.31	0.64	0.68	2	0.52	2	0.73	2	0.64	2
30	0.52	0.61	0.25	0.61	0.61	2	0.58	2	0.7	2	0.56	1
32	0.33	0.72	0.44	0.72	0.74	2	0.57	3	0.86	2	0.73	2

企业	$k=2$ 创新能力中			MAX	JM	k	SM	k	GM	k	FM	k
	σ_1	σ_2	σ_3									
34	0.59	0.72	0.09	0.72	0.74	2	0.69	2	0.73	2	0.73	2
38	0.32	0.55	0.49	0.55	0.7	3	0.66	2	0.51	3	0.66	2
39	0.4	0.65	0.35	0.65	0.66	2	0.77	2	0.84	2	0.64	1
41	0.31	0.63	0.5	0.63	0.58	2	0.83	2	0.79	3	0.71	2
42	0.26	0.61	0.53	0.61	0.76	2	0.68	2	0.74	3	0.69	2

综合分析调查数据，创新能力水平"中"层企业的管理和市场创新能力同样相对领先，且技术、发展创新能力也出现追赶趋势，尤其是技术创新能力的大幅提升迅速缩短了能力子项间的发展差距。相比创新能力建设型企业，该类企业的技术创新能力等级均值提升幅度达82%，位居四项能力增幅之首，且与得分居首的管理创新能力间的分值差距，比创新能力建设型企业缩小了一半；另外，该类企业的发展创新能力等级均值也已突破1.5向"中"层创新水平迈进，比创新能力建设型企业该项指标提高68%，提升幅度仅次于技术创新能力。因此，该类中小企业的创新能力正在稳步成长，是处于创新能力进步阶段的一类企业，本书统称之为"创新能力进步型中小企业"。

（三）"$k=3$"创新能力水平"强"层企业

处于创新能力水平"强"层的15家企业，四个能力子项的等级均值排序为"管理=市场>技术>发展"创新能力（2.93=2.93>2.79>2.33），四项能力全部达到中等以上水平，开始呈现四项能力的齐头并进、协同发展趋势。其中，市场和管理能力水平并列居首，均仅1家企业落在"中"等水平，86.7%该类企业的这两个能力子项的创新水平同步达到"强"层；位居第二的技术创新能力在15家该类企业中有12家达到"强"层，且这12家中66.7%为非技术密集型企业，可见技术创新能力的培育和核心技术获取也是劳动密集型、资本密集型中小企业创新能力水平升级的重要推力；在发展创新能力方面，15家该类企业中已有61.5%达到创新能力"强"层，相比创新能力建设型和进步型企业有了明显提升，如表3-8所示。

表 3 – 8　"$k = 3$"企业的四项能力白化权聚类系数及灰类等级

企业	$k = 3$ 创新能力强			MAX	JM	k	SM	k	GM	k	FM	k
	σ_1	σ_2	σ_3									
1	0.05	0.17	0.78	0.78	0.74	3	0.79	3	0.84	3	0.74	3
3	0.13	0.29	0.68	0.68	0.83	3	0.62	3	0.8	3	0.65	2
4	0.23	0.41	0.53	0.53	0.71	2	0.66	3	0.83	3	0.43	1
5	0.14	0.56	0.7	0.7	0.72	3	0.72	3	0.77	3	0.74	2
6	0.06	0.24	0.78	0.78	0.83	3	0.7	3	0.77	3	0.82	3
11	0.34	0.37	0.46	0.46	0.52	3	0.7	3	0.57	2	0.53	1
17	0.11	0.48	0.73	0.73	0.76	3	0.79	3	0.78	3	0.65	2
22	0.05	0.21	0.79	0.79	0.78	3	0.82	3	0.83	3	0.73	3
25	0.12	0.35	0.7	0.7	0.71	3	0.69	3	0.77	3	0.62	3
31	0.35	0.27	0.47	0.47	0.45	2	0.55	3	0.69	3	0.54	1
35	0.1	0.37	0.73	0.73	0.6	3	0.79	3	0.84	3	0.73	3
36	0.15	0.38	0.66	0.66	0.6	2	0.73	3	0.83	3	0.64	2
45	0.04	0.07	0.78	0.78	0.64	3	0.83	3	0.83	3	0.83	3
48	0	0	0.83	0.83	0.83	3	0.83	3	0.83	3	0.83	3
50	0.01	0.04	0.83	0.83	0.83	3	0.83	3	0.83	3	0.81	3

　　结合企业基础信息，创新能力水平"强"层企业统揽了这 50 家调查企业中成立年限超过 20 年的 6 家企业和研发经费投入比重为"＞30％"的 1 家企业，占据 8 家技术人员比重为"＞30％"企业的 5 家。相比创新能力进步型企业，该类企业在市场与管理创新能力协同领先的同时，其技术创新能力继续以 43％ 的增幅上扬，并将技术创新能力与得分居首的管理创新能力的差距由 0.37 缩小到 0.14；其发展创新能力仅次于技术创新能力，增幅达 38.7％，与管理创新能力的差距进一步缩小了 0.04。企业整体创新能力趋向均衡发展、全面协同。因此，本书认为该类中小企业的创新能力发展已基本趋于成熟，属于同类企业中的领先、旗舰企业，统称之为"创新能力领先型中小企业"。

　　综上所述，代表不同创新能力水平层次的创新能力建设型、进步型和领先型中小企业，其能力子项分布曲线比较如图 3 – 9 所示。

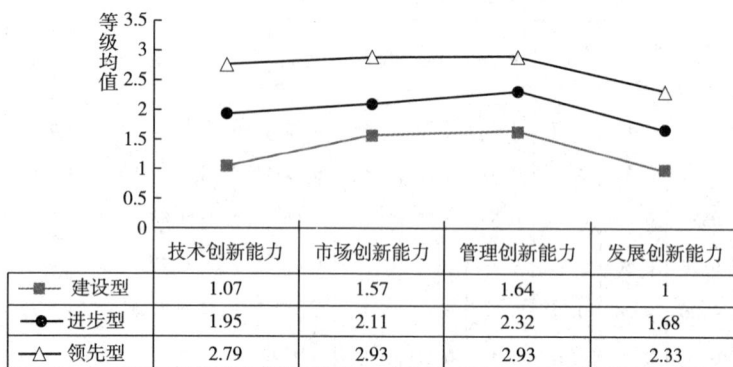

	技术创新能力	市场创新能力	管理创新能力	发展创新能力
■ 建设型	1.07	1.57	1.64	1
● 进步型	1.95	2.11	2.32	1.68
△ 领先型	2.79	2.93	2.93	2.33

图 3 - 9 中小企业创新能力水平三层次比较

一方面，三层次中小企业体现出管理创新能力、市场创新能力的相对优势共性。管理创新能力在三层次企业中备受重视，得分居首，印证了一位企业家所言：做管理比做技术更赚钱。正如图 3 - 1 - 2 所示，对于此次非技术密集型占 82.2% 的被调查企业，在尚未获得自身核心技术竞争力时，更多企业意识到了创新管理所能带来的事半功倍效用。调查得知，创新管理是创新能力建设型中小企业保证产品质量，科学缩减生产、运营成本，在同质化竞争中创造差异化优势的实现基础；是创新能力进步型中小企业落实创新战略、打造自有品牌、内生自主创意、树立和巩固核心竞争优势的重要支撑；是创新能力领先型中小企业有效集成内外部创新资源、构建创新网络平台、完成价值链升级和供应链整合的制度保障。市场创新能力的比较优势，则体现了以"客户为中心、市场为导向"的市场拉力是中小企业创新的普遍内生驱动力，符合中小企业风险承受力小、核心技术能力积累不足的客观实际。

另一方面，三层次中小企业在技术、发展创新能力水平上具有明显差异。技术创新能力作为不同层次企业间提升幅度最大的能力子项，其能力水平的高低几乎成为中小企业创新层次高低的标志。技术创新能力提升、追赶、突破对企业整体创新层次升级的推动作用，越来越突显了技术在企业创新能力提升中的关键作用；对于发展创新能力，限于中小企业自身资源条件，其创新水平始终处于四项能力末位，成为制约企业整体创新水平的主要因素，因此，冲破发展创新能力瓶颈也成为中小企业创新能力提升的重要诉求。

第四节　中小企业创新能力提升的困境分析

在中小企业创新特性和三层次能力水平分析的基础上，"诊断"创新能力提升的"病症"，是对症下药、有的放矢地研究中小企业创新能力提升的模式和机制的关键步骤。基于此次问卷调查和实地访谈信息反馈，本书归纳出抑制中小企业创新能力提升的三大因素——创新需求不明、创新供给缺失、创新体制束缚。

一　中小企业创新需求不明

中小企业的创新需求，是中小企业对创造新的市场价值的新技术、新产品、新工艺等的需求。具体体现在中小企业的创新动力和积极性上，同时也受到市场环境的直接影响。根据此次调查，我们发现上文所划分的三层次中小企业普遍存在创新需求不明的现象，即对突破性的新技术、新产品、新工艺创新持观望、绕行或避让的不明朗态度，这必然阻碍了中小企业创新能力的提升。

（一）个体企业动力不足，创新需求不明

中小企业受自身资源、实力限制，往往对高投入、高风险、高不确定性的突破性创新退避三舍，而普遍采用"引进—消化—吸收—再创新"形式。在此次"自有技术研发需求调查"中，500 家企业有 70% 的中小企业回避了"愿投入成本研发"选项，而表示"需求一般，引进成熟技术、模仿再创新投入更少、见效更快"或"无所谓"态度。在企业最常见的创新活动调查中，"市场需求预测和客户管理"以绝对的比重优势成为被调查企业最频繁采用的创新活动，位居其后的"技术改进或创新"则落后达 14.6 个百分点，如图 3 - 10 所示。

正如上文的创新能力构成分析，关注用户、紧跟市场趋势的市场创新能力往往是中小企业的强项，但中小企业市场驱动强于技术推动的创新特性，也造成了企业普遍重视技术引进模仿，轻视消化吸收再创新，过分关注技术引进的省时、省力、短周期优点。在此次的调查对象中，

```
Group $创新8 最常见创新活动
    (Value tabulated = 1)

                                                    Pct of      Pct of
Dichotomy label                    Name   Count   Responses     Cases

最常见的创新活动为技术改进或创新       创新8A    201      22.5        42.6
最常见的创新活动为市场需求预测、客户管理  创新8B    331      37.1        70.2
最常见的创新活动为组织结构优化、精简     创新8C     70       7.9        14.9
最常见的创新活动为管理体制改革         创新8D     70       7.9        14.9
最常见的创新活动为企业文化建设         创新8E    121      13.5        25.5
最常见的创新活动为战略调整或创新       创新8F    100      11.1        21.3

                            Total responses   893      100       189.4
```

图 3 – 10 中小企业最常见创新活动

不仅创新能力建设型中小企业，部分创新能力进步型甚至领先型企业也存在由于引进技术而产生的外部技术依赖现象，企业的自主核心技术培育、原始性创新的积极性和动力不足，对突破性新技术、新产品、新工艺的需求不置可否；而另一种现象是，在"拥有核心技术才能确保中小企业长远发展"的观点调查中，500 家被调查企业又给出了合计高达 78% 的赞同率（"最同意"与"比较同意"）。

由此可见，大多数中小企业在理智上已清醒意识到培育自主性创新能力、掌握核心竞争力的重要性，企业存在对创造新技术、新产品和新工艺的理想需求；但在实际创新过程中，在面对技术创新风险和市场创新捷径时，中小企业的主观意愿依旧倾向于市场营销手段创新、低水平模仿创新等。因此，中小企业这种理智与感性的矛盾对立，造成对突破性创新的需求不明确，直接阻碍了企业核心创新能力的培育和提升。

（二）群体企业各自为政，创新需求模糊

群体创新环境是通过同一行业内业务关联组织间相互协作、优势互补，来弥补个体企业能力局限和资源瓶颈的有效渠道。福建、浙江两省中小企业的群体集聚已形成如温州模式、珠江模式等成功范例。但被调查企业中，对于"同行企业的创新影响"的频数分析显示，"彼此独立，几乎没有交流"是被调查企业选择频率最高的选项，占总数的 42.6%，如表 3 – 9 所示。

表 3 - 9　同行企业对中小企业创新影响

选　　项	频数（家）	占比（%）	有效占比（%）	累加占比（%）
彼此独立，几乎没交流	213	42.6	42.6	42.6
有非正式人员交谈、往来	99	19.8	19.8	62.4
有与同行建立合作关系，共享资源	188	37.6	37.6	100
合　　计	500	100	100	

　　在企业"创新信息、灵感来源"题目中，灵感来自"直属企业或同行企业"的选择频率虽然仅次于"客户需求或信息反馈"，但企业家普遍反映，该选项中的"直属企业"作为利益共同体才是中小企业的重要信息源之一，而同行企业间各自为政、彼此独立已成常态。

　　由此可见，充斥着行业技术、产品变革的群体环境，尚未真正意义上发挥群体集聚效应，未能激发群体内中小企业，尤其是具有竞争关系的同质企业间的创新积极性和热情，群体企业间分工和协作明显不足。究其原因，一方面，鉴于福建和浙江两省对外开放较早，福建毗邻港澳台的区位优势，形成许多外向型中小企业，不同程度上造成了企业重视与国际外部市场的联系，而忽视与本地企业的沟通交流；另一方面，调查中的大部分中小企业规模属"小而全"，企业负责自身从生产到销售的完整环节，而不是专门从事自身具有比较优势的产业链某一环节的专业化生产，这进一步造成个体中小企业各自为政，群体环境下虽然集聚了很多企业，但整体专业分工程度低、对集聚效应利用程度不足的问题。而当中小企业处于这种彼此独立、信息分割的环境中时，在行业变革发生时，多数企业更倾向于观望变革、等待时机，而不是马上参与。这种观望、等待的创新心态，很大程度上模糊了群体企业对创造新技术、新产品、新工艺的创新需求，很多时候也因此延误甚至错过了创新时机，这对于培育和提升群体环境下中小企业的创新能力造成巨大损失。

（三）新兴市场无序竞争，削弱创新需求

　　根据此次企业家访谈和实地调研，以上个体和群体中小企业的创新需求摇摆、弱化现象，其直接影响因素都涉及整体市场环境。对中小企业"所处市场环境"的调查显示，"市场秩序混乱不规范、同质化竞争"

选择频率最高，达 29.6%，其次是选择频率为 27.2% 的"同行企业急功近利、短期行为普遍"，再者就是"同行间模仿、抄袭现象严重"，如图 3-11 所示。

```
Group $创新11 企业所处市场环境
       (Value tabulated = 1)
                                              Pct of    Pct of
Dichotomy label                   Name  Count Responses Cases
市场环境为市场秩序混乱不规范、同质化竞争  市场11A  243   29.6    49.0
市场环境为同行企业急功近利，短期行为普遍  市场11B  223   27.2    44.9
市场环境为同行间模仿、抄袭现象严重      市场11C  152   18.5    30.6
市场环境为市场信息不全，发展趋势难把握  市场11D  112   13.6    22.4
市场环境为其他                       市场11E   91   11.1    18.4
                            Total responses  821  100    165.3
```

图 3-11　企业所处市场环境

由于我国改革开放至今仅 30 余年，国内市场尚属于新兴市场，整体发展不成熟，竞争秩序未规范，许多行业市场准入门槛过低，随着社会消费需求的突发性变动，极易形成许多爆发性市场。而中小企业由于企业投资规模较小、设备更新速度慢、技术基础薄弱，多数产品技术含量低，与同行企业产品差距甚微，仅能凭借微弱优势获得市场微利，因此一旦出现"暴利"市场领域，则会出现大批同质中小企业一哄而上、相互压价、急功近利、只顾眼前利益的扎堆抢占有限市场的混乱局面。

由此看出，中小企业创新动力不足、创新需求不明的症结还在于外部市场环境的浮躁、欠规范。大批企业涌入市场，既而又大批死亡的"过把瘾就死"的恶性循环屡见不鲜。2010 年 4 月 12 日，工业和信息化部中小企业司副司长王建翔在接受记者采访时指出："目前我国注册中小企业的平均寿命仅 2.9 岁。"[①] 无序竞争、短视行为使本已相对弱势的中小企业更疲于挣扎在生存线上，无暇投入成本专注新技术、新产品或新工艺研发，严重削弱了中小企业的创新需求和能动性，阻碍了企业创新能力的培育和提升。

二　中小企业创新供给缺失

中小企业的创新供给，是满足企业创新需求、实现创新需求目标的

---

① http://news.163.com/10/0412/12/642NKUVU000146BD.html.

支持性手段。中小企业的创新供给包括企业自身的人才、资金积累，以及外部科研机构和社会创新服务机构等的智力支持和服务性支持。资源获取和运营能力较弱的中小企业，在自身积累不足和外部供给可获得性弱的条件下，创新能力提升面临重重困境。

（一）企业自身积累不足，创新供给乏力

中小企业自身的创新积累具体包括创新人才、创新资金和企业创新管理环境。500 家被调查企业虽然创新能力水平跨度建设型、进步型与领先型三层次，在创新资金和管理方面略有差异，但对人才的需求态度则极为相似。

1. 人才供给不足

500 家中小企业中合计高达 83.8% 的企业表达了对各类人才的迫切需求，尤其是"管理人才"和"高素质技术工人"，选择频率分别为 32.4% 和 27.6%，成为中小企业最急需和次急需的人才类型（见表 3 - 10）。对于中小企业，养不起创新团队、留不住人才、缺乏内生创意的创新人才、人才流动不规范、人才流失严重等问题成为中小企业创新能力难提升的主要症结。

表 3 – 10　中小企业最急需人才

选　　项	频次（家）	频率（%）	有效频率（%）	累加频率（%）
技术研发人才	72	14.4	14.4	14.4
管理人才	162	32.4	32.4	46.8
高素质技术工人	138	27.6	27.6	74.4
普通工人	47	9.4	9.4	83.8
暂不缺人才	81	16.2	16.2	100
合　　计	500	100	100	

另一方面，从急需人才排名前三位的选项频率看，"高素质技术工人"比"技术研发人才"的选择频率高出 13.2 个百分点。中小企业对操作一线的高素质技术工人的需求远高过具有研发创新能力的技术人才，而且这一现象在三类不同创新能力水平的中小企业中均存在。可见，中小企业创新型人才的数量和结构尚不合理。熟悉生产工艺技术、有较强

实际操作和独立处理问题能力的高素质技术工人对于企业价值创造确实至关重要，但技术研发人才是保障企业掌握核心创新能力、创造持续竞争优势的关键人才，同样应当引起企业重视。

因此，人才供给不足是制约中小企业创新的一根软肋，但中小企业不仅存在较大人才缺口，而且在其人员招募、培训、规划中也透露出创新重视不足、创新人才供给乏力的问题。

2. 资金投入欠缺

500 家被调查企业中，研发投入占销售收入比重大于 30% 的仅有 10 家，而小于 10% 的企业则有 331 家，占调查企业总数的 66.2%。创新资金缺乏是制约我国企业重大创新活动的关键因素。在中小企业中，创新投入不足几乎成为所有中小企业的通病。

另外，在中小企业的创新资金中，47.5% 仍源自自有资本积累，虽然部分创新能力进步型、领先型企业凭借固定资产或企业实力也能获得银行贷款、政府资助等优惠待遇（见图 3-12），但中小企业整体财力有限，资金多用于维持正常的生产运营而无暇顾及创新的现象极为普遍。许多企业列入研发计划的资金大部分流于形式，得不到强有力的保障；或具备引进先进技术、设备的资金，但也难以负担引进后的消化吸收再创新。因此，中小企业创新投入依旧杯水车薪，难以满足企业的创新需求。

```
Group $筹资4 创新资金筹资渠道
        (Value tabulated = 1)

                                              Pct of    Pct of
Dichotomy label               Name    Count  Responses  Cases

筹资渠道为自有资本            筹资4A    375     47.5      76.0
筹资渠道为银行贷款            筹资4B    247     31.3      50.0
筹资渠道为上市融资            筹资4C     30      3.8       6.0
筹资渠道为民间借贷            筹资4D     30      3.8       6.0
筹资渠道为政府资助            筹资4E     48      6.3      10.0
其他筹资渠道                  筹资4F     59      7.5      12.0

                    Total responses   789     100      160.0
```

图 3-12 中小企业创新资金筹集渠道

（二）产学研合作不畅，创新供给缺位

创新是一项系统工程，涉及复杂创新资源的集成配置和运作。企业因自身的产业化能力、市场判断能力成为创新主体，能面向需求将各种生产要素组织起来。但单凭个体企业，尤其是中小企业，难以单枪匹马实现创造新产品、新技术、新工艺等的创新需求目标，因此需要大学和科研院所根据企业提出的技术需求参与科学创新的过程，提供理论支持和技术供给，在人尽其才中实现协作共赢。

在此次调查的中小企业的"产学研合作情况"中，500家中小企业中就有362家"没有产学研合作"，比重高达72.4%（见表3-11），选择频数位居第二的"企业主动联系科研机构寻求合作"的86家企业中，79家为创新能力进步型和领先型企业，仅7家为创新能力建设型企业。可见，科研机构在选择合作伙伴时同样进行了能力水平筛选，这导致创新能力起步阶段的中小企业资源获取渠道狭窄、创新能力难提升。另外，调查企业的"创新信息、灵感来源"时，仅3.2%灵感源于科研机构或大学，排名倒数第三，更暴露出科研机构作为外部知识创新机构对中小企业创新的微弱支持力。

表 3 - 11　产学研合作情况

选　项	频次 （家）	频率 （%）	有效频率 （%）	累加频率 （%）
没有合作	362	72.4	72.4	72.4
在当地政府引导下开展项目合作	31	6.2	6.2	78.6
企业主动联系科研机构寻求合作	86	17.2	17.2	95.8
科研机构上门与企业开展合作	21	4.2	4.2	100
合　计	500	100	100	

可见，中小企业的产学研合作普遍面临合作不畅的困境，企业组织和高等院校、研究机构的比较优势未能发挥互补效力，外部知识创新机构的创新供给严重缺位。进一步调查企业产学研合作所面临的困境，选择频率居前三位的"缺乏合作机会和渠道"、"科研院所的技术成果与市场脱节"和"企业缺乏转化实验室技术的人财物"分别为42.9%、19.1%和19.0%。

究其原因，首先，中小企业由于自身开放程度有限，一方面无法及时获取周边科研机构的技术信息，另一方面，往往也无从寻求远距离科研机构的智力支持，产、学、研仿佛三座"孤岛"，各行其是，更妄谈合作；其次，科研机构的知识、技术成果供给与中小企业的产业化创新需求存在偏差。企业市场价值创造导向下的创新需求，是以市场实现为前提的。而目前我国科研机构的创新产出依旧以专利、论文为导向。这一供求错位造成创新成果供需双方对接困难，创新成果的中间转换成本高昂。

（三）社会服务对象错位，创新供给缺失

随着我国创新服务体系的建立，社会公共性质的创新服务机构如雨后春笋般纷纷涌现，如生产力促进中心、科技孵化器、技术交易机构、科技咨询评估机构、管理咨询公司、人才培训机构、民间金融机构、创新基金、律师事务所等，为企业创新提供了种类繁多的技术、信息、资金、人员、场地、管理、市场拓展等服务。此次调查企业所能享受到的前三位的社会创新服务为"信息咨询"、"人才培训"和"技术指导"，选择频率分别为27.4%、20.5%和19.2%。

但根据进一步访谈得知，这些品类繁多的社会创新服务，真正服务于最需要支持的中小企业的，却寥寥无几。通过对照中小企业创新能力水平的三类划分，在如图3-13显示的选项频数分析中，选择"从未获得社会公共创新服务"的155次里，有74次为创新能力建设型中小企业所选，72次为创新能力进步型中小企业所选，只有9次是创新能力领先型中小企业所选。

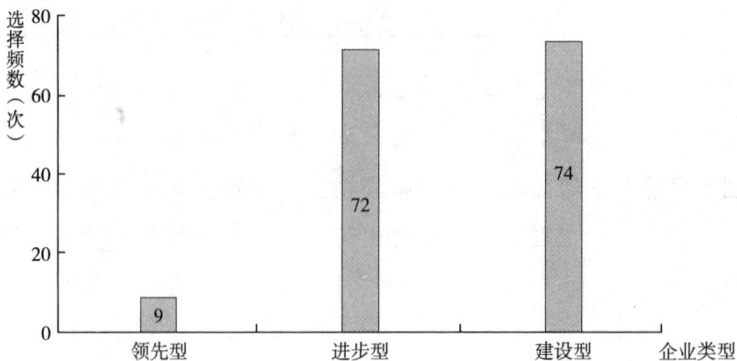

图3-13 "从未获得社会公共创新服务"的选择频数分布

由此可知，目前中小企业的创新服务投向存在创新服务对象错位现象。最需要获得创新支持的中小企业，即大部分创新能力建设型中小企业却未能获得支持。由于能力最弱的创新能力建设型中小企业，其自身的资源储备缺乏也最严重，社会创新服务对其正如雪中送炭，能否获得创新服务，会在很大程度上决定了这类企业是否敢于创新。同时，社会创新服务也影响了这类企业的创新成败和企业整体发展。但囿于当前许多创新服务机构躲避风险、寻求自保的心理，创新服务机构往往首选大企业，其次则是本已发展良好、颇具实力的中小企业，而大量急需创新服务的中小型企业陷于创新服务供给缺失、无人问津的尴尬处境。

三　中小企业创新体制束缚

中小企业的创新体制环境，是对中小企业创新实施具有直接或间接影响力的外部制度环境。从本质上说，中国的制度环境就是各级政府主导下的体制环境，具体可以分为政府主导下的市场管理体制、财税金融体制、行政执法体制三方面。此次调查发现，目前中小企业创新能力培育和提升普遍面临的又一困境就是体制环境的掣肘和束缚。

（一）市场管理体制下资源配置行政化

在此次企业家访谈中，企业家指出当前市场管理体制下，地方保护、土地限制、原材料价格攀升、行业垄断等现象频繁发生，这种由具有行政色彩的资源配置方式形成的市场体制，对于非公有性质居多、本已处于弱势地位的中小企业创新更是雪上加霜。在此次中小企业对政府的期望调查中，"减少行政干预，靠市场配置创新资源"排名靠前（见图3-14），市场资源分配的行政色彩导致许多有能力的中小企业想要实施创新，却无法公平获得创新资源分配，严重打压和制约了中小企业的创新积极性。

可见，市场调节弱化、行政干预过多的现有市场管理体制是束缚中小企业实施创新和提升创新能力的体制困境之一。建立以市场调节为主，按经济贡献率大小来分配的市场资源配置管理体制，实现土地、资金、资产、劳动力、技术、人才等资源主要依靠市场来调节，这不仅仅是提

```
Group $期望20 企业对政府的期望
        （Value tabulated = 1）

                                                       Pct of    Pct of
Dichotomy label                     Name    Count    Responses   Cases

降低优惠享受门槛，简化手续提高办事效率   期望20A    316      27.0      62.0
减少行政干预，靠市场配置创新资源         期望20B    132      11.3      26.0
政府提供项目支持，技术指导               期望20C    162      13.9      32.0
降低融资门槛，落实金融信贷优惠           期望20D    162      13.9      32.0
出台细化、可行政策并监督落实             期望20E    102       8.7      20.0
建立并规范中小企业创新服务机构           期望20F    102       8.7      20.0
健全知识产权法律法规，规范市场秩序       期望20G     82       7.0      16.0
及时发布和提供信息服务                   期望20H    112       9.6      22.0

                          Total responses   1170      100      230.0
```

图 3 – 14　企业对政府的期望

升我国市场化程度的主要内容，而且是为经济贡献占全国 GDP 超过 60%
的广大非公有经济主体——中小企业营造宽松的发展环境和良好的创新
空间的重要前提。

（二）财税金融体制下资金投放避风险、求政绩

中小企业是在政府的财政、税收、金融政策体制和政府经济目标影
响力环境中，进行自我创新能力建设和创新发展。

如图 3 – 15 所示，政府"财政政策支持"是被调查企业享受最多
的资金政策支持，具体表现为税收减免、政府购买和财政转移支付等方
式。但从享受该优惠的中小企业类型看，主要集中在创新能力领先型和
小部分创新能力进步型企业，而选择"没享受过以上支持，政府创新
支持面窄、门槛高"的 29.3% 的调查企业中，半数以上是创新能力建
设型企业。

```
Group $政府19 享受政府政策支持
        （Value tabulated = 1）

                                                   Pct of
Dichotomy label                     Name    Count  Responses  Pct of Cases

财政政策支持                         政府19A    186    24.0       36.0
税收政策支持                         政府19B     72     9.3       14.0
金融政策支持                         政府19C     51     6.6       10.0
创业政策支持                         政府19D     31     4.0        6.0
政府部门技术指导，给予政府项目       政府19E     71     9.2       14.0
政府提供技术、展会信息等信息服务     政府19F     93    12.0       18.0
法律保护支持                         政府19G     44     5.6        8.0
没享受过以上支持，政府创新支持面窄、门槛高  政府19H  227  29.3       44.0

                        Total responses   775     100      150.0
```

图 3 – 15　中小企业创新享受的政策支持

　　可见，在目前政府主导的财税金融政策体制下，政府对中小企业创新的资金资助目标不明确，缺乏系统性和指导性，资金多流向大企业和创新能力水平高、经济效益好的中小企业。与此同时，金融信贷机构方面，一方面没有形成针对中小企业发放贷款的金融机构；另一方面，商业银行体制改革后由地方政府统管，原本以中小企业为放贷对象的基层银行也变得爱莫能助。在"后危机"时代，加强金融风险管理的新形势下，政府严把贷款关的政策导向令商业银行等金融信贷机构更加惜贷如金，让规模小、实力弱、信用等级差的中小企业更加难以获得金融信贷支持，严重阻碍了中小企业的创新能力建设步伐。

（三）行政执法体制下政府创新导向性不足

　　创新的行政执法体制，是政府运用行政、执法权力为企业创新提供行政服务、业务指导和法律支持的制度环境。具体表现为政府引导企业寻求创新优惠支持的行政职能发挥，政府相关部门的技术指导和项目支持，以及保护企业创新成果的法律、法规的出台。此次调查显示出的政府行政执法体制创新导向不足有以下三方面。

　　首先，从图 3 - 14 可知，"降低优惠享受门槛，简化手续提高办事效率"是被调查企业对政府的首要期望，是对目前福建、浙江两省政府提高行政服务质量的共同诉求。在访谈中我们了解到，目前政府出台政策的透明度和宣传力度不足，一方面信息相对闭塞的中小企业难以知晓优惠政策，另一方面，中小企业的技术创新若想申请享受优惠，前提必须满足条目繁多的政策享受标准，既而还需准备冗长而专业的申请报告及建议书，手续繁杂，耗时耗力，最终仍少有企业能享受实际优惠。

　　其次，图 3 - 14 中位居第二的企业期望是"政府提供技术指导、项目支持"，但目前政府相关部门对中小企业创新的业务指导多流于形式，缺乏实际、行之有效的创新指导。此次访谈中多位企业家指出，政府的技术指导普遍相对宏观，而中小企业创新真正需要的是切实可行、具体可操作的扶持措施，如解决产业共性技术和基础性技术的缺口问题。另外，项目支持是中小企业获得政府资源的有效途径之一，但实际操作中同样存在政府过于重视立项解决企业具体的技术问题，而申请项目则又将遭遇门槛高、行政手续繁杂的历史问题。

最后，在对图 3 - 15 中小企业享受政府政策支持频数分析中，"法律保护政策支持"排名倒数第二，中小企业创新的法律保护氛围尚未形成，法制环境亟待改善。政府对于创新保护的相关法律、法规出台不及时，企业创新的知识产权保护处于缺位状态，这更导致新兴市场环境下，中小企业缺乏对创新知识产权的有效认知和保护意识，仿冒风气一时盛行，劣币驱逐良币效应使中小企业更不愿创新。专利申请审批时间长，被不法商家在审批期间侵权仿冒，使得创新研发企业投入产出不成比例，给本已相对弱势、挣扎在生存线上的中小企业以致命性地打击，严重侵蚀了中小企业的创新动力和积极性。

第四章　中小企业自主创新能力
提升的模式研究

第一节　中小企业创新能力提升模式需求的多层次分析

创新需求不明是中小企业创新能力提升面临的首要困境，因此，我们需要探究中小企业创新能力提升的模式，即探究需求牵引下的能力提升模式。遵循中小企业创新能力演化路径，创新能力水平由低到高的建设型、进步型和领先型三类中小企业，其创新能力提升模式的需求导向也各异。

一　建设型中小企业：提升特色创新能力

根据中小企业主导要素创新理论，创新能力水平较弱的建设型中小企业的创新首选是要素导向型创新，但由于其能力培育尚处于起步阶段，其以低价、低成本换来的微弱比较优势极易因陷入同质化竞争而丧失。为求生存，企业亟须立足现有要素能力，创造区别于竞争对手的差异化优势，其差异性来源越多，则竞争对手的模仿难度越大，从而为企业争取到更多的市场空间和生存保障。

因此，在"市场生存"压力下，创新能力建设型中小企业的创新目标定位是"差异化创新"，其要素创新能力提升集中表现为对特色创新能力提升的需求。

二　进步型中小企业：提升自主性创新能力

创新能力进步型中小企业与创新能力建设型中小企业的最大区别，

在于其技术创新能力的大幅度提升，其已形成一定的技术主导创新能力。根据中小企业主流与新流创新理论，创新能力水平中等的进步型中小企业需要加快发展主流与新流创新能力以培育自身核心技术。但目前，该类企业的技术创新多依靠外源型技术引进，当引进的技术出现生命周期性衰退，现有技术投资无法产生新收益时，多数企业仍难以凭借自身技术实力谋求突破，而只能向外展开新一轮引进，导致企业陷入"引进陷阱"，即面临"引进—停滞—再引进—再停滞"的产品周期性落后的被动局面。可见，创新能力进步型中小企业在引入外源技术的基础上，应该对外源技术进行消化吸收，内生自主性技术是企业实现从技术主导创新能力向自主性创新能力演化、寻求市场、持久立足的关键所在。

因此，在"市场立足"导向下，创新能力进步型中小企业的目标定位是"内生创新"，其主流与新流创新能力提升集中表现为对自主性创新能力的提升需求，核心是强化引进—消化—吸收—再创新能力。如何规避"技术引进陷阱"？专题报告中的凤竹纺织科技股份有限公司、金天梭–鑫源机械有限公司、福顺微电子有限公司、WB 光电科技有限公司、南方路面机械有限公司、福耀集团的技术引进消化再创新案例分析，为进步型中小企业提升自主创新能力，提供了有价值的经验与借鉴。

三 领先型中小企业：提升网络化创新能力

在知识经济时代，随着全球化浪潮下我国市场的全面开放，跨国公司、国际大企业的大量进驻和跨国商务运作，在对我国本土企业构成竞争威胁的同时，也为本土企业的外部资源尤其是国际化资源获取提供了机遇。突破企业规模和组织边界，超乎地域、市场范围进行资源集成整合和优化配置，已成为企业永续发展的重要手段。根据中小企业复杂性创新理论，作为资源配置效率较高、市场机制灵活、技术相对领先的创新能力领先型中小企业，要在这种全面开放的市场环境下站稳脚跟，向符合时代性、品牌性和国际化标准的大企业跨越和转型，就需要发展复杂性创新能力。正如中国工程院王众托院士在"大力发展系统集成创新，加速自主创新步伐"报告中提到的，创新中的新技术、新方法等知识具有从"配合—耦合—融合"的深度不断递进的资源系统集成创新规律，其最终达到的资源"融合创新"也正体现了创新能力领先型中小企业开放式集成内外部创新资源的新趋势。

因此，在"市场站稳"导向下，创新能力领先型中小企业需要利用互联网等信息技术手段，在同行群体、产业区域乃至全球范围内融合优势创新资源，从而在本土市场乃至世界市场中逐步建立起具有自身竞争优势的研发、设计、制造、服务、物流的复杂性创新网络，其创新目标定位在"开放式融合创新"，其复杂性创新能力提升集中表现为对网络化创新能力的提升需求。专题报告中的福建海源自动化机械股份有限公司案例分析，为领先型中小企业的自主创新提供了参考。

第二节　三层次创新能力提升的模式研究

一　特色创新模式

提升创新能力建设型中小企业的特色创新能力，实现企业由低成本比较优势向差异化优势转型的模式，即特色创新模式。根据创新能力建设型中小企业管理和市场能力的相对优势分析，其特色创新模式表现为逆流创新模式、山寨创新模式。

（一）逆流创新模式

逆流创新模式，是创新能力建设型中小企业颠覆常规的经营管理、市场运作和技术学习流程，反其道而行，"逆"流程创造差异化绩效的特色创新模式。该模式包含了管理、营销、技术三种创新模式：成本倒逼创新模式、渠道倒立创新模式、逆向学习创新模式。

1. 管理创新——成本倒逼创新模式

对于创新能力建设型中小企业，科学化的成本创新方式是其获得差异化创新绩效的首要选择。近年来在中小企业中普遍采用的"倒逼成本管理法"[164]，是一种"通过制定具有竞争性的价格为起点，将生产、流通、管理的全过程进行分解，制定目标成本，挖掘潜在效益，将成本控制量化到每个员工，与经济利益挂钩，以此激励全体员工不断降低成本"的科学化成本控制方法。

由此，成本倒逼创新模式，即中小企业以市场价格为起点，用产品市场价减去目标利润，"倒算"出从采购、生产、营销到交货整个生产链条的目标成本后，立足企业的生产流程特色和自身能力，从交货环节逆流倒逼，实施环环相"扣"的精细化成本"扣减"，以此在目标利润空间内逆向控制、监督和调整各环节成本支出。

区别于以延长劳动时间、压缩劳动力报酬、寻找廉价原材料获得低成本比较优势的粗放式成本管理，成本倒逼创新模式不是就成本论成本，而是将市场压力引向企业内部，追溯成本发生的前因后果，层层分解，下达成本倒逼指标到各个部门、工段、班组，从而科学降低成本。该模式以差异化的成本管理推动创新能力建设型中小企业提升特色成本创新能力，实现从低成本比较优势向差异化优势的转型。

福州福发发电设备有限公司，是采用成本倒逼管理创新模式的典型代表。自 2001 年成立以来，福发在"节流降耗"的目标指引下，采用"倒推式"成本控制方法，在确定发电机组产品的市场报价和公司目标利润值后，将产品报价与利润值之差作为倒推式成本管理的"目标成本"，根据公司十大系列、不同规格的柴油发电机组在科研、设计、生产能力方面的特色，向各个生产制造环节按比例分配不同系列产品的目标成本，各环节在保质保量交付产品的同时，最大限度地压缩成本使其低于分摊的目标成本，帮助企业在创立不久即赢得质量优势和成本管理优势。目前，福发公司已成为国家制定承担军品生产任务的重点骨干企业，成本倒逼创新模式是福发发展中科学降低成本、创造差异化优势的重要手段。

2. 营销创新——渠道倒立创新模式

"倒着做渠道"[165]的逆向营销思想，是针对进入市场之初的新企业、新产品，由于其知名度和信用较低，与经销商谈判的地位也很低，如果按传统的营销渠道从高级别的经销商做起，可能不得不接受经销商苛刻的"市场准入"条件，如赊销（或货物铺底）、大规模的宣传促销、降价、退货等"霸王"条约。故而，倒转营销渠道，从最终消费者和终端经销商做起，最后攻克规模较大、级别较高的经销商，主动挑起较高级别经销商的注意，取得与经销商谈判的地位，获得较低的"市场准入"

条件。

由此，渠道倒立创新模式，即中小企业先向三级市场的终端零售商和用户推销产品，提高产品曝光度以激发用户购买热情，随后借助产品销量和销售声势刺激二级、一级市场经销商，使其主动要求经销产品，建立起倒立式营销渠道，即"厂商—终端客户—零售商—二级经销商——一级经销商"的特色营销渠道，用较低代价实现市场进驻或拓展。

区别于"厂商——级经销商—二级经销商—零售商—客户"的传统营销渠道，渠道倒立创新模式使资金不足、产品知名度低的创新能力建设型中小企业，绕开高级别经销商对新产品、新企业入市的苛刻准入条件，直接从渠道终端用户入手，以"农村包围城市"的手法构建倒立式营销渠道，变企业被动求助经销商为主动挑选经销商，为企业省去高昂"入场费"的同时，帮助企业产品更快速、准确地到达零售终端，赢得用户认可。该模式以差异化的营销渠道构筑，为创新能力建设型中小企业提升特色营销创新能力、谋求企业差异化竞争优势提供了销路支撑。

浙江黄岩万事达果汁厂①，是创建于 1992 年的一家专业生产食品工业用浓缩果蔬汁（浆）、果蔬粒、果蔬罐头的中小企业。在初入浓缩果汁市场时，由于万事达浓缩果汁的品牌认知度、信任度尚未建立，公司发现直接与经销商谈判，先天制约条件多，但当地市场的终端零售进入门槛较低，消费者对新产品的排斥感不强。因此，公司决定依靠自身良好的终端管理机制和管理体系，用"倒着做渠道"的方式进行铺货。首先对黄岩兼有终端零售和分销能力的浓缩果汁批发行进行全面摸底，寻找终端核心客户，分批强力销售产品；其次为黄岩终端"意见领袖型"客户定制团购销售计划，创造口碑效应，并借助经销渠道迅速实现在超市、卖场上架销售；最后从当地优势果汁饮料品牌较少青睐的三级餐饮店、饮品店入手，并逐步向二级、一级消费场所渗透，最终达到从三级市场，走向二级、一级市场的全渠道覆盖。可见，渠道倒立创新模式是万事达浓缩果汁厂发挥自身营销渠道的差异化创新优势、实现产品迅速覆盖本

---

① 浙江万事达食品有限公司，http://www.cn-wsd.com/about.htm。

地市场的关键举措。

3. 技术创新——逆向学习创新模式

"逆向工程"（Reverse Engineering）[166]是由已有产品模型逆向倒推产品技术设计的实现方法。由此，逆向学习创新模式，即中小企业根据逆向工程的"反求"思想，避开高端技术壁垒，从技术要求低、利润薄的产业链下游切入，先寻求产品的产业机会、市场机会，凭借企业制造能力和市场能力布局下游产品生产、配套环节，随后再逐步逆向深入产业链上游高端技术区，通过逆向技术学习提升自身技术创新能力。

区别于从技术突破到产业化、市场化、形成规模效应的常规创新逻辑，逆向学习创新模式是立足于创新能力建设型中小企业的管理和市场相对优势，以生产、制造能力比较优势弥补技术能力劣势，从低端生产环节切入，继而逆向倒推、靠近高端技术领域，以此学习和消化吸收外部技术，帮助企业提升技术创新能力。该模式以差异化的技术学习路径，为创新能力建设型中小企业发展技术主导的创新能力提供了路径参考。

阿石托隆（福建）光学科技有限公司①，是一家成立于 2004 年，集研发、生产、销售为一体的 LED 元器件中外合资生产企业。根据 LED 产业链从"外延片—芯片—封装/应用产品"的上、中、下游技术和利润分区，阿石托隆清醒地认识到自身在生产、制造能力上的相对优势，从而选择从低端切入，先在 LED 下游封装、LED 照明、LED 景观灯等应用产品制造环节建立良好口碑，为企业向中高端技术逆向推进奠定基础。近年来，企业正处于逆向技术创新"前"阶段，开始聘请具有熟练专业技术和生产管理经验的外籍专家带领企业实施新产品自主开发，旨在通过引进、学习、吸收中上游芯片、外延片的研发技术，进一步提升企业自身创新水平，向 LED 上游的外延片领域逆推和产业价值链中上游攀登。目前，这种"逆向学习"的技术创新模式，已成为阿石托隆公司等一系列具有市场、营销优势，完成初期技术、资本积累的建设型中小企业循序渐进地实施逆向技术学习、技术创新的普遍

---

① 阿石托隆（福建）光学科技有限公司，http：//www.ustron.cn/web/index.asp。

选择。

(二) 山寨创新模式

山寨创新模式,是创新能力建设型中小企业借鉴山寨产业发展模式,以模块化技术引入淡化企业自身研发劣势,以"滚雪球"式网络营销解决产品销路问题,企业专攻高端模块化技术半成品的外观、功能等初级应用创新,从而在短时间内高频率推出响应甚至引领流行消费趋势的价格低廉、功能新奇、外观独特的差异化低端产品,冲击并替代部分同类高端产品。

山寨创新模式是迎合后金融危机时代我国消费市场出现的"平民化的新奢华主义"[①]趋势,为中低等收入客户创造满足追求时尚奢华的心理并符合实际购买力的平民化"奢侈品",以中低端"草根"力量挑战高端上层领域的新兴创新模式,是适合非技术能力优于技术能力的创新能力建设型中小企业的差异化创新模式。该模式包含了组织、技术、营销三种创新模式:巨型虚拟企业创新模式、模块再整合创新模式、"滚雪球"式网络营销模式。

1. 组织创新——巨型虚拟企业创新模式

山寨创新模式的差异化特色突出体现在组织模式创新上,其"巨型虚拟企业创新模式",是指建构起一个集大企业的研发设计优势、中小企业的生产制造和营销网络优势于一体的巨型虚拟企业,使上下游关联企业成为巨型虚拟企业内部独立核算但又相互竞争的"业务部门",在各类企业创新能力的扬长避短、优势互补中,形成虚拟企业环境下的研发、采购、生产、营销规模效应,从而获得持久的创新活力和较高的运作效率的模式。

在巨型虚拟企业创新模式中,经营模式通常"小而全"的创新能力建设型中小企业能够充分发挥自身优势,专注于从事某一细分产业环节,并逐步向"小而特""小而精""小而专"转型。该模式为创新能力建设型中小企业提升特色创新能力、形成对抗高端产品的差异化竞争优势并为实现其发展创新能力"零"突破提供了大好机会。

---

① 阿石托隆(福建)光学科技有限公司,http://www.ustron.cn/web/index.asp。

这种巨型虚拟企业①的组织创新模式，最典型的代表就是近年来风靡市场的山寨手机产业组织创新，其根据产业链上不同类型企业的职能分工和创新特长，集成上游芯片厂商联发科（MTK）的手机芯片、软件研发，中游手机方案设计公司的主板硬件设计，以及下游众多山寨手机生产中小企业的制造、营销活动，建立起一个类似于以 MTK 为研发部门、上百个手机方案公司为工程开发部门、近千个山寨机生产中小企业为产品项目组和营销窗口的巨型虚拟企业。该巨型虚拟企业，一方面借助大企业的研发贡献为下游中小企业突破研发、管理瓶颈，另一方面又充分发挥了单个中小企业的专业化优势、机敏勤奋和特色创新活力，从而扬长避短，推动了下游生产型中小企业的特色创新能力生成。可见，巨型虚拟企业组织创新实现了大企业和中小企业的优势整合，为中小企业特色创新能力的培育和发展提供了平台环境。

2. 技术创新——模块再整合创新模式

山寨创新模式下的"模块再整合创新模式"，是创新能力建设型中小企业根据市场个性化需求，引进软件开发集成技术和硬件设计技术的模块化应用技术方案，通过对模块化应用技术的拆分、嫁接、重组等二次整合创新，推出差异化应用创新产品的模式。

模块再整合创新模式作为一种技术创新模式，其模块化应用技术方案类似于一套核心技术完整、可供拆解再整合的"技术公版"，在为创新能力建设型中小企业降低研发成本、缩短产品上市周期的同时，一方面为该类企业超越常规模仿创新或二次创新，在引进模块化应用技术的基础上发挥自身对产品功能、外观、形态等的 DIY（DO IT YOURSELF）能力，个性化整合公版技术创造出满足中低端客户需求的功能齐全、外观新奇、形态时尚的差异化特色产品提供了技术基础；另一方面，也为该类企业在模块化公版技术的解构、组装中逐步学习上游先进软硬件技术、培育技术主导创新能力积累了经验。

在山寨手机产业链中，其核心技术经历了从"手机软件完整技术方

---

① 《山寨产业链：蚂蚁雄兵组成的巨型虚拟企业》，http：//www.21cbh.com/HTML/2009 - 3 - 15/HTML_ 59598AGC58OL_ 2.html。

案—主板硬件设计技术（公版技术）—公版技术个性化再创新"的转化过程。处于产业链下游的众多手机生产中小企业，正是在中游手机方案设计公司对上游 MTK 完整技术方案中的芯片、软件技术进行模块化整合，形成具有强操作性、便于拆解和学习的"模块化公版技术"的基础上，实施对公版技术模块的再整合创新，如功能创新、外观创新等个性化技术改造，从而实现在短时间内完成山寨手机生产、制造、营销的产销全过程，获得快速响应市场需求或开辟新市场的速度优势。可见，这种"技术模块再整合"创新模式，不仅为众多创新能力建设型中小企业大幅减少了技术研发成本、缩短了研发周期、降低了创新风险，使企业只需投入较少资金便可快速完成新产品的生产制造和市场投放；而且为该类中小企业学习、吸收高端技术创造了机会。可见，模块再整合创新模式是中小企业提升技术创新能力的有效模式。

3. 营销创新——"滚雪球"式网络营销模式

"滚雪球"式网络营销模式是中小企业实现产品快速风靡中低端市场的主要营销手段，即通过互联网向目标客户提供满足其需求的产品信息，凭借差异化优势调动客户间"一传十、十传百"产品宣传热情，使产品信息在网络渠道上快速扩散，信息曝光度和影响力呈现指数级增长态势（见图 4-1）的模式。山寨创新模式在产品大胆"傍名牌"打擦边球的同时，借助"滚雪球"式网络营销创造了低成本、快速散布产品信息的营销效应。

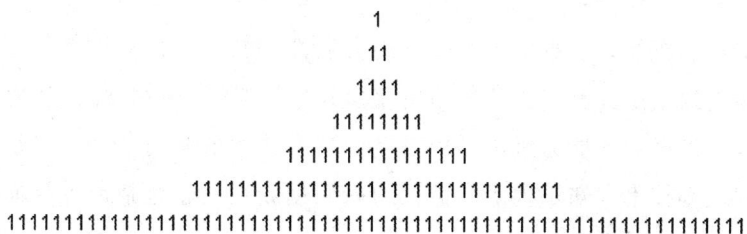

<pre>
                    1
                   11
                  1111
                11111111
            1111111111111111
        11111111111111111111111111111111
1111111111111111111111111111111111111111111111111111
</pre>

图 4-1　"滚雪球"式网络营销的信息传递指数级增长

"滚雪球"式网络营销充分把握了中低端目标客户价格需求弹性大、易于关注新产品的消费心理，借助热门网站、E-mail、软件下载等无须客户投入成本的网络信息"膨胀"效应吸引人群关注，并凭借产品信息的差异化价值激发客户主动、自愿地向其社会关系网的人群散布信息，为企业省去了自己营销造势的庞大开支。这种差异化的特色营销创新，为创新能力建设型中小企业实现更低成本、更高效的产品服务营销，提升特色营销创新能力，"以小博大"争夺市场生存机会提供了有利借鉴。

"滚雪球"式网络营销目前正成为制造业中小企业青睐的营销选择。以福建服装中小企业为例，在时尚影片《杜拉拉升职记》放映后，不少福建中小企业瞄准"山寨杜拉拉职业装"这一商机，把握收入水平中等但又崇尚流行时尚、热衷模仿名媛大牌着装的消费者心理，以网店为营销窗口，将醒目惹眼的服饰图片、低廉的价格等信息进行集中发布，先借电影声势给消费者留下印象，并以低廉价格和高相似度的名牌仿真激发消费者的购买欲望，进而借力淘宝、易趣等网络购物平台，优酷、土豆网等常用 Flash 站点和门户网站，以及消费者间的网上聊天工具、BBS 论坛、电子邮件等渠道附带山寨杜拉拉服饰信息和宣传广告，从而使产品信息在消费者中不断扩散，由新老消费者自发地、扩张性地推广、传播服饰信息的网络营销局面。该营销模式同时还出现在福建山寨卡路驰"洞洞鞋"生产企业的营销过程中。可见，"滚雪球"式网络营销创新是借助现代通信工具，适合中小企业以低成本创造差异化营销优势的实用手段。

二 自主性创新模式

提升创新能力进步型中小企业的自主性创新能力，从现有外源型技术创新向内生型技术创新转型的新流模式，构成了"自主性创新模式"。这种能够发挥创新能力进步型中小企业现有技术的相对优势，加快实现企业对核心技术、知识资源的掌握的内生创新模式，包括设计导向创新模式、价值链整合创新模式。

（一）设计导向创新模式

设计导向创新模式，是创新能力进步型中小企业集成用户体验与产品技术的工业设计以导向技术转化和产品创新，实现技术与艺术、功能实现与视觉传达、用户需求与有形产品的全面融合的自主性创新模式。

设计导向创新模式是在二次创新、集成创新等中小企业主流创新模式的基础上形成的，体现后危机时代用户追求感官体验、品牌体验的消费趋势，以及"设计决定经济未来"①的社会经济技术发展趋势的新流创新模式。随着信息传递的高度发达和消费需求的日新月异，设计创新日益成为企业获得市场份额的重要法宝，其创新边界也逐步超越传统工业设计的产品性能、外观设计范围，进一步拓展到从产品定位到结构功能设计、外观造型设计、生产工艺流程、产品包装、市场推广的全流程。该模式是创新能力进步型中小企业在产品开发各个环节中融入设计创新、技术集成理念，在产品信息与用户情感对接的设计关怀中导向产品创新，推动企业进行内生突破性设计，提升自主性创新能力。该创新模式包括以下两个环节。

1. 环节一：用户体验探求

用户体验，包括理性体验（技术性能等方面）与感性体验（外观造型、色泽等方面），这是设计导向创新模式的创意源。

用户体验探求，是对用户理性与感性体验需求的实况把握、趋势预测、流行引导，是将用户的物质期望、文化理念、性能关注点植入产品的"前"设计创新活动，是设计导向创新的前提和关键。

2. 环节二：设计创新实现

设计创新实现，是包括产品主体层和拓展层的设计导向创新实施活动。

主体层设计创新，是对产品的内涵、性能、结构、外观、造型实施的创造性设计。其中，产品的内涵、性能、结构、功能的设计创新，是将代表用户体验偏好的产品设计创意，通过企业自身技术研发能力结合外部引进的技术、工艺能力进行有形化表达，以技术与创意的集成催生突破性设计、技术的活动。该环节是创新能力进步型中小企业创造拥有自主知识产权的发明专利，培育和提升企业自主性创新能力的关键环节；产品外观、造型的设计创新，不需要企业大量的研发活动投

---

① 《中小企业需要工业设计打造自有品牌》，http：//www. wangchao. net. cn/bbsdetail_1996425. html。

入，是直接对技术成品外部视觉创意的有形化改进。但其超前挖掘用户潜在需求，实现隐性需求实体化、商业化的过程也能为创新能力进步型中小企业赢得外观设计或实用新型专利，从而实现自主设计内生化目标。

拓展层设计创新，即企业在生产、流通等主体产品的延伸环节实施的设计创新活动，如工艺流程设计、生产环境设计、市场推广设计创新等。

浙江巴贝集团有限公司①，是一家创建于 1993 年的民营股份制领带生产企业，其凭借细致入微的用户体验探求和专业化的领带设计创新，在当地领带企业中脱颖而出。

一方面，巴贝公司始终将终端消费者的理性购买需求和感性审美情趣紧密相连，在领带设计上力求体现出佩戴者的年龄、职业、气质、文化修养和经济能力，并根据不同消费者所处的地理气候、生活习俗以及社会政治、经济、文化发展的变化趋势实施需求响应乃至趋势引领设计。公司自 1998 年起连续多次成功举办"中国领带流行趋势发布会"，为引领并实施领带设计创新做足了前期准备。

另一方面，在产品主体层的领带花形、图案、面料创新方面，巴贝公司的设计创新能力较强，拥有多名专业领带服饰设计师、一个省级企业技术中心和一个中国新型丝织技术研究开发中心。公司在引进国际先进的专业领带面料织造设备——剑杆织机及电子提花笼头的同时，通过自身研发力量进行创新，自主设计花型每月可达 700 个，并能为集团客户每月提供 300 个最新花型和配色方案；在产品拓展层的生产环境设计和市场推广设计中，公司秉持以市场为导向、质量为基础、品牌为核心的经营战略，从最初的贴牌经营走向目前以自身为核心的营销网络构筑，形成一套集设计、生产、销售、投资于一体的产销体系，为公司的设计创新奠定了组织基础。

可见，"设计导向创新模式"是巴贝集团以设计引领创新，形成突破

---

① 巴贝集团有限公司，http：//www. babei. com/cgi/search – cn. cgi？f = introduction_ cn_ 1_ + company_ cn_ 1_ &t = introduction_ cn_ 1_ 。

性设计、自主核心设计技术来推动企业自主性创新能力提升的关键因素。

(二)价值链整合创新模式

价值链整合创新模式,是创新能力进步型中小企业将自身相对优势与所处价值链各环节的能力要求、战略重要性和利润分布情况进行对照,通过采用兼并、收购、联盟、外包等价值链优化、重组方式整合企业内外部创新资源,以放大自身所在优势环节的价值创造力,提升企业对整体产业价值链控制力的自主性创新模式。

当前,企业间的竞争模式已逐步由原先单个企业封闭的价值创造过程竞争,向对全球开放的价值链竞争转型。往往只掌握某一特定技术领域专业化知识、处于价值链某一环节的创新能力进步型中小企业,为获取更多创新资源、提升创新水平,来掌控所处价值链环节的价值创造活动,也开始主动向外搜索创新源,与外部产业组织展开信息交换和创新合作。价值链整合创新模式,正是中小企业在被动等待技术扩散、技术转移的传统创新模式基础上形成的体现企业主动向外拓宽创新源、争取产业价值链控制力的新流创新模式,为创新能力进步型中小企业整合内外部创新资源、优化现有价值链分工体系、内生价值活动控制力、提升企业自主性创新能力提供了资源支持。该创新模式具体包括并购创新模式、联盟创新模式、外包创新模式。

1. 并购创新模式

并购创新模式,是创新能力进步型中小企业通过兼并、购买其他企业战略性资产和股份,运营、整合企业间互补性技术知识、管理经验、组织能力等战略性资源,以提升企业对所处产业价值链控制力的价值链整合创新模式。

囿于中小企业的资本水平,创新能力进步型中小企业的并购创新模式多体现为中小企业间的并购创新,但这也是该类中小企业快速内化外部成熟技术、工艺设计、技术体系,转化所并购的知识产权成果,以提升自有品牌的优势、技术水平、管理运营水平,放大对所处产业环节价值创造力的一条捷径。

聚光科技(杭州)有限公司,是一家由归国留学人员创办的高新技术企业,公司最初主要以激光在线气体分析系统单一产品在钢铁领域的销售为主，后期开始横向拓宽公司价值链，进军多领域实施多样化产品的研发与销售。其实现跨领域拓展的标志性事件，就是公司在 2007 年 3 月成功并购了当时国内唯一能提供成套近红外光谱分析技术的北京英贤仪器有限公司，从此顺利进入食品和医疗等领域。公司通过并购创新有效吸收、内化跨领域成熟技术，在公司研发团队的技术破译、攻关下迅速掌握了食品、医疗领域的光电测量核心技术。并购创新模式是聚光公司顺利实现价值链拓展、创新能力提升和跨领域垄断性利润创造的重要推力。

2. 联盟创新模式

联盟创新模式，是创新能力进步型中小企业在保持自身产权独立性的基础上，与同行企业、供应商、销售商、配套服务商等产业关联组织结成的一种以契约为纽带，长期的互惠互利的联合体，以此弥补自身资源劣势、分担风险，并更快地获得外部先进技术、知识，以提升自身核心竞争力的价值链整合创新模式。

联盟创新模式为创新能力进步型中小企业在竞合理念下整合产业价值链及各类关联主体，捕捉企业资源和核心竞争优势间的异质性，从而取长补短来实现企业自身核心价值环节扩展、增值。核心竞争优势的培育和强化，为企业自主性创新能力提升提供外部支持。

以巴贝集团①为代表的浙江嵊州领带制造中小企业，通过合资企业、许可证贸易、供给协定、研发合作、合作生产、价格联盟、物流联盟等非股权形式组建同行企业间战略联盟，通过生产企业与上游供应商、下游经销商的供销一体化联盟实施创新；同行企业间统一品牌经营、统一市场服务、统一兴建生产基地的集聚创新；优势互补的竞合联盟创新；立足嵊州领带行业协会、商会，形成的群体领带中小企业的品牌联盟创新、同行间的技术合作联盟创新。可见，联盟创新模式是加速中小企业资源共享、发挥价值链优势、实现规模经济、提高联盟企业自身创新能力和竞争优势的普遍选择。

---

① 浙江巴贝集团，http：//www. babei. com/cgi/search – cn. cgi？f = introduction_ cn_ 1_ + company_ cn_ 1_ &t = introduction_ cn_ 1_ 。

3. 外包创新模式

外包创新模式，即创新能力进步型中小企业通过对自身所处价值链环节的重新定位，将自身不擅长或没有比较优势的非核心业务剥离、委托给第三方企业运作，自身集中精力实施企业核心、优势资源或能力创新，推动企业向专业化方向发展，内生自主性设计、自主知识产权、价值活动控制力的价值链整合创新模式。

外包创新模式是具备一定技术主导创新能力的创新能力进步型中小企业，突破资源瓶颈，弥补自身生产加工能力不足、销售力量欠缺等缺陷，由过去原材料供应、产品制造与分销全过程"纵向一体化"模式下的"统揽型企业"，向"纵向非一体化"模式下的"专注型企业"转型，使企业管理人员从全方位的管理活动中解脱，在降低运营成本、降低经营风险的同时，优化人力资源配置、提高企业运作柔性，为企业保持技术相对优势、专注于突破性技术研发、获得内生核心竞争优势提供了组织支持。倘若前两种价值链整合创新模式可以被视为价值链上的"加法"整合，则外包创新模式就是一种"减法"整合。根据不同创新能力进步型中小企业的价值链定位，其外包创新模式可分为信息技术外包、研发外包、生产外包、销售外包、人力资源外包、服务外包、物流业务外包等多种形式。

福州福发发电设备有限公司，在 2001 年创办初期定位为集科研、设计、生产、销售、安装及售后服务于一体的全过程制造企业，2002年公司人数已超过 1600 人。但随着产品更新换代速度的不断加快，新产品的自主研发、自主设计环节越来越成为公司发展的重中之重。因此，在企业家项丹的主导下，福发大力推进机构重组，通过生产外包创新模式，精简生产车间和一线操作人员，取消大部分零部件加工和生产工序，而集中资金投入产品技术研发和售后服务。目前，公司在职员工仅 100 余人，但所创年产值则与 1600 人时期持平。由生产外包降低劳务成本所带来的增值利润，又一次被投入新产品研发和服务中，开始下一轮的价值创造。可见，生产外包创新模式是公司最大限度地集中有限资源发挥自身技术优势，在缩减成本的同时内生自主性创新能力的实现模式。

三　复杂性网络创新模式

提升创新能力领先型中小企业的网络化创新能力，通过开放式融合内外两个市场的创新资源，在本土市场上形成以自身为核心的集投资、生产、分配等于一体的复杂性创新网络，并在此基础上逐步获得在海外市场的对外贸易自主权，进一步形成具有自身影响力和控制力的跨国研发、制造、服务、物流等的内外网络融合、开放式创新的模式，即复杂性网络创新模式。在全球化经济时代，该模式是推动创新能力领先型中小企业从嵌入外商跨国企业主导的全球产业分工网络，向构建具有自身影响力的全球产业分工网络转型，从依附外商跨国企业实施加工配套服务向自主支配创新资源实施国际化创新转型的创新模式。具体包括外贸出口—海外直销网络对接创新模式、设计—制造—服务（DMS）网络复制创新模式。

（一）外贸出口—海外直销网络对接创新模式

外贸出口—海外直销网络对接创新模式，是创新能力领先型中小企业立足本土市场上已形成的以自身为核心的复杂性创新网络，通过与海外华人联合兴办或直接加入由海外华人设立的海外商城，融合海外商城的平台、窗口优势，从而逐步掌控海外分销权，拓展国内复杂性创新网络，实现外贸出口和海外直销"一条龙"和国内出口产品价值链国际化延伸的网络化创新模式。

外贸出口—海外直销网络对接创新模式，为创新能力领先型中小企业双管齐下、实施出口贸易和海外直销、快速形成具有自主支配权的跨国商贸网络提供了本土网络化创新支撑环境和海外交易平台、对接窗口，使企业逐步获得了外贸自主权、海外市场分销权，通过网络化创新向国际价值链高端攀登。具体包括两方面的网络对接：本土物联网—海外商城对接创新、海外商城—海外直销网融合创新。

1. **本土物联网—海外商城对接创新**

创新能力领先型中小企业发挥自身的产业带动力和影响力，在国内市场上通过现代信息技术、计算机网络互联技术等手段发展电子商务，开设以自身为核心、基于产业群体创新资源和信息的"网上超市"，融合实体产、供、销、运、外贸网络，形成虚实网相结合的复杂性物联网创新格局，并在本土物联网的网络化创新基础上，依托海外商城形成的专业市场向外延伸本土创新网络，为创新能力领先型中小企业融合国内外市场创新资源，以低成本对接海外市场实现外贸产品输出和供求信息搜集，从而逐步掌握外贸自主权，形成自身具有影响力和决定性的跨国网络创新能力（见图 4 - 2）。

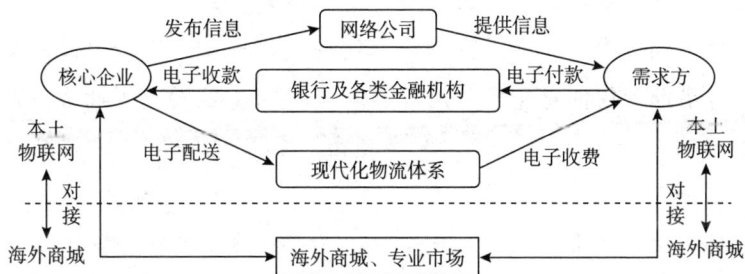

图 4 - 2　本土物联网—海外商城对接创新

2. 海外商城—海外直销网融合创新

海外商城形成的专业市场，不仅为创新能力领先型中小企业提供了对接海外市场的窗口，同时也是该类中小企业在海外实施直销网络创新的平台载体，从而形成以海外商城为平台，融合海外市场创新资源、响应需求的跨国直销网络创新格局，使企业向外输出自有品牌商品而不被贴牌，实现了出口产品和自有品牌产品在国际市场上的价值链延伸。

一方面，海外商城主办者为买卖双方实施契约交易提供的交易保证和质量监督，为创新能力领先型中小企业的跨国贸易创造了安全、宽松的制度环境和经营条件，也大大降低了企业因文化、管理模式差异等与当地买家出现跨国信任危机的可能性，从而为企业减少交易成本、快速融入当地市场提供了保障；另一方面，根据海外商城交易市场的"坐商"制度，创新能力领先型中小企业获得的固定、实体摊位，能向当地买家提供信用保证和财产抵押，从而打破了中小企业在海外市场开拓中传统的弱势地位，在双方议价博弈中更便于建立双赢、合作的对等关系。

海外商城的专业市场交易平台为创新能力领先型中小企业消除了文化偏见和交易隔阂，使其更专注于产品和服务的本土化创新，以赢得当地消费者的认同和产业组织的友好合作，建立起具有自主权的海外市场分销、物流网络，提升了企业对海外市场产业网络的渗透力和影响力。

成立于 1999 年的浙江义乌中国小商品城贸易有限责任公司①，是义乌市最早创办、规模最大的专业外贸公司之一，其"国内虚实网结合 + 海外商城门店"的创新案例，是较为典型的外贸出口—海外直销网络对接创新模式的代表。近年来，随着义乌小商品产业的不断发展、义乌市政府的大力扶持以及公司自身的多年发展积累，公司建立起了以自身为核心、周边同行中小企业长期参与合作的"产—供—销"出口外贸物流网络，并借助现代信息技术和网络互联技术同步发展电子商务，在义乌市场上成功打造出一个结合"网络超市"和现代物流的虚实结合的物联网。

另外，位于马来西亚马六甲占地 80 万平方米的海外专业市场"中国义乌小商品城"的落成，进一步为公司融入国际市场提供了对外窗口和直销平台。公司以义乌本地市场为生产、采购基地，依托海外商城发展契机设立海外商城实体门店，与商城同行建立共同的销售中心，共享海外直销渠道，共同联系当地购买者，从而在有效弥补公司单枪匹马角逐国际市场的规模小、技术低、资金少等缺陷的同时，通过商城同行企业间的多边契约、合作关系，逐步形成了具有自主支配权和价值控制力的较稳固的海外直销网络，通过相应的协作行动来实现营销风险共担、国内外创新资源共享及跨国价值链延伸的目标。

因此，浙江义乌中国小商品城贸易有限责任公司集国内物联网、海外商城、海外直销网络于一身的复杂性创新网络架构，充分体现了创新能力领先型中小企业在全球化格局下融入国际市场，以国内市场为资源基地与物流调度中心，以出口外贸连接国内外两个市场，以海外直销网络下的多边、双边合作实现国内外创新资源共享、优势互补，推动领先型中小企业自有品牌、自主创新产品顺畅出口、外销，在自主参与国际竞争中不断提升企业创新能力的创新探索。

---

① 浙江义乌中国小商品城贸易有限责任公司，http：//cnccctrade. cn. alibaba. com/athena/companyprofile/cnccctrade. html。

（二）DMS 网络复制创新模式

设计—制造—服务网络，是由分布在研发设计、原料供应、生产制造、配送服务等产业环节上的关联企业所构成，整合研发设计网、加工制造网和服务物流网为一体的网络体系。

DMS 网络复制创新模式，即创新能力领先型中小企业在参与海外市场竞争时，将国内市场上已形成的以自身为核心的 DMS 网络一起带入东道国市场，类似于将企业在国内的产业生态环境复制到东道国市场上，以立体式的 DMS 网络对外投资来嵌入海外市场，实施本土化创新的网络化创新模式。此处，"复制"是指国内外 DMS 创新网络在商业模式、组织结构上具有高度一致性，类似于将国内 DMS 网整体移植到海外市场后实施本土化再创新和改造。

DMS 网络复制创新模式，是创新能力领先型中小企业充分发挥自身在本土市场的资源配置力和影响力，借助向海外移植以本土产业环境为载体的 DMS 网络，为企业免去了短期内在当地重新选择、培育、发展研发设计、原料供应、配送服务商的费用和时间，既缩短了新产品本土化的产出周期，又在保证原材料供应的基础上确保了新产品和服务的原始品质。随着海外市场本土化创新的深入开展，企业通过进一步融合当地产业关联组织，拓展形成以自身为核心的跨国 DMS 网络体系，为企业从依附外商跨国企业实施加工配套服务，向自主支配创新资源实施国际化创新转型提供实现路径。该模式主要分为以下两个环节。

1. 国内 DMS 网络构建

国内 DMS 网络，是创新能力领先型中小企业凭借自身领先优势，在国内市场构筑起的以自身为核心，集研发设计、加工制造、服务物流于一体，以出口贸易为主营业务的融合式网络体系。这是 DMS 网络复制创新模式的先行环节。

国内 DMS 网络体系涉及创新能力领先型中小企业内部与外部的支持性研发、设计机构，原料供应商，原料采购商，产品加工制造商第三方物流企业等关联组织，是领先型中小企业在国内市场培育的以出口贸易为主的融合性网络体系，是企业与国际市场建立的最初对接渠道（见图 4 - 3）。

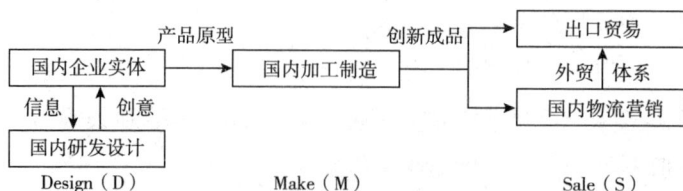

图 4-3　国内 DMS 网络构建路线

2. 跨国 DMS 网络本土化创新

跨国 DMS 网络本土化创新，是创新能力领先型中小企业带领其产业关联组织，以类似于国内 DMS 网络布局的网络形式，立体嵌入目标市场实施产品和服务的本土化创新，继而在此基础上逐步加强与当地供应商、批发和零售商的交流合作，融合当地市场互补性资源对原有 DMS 网络进一步开展本土化创新，以逐步形成具有自主支配力的跨国 DMS 网络，对当地产业分工网络施加影响。

跨国 DMS 网络本土化创新是创新能力领先型中小企业 DMS 网络复制创新模式的关键环节，是企业融合国内外创新资源，建立起具有自主支配力和国际竞争力的跨国网络体系，从依附外商跨国企业实施加工配套服务向自主支配创新资源实施国际化创新转型的实现途径之一（见图 4-4）。

图 4-4　跨国 DMS 网络本土化创新

浙江正泰仪器仪表有限责任公司①始创于 1996 年，是正泰集团控股的核心子公司之一。经过 14 年的创新发展，公司的电能表产品被评为中国名牌，综合实力已位居电工仪表行业前五。

公司在全国范围内设立了 9 大办事处，培育形成了一批与之具有研发合作、原料供应和营销物流服务关联关系的配套服务中小企业，依靠群体化专业分工和彼此信任、契约关系进行着群体企业间的知识、技术、

---

① 浙江正泰仪器仪表有限责任公司，http：//www.chintim.com/about.asp。

信息、产品、物流等的网内流通和共享。目前，公司在国内市场上已建立起以浙江温州总部为中心、9大办事处为支撑，机构完善、功能齐全的研发设计网、加工制造网和营销服务网相结合的DMS复杂性创新网络，其营销服务网络覆盖全国20多个省（市、县）。

随着国内市场网络化合作创新的不断巩固，公司进一步谋划开拓境外市场，根据"先市场后工厂"的海外进军策略，循序渐进地实施了国内DMS网络的"立体式"海外移植、复制创新。首先，公司从出口贸易、营销网络（S）的海外布局入手，凭借自身在精密仪表、仪器领域的高水平研发、设计能力进入海外跨国公司采购系统。充分利用海外温州人资源，牵引国内营销服务网络向外拓展，通过建立从原材料采购、跟单、订仓、运输、报关、进出口代理到外贸服务咨询的完整外贸出口体系，逐步完成了公司主导的海外营销网络布局和海外经营经验积累。其次，公司在掌握并拥有一定海外市场营销权的基础上，根据境外不同区域营销网络的反馈信息，带领国内生产加工企业开始向海外直接投资，设立海外分公司、商务办事处等，如在俄罗斯、德国等地建立商务代办处，在迪拜设立配货库批发，在巴西等地设立分公司等，并在当地创办与国内加工制造网络相对应的海外加工、装配工厂，从而完成了国内生产加工网络（M）的海外复制、移植。最后，在设立海外分部、销售点的基础上，公司国内研发中心的精密仪器研发团队、成员陆续被派驻海外分部，以融合当地产品文化、市场需求，进而实施本土化产品改进与创新，完成了国内研发设计网络（D）的海外拓展。可见，公司以市场带动生产、研发的三维网络、立体式海外投资，类似于将公司国内产业环境下的DMS网络整体"复制"到海外市场，使得公司不必花费额外时间、精力详细讨价或签订加工协议，而在短时间内依据"复制版"DMS网络企业间已建立的稳定供销关系，迅速协调与促进价值链上各环节企业功能的发挥，建立起对海外市场需求的迅速反馈和传递机制，积极应对具有文化差异且瞬息万变的国际市场需求，提升以自身为核心的海外DMS网络创新能力。

随着海外市场DMS网络的发展成熟，公司逐步与当地分销商、同行企业和终端消费者建立起了紧密的竞争协作、信息反馈关系，为进一步改造公司现有的海外 DMS 创新网络，不再局限于国内企业联盟格局而不断加强与国外企业间的融合性竞争、合作，使公司真正融入海外市场、完成本土化创新，建立起自身主导的跨国 DMS 网络创新体系提供了环境支持。目前，公司已收获产品畅销意大利、法国、西班牙、古巴、以色列、南非等全球 70 多个国家和地区的优异创新绩效。

可见，DMS 网络复制创新模式在正泰仪器仪表有限责任公司的国际化经营道路上，表现为"国内 DMS 网络构建—海外 DMS 网络本土化创新"的完整过程，一定程度上说明了该模式是创新能力领先型中小企业，尤其是制造行业领先型中小企业不断提升自身创新水平，参与国际竞争、融入全球价值网，提高影响力和控制力的有益选择。

四　小结

综上所述，基于中小企业主导要素创新理论及其演化机理、中小企业主流与新流创新理论及其演化机理、中小企业复杂性创新理论及其演化机理，中小企业的三层次创新能力提升模式的功能各异、侧重点各有不同，但其共同体现出了中小企业创新模式发展的与时俱进演化规律，如表 4-1 所示。

表 4-1　中小企业自主创新能力提升模式的演化路径

理论依据	企业类型	创新能力提升目标	创新能力提升模式的演化路径
主导要素创新理论及其能力演化机理	建设型中小企业	低成本比较优势 → 差异化优势	传统创新模式 → 逆流创新： • 管理创新：常规成本控制 → 成本倒逼控制 • 营销创新：常规渠道构建 → 倒立式渠道构建 • 技术创新：正向技术吸收 → 逆向技术学习 • 组织创新："小而全"企业 → 巨型虚拟企业下的"专、精、特"组织 山寨创新： • 技术创新：单一技术引进学习 → 模块化技术再整合 • 营销创新：实体营销系统 → "滚雪球"网络式营销系统
主流与新流创新理论及其能力演化机理	进步型中小企业	外源型技术创新 → 内生型技术创新	主流创新模式：技术二次创新、集成创新 → 全流程价值创新 新流创新模式：设计导向创新 → 价值链整合创新 • 用户体验探求 • 设计创新实现 • 并购创新 • 联盟创新 • 外包创新
复杂性创新理论及其能力演化机理	领先型中小企业	嵌入全球产业分工网络 → 构建自身国际分工网络	嵌入型网络创新模式 → 外贸出口—海外直销网络对接创新： • 本土物联网—海外商城对接创新 • 海外商城—海外直销网融合创新 DMS网络复制创新： • 国内DMS网络构建 • 跨国DMS网络本土化创新

第五章 中小企业自主创新能力提升的机制研究

所谓"机制",是指一定的系统所具有的、使系统整体正常运行所需要的各种功能的组合,以及使综合功能得以发挥的规则、秩序和联动循环过程。在知识经济时代,随着企业创新环境的日趋复杂化以及创新技术与现代科学的交融发展,提升中小企业创新能力已难以仅凭企业自身,还需要主动或被动地打破企业传统边界,融合群体同行、产业链上下游组织、科研机构、政府、社会中介服务机构等众多功能主体,通过中小企业个体、群体及区域三层次创新参与者的功能组合、联动创新和协同推进来共同实现中小企业创新能力提升的目标。

因此,本书基于中小企业主导要素创新理论、主流与新流创新理论、复杂性创新理论及中小企业创新能力实证分析,从企业创新的微观个体层、中观群体层、宏观区域层三个层次提出中小企业创新能力的三层次提升机制。

第一节 中小企业创新能力的个体化提升机制

在微观层次,中小企业创新能力的个体化提升机制,是立足企业自身创新能力水平、资源获取能力,根据创新水平各异的建设型、进步型、领先型三类中小企业的不同特点,分能力层次结构,探讨企业创新能力提升的内在机理和运作方式。个体化提升机制旨在通过自身能力建设,突破中小企业普遍存在的创新动力不足、自身积累欠缺瓶颈,分别提升三类中小企业的特色创新能力、自主性创新能力和网络化创新能力。

根据中小企业要素导向型创新及其能力演化机理，对不同类型中小企业的自身创新建设和发展，均需立足自身主导要素，即特色优势要素，从而开发、形成自身优势创新能力，来实现不同类型中小企业在市场竞争中谋生存、求立足、做大做强的创新宗旨，完成差异化创新、内生化创新、网络化创新能力的提升目标。

因此，中小企业创新能力的个体化提升机制，是分别通过塑造特色竞争力、转型运作范式、协同多维因素创新来推动建设型、进步型、领先型中小企业创新能力的个体化提升的运行规律和实现方式。

一 特色竞争力塑造机制

特色竞争力塑造机制是指创新能力建设型中小企业由于自身资源局限和创新能力弱势，在低成本、少投入条件下集中有限资源重点培育、优先发展企业特色能力，通过现有创新资源、创新要素及竞争环境因素间的相互作用、影响、制衡，以特色市场定位导向、特色产品或服务生成并借助特色营销手段塑造区别于竞争对手的特色竞争能力的内在运作方式。特色竞争力塑造机制是由特色市场定位机制、特色产品/服务生成机制、特色营销推进机制三方面组成，共同推动创新能力建设型中小企业提升特色创新能力，实现差异化的创新目标。

（一）特色市场定位机制

特色市场定位机制，是指创新能力建设型中小企业立足自身能力现状和所处市场环境，避开大众化的市场争夺，而突出自身某一方面的经营特色、个性或风格，来聚焦特色细分市场和塑造"小而特""小而精""小而专"型企业，从而导向企业的特色竞争力和竞争优势形成。由于创新能力建设型中小企业的创新弱势和资源匮乏，其市场求生必须集中企业有限力量，锁定、瞄准特色细分市场。因此，该机制的核心在于找准发挥企业特色的细分市场，具体可分为补缺型市场定位机制、边缘型市场定位机制、配套型市场定位机制。

1. 补缺型市场定位机制

补缺型市场定位机制，是指创新能力建设型中小企业聚焦于行业中现有产品或服务的缺陷、不足或空白领域，通过"查漏补缺"式的局部创新，导向满足稀缺需求的产品或服务能力开发，推动"小而特"型企业形成的机制。经济发展的规律证明，市场是持续、动态发展的，因此其产品不能满足需求的现象也将不断出现，创新能力建设型中小企业则可根据自身能力储备，在现有产品的规格、品种、外观、功能上，或在服务的内涵、外延等方面突出自身特色，以更富有个性的产品和服务定位来创造差异化、特色竞争力。

2. 边缘型市场定位机制

边缘型市场定位机制，是创新能力建设型中小企业聚焦属于消费需求边缘地带的"缝隙"型市场，导向规模小、品种冷门、生命周期短、消费需求特殊的产品和服务能力开发，推动"小而精"型企业形成的机制。这种边缘型市场的产品或服务往往具有以下特点：其一，产品生产规模小，同行中大型企业或创新能力较强的中小企业不屑涉足；其二，产品属于小品种，且种类繁杂、产品生命周期很短，只适合小批量生产；其三，产品和服务仅限于特殊、专用消费群体。创新能力建设型中小企业对于该类市场的独到聚焦，将是在白热化的大众市场竞争中另辟蹊径，为自身争取成长空间和时间，逐步在小众市场上成为"精尖"企业的特色市场定位。

3. 配套型市场定位机制

配套型市场定位机制，是创新能力建设型中小企业聚焦于为同行大企业、领先型企业提供配套产品或服务的专业化市场，导向特色定制加工、零配件供给等专业化中间产品和服务能力培育，推动"小而专"型企业形成的机制。如浙江企业家鲁冠球创建的杭州万向集团，就是从生产汽车零配件万向球开始，以特色市场定位导向特色创新能力建设，并一步步升级，发展成为目前的大型集团。

（二）特色产品/服务生成机制

特色产品/服务生成机制，是创新能力建设型中小企业在明确自身特色市场定位的基础上，通过产品线运作或服务边界的拓展，生成具有企业自身特色的产品或服务的机制。具体包括特色产品生成机制、特色服务生成机制。

1. 特色产品生成机制

特色产品生成机制，是创新能力建设型中小企业在特色市场定位导向下，对现有产品生产线进行扩充、升级或开拓，创造特色化、差异化产品的运行方式。有以下三种子机制。

产品扩充机制，即在现有的产品项目基础上进行品种扩充，立足美观和个性化需求进行微小改进，如通过形态、色泽、外观布局等方面的变更和改进，从而实现同系列产品供给种类的个性化和丰富化。产品升级机制，即对现有产品的升级换代，立足功能和实用性方面的产品改良，如通过内部构造、功能配置等方面的技术改良，从而创造出性能更优、功能更全的特色升级版产品。产品拓展机制，即在现有产品的基础上，为满足潜在消费需求或响应用户提议，实施突破性地新产品开发或新市场进入战略。

2. 特色服务生成机制

特色服务生成机制，是创新能力建设型中小企业在特色市场定位导向下，通过在服务数量、质量、种类和时间等方面加以变通和完善，催生企业特色化服务的机制。这需要建立客户体验引航机制和"端到端"服务机制。

客户体验引航机制，是基于目标市场客户的背景资料、生活方式、使用习惯等信息收集，通过建立客户"呼叫中心""售后服务专线""大客户管理中心""用户档案"等方式，来研究和追踪目标市场客户对产品和服务的消费预期、关注度和满意度，从而以客户体验为核心引领导向特色服务提供。这是一种基于客户体验和客户价值实现的特色服务创新导向机制，同时也是反哺特色产品创新生成的市场响应机制。

"端到端"服务机制，是针对不同产品和特色市场定位需要，建立从企业端到客户端的"端到端"直接对话和服务满足机制，覆盖范围包括服务全流程的订货、传输、交付、安装、客户培训、维修保养等各个环节，服务内容如售前向消费者说明产品性能、使用方法等；售中态度和蔼、使用文明用语等；售后包装精美、送货上门、提供维修保证等[167]。

（三） 特色营销推进机制

特色营销推进机制，是指创新能力建设型中小企业立足自身特色市场定位和特色产品、服务能力，通过建立以客户为中心的营销策略，即客户需求和期望（Customer）、客户费用（Cost）、客户购买的便利性（Convenience）、顾客沟通（Communication）相结合的"4CS"营销，替代传统以产品为中心的产品（Product）、价格（Price）、渠道（Place）、促销（Promotion）相结合的"4PS"营销。在企业特色产品、服务与终端消费者间架起对话和传输的桥梁，进一步推动企业特色竞争力和自身竞争优势塑造。

其中，关注"客户需求"取代"产品"，是抛弃传统的营销运作理念，将注意力集中在消费者的需求上，通过对需求的深度把握和对个性化需求的实时响应，来顺理成章地向消费者销售与推广产品；关注"客户费用"取代"价格"，是改变传统的营销定价方式，不以产品间比较、同行比较为完全定价标准，而是采用逆向思考方式，考虑消费者愿意为购买产品的支付成本，关注产品带给消费者的实际效用价值；关注"购买便利性"取代"渠道"，是及时调整传统销售渠道方案，以消费者最方便购买到产品的渠道形式销售产品，拓宽渠道种类、渠道覆盖面，重视三级市场上的边缘渠道、小众渠道，通过多样化渠道路径销售产品；关注"顾客沟通"取代"促销"，创新能力建设型中小企业在通过特色市场定位、特色产品/服务提供，为自身市场生存创造一线生机的同时，采用个性化、低成本的促销方式，是为企业创新成果顺利推向市场、获得事半功倍市场效应的重要活动。在当今市场上买卖双方崇尚双向式传播方式，以"自下而上"的客户导向沟通方式，取代"自上而下"的厂商主导的沟通方式正成为大势所趋，在让利折价、现金抵用券、优惠组合销售等传统促销方式的基础上，通过与消费者进行充分的沟通，选择其具有心理认同、操作便利的促销形式，如关系营销、网络营销方式来提升企业特色营销力，塑造自身特色竞争优势。

总之，创新能力建设型中小企业的特色竞争力塑造机制突出体现了特色市场定位、特色产品和服务生成以及特色营销推进三者的相互作用和联动创新规律（见图5-1）。

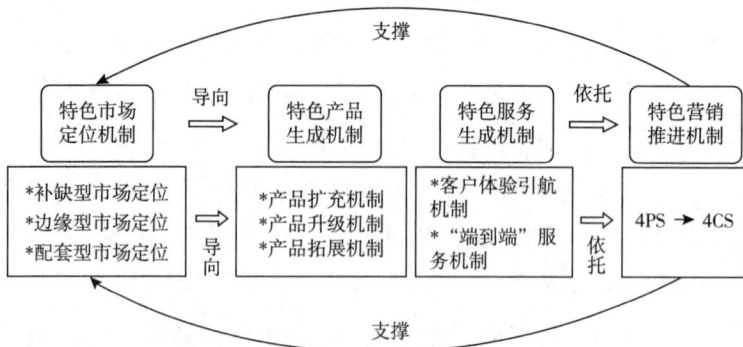

图 5-1 中小企业特色竞争力塑造机制

二 运作范式转型机制

创新能力进步型中小企业，已基本完成原始积累，具备一定创新能力基础。为了加快实现内生创新目标和提升自主性创新能力，企业开始从原有外向型、粗放型的低层次创新，向内生型、集约型的更高层次的创新转型，为向创新能力领先型中小企业升级做准备。因此，创新能力进步型中小企业应构建运作范式转型机制，即通过转变和承接现有管理、技术创新、经济增长、企业发展范式，夯实企业内生的创新基础，满足创新升级需要，实现创新能力进步型中小企业自主性创新能力的个体化提升。该机制由管理范式转型机制、技术创新范式转型机制、经济增长范式转型机制、企业发展范式转型机制四方面构成。

（一）管理范式转型机制

管理范式转型机制，旨在实现创新能力进步型中小企业从现有产权相对集中、激励机制缺失、企业文化僵化的家族式管理范式，向投资者、经理人、职工以及其他利益相关者相协调的共同治理范式发展，最终向全面创新（TIM）管理范式转型。这是该类中小企业逐步发展全面创新管理，为核心技术和设计、自主知识产权、价值活动控制力内生化提供组织、制度保障，从而实现中小企业创新能力个体化提升的机制。

（二）技术创新范式转型机制

技术创新范式转型机制，旨在实现创新能力进步型中小企业从现有技术创新的应用研究与发展（R&D）向自主设计与发展（D&D）转变，继而向自主研发与设计（R&D^2）范式升级的机制。该机制加快了中小企业从引进技术的研究开发向设计与发展核心技术的跃进，再向原始性创新跨越，从而实现自主性创新能力内生化和创新能力的个体化提升。

（三）经济增长范式转型机制

经济增长范式转型机制，旨在实现创新能力进步型中小企业从现有高投入、高消耗、低产出、低效益的资源驱动型经济增长范式，向资源共享、知识共享、利益共享的共享型经济增长范式发展，进而向低消耗、高科技、高效益、低污染的创新驱动型经济增长范式转型。该机制体现了这类企业从"生存创新"的"一次创业"逐步向"生态创新"的"二次创业"进化，以低碳、环保、节能型创新提升企业创新能力的趋势。

（四）企业发展范式转型机制

企业发展范式转型机制，旨在实现创新能力进步型中小企业从传统型企业发展范式向科技型企业发展范式发展，在产业要素聚集和创新要素聚集的良性互动下打造行业"科技小巨人"；并在此基础上，向以技术创新为核心，以技术、品牌、制度、管理、文化等全面而持续的创新发展为支撑，以内生创新驱动企业超额利润创造的创新型企业发展范式升级，进一步推动企业自主性创新能力的个体化提升。

总之，创新能力进步型中小企业的运作范式转型机制，是帮助企业夯实内生创新基础，向创新能力领先型中小企业转型、升级的实现路径，如图 5 - 2 所示。

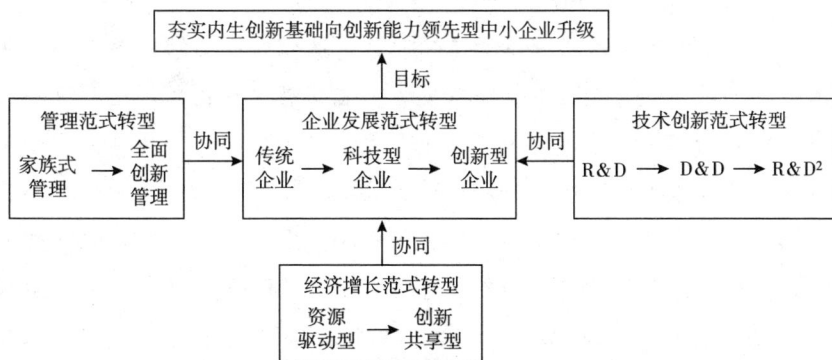

图 5 - 2　中小企业运作范式转型机制

三 多维创新协同机制

创新能力领先型中小企业是多维创新能力趋于均衡、创新水平相对领先的企业，其创新能力的个体化提升机制旨在实现开放式融合创新目标，提升多维创新因素交互联动、共生互促的网络化创新能力。因此，创新能力领先型中小企业需要建立起网络化的多维创新协同机制，即通过企业多项创新要素的协同创新、内外部创新资源的协同整合来推动要素、资源、人力、环境等企业多维创新因素的协同、联动创新，以实现复杂网络化创新的内在机理和实现方式，主要体现在技术要素与非技术要素的协同创新机制、内部资源与外部资源的协同整合机制两方面。

（一）技术要素与非技术要素的协同创新机制

对于多项创新要素发展趋于均衡的创新能力领先型中小企业，在日新月异的动态市场竞争环境中，要巩固自身领先地位，不仅需要多维创新要素的均衡发展，更需要实现要素与要素间的协同联动、网络化互动，即创新要素"1+1>2"的协同效应，以实现创新绩效最大化，提升企业网络化创新能力，推动企业做大做强并向大中型企业转型升级。

因此，技术要素与非技术要素的协同创新机制，是创新能力领先型中小企业以全面创新为发展方向，协同技术要素和非技术要素实施联动创新，以战略要素为统领、市场要素为导向、技术要素为支撑，依托组织、文化、制度要素的内部创新环境营造，形成企业内的网络化创新架构，在多维要素的交互联通、制衡和协作中推动多要素协同创新，实现中小企业创新能力个体化提升的运行机理（见图5-3）。

此处，战略要素统领技术和市场要素，使创新能力领先型中小企业形成鼓励创新、创新至上的战略共识，从思想意识和创新规划上统筹市场、技术创新实施；市场要素导向企业战略制定、影响技术创新，体现了市场拉力与该类中小企业创新活动的联动关系；技术要素支撑战略制定、影响市场创新，体现了技术推力与中小企业其余要素创新的联动关系。在实现多维要素协同创新的交互关系中，"联通"是指通过定期召开"研—产—销"职能部门联席会议等企业内信息互通方式，加快各部门要素创新信息的搜集、筛选、过滤、应用；"制衡"是由于各要素涉及部门、功能发挥、利益代表的差异性，从而根据企业整体创新战略、发展需要进行要素创新重要性权衡或主次性协调，表现形式如技术和市场要素创新在企业创新投入上的竞争与协调；"协作"是多维要素联通、制衡的目标层，是指企业各创新要素因共同的创新目标而实现有序、有效的协作配合，实现途径如组建跨职能创新团队、组织结构优化或变革等。

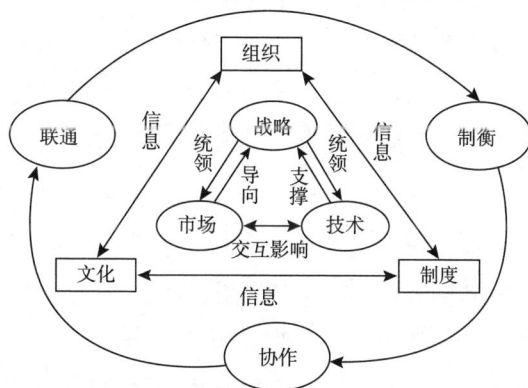

图 5 - 3　中小企业技术要素与非技术要素的协同创新机制

（二）内部资源与外部资源的协同整合机制

创新能力领先型中小企业的创新储备和能力基础为企业发展提供了更广阔的资源获取渠道和途径，整合企业内外部创新资源，谋求创新资源的合力作用，是企业整体创新水平更上一层楼的强大助推力。因此，内部资源与外部资源的协同整合机制，是创新能力领先型中小企业超越企业边界，整合企业内外部人、财、技术和信息资源，实现跨组织界限、跨地域边界的创新资源集成配置、流通共享，推动创新能力个体化提升的运行机理和实现方式。主要包括以下三方面。

1. 人力资本协同整合机制

人力资本协同整合机制，是创新能力领先型中小企业依托企业社会关系、产业关系网络整合内外部人力资源，集聚和吸纳具有高学识、高素质、高能力的创新型人才，并通过信息传递、知识交流、项目合作来优化配置内外部创新人才，通过人才积聚进一步挖掘和激发创新潜力，推动企业创新能力的个体化提升的运行机制。

建立技术桥梁人物的集聚机制，所谓技术桥梁人物，是指在企业和外部环境之间，以及企业内部不同功能组织界面上的技术核心人物。对于有很强外部资源获取能力的创新能力领先型企业而言，其创新技术桥梁人物包括科技型企业家、高端技术人员、技术工程师等，他们分布于企业内部、同行企业群体、技术研究院等差异化组织个体中，是一批具有技术权威和人格感召魅力，既能快速响应外部环境变化，又能把握市场前景和技术需求的创新领袖。创新能力领先型中小企业通过高薪聘请、猎头公司搜寻、同行挖掘等方式，吸纳、引进一定数量的技术桥梁人物，可迅速内化外部隐性知识提升自身创新能力，同时吸引更多注重挑战性工作和成就感的高科技人员的聚合，形成人才积聚效应。

建立团队创新力培育机制，即创新能力领先型中小企业致力于建设由市场、设计、工艺、制造、测试、销售等多领域、多学科人员以及供应商和用户等共同组成的跨组织、多功能创新团队，从而形成以企业家为主导，以高端技术人员为骨干，以技术工程师为主体，以技术型一线工人为基础，以一线销售人员为反馈的团队型创新集合体，以团队作业、团队创新的形式，作为领先型中小企业完成技术跨越的实现载体，从而最大化集成和发挥多层次创新人才的知识、技术创造力，实现企业创新能力个体化提升。福建海源科技股份有限公司的创新能力提升和跨越，正是得益于以项目为导向、以产品系列化为载体的跨部门、多功能创新团队的组建，以及团队成员的通力合作和协同创新。

建立人才流动促进机制，即创新能力领先型企业建立起促进人才交换、调动、派遣，并以此带动企业技术、信息、知识的共享和传播，增加个体企业技术知识存量的同时，盘活流量知识，从而加速企业创新能力提升的机制。创新能力领先型中小企业凭借自身相对雄厚的创新实力和发展潜力，吸引着不少来自企业外部拥有丰富专业技术和管理经验的创新型人才涌入，在人才流入过程中丰富了企业的创新型思想、知识和技能储备，促进了企业自身的技术、知识、信息更新，以更快地适应外部技术和市场变化；与此同时，人才的外部流入又进一步加剧了企业内部的人才竞争，在优胜劣汰的压力下，迫使企业成员不断向专业化、创新型的方向发展，从而实现人才流动下的企业创新活力创造和创新能力提升。

2. 创新资金协同整合机制

创新资金协同整合机制，是创新能力领先型中小企业协同内外部双向融资渠道筹措资金，进而高效整合、管理创新资金，规避风险，减少不必要的损失，保障企业创新资金的充裕供给的实现方式。该机制主要包括双向融资机制、风险管理机制两方面。

双向融资机制，是指创新能力领先型中小企业一方面采用内部员工入股、内部高息筹资、销售提成、灵活折旧、利润留存、提取公积金等内向型融资手段，另一方面凭借自身良好经营状况和信誉资本进行上市融资、银行借贷、争取政府资助或奖励等外向型融资手段，协同内向型、外向型融资手段实施资金筹措。如福建海源公司上市公开募集资本的成功例子。

风险管理机制，是创新能力领先型中小企业在协同整合内外部创新资金的基础上，应对"后危机时代"降低资金流动性风险，通过风险识别、风险评估、风险预警和风险应对四个环节，对企业的创新资金、资产运作和投放实施稳健管理，这也是企业创新资金协同整合机制的实现保障。

3. 信息网络协同整合机制

信息网络协同整合机制，指创新能力领先型中小企业建立起集通信网络、计算机、数据库、日常信息技术设备和信息管理人员为一体的"人—机信息网络系统"，借助信息网络平台的信息收集、加工、存储、传播，在企业内各部门间、企业内管理者与员工间、企业与外部市场、本企业与其他企业、企业与创新支持性机构（如政府、社会中介等）间架起"协同创新桥梁"，实现企业内外部信息资源共享和高效使用，形成企业对内外部环境反应灵敏而响应迅速的"神经网络"，为企业网络化创新能力提升提供保障。

第二节　中小企业创新能力的群体化提升机制

在中观层次，中小企业创新能力的群体化提升机制，是立足于具有地域密集性和产业关联性特征的同行企业、上下游供应商、分销商、终端用户等产业组织构成的中小企业创新群体，旨在通过资源在创新群体企业内的流动和集聚效应，突破中小企业普遍存在的各自为政、新兴市场无序竞争、企业自身积累不足的困境，从群体视角提升群内企业创新能力。在开放式竞争环境下，随着中小企业经营业务单元数量的增加和企业间创造价值活动的日趋复杂，企业经营活动的无边界性使得企业与外部产业之间的联系更加频繁，同行企业间的竞争与消耗、渗透与融合进一步推动了企业不断扩展"点式"创新机制，向基于企业群体的技术联动、供需一体化、价值增值升级的技术链、供应链、价值链"链式"创新机制发展。

根据中小企业主流与新流创新及其能力演化机理，在主流创新基础上不断孵化体现企业新发展趋势的新流创新，是企业持续创新发展的重要保障。立足群体环境的中小企业创新能力提升机制，正是体现了以同行企业群为单位的技术链、供应链、价值链链式创新的新流创新趋势，承接并替代以个体企业为单位的技术、供应、价值创新的主流创新，推动中小企业创新能力群体化提升的创新特征。

因此，中小企业创新能力的群体化提升机制，是通过有机链接群内各类创新主体形成以技术链为核心、供应链为支撑、价值链为纽带，在技术链环环串联，供应链集聚协作，价值链增值升级的多维链式创新架构下，推动中小企业创新能力群体化提升的运行规律和方式。

一 技术串联链式创新机制

物理电路中的串联，是指使电流通过所有相连元件，逐个元件顺次连接、相互牵制、相互影响的电路联结方式[168]。在地理空间位置接近、分工协作关系密切、信息交流频繁的中小企业群体中，对于企业核心竞争资源——技术资源，同样是贯穿群体企业创新活动的核心"电流"，而群内企业则是群体创新这一串联电路上的"创新元件"。提升群体企业的技术创新水平，是中小企业创新能力群体化提升的关键所在。

因此，技术串联链式创新机制，是指群体内不同创新水平中小企业的分层次、差异化技术，在群聚空间中彼此衔接、分工配套、相互作用，一种技术的诞生成为另一种技术的来源，一环扣一环地形成技术链，并依托技术链进行不同能力水平企业的技术串联、联动的协同创新，以实现中小企业创新能力群体化提升的内在规律和运行方式，该机制由以下两方面组成。

（一）技术链生成机制

技术链生成机制，即催发企业群体技术创新链生成的机制条件，包括群聚优势、技术势差和专业市场。首先，由于地域空间分布紧密，生产资料和产品同质性高，群内企业间具有频繁交流和经常性业务关联的群聚优势，这使得一项技术创新很容易被群内企业发现，并在企业间展开技术模仿、传播、扩散、吸收和衍生新技术等一系列连锁反应。其次，由于群体企业创新水平和自身积累存在差异，各个企业的技术能力存在高低不齐的能力差异，即"技术势差"。在市场生存压力和同行竞争挤压下，技术能力领先的领先型中小企业实施技术创新或引进新技术后，必将引发群内其他企业的技术追赶、学习，从而刺激形成不同技术势能企业间的群体学习和互动提升。最后，专业市场作为群体企业创新产品和技术的集散中心，为群体技术的突破开发者、率先采用者和跟进模仿者充当技术联通纽带，大大降低了创新技术信息的搜寻成本、协作成本和再创新风险，提高了群内企业采纳创新技术的成功率，进一步催化了群体企业技术创新链的集聚、成型。

（二）技术串联链式运行机制

技术串联链式运行机制，是群体中小企业中具有高技术势能的企业，基于群内技术链依次向比自身技术势能低的企业进行技术转让、扩散，衍生后续技术，通过群体技术链上以企业为载体的技术串联、协动创新效应，带动群内企业技术创新能力协同共进，实现中小企业创新能力群体化提升的运作方式。

从存在技术势差的创新能力领先型、进步型、建设型三类中小企业串联形成群体技术链的规律来看，技术链上也分布了应用技术、开发技术、市场技术三种创新水平递减的创新技术。其中，"应用技术"指专利技术或技术知识诀窍，是有明确所有者（个人或其他法人）的创新产物。"开发技术"是指对应用技术创新成果实施系统转化，形成某种新工艺、新技术，或获得现有工艺或产品的改进方案，可被称为实现技术成果转化创新成品的"母版"技术。"市场技术"是指企业基于市场需求信息或市场状况，针对已有母版技术或技术制成品实施的功能、成本、工艺、外观等方面的市场导向技术，是对开发技术的再创新或技术衍生。鉴于群内不同创新水平企业对技术的破译、学习和吸收能力各异，其形成的技术链串联创新具有从应用技术到开发技术、市场技术，再以市场需求反哺、催生新的应用技术的递推、循环规律。具体而言，技术串联运行机制包括了应用技术转让机制、开发技术扩散机制、市场技术衍生机制这三个逐层串联、递推的运行过程，其机制内容如表5-1所示。

表5-1　中小企业技术串联链式运行机制

机　制	主导企业	技术载体	串联方向	实现方式
应用技术转让机制	领先型企业	原始技术专利技术	领先型→进步型	正式渠道（如并购、合资、技术联盟等）
开发技术扩散机制	进步型企业	新技术新工艺	进步型→建设型	正式渠道、非正式渠道（如面对面交流、人际关系网、群内人员流动等）
市场技术衍生机制	建设型企业	成品技术制成品	建设型→建设型	非正式渠道

总之，群体中小企业的技术串联链式创新的整体架构和机制运作，如图5-4所示。

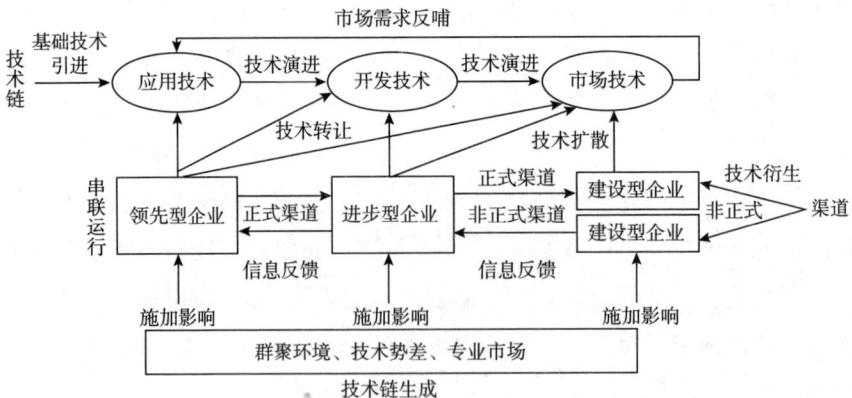

图5-4　中小企业技术串联链式创新机制

二　供应链集聚创新机制

在群体创新环境下，围绕着最终产品的供给和产出，各个专业化的原材料或半成品供应商、成品生产制造企业、分销商之间存在广泛交织、紧密关联的经济、技术联系。一家企业需要其他企业为自己提供各种创新资源的同时，又将自身的创新产出作为一种市场需求提供给其他企业。这种各个企业成为所处创新供需系统中的一个环节或一个节点，如"多米诺骨牌"互为依靠、相互依赖，共同组成供需一体化的流线架构，即供应链。

因此，供应链集聚创新机制，是指群体中小企业集自身企业与上游供应商、下游分销商、终端客户为一体，形成体现自身优势的协调配套、协作创新、互利双赢的创新供应链，通过自身所处的单条供应链内合作创新，以及群内同质企业间的多条供应链错位创新，推动群内创新信息流、物流和资金流的优化设计和高效流通，以实现群内中小企业创新能力协同提升。该机制包括供应链内合作创新机制和供应链跨链对接协调机制[169]。

（一）供应链内合作创新机制

在中小企业群体中，每一家企业均处于自身供应链上的某一环节，从事着具有自身相对优势的专业化分工合作。因此，供应链内合作创新机制，是指单条供应链上各创新主体以市场需求为导向，以完善的组织方式和配套合作关系有效协同供应链上创新资源，实现在核心企业主导下，供应商参与研发，分销商协助产品设计，终端用户提供产品反馈和定义市场新需求的供需一体化合作创新架构。

供应链内合作创新机制的实施主体，是从原材料供应商、零配件供应商、核心企业、分销商到终端用户的各类异质性、互补性资源载体。其中，供应链核心企业，是指处于供应链高附加值环节的主导企业；合作基础，是链上主体间的供需利益关系、人际或业务信任关系；合作实现方式，是供应链上核心企业通过协同上游供应商与零配件供应商的原材料、加工品供应，与之实时交换材料改进需求与技术同步改进建议，以及向下游分销商、终端用户及时提供所需产品，获得新产品技术改进需求或新产品需求信息，以进行上下游链式资源的优化配置和整合；合作创新目标，是有效提高供应链内企业的"一体化"创新协同程度，保障供应链条各环节的创新互动与合作，在调控、配置创新资源的基础上以市场为导向、以客户为中心实施产品开发、设计和生产，推动供应链上中小企业创新能力的联动提升（见图 5 - 5）。

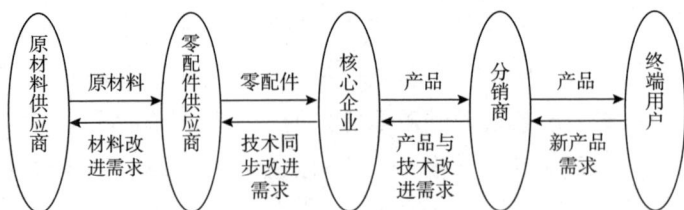

图 5-5 供应链内合作创新机制

（二）供应链跨链对接协调机制

群体创新环境下，由于创新能力水平的层次差异，分层次创新能力的中小企业作为核心企业带动形成的供应链也具有层次性。多层次供应链创新产出的最终产品，在技术、规模、品牌等方面的差异性恰好对应了我国大而分层的消费市场需求。因此，供应链跨链对接机制，是群内领先型、进步型、建设型中小企业分别作为核心企业带动自身所处的不同层次供应链，实施分层、对接创新，并借助群体技术链的技术信息传递，推动群内多条创新供应链的跨链协调创新、互促共增的运行规律。

一方面，针对不同层次的消费品市场，多条供应链形成分层竞争格局：领先型中小企业带动所处供应链，主攻在品牌形象、突破性技术、关键零配件生产等多方面具有高水平要求的创新产品市场；进步型中小企业带动所处供应链，主攻技术和品牌要求弱于领先型企业，但也具有一定供需规模和创新优势的中端产品市场；建设型中小企业带动所处供应链，主攻以半成品、成品生产加工为主，生产规模小、经营范围窄、技术能力要求低的低成本产品市场。另一方面，三层次供应链在共享群内有限资源的基础上也存在跨链条的创新协调。同一企业可能位于多条

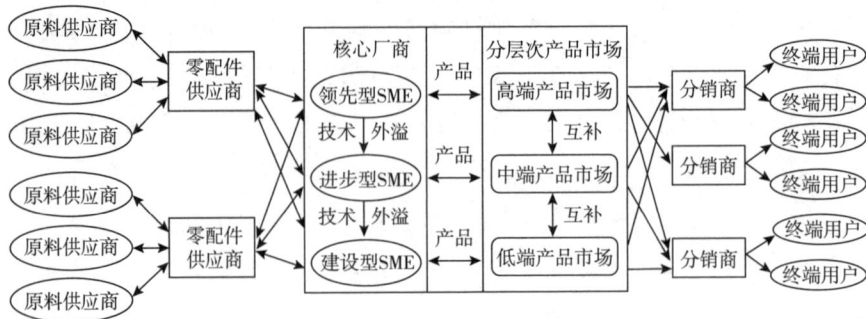

图 5-6 供应链跨链对接协调机制

供应链上，例如，多链同时选择同一供应商或同一分销渠道，使得多层次供应链在某一节点处实现对接。而领先型中小企业作为群内的优势企业，其在构建具有强大带动力和辐射效应的领先型企业供应链、实施合作创新的同时，也通过其技术和知识的外溢，带动进步型、建设型中小企业所在的供应链创新，进而在供应链跨链对接协调创新下推动中小企业创新能力的群体化升级[170]。

三 价值链增值创新机制

哈佛大学商学院教授 Porter 在《竞争优势》一书中指出："企业每项生产经营活动都是创造价值的经济活动，这些互不相同但又相互联系的生产经营活动，构成了价值创造的一个动态过程，即价值链。"在群体企业中，群内各个相互独立、相互联系的创新主体基于供应链上的创新供需关系，在从技术创新产品的创意构思到最终产品商业化的每一环节中，都包含了价值创造、利润分配关系。这种由群体企业的创意构思、设计开发、生产制造、产品营销、消费循环再利用一系列价值创造、增值活动共同形成的群体企业创新增值关系集合体，即群体"价值链"。在群体视角下，提升价值链上中小企业的价值创造力和影响力，是提升群体中小企业创新能力的重要举措[171-173]。

因此，价值链增值创新机制，即指群内各类中小企业基于供应链架构和技术链联动，在自身现有创新能力基础上通过价值链上生产制造或产品销售环节的流程创新、创意构思或设计开发环节的产品创新、整体价值链优化创新，通过实现各类中小企业所处价值链环节的附加值增加，来推动企业创新能力提升的运作方式。具体包括以下三种机制。

（一）产销流程再造机制

产销流程再造机制，是指群内中小企业通过优化或重构价值链上生产制造、产品营销环节的创新流程，提高企业流程创新效率和效益，获得优于竞争对手的创新附加值，推动企业创新能力提升的实现方式。该机制是群内中小企业立足自身现有硬件设施，通过引进先进工艺流程改进工艺技术；加强供应链管理，促进供应链上创新学习与互动；加强质量作业、提升物流合作效率等方式，来提升企业创新"投入—产出"效益和企业价值创造力，促成企业创新能力提高的机制。

这种增值创新机制耗时较短、创新投入少且见效快，是处于群体价值链低端的创新能力建设型中小企业最普遍采用的价值链增值方式。一个突出的例子，即创新能力建设型中小企业通过生产制造环节的工艺流程延伸、优化和重组，从只有微薄价值份额、按照合同为需求方提供装配零部件的 OEA（原装设备装配商，Original Equipment Assembling），向提供成品加工、制造服务的贴牌制造产品 OEM（原装设备加工制造商，Original Equipment Manufacturer）转型升级，通过实现自身价值环节的创新增值以带动企业创新能力群体化提升。

（二）产品研发设计（R&D^2）升级机制

产品 R&D^2 升级机制，是指群内中小企业在消化外部创意、引进原始性技术或工艺的基础上，不断积累 R&D^2 经验，通过重构标准或突破性改进自身产品所处价值链上的创意构思、设计研发环节，催生更高附加值的创新产品，推动企业现有创新产品升级和价值增值，从而实现企业创新能力的群体化提升。该机制是群内中小企业通过组建贯穿产品设计、开发、商业化全流程的跨企业、跨职能部门 R&D^2 团队，充分利用"外脑"拓宽研发、设计的组织边界；建立产品 R&D^2 团队与群内供应商、终端用户的"合作—并行工程"等方式，为自身创新产品创造更多附加值，以自主性专利技术、突破性设计提升产品创新层次，向价值链高端攀登，以此带动企业创新能力的群体化提升。

这种增值创新机制需要立足一定的研发、设计创新实力，往往是处于群体价值链中高端的创新能力进步型、领先型中小企业普遍采用的价值链增值方式。较常见的例子，即创新能力进步型中小企业逐步向价值链高端攀登，完成 OEM 的贴牌制造经验积累，向拥有自主设计优势的 ODM（自主设计制造商，Own Design Manufacturer），并进一步向拥有自主品牌和企业辨识度的 OBM（自家品牌加工制造，Original Brand Manufacturer）转型升级，通过企业创新价值链延伸带动中小企业创新能力群体化提升。

（三）整体价值链优化机制

整体价值链优化机制，是群体中小企业通过优化、改变所处价值链环节的排列组合方式，去粗取精，使得整体价值链创新功能得到最大化发挥，或从一条价值链转换到另一条价值链，借助自身成熟的创新技术和丰富的创新经验，带动价值链上其他企业整体投向价值增值空间更大的部门或价值链，激发企业创新能力持续提升的实现方式。该机制包括价值链功能升级、价值链跨越创新这两个层次递进的增值方式。前者主要通过从价值链上其他环节企业吸收高附加值创新能力、外包低附加值创新活动实现；后者是在前者实现的基础上，当企业自身成为所在价值链的主导者、治理者时，通过在现有价值链内自主引入新的创新增值活动，或退出现有价值链环节，进入新的价值链空间，来完成价值链的整体创新水平跨越和升级。

这种增值创新机制是处于群体价值链高端的创新能力领先型中小企业、群内龙头企业采用较多的价值链增值实现方式。如近年新兴产业中的半导体生产企业，从最初晶体管收音机生产，到计算机、电脑监视器和近年来的掌上电脑生产的价值链跨越升级，正是中小企业在群体环境下优化整体价值链、实现创新增值、带动企业创新能力提升的成功例子。

总之，群体中小企业的价值链增值创新机制如图5-7所示。

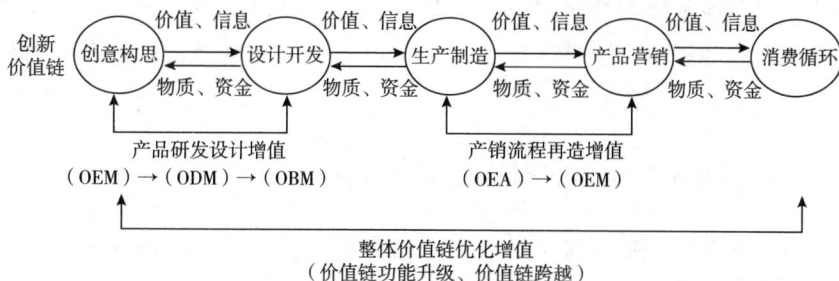

图5-7 价值链增值创新机制

第三节 中小企业创新能力的区域化提升机制

在宏观层次方面，中小企业创新能力的区域化提升机制，是立足由一定区域范围内的创新主体，包括中小企业个体及群体、高等院校、科研机构、政府、各类创新中介服务机构，以及协调各行为主体间关系的政策和制度环境共同构成中小企业创新区域，旨在突破中小企业创新的产学研合作不畅、社会服务对象错位以及市场管理体制、财政金融体制和行政执法体制束缚，从区域视角提升区域内中小企业的创新能力。

根据中小企业复杂性创新理论及其能力演化机理，中小企业区域化创新的主体、资源、行为和发展因素的复杂联动促成了企业创新制胜和永续发展。区域创新环境作为个体创新和群体创新环境的集合，其内部创新主体的多样化和主体间呈现的动态关联、功能交错等非线性、复杂性网络特征，以及外部市场环境的复杂多变，都决定了中小企业创新能力的区域化提升机制也是一个具有多层次、多结构、多因素联动的复杂性网络系统，并通过系统内的各个主体之间以及主体与外界环境之间的创新联动、互促共增，来推动区域网络化创新系统进一步向更高级有序的创新形态演化，实现区域中小企业创新能力的整体提升。

因此，中小企业创新能力的区域化提升机制，是指由个体、群体、区域三层次中小企业的创新网络交互作用、功能耦合，形成复杂性创新网络系统，继而通过系统内各主体间的研发互动、成果转化、调控支持，并在此过程中为适应市场环境新变化而循环往复地进行系统地自我优化、自我复制、自我再生的"超循环"创新，通过反应循环、催化循环和超循环这三个递进的循环演化过程，推动区域中小企业创新能力整体提升的实现方式和规律。该机制包含区域中小企业复杂性创新网络系统的构成及其超循环运行机制两部分。

一　区域复杂性创新网络系统的构成

区域复杂性创新网络系统由以下两方面构成：复杂性创新网络系统是一个由区域内中小企业及其群体、高等院校与科研院所、地方政府、中介服务机构的多重创新主体，通过投入人力、资金和技术等资源实施创新运作，形成以中小企业群体为核心创新主体，以科研院所为智力支持，以地方政府的计划、投资、政策法规为导向和激励，以社会中介服务为桥梁和创新黏结剂的"个体—群体—区域"三层次嵌套的复杂性网络创新架构；复杂性创新网络系统也是一个体现从知识创造、技术创新、成果商业化到创新服务的创新运作流程，由区域"知识创新网络—技术创新网络—生产制造网络—服务调控网络"四重网络子系统依次关联、分工协作构成的复杂性网络创新架构。该复杂性创新网络系统通过优化配置和高效整合区域网络化创新资源，推动区域创新网络内各类中小企业不断寻求创新突破和飞跃，加速区域中小企业创新能力的整体提升。具体而言，该网络系统包括网络构成因素和网络层次关系两部分。

（一）区域复杂性创新网络系统的构成因素

区域复杂性创新网络系统主要由主体因素和主体能力因素两部分组成。

主体因素，包括区域中小企业群体、高等院校、研究机构、地方政府、社会中介服务机构。其中，中小企业群体，是区域复杂性创新网络系统的技术创新主体，是承接微观企业个体和宏观区域创新整体的核心节点和桥梁枢纽，也是区域复杂性创新的主要实施者和突破口；高等院校及研究机构，作为创意开发的知识源头和知识创新主体，是为企业主体提供知识成果和创新信息的智囊机构；地方政府，是为区域企业主体提供政策、计划、项目、法规等宏观引导和行政扶持的调控主体，是区域中小企业创新力提升的权威支持；社会中介服务机构，则是从信息咨询、融资贷款、平台建设、创新服务方面为区域中小企业创新提供支撑的服务主体，其为区域创新的企业主体营造了重要的外部支撑环境。

主体能力因素，是在区域多维创新主体功能互动、优势互补整合中形成的区域复杂性主体的网络化创新能力，具体而言，包括在以区域科研机构、大学为主导，以企业技术中心、创新团队为辅助的知识创新网络中形成的，将无形、隐性知识有形化的网络化知识创新能力；在以区域创新能力领先型中小企业为旗舰先锋，进步型中小企业后发跟进的技术创新网络中形成的，将知识成果转化为应用技术的网络化技术创新能力；在由区域创新能力领先型、进步型、建设型中小企业组成的分市场层次、分产品等级的生产制造网络中形成的，将应用技术市场化、加工转化为终端产品的网络化生产制造能力；在由区域中小企业创新外部环境的政府管理部门、服务中介机构组成的服务调控网络中形成的管理、扶持创新转化和推动创新实现的网络化调控服务能力。通过这些区域创新主体能力因素的交互作用、功能互动，随着知识能力的持续积累，技术创新和成果转化能力的持续扩散，以及调控支撑能力的持续整合，区域复杂性创新网络内中小企业逐步实现知识系统化、技术系统化、成果转化系统化和管理协调系统化。

总之，多维创新主体及其创新能力，共同围绕企业创新群体这一核心节点进行网络化拓展，从而形成多重、异质性主体"各在其位"，多维创新能力"各司其职"的复杂性网络结构，共同推动中小企业创新能力的区域化提升。

（二）区域复杂性创新网络系统的网络层次关系

区域复杂性创新网络系统的网络层次关系，是指集成个体创新平台、群体创新链接、区域多主体关联网络的"个体—群体—区域"的"点线面"三位一体、三层次协同的网络创新关系。

其中，个体中小企业创新平台是企业群体化创新、区域化创新的基本单位，是群体创新和区域创新环境下的创新"节点"；群体化创新环境下的多维链式整合，则是对个体中小企业创新资源的线性梳理，同时也是区域多主体创新关联网络上的关键组成部分，其功能突出表现为充当实现个体、区域中小企业联动创新的承接"纽带"；区域创新网络则为个体和群体中小企业创新提供了智力支持、权威保障和外部支撑，是承载中小企业个体创新单位和群体创新链条的共同"环境载体"。三层次逐层嵌套、协同创新的网络化关系，进一步催化形成了中小企业区域化创新的复杂性创新网络系统，以网络化架构推动区域中小企业创新能力的整体提升（见图 5-8）。

二　区域复杂性创新网络系统的超循环运行机制

Eigen（1970）将生物进化解释为一个采取"超循环"形式的自组织，认为从化学演化向生命演化的过渡中必然有一个分子的自组织过程，通过这个过程，非生命物质依靠复杂的超循环结构实现了向生命物质的质的跨越。Eigen 的超循环理论把生物化学中的循环现象从低级到高级依次分为反应循环、催化循环和超循环三个等级，其中，反应循环是系统运行的基本反应序列，其中任何一步的产物是先前某一步的反应物；催化循环是由若干反应循环构成，并在其基础上通过系统内子系统间的催化作用驱动、相互联系形成的自催化循环或交叉催化循环。超循环则是由若干催化循环通过功能耦合形成，是以催化循环作为亚单元，使每个要素既

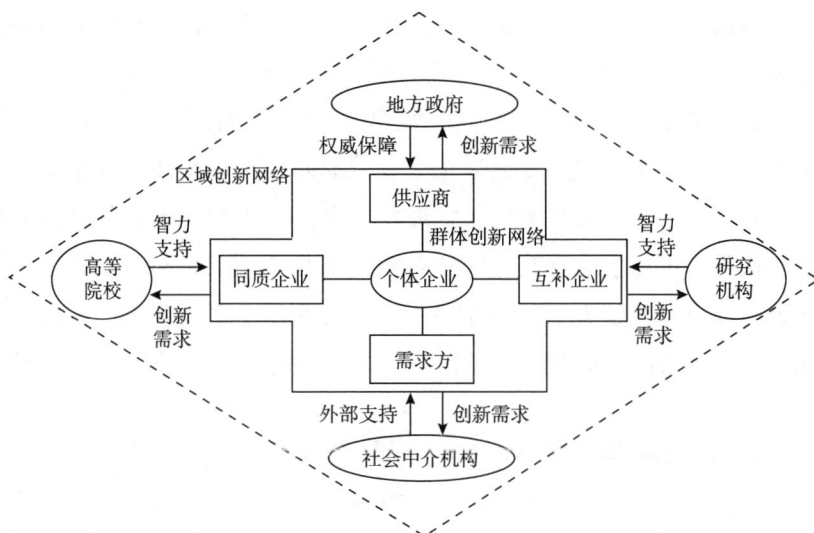

图 5 - 8 中小企业区域化创新的复杂性创新网络三层次嵌套关系

能自我反应循环，又能对其他要素产生催化作用，实现功能性的综合和整体系统自稳定、自适应、自优化的持续循环、进化提升[174,175]。

区域中小企业的复杂性创新网络系统的创新运行，也可被视为一个生命系统的超循环过程，其知识创新主体、技术创新主体、调控主体、服务主体就是超循环运行的循环子系统；区域创新主体间存在的技术流、人才流、资金流、信息流联通交换关系，就是超循环各子系统间进行创造、转移、获取、应用的循环因子；区域复杂性创新系统中知识创新子系统的创意贡献，技术创新子系统的技术转移、转化、商业化，以及调控子系统、服务子系统的导向引领和外部支持，共同形成了复杂性创新网络系统内的转化反应循环、催化反应循环，最终在两类循环的功能耦合、循环催化下，实现区域复杂性创新系统内各创新要素、资源、行为的分工与整合、竞争与协同、相对稳定与动态升级相统一的超循环，在整体网络系统的持续循环、进化中推动中小企业创新能力的区域化提升。区域中小企业复杂性创新网络系统的超循环运行机制具体包括以下三层次。

（一）转化反应循环机制

区域复杂性创新网络系统的转化反应循环机制，是指在区域复杂性创新系统中，创新资源在多个创新循环子系统间产出、转化、内部化、再生，由创新知识转化、技术成果转化和市场信息反馈构成的复杂性创新系统基本循环序列。其中，创新知识转化，是由区域科研院所与中小企业通过项目合作，实现知识创新网络与技术创新网络的循环反应过程。技术成果转化，是继创新知识转化之后，群内不同创新能力的中小企业之间依靠技术串联形成技术链，实现技术创新网络与制造创新网络的循环反应过程。市场信息反馈，则是继技术成果转化后，企业创新主体和外部创新环境间相互影响、相互制约、相互作用，实现制造创新网络与调控、服务创新网络的循环反应过程（见表5-2）。

表5-2　区域复杂性创新网络系统的转化反应循环机制

转化反应循环机制	参与转化主体	转化循环网络系统	转化反应循环过程
创新知识转化	科研院所 中小企业	知识创新网络 技术创新网络	隐性实验室知识和技术产出—转让共享—中小企业消化吸收再创新—再生应用技术
技术成果转化	领先型企业 进步型企业 建设型企业	技术创新网络 制造创新网络	创新技术串联转移—技术扩散—衍生技术产品—刺激再生市场技术
市场信息反馈	各类中小企业 政府及中介机构	制造创新网络 调控、服务创新网络	产品商业化—用户意见反馈—再生创新需求

（二）催化反应循环机制

区域复杂性创新网络系统的催化反应循环机制，是指在区域复杂性创新系统的调控子系统、服务子系统的外部刺激、催化驱动下，实现多个转化反应循环创新聚合、协同联动，并反哺外部，刺激推动区域创新网络系统创新能力提升的过程。其具体运行方式是，区域复杂性创新网络系统中的调控子系统，通过当地政府的政策体系研究、项目扶持计划、创新人才管理、法律法规制度等方式催化循环，引导、激励、保护和协调区域知识创新、技术创新、服务子系统实施创新；服务子系统通过行业协会、技术创新中心、信息咨询机构等中介服务机构，为区域中小企业提供企业与企业、企业与政府、企业与科研机构间的资金筹措、创新协调、信息咨询、平台场地等服务，发挥穿针引线、铺路架桥的创新衔接作用；而中小企业群体作为区域网络化创新核心子系统，通过对区域创新知识的直接吸收和应用，在产出满足市场需求的创新产品和服务的同时，进一步将基础知识研发需求反馈给知识创新子系统，并将企业对宏观政策支持、社会引导帮助等创新需求反馈给调控子系统、服务子系统，从而反哺外部催化刺激并进一步催生新一轮的区域复杂性创新网络转化反应循环。

（三）超循环创新机制

区域复杂性创新网络系统的超循环创新，是指区域复杂性创新网络系统内各子网络内部组成要素间不断实施自我完善、循环更新，子网络间持续进行交叉催化、协同循环，在多层次创新网络转化反应循环、催化反应循环的功能耦合、多重反馈作用下，共同构成一个由子网络的"复合自转"循环，推进整体网络系统自我催化、自我复制、自我适应，进而实现"协同公转"的超循环系统。超循环创新系统这一周而复始、持续演进的运行规律和实现方式，以动态、开放式的网络创新形态应对区域复杂性创新环境，推动区域复杂性创新网络的不断进化，区域中小企业复杂性网络创新能力的不断升级，有效催化了中小企业整体创新水平向更高层次跃迁（见图 5 - 9）。

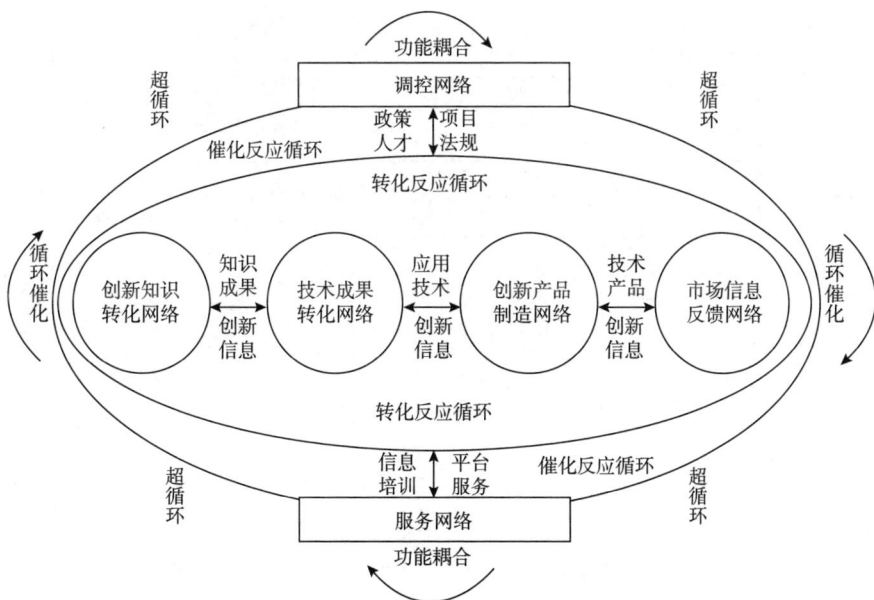

图 5 - 9 区域复杂性创新网络系统的超循环运行机制

本章小结

综上所述，提升中小企业创新能力的三层次运行机制构成如表 5 - 3
所示。

表 5 - 3　提升中小企业创新能力的三层次运行机制构成

三层次构想	理论应用	创新能力提升机制	
个体化提升	主导要素创新理论及其能力演化机理	特色竞争力塑造机制	→ 特色市场定位机制 → 特色产品/服务生成机制 → 特色营销推进机制
	主流与新流创新理论及其能力演化机理	运作范式转型机制	→ 管理范式转型机制 → 技术创新范式转型机制 → 经济增长范式转型机制 → 企业发展范式转型机制
	复杂性创新理论及其能力演化机理	多维创新协同机制	→ 技术要素与非技术要素的协同创新机制 → 内部资源与外部资源的协同整合机制
群体化提升	主流与新流创新理论及其能力演化机理	技术串联链式创新机制	→ 技术链生成机制 → 技术串联链式运行机制
		供应链集聚创新机制	→ 供应链内合作创新机制 → 供应链跨链对接协调机制
		价值链增值创新机制	→ 产销流程再造机制 → 产品研发设计（R&D²）升级机制 → 整体价值链优化机制
区域化提升	复杂性创新理论及其能力演化机理	区域复杂性创新网络系统的构成	→ 区域复杂性创新网络系统的构成因素 → 区域复杂性创新网络系统的网络层次关系
		区域复杂性创新网络系统的超循环运行机制	→ 转化反应循环机制 → 催化反应循环机制 → 超循环创新机制

第六章　中小企业自主创新案例研究

第一节　福建海源自动化机械股份有限公司自主创新案例分析

一　公司背景介绍

福建海源自动化机械股份有限公司，是一家立足于绿色产业并倡导技术领先的成套机电液一体化装备、轻量化节能制品的制造商。行业归属于国家重点扶持的装备制造业和环保产业，是全球产品门类最多、规模最大的液压成型技术和装备的供应商之一，是先进制造业和中国创造力的典型代表。公司创办于 1988 年，由董事长兼总经理李良光从 4 万元起家，经短短 20 多年的奋斗，2010 年于深圳证券交易所成功挂牌上市，2014 年实现销售收入约 2.07 亿元。

公司致力于技术创新，取得了优异的创新成果。公司拥有国家级新产品 4 项，是 3 项国家行业标准的主要制定者，获"中国陶瓷机械龙头企业""中国墙体机械龙头企业"称号，2006 年通过 ISO9001 国际质量体系认证，荣膺"中国建材机械制造 20 强"，荣获"2007 年中国成长百强"第 4 名。企业技术中心被认定为省级企业技术中心。2008 年，海源荣获"中国民营 500 强"，获选为"中国建材机械改革开放 30 年功勋企业"，并被冠以"中国液压成型装备制造第一家"的标志性称号。2009年荣登"2009 福布斯最具潜力中小企业榜"。董事长李良光先生被评为"2006 年全国机械工业优秀企业家""2010 年全国劳动模范""福建省第二届杰出科技人才""第十一届福建省优秀企业家"等，享受国务院政府特殊津贴，当选为福建省第十二届人大代表。

截至 2014 年 7 月，公司共拥有有效专利 78 项（共申请专利 96 项，已失效 18 项），已授权 46 项。其中，PCT 专利 1 项，发明专利 51 项，含已授权 25 项；实用新型专利 26 项，含已授权 21 项。砖的自动生产线获 2011 年度福建省专利奖一等奖，制砖机的夹砖器获 2011 年度福州市专利优秀奖、2012 年福建省专利奖二等奖，具有搅料机构的制砖机布料机构获 2013 年福州市专利优秀奖、2013 年度中国驰名商标、福建省著名商标等。公司获部级优秀新产品奖 14 项次、省科技进步奖及优秀新产品奖等奖项 13 项次，是省级企业技术中心、省高新技术企业、海西产业人才高地①。

1994 年海源成功研制中国第一台千吨级自动液压压砖机以来，一直致力于机电液一体化成型技术的自主创新及市场应用，目前已经拥有 HF 系列（600～1380 吨）墙体材料全自动液压压砖机、HP 系列（600～5000 吨）陶瓷砖全自动液压压砖机、HC 系列（600～3600 吨）耐火材料全自动液压压砖机、HB 系列（1100 吨）透水广场砖全自动液压压砖机四大系列压机及相关配套生产线，各类压砖机技术成熟可靠，综合性能达国际先进水平。目前，墙体材料全自动液压机占据中国 70% 的市场份额；耐火材料全自动液压机保持"中国唯一制造商"的优势；陶瓷砖全自动液压机市场占有率位居中国前三；复合材料全自动液压机及 LFT－D 生产线极大地满足了汽车等现代大规模工业化生产行业对复合材料零部件大批量、低成本和高质量的市场需求；易安特快装组合式复合材料模板，引领建筑施工领域第四代模板潮流。各类装备技术及新材料产品综合性能均达国际先进水平，且批量出口多个国家。

经过 20 多年的发展，海源不仅在技术上获得突破，而且海源的管理、企业文化、组织制度等都不断得到发展和完善，海源已成为具有核心竞争能力和持续发展能力的规模化、国际化现代企业。

二 海源公司创新发展历程

根据公司的技术发展战略，海源的发展历程可划分为三个阶段。这

---

① 海源机械官网，http://www.haiyuan-group.com/。

三个阶段分别为：陶瓷液压压砖机技术的原始积累阶段（1988～1995年）；全自动液压压砖机的规模化发展阶段（1995～2003年）；以全自动液压压砖机为基点、带动自动液压压砖机配套生产线的专业多元化阶段（2003年至今）（见图6-1）。

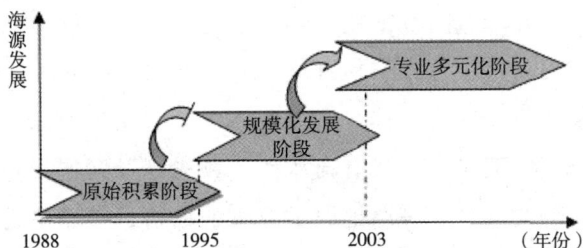

图6-1　海源公司的发展阶段

（一）原始积累阶段（1988～1995年）——陶瓷液压压砖机技术的原始积累

1988～1995年是海源公司陶瓷液压压砖机技术的原始积累阶段，在金刚石锯片和石材机械的研发制造基础上，通过引进消化吸收再创新，形成海源具有自主知识产权的陶瓷液压压砖机技术，并为以后的发展奠定了技术基础。海源公司在创业和市场起步期，主要进行了以下几方面的创新。

1. 战略创新——"围绕国内技术空白"的战略定位

企业战略是企业设立远景目标，并对实现目标的轨迹进行的总体性、指导性的谋划。而企业技术开发战略是对企业技术开发的谋略，是对企业技术开发整体性、长期性、基本性问题的谋划。海源创始阶段的战略定位于围绕国内技术空白，围绕国内需要大量进口的产品。这一战略定位起点高，具有前瞻性，在填补国内技术空白的基础上开发稀缺产品。海源的发展起步于金刚石锯片，并以此为契机转入石材机械行业。1989年福州龙门建材机械厂应运而生，经过两年发展，李良光总经理发现机械行业市场的大前景，于是做出战略调整，于1991年承包福州冶金机械厂，从事机械生产制造。为适应发展需要，1993年在福州铜盘创建了福建海源建材机械设备有限公司。海源创建初期进行的系列战略调整，都是"围绕国内技术空白"的战略定位，这是海源创业阶段顺利发展的关键，为海源的长远发展提供了方向。

2. 技术创新——原始创新与引进消化吸收再创新并举

在"围绕国内技术空白"的战略定位下，海源通过原始创新与引进消化吸收再创新并举，形成了企业发展的原始技术积累。1988 年海源以 4 万多元为起点开发金刚石锯片，经过自主研发，于 1990 年制造了中国第一台多片锯石材机械，并于 1991 年成功研制出第一条自动磨光生产线，使磨光生产实现自动化与一体化。海源的自动磨光生产线不仅具备了意大利的设备优点，而且形成成套流水线，领先于国际同行业，这是海源的原始创新。与此同时，海源把握了更大的商机，毅然决定投入研发技术难度很大、风险很高的陶瓷压机产品。从 1992 年开始，海源消化吸收国外尤其是德国的技术，整合国际创新资源，通过公司自身的创新突破，于 1994 年研制成功中国第一台 1000 吨陶瓷砖自动液压压砖机，解决了德国机器必须配备用机的缺陷，节省了顾客的生产经营成本，得到国内外消费者的一致好评。从此海源与陶瓷紧紧连在一起，并伴随着中国压砖机一起发展壮大。

3. 市场创新——体验式营销方式

海源在创业阶段的技术并非最成熟，由于国内都是进口国外的陶瓷压机，国内用户对海源陶瓷压机的认识需要一个过程，这就需要海源运用营销艺术打开国内市场，这是海源实现市场创新的过程。在德国产品占领了中国整个市场的情况下，海源采取了让消费者先免费试用再决定是否购买的策略。1994 年海源研制出中国第一台 1000 吨陶瓷砖自动液压压砖机，经与福清宏盛陶瓷厂协商，海源提出了"免费试用，满意再购买"的优惠条件，同时派出技术人员跟踪陶瓷压机的实际运营情况，对用户的免费试用给予现场指导。由于用户对机器不满意，海源在不收任何费用的情况下，把压砖机从福清运回，根据用户反馈的意见，对机器做进一步完善。经完善后的机器提供给晋江汇丰陶瓷厂试用，试用后得到用户的好评，订下了海源的第一台压砖机。体验式营销方式是海源在特殊情况下开发市场的艺术，体现了海源注重与顾客之间的沟通，站在顾客体验的角度，去审视自己的产品和服务。通过创造体验式营销吸引消费者的方式，海源一步步打开市场，逐步在用户中树立了产品的形象。

4. 文化创新——家庭和谐的传统理念与以人为本的现代企业管理理念相结合

企业文化是企业员工在经济活动中共同具有的理想信念、价值观念和行为准则。企业文化对企业的发展有巨大的促进作用。家庭和谐的传统理念与以人为本的现代企业管理理念相结合，形成了海源初创期的企业文化。海源内部处处体现着中国家庭的良好传统氛围——相互关爱、相互支持、和谐融洽。企业员工之间以情感人、以诚待人，企业内部形成总经理爱员工、员工爱企业的良好氛围。企业人文环境优越，给员工家的感觉，员工也能把企业当成家。同时海源结合现代企业管理理念，以人为本，着力于以文化因素去挖掘企业的潜力，尊重和重视人的因素在企业发展中的作用，尊重人的感情，在企业中形成了一种团结友爱、相互信任的和睦气氛，强化了团体意识，使企业职工之间形成强大的凝聚力和向心力，为企业的发展提供了创新氛围。

（二）规模化发展阶段（1995～2003 年）——全自动液压压砖机的规模化发展

自 1995 年第一台 1000 吨陶瓷自动压机通过国家级鉴定，海源进入自动液压机的开发、鼎盛和更新发展阶段。在此阶段，海源开发了填补国内空白、达到国际先进水平的 HP 系列化（1100～3600 吨）全自动陶瓷砖压砖机、HB 陶瓷透水广场砖自动液压机。海源以技术创新为重点，技术上的持续创新巩固了海源在同行业中的稳固地位。海源在近 10 年的全自动液压压砖机的规模发展中，创新管理取得了较大的进展。

1. 战略创新——战略性撤退，收购与创建并举

一是战略性撤退。并非所有的创新都能成功，海源也经历过一次失败的战略规划。在 1997 年左右，海源发现国内有大量强化木地板的市场需求，经市场调查发现，当时国内没有相应的生产商，销售商靠进口满足国内市场需求。海源基于国内生产空白的现状，决定投资研发整套生产强化木地板的流水线，1998 年投资 2000 多万元创建福建海源木业有限公司，用自己的设备投产做出了样本。但产品推向市场后严重滞销，导致木业公司处于亏损状态，海源意识到有所不为，才能有所为，及时做出战略性撤退，木业公司被转卖出去。经过一次失败的战略，海源深刻

地分析了失败的原因。首先,主观原因是没有对市场进行深入的调查,未对强化木地板的市场发展潜能做充分分析;其次,客观原因在于没有透彻地了解地板行业,导致做出的产品得不到市场的认可;最后,直接原因是家庭作坊式工厂的大量出现,造成市场难以形成规范的竞争机制,这成为企业产品发展的很大障碍。虽然失败的战略使海源亏损,但其中吸取的经验和教训却是宝贵的,更坚定了海源对自动液压机技术的研究开发。

二是收购与创建并举。投资木业的失败促使海源重新考虑企业经营战略,确立了以自动液压机为研发重点的战略。为了进一步扩大规模,海源做出了重大决策。2001年全资收购福建南平的国营老厂——福建省轻工机械厂;2003年,海源又迈出重要的战略步伐,斥资3000万元,在福州金山开发区创建福建海源自动化机械设备有限公司。收购国营老机械厂与创建新的机械设备公司的重大战略相继进行,是海源公司成功的战略选择,为公司进一步的创新和更专业化的发展提供了物质基础和环境保障。

2. 技术创新——开发与拓展并举

在规模化发展阶段,海源的技术创新表现在对液压机的开发与拓展上。企业在陶瓷砖自动液压机的原始技术上进行创新,拓展不同型号的HP系列陶瓷砖自动液压机。1996~2003年,分别成功研制通过国家级鉴定的中国第一台HP1600陶瓷砖自动液压机、通过省级鉴定的中国第一台HP2600和HP3600陶瓷砖自动液压机。海源成功拓展HP系列压机的同时,仍然重视新产品的研发。2001年成功研制中国第一台经省级鉴定的HB1000陶瓷透水广场砖自动液压机,其透水速率在20mm/s以上,是国内外同类产品标准的两倍以上,具有超强防滑性、高耐磨、高强度耐风化、可重复循环使用等特点,广泛用于公共建筑广场、城市道路、地铁、车站、高速公路、别墅、住宅小区、公园、艺术景观、庭院装饰等。

3. 组织创新——扁平架构的矩阵制

在规模化发展阶段,海源拥有了较完善的组织机构。为适应公司规模化的发展,海源对组织结构进行创新,实行扁平型的矩阵制组织结构。传统的组织结构存在本位主义盛行、员工的创造性思维受到压抑、市场应变能力低、信息传递慢、管理效率低等问题。海源认识到信息经济是速度经济，对信息反应的快慢是决定企业生存与发展的关键因素，而扁平化的矩阵制结构克服了传统组织结构存在的问题。公司成立项目攻关组，早期小组中的成员跟随项目的开发与结束进行组织或解散，在新的工作小组里，通过沟通、融合，把自己的工作同整个项目联系在一起，为攻克难关献计献策。由于从各方面抽调来的人员有信任感、荣誉感，他们增加了责任感，激发了工作热情，促进了项目的实现；同时，加强了不同部门之间的配合和信息交流，克服了直线职能结构中各部门互相脱节的现象；加强了横向联系，使设备和人员得到了充分利用。

4. 市场创新——形式多样的市场开拓方式

技术创新的目的是给社会提供新的产品或将新的生产工艺应用到生产过程中，技术创新起始于企业的研究开发而终于市场实现。技术创新只有通过市场的消化才能使企业发展进入良性循环。因此，在技术获得突破的同时，海源采取了形式多样的市场开拓方式。首先，海源高瞻远瞩，领先于行业同行参加产品展览会。1996 年，海源把 1200 吨的陶瓷液压机运到北京参加国际陶瓷工业展览会。在此之前，每年召开的陶瓷工业展览会上只有国外压机，海源成为国内第一个拿实物与国外压机同时参展的企业，在整个行业内引起了巨大的反响。事实证明海源的压机与国外压机相比是有竞争力的，在展览会现场就被河北霸州三江陶瓷厂直接订货抢购。其次，到陶瓷相关生产地区设立办事处。海源分别在陶瓷聚集地如淄博、临沂、闽清、温州等设立办事处，组织业务员、售后服务人员到陶瓷厂蹲点，对当地的市场进行深入调查，有针对性和策略性地进行市场开拓。最后，海源利用媒体推介、网站推广等方式提高了公司压机的知名度，为市场开发奠定了基础。

5. 管理创新——全面贯彻实施国际质量管理体系

质量是决定产品销售的法宝，只有质量得到了保障，产品才有长远的发展道路。海源为了保证产品的质量，于 2006 年通过 ISO9001 国际质量管理体系认证，使公司全流程有序生产、可控管理。海源针对质量管理，制订了"质量问题处理跟踪单"，建立"质量投诉处理系统"和"品质异常跟踪系统"，提出了明确的质量责任制。从设计源头的"设计与开发控制程序"到持续改进的"纠正和预防控制程序",海源制订并实施了一系列质量管理控制程序(见图6-2)。

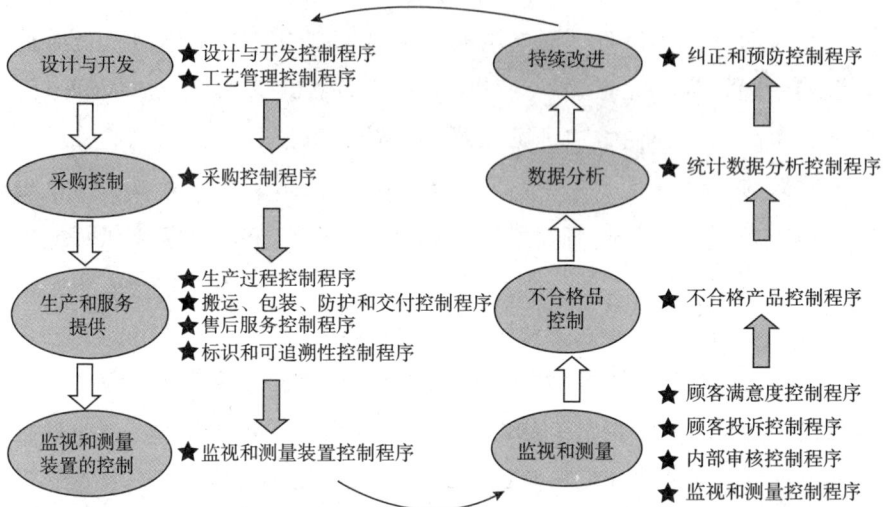

图6-2　海源的控制程序

海源全面贯彻实施国际质量管理体系,既是企业主动适应市场需求,使顾客满意的内在要求,也是海源管理创新的客观需要。实践证明,企业组织推行这一套管理体系后,企业的产品质量、管理水平、员工素质和经济效益都有了明显提高,这一举措必将引导企业走上良性循环的发展轨道。

6. 制度创新——对内竞聘上岗制,对外产品召回制

一是竞聘上岗制。人才是企业的宝贵资源,如何形成使优秀人才脱颖而出的用人机制,是企业打好发展基础的关键之一。在规模化发展时期,为了适应公司规模扩大对人才的需求,海源在人事制度上进行了相应创新。实行以竞争为形式,以择优为目的,以激励为动力的竞争上岗制度。用竞聘上岗制度铸造高素质队伍,强化职工"靠能力上岗、凭本事吃饭"的竞争意识,从而使职工将市场对企业的压力自觉转化为自身前进的动力。实践表明,竞争上岗制度以其公正性、公平性、民主性、能动性赢得了广泛支持和拥护,是完善海源人才聘任制度的重要组成部分,是改进管理的重要手段,是具有开放性的人力资源高效配置机制。

二是产品质量问题召回制度。与这一阶段注重产品质量管理相适应,

海源也从制度上对质量进行严格控制，制定了产品质量问题召回制度。产品召回的典型原因是所售出的产品被发现存在缺陷。一旦发现产品存在缺陷，主动采取召回措施，不但使海源"召回"了安全，"召回"了信赖，也"召回"了企业的良性发展。召回制度体现了海源对消费者的负责态度，督促海源不断通过改进技术来提高自己的产品质量，树立和增强了品牌意识，使企业走上了健康、稳定、良性的发展之路。

7. 文化创新——成己为人、成人达己、诚信为本

企业宗旨是关于企业存在的目的或对社会发展的某一方面应做出贡献的陈述，也被称为企业使命。海源坚持以"成己为人、成人达己、诚信为本"为企业宗旨，以稳健务实的作风折射出自己的光芒。"成己为人"一方面是说，海源坚持不断完善和壮大自己，目的是更好地为客户和社会服务；另一方面是说，海源也认识到只有不断完善和发展壮大自己，才能更好地为客户和社会服务，帮助和促成他人实现价值。"成人达己"指，只有成就和帮助他人，为客户提供满意的服务，为社会创造财富，企业才能最终发展和完善自己。"成人"即海源承认他人同自己一样有生存和发展的权利，并且主动积极地去帮助和成就他人；"达己"即海源只有承认了他人的生存和发展权利，自己的生存发展才能得到肯定，个人价值也才能得到实现。而要做到成己为人、成人达己，就要坚持诚信为本、诚实经营。海源认为百德诚为先，百事信为本，企业要发展就要诚信地对待员工、顾客等利益相关体。海源的企业文化体现出海源强烈的社会责任感，反映了海源处理自身和社会关系的重点和态度，反映了企业处理与各种相关利害团体和个人关系的观点和态度，树立起了一个独特的、个性的、不同于其他竞争对手的良好企业形象。

8. 员工创新——员工共同探讨工艺的改进

海源认识到员工的创新是企业有价值的资产。管理的本质不在于控制员工的行为，而在于引导员工，给员工提供创新的空间。海源重视创新，不仅是技术和市场各要素的创新，还在企业内推行全员创新。海源给员工提供创新的空间，鼓励员工随时随地地一起探讨产品的工艺改进，这是海源最初形成的全员创新形式。海源认为，如果每个人各有一个苹果，彼此相交换后还是一个苹果；如果两个人各有一种思想，彼此交换

之后，就变成很多种思想。全体员工对工艺改进的探讨，达到了沟通的效果，每个人的思想相交换，形成思想与思想的碰撞，产生了创新性的观点，是整个集体智慧的结晶，是全员参与创新的成果，也是海源工艺创新的动力。

9. 持续创新——形成产品技术创新团簇

全面创新管理认为，创新不只是一个事件，而是一个基于时间的过程。企业必须进行持续创新，才能使创新行为可持续发展，使企业进入良性循环发展。TIM 理论认为，持续创新强调对已有创新成果的收集和整理，使之能成为后来创新知识的基础和原始技术创新积累。海源经过原始积累阶段，技术相对成熟，在规模化阶段开始持续创新。这一阶段海源对 HP 系列、HB 系列自动液压机的多种类型进行了连续创新，形成了HP1200、HP1380、HP1600、HP1780、HP2100、HP2600、HP3600 和HB1000 等系列产品创新团簇，增加了压机的种类，扩大了海源在国内外的市场，获得了持续性的收益，为海源自动液压机的专业化与多元化奠定了基础。

（三）以陶瓷液压机为基点，开发跨行业应用的自动液压机及配套生产线的专业多元化阶段（2003 年至今）

自 2003 年以来，海源公司在压砖机行业内创新，公司立足主产品、发展老产品、研发新产品，以原有 HP 系列和 HB 系列全自动液压机为基点，开发了 HF 系列墙体砖自动液压机和 HC 系列耐火砖自动液压机，带动自动液压压砖机配套生产线进入专业多元化阶段。经过原始积累和规模化发展，海源拥有了较成熟的全自动液压压砖机技术，提升了企业的核心竞争力。此阶段海源不仅在技术上有更大的突破，而且完善了管理、制度、企业文化方面，其全面创新主要表现在如下几个方面。

1. 战略创新——成为行业的领军人物

（1）"三个一代"的技术发展战略

在此阶段，海源技术上提出"三个一代"战略，即开发一代、成长一代、储备一代。海源致力于技术创新，在 HP 系列、HB 系列全自动液压压砖机技术的基础上，及时更新现在技术，此阶段 HF 系列、HC 系列全自动液压压砖机的技术应运而生。公司注重新旧技术的衔接，在开发新一代技术的同时，使原有技术转化为产品，在技术转化为实物的过程中，促进了现有技术的成长。同时，海源储备自主研发的最新技术，在市场条件成熟之后转化为产品，为开发新的产品奠定了技术基础。为了更好地完成"三个一代"战略，海源于 2007 年开始在闽侯县铁岭工业集中区投资 3 亿多元，征地 400 多亩，建立新的生产研发基地，目前第一期已投入生产。"三个一代"战略既稳定了海源现有市场，满足了现有顾客对产品的需求，又为开拓新的市场提供了方向，技术上的开发、成长与储备，使海源在技术上领先于同行业，为公司成为行业的领军人物提供了保障。

（2）股份制改造的融资战略

为了适应企业发展的需要，塑造真正的市场竞争主体，以适应市场经济的发展，海源于 2006～2007 年引进战略投资者，并成功进行了股份制改造。不仅福建本省企业投资股份，而且吸引了美国华登投资基金、中国环境基金和中国－比利时直接股权投资基金。通过股份制改造，海源实现了企业投资主体的多元化，明晰了产权关系，建立起以股东大会、董事会、监事会、总经理分权与制衡为特征的公司治理结构，将公司直接置于市场的竞争与监督之中，使企业的经营情况能够迅速地反映出来，企业经营者的业绩也直接由市场进行评价，较好地建立起企业竞争机制和管理结构，同时，使企业能在广泛的社会范围内筹集资金，优化资源配置，以促进企业的发展。

2. 技术创新——引领非黏土砖生产技术革命，打造耐火材料生产新生力军

一是引领了非黏土砖生产的技术革命。海源响应时代发展循环经济的要求，围绕环保、节能、利废的标准，在 10 多年液压成型技术的基础上，于 2003 年研发出具有自主知识产权的 HF1100 型全自动液压墙体压砖机及配套生产线。该生产线利用固体废弃物为主要原料，生产高品质的新型墙体材料，综合利废率达 80% 以上，强度是黏土砖的两倍以上，成本仅是黏土砖的 2/3，是一项利废、节能、非常有市场潜力的项目。海源 HF 系列压砖机与国外同类压砖机相比较，压制时间缩短 12.5%，单周期产量提高 45%，每台机器每小时生产率提高 60% 以上，而且海源压机的售价只是进口压机的 1/4，这种压机可广泛应用于电力、化工、冶金、

建材、矿产等领域，可利用不同固体废弃物生产高品质的新型墙体材料。"十一五"期间，海源预计可产销这种新产品 500 台（套），实现利税 5 亿元以上，年可消化粉煤灰等固体废弃物 5000 万吨，这种环保产品可取代黏土砖，减少毁田近万亩，将产生巨大的社会与经济效益。

二是打造耐火材料生产的新生力军。为了实现行业内的多元化，海源在原有创新成果的基础上继续投入研发，于 2006 年成功研制中国第一台 HC2100 耐火砖自动液压压砖机，此后相继成功研制 HC 系列（1000～3600 吨）耐火材料全自动液压压砖机。此系列压砖机用于生产硅砖、高铝砖、镁钙砖、镁碳砖、镁砖等耐火材料，制品密度均匀，质量高，生产线自动化程度高，产品生产效率高，性价比高，取代国内落后的生产工艺设备，成为耐火材料生产的新生力军。

3. 组织创新——建设学习型组织

在知识经济时代，获取知识和应用知识的能力将成为获得竞争能力的关键。一个组织只有通过不断学习，拓展与外界信息交流的深度和广度，才能立于不败之地。海源认为学习是立身之本，成功的关键不在于你原来拥有多少知识，而在于你后天努力学习了多少。海源顺应时代发展要求，创建了学习型组织，使学习的精神贯穿于组织各部门。从高层到基层，企业形成了自觉学习的氛围，并把学习当成日常事务对待。在建设学习型组织的过程中，企业家起了模范带领作用。海源总经理身为技术方面的专家，不仅拥有对技术进行持续探索的精神，而且通过进修和自学不断地充实关于企业经营管理方面的知识，给企业员工树立了学习的好榜样，也促进了企业学习型组织的形成。海源提倡员工每天读一份报，每周读一本杂志，每月读一本书。企业员工都能自觉地加强自身的学习，并通过定期的交流，相互交换个人的学习心得体会。也正是这样的方式，将企业员工个人的学习转化为整个组织的学习，进而提高了企业整体竞争能力。

4. 市场创新——全方位创新推进

（1）积极开拓国外市场

为了与国际接轨，把产品打入国际市场，海源运用三种方式来开拓国际市场。第一，参加国际展览会。海源不仅在国内参加展览会，也到国外参加展览会。2006～2008年连续参加德国、意大利、美国和俄罗斯等国的专业展览会，使海源扩大了国际知名度，在展览会上也广泛接触了潜在的客户和行业的经销商，为企业打开当地市场奠定了基础。第二，举行现场推介会。2008年7月，海源在俄罗斯召开现场产品推介会，俄罗斯相关制品行业共有60多人来现场咨询。吸引了其中数家厂商与海源签下订单。这一消息被新华社驻莫斯科记者以《中国高价产品迈进俄罗斯》为题刊登在《参考消息》上，进一步加大了海源压机在国内外的知名度。第三，选取国外代理商。海源清楚地认识到，人文、历史、文化环境的不同，造成与国外用户语言沟通上的困难，同时国外客户对技术的要求与国内存在差异，开拓国外市场更有难度，选择国外代理商的市场开拓方式是符合客观需要的。海源对代理商的选择严格把关，既要求其掌握当地市场情报和具有相关代理经验，又要求其应具备挖掘市场需求、与顾客有效沟通的能力。海源通过上述方式提高了产品的知名度，相继在俄罗斯、朝鲜、越南、印度、墨西哥等国开拓了产品市场。

（2）多途径的服务创新

在激烈的竞争环境中，能提供什么样的服务，已成为企业能否取得市场占有率的重要因素之一。在拥有了国内外的市场后，如何留住老客户，开发新客户，成为服务创新的核心。海源从服务创新入手，在稳定老客户的同时，促进潜在客户的挖掘。海源的服务呈现鲜明的特点。

一是实施一揽子服务。与其他机械企业不同，海源的服务是从售前、售中到售后的一揽子服务。售前服务即在出售商品之前为消费者所提供的各项服务。在产品出售前，海源提供专门的售前服务，给予顾客关于工艺、技术、设备、投资等方面的咨询服务。根据实际情况，海源提供符合不同客户产品参数需求的顾问服务，按客户需要设计不同参数的产品，同时带顾客到生产车间，让顾客现场考察。售中服务即在整个商品销售过程中进行的全部服务工作。对消费者进行现场安装指导，现场培训生产流程的操作，对用户企业相关人员进行生产管理、设备维护和质量控制的培训。而售后服务是在产品销售后为消费者提供的各项服务。从设备进厂到指导施工阶段，海源把自身掌握的技术全部交给客户，使客户掌握技术后能生产出具有市场竞争力的产品。同时海源为客户建立用户档案，24 小时接受技术咨询，公司技术人员也对用户进行定期回访。做到定人管理、定时跟踪、定期回访。为了解决技术问题，公司每年定期邀请专家，对客户进行集中免费培训。海源的培训班成为企业为客户提供的增值服务，给客户解决了技术难题，也使企业有了良好的声誉。

二是建立 5S 服务系统。海源在服务上的另一个创新是海源形成的自身服务创新系统——5S 服务系统，即"5 Service"。5S 服务系统贯穿于海源的售前、售中及售后服务，衔接了海源对客户的一揽子服务。不仅销售产品，也提供与产品相配套的知识、技术和信息。知识销售提供了设备以外的产品附加值；维修服务提供了随时随地的援助；配件供应提供了连续生产的保证；信息反馈提供了贴心实在的沟通；技术支持提供了对顾客长期发展的支持（见图 6 - 3）。

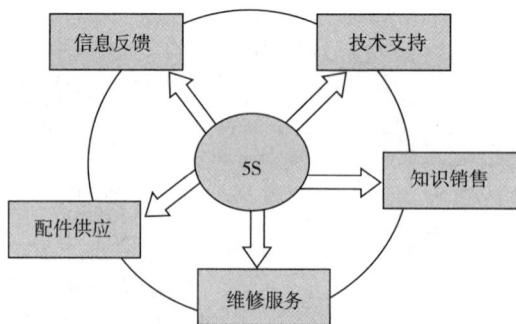

图 6 - 3　5S 服务系统

（3）推进顾问式的双赢营销模式

传统销售理论认为，顾客是上帝，好商品就是性能好、价格低，服务是为了更好地卖出产品。海源认识到传统的销售理念已经不适合当今的市场营销了。海源提出要实行顾问式的双赢营销。顾问式的双赢营销模式是指销售人员以专业销售技巧进行产品介绍的同时，运用分析能力、综合能力、实践能力、创造能力、说服能力满足客户的要求，并预见客户的未来需求，提出积极有利的销售方法。顾问式销售的出发点在于满足顾客的需求，其终结点在于对顾客信息研究、反馈和处理。海源的顾问式销售贯穿于销售活动的整个过程，它不是着眼于一次合同的订立，而是着眼于长期关系的建立。海源顾问式的双赢营销模式在实际中的应用，不仅要求公司销售人员和代理商、经销商能够始终贯彻以顾客利益为中心的原则，而且要求销售人员坚持感情投入，运用更多的销售技术，提供给客户更多的价值。公司建立的 BBS 平台和会员专区也是为了方便顾客咨询和为顾客提供服务，海源在寻找质量与价格、销售和服务的完美结合中达到双赢。这种顾问式的营销模式在海源的运用中取得了实质性的效果，使公司的产品销售量大增，而且在顾客中有了好口碑，使公司得到更好的发展。

5. 管理创新——管理系统与管理方式的联合改进

（1）电子化管理

在专业的多元化阶段，海源的管理走上了一个新台阶，为了提高管理能力和效率，公司引进企业资源计划（ERP）、办公室自动化或自动化办公（OA）、人力资源管理（HR）等先进软件系统，有效整合企业资源，实现高效率、电子化管理。海源的电子化管理适应了海源当前发展的需要，它优化了海源企业内部信息交流、共享和流转处理，实现了办公自动化，提高了工作效率。海源的 ERP、OA 和 HR 各系统间并不是孤立存在的，而是与企业其他各类管理系统密切相关的。海源的电子化管理使公司的管理趋向标准化和规范化，改善了企业形象，提升了管理者的管理思维和工作效率，激发了员工工作积极性，提高了企业整体竞争力。

（2）以产品为事业部的管理方式

海源紧跟技术创新的步伐，在釉面砖、玻化砖等陶瓷内外墙地砖及陶瓷瓦和大型蒸压粉煤灰砖、灰砂砖整线工程，硅砖、高铝砖、镁钙砖、镁碳砖、镁砖等耐火材料与陶瓷透水广场砖、厚砖、异型砖等的生产整线工程技术相继研制成功后，为了对整线生产进行管理，海源改变了原来的单线管理方式，增加了事业部经理进行全线管理。对各个产品，从开发、销售、服务三方面都实行事业部制的管理方式。事业部经理对该系列产品的技术参数及客户要求有足够的了解，能对本系列产品的技术、销售、服务等进行整体管理，提高了企业的生产绩效。

6. 制度创新——全方位激发员工创新活力

制度是规矩的方圆，但最终为发挥最大的创造力服务。海源在专业多元化阶段进行了制度创新，为企业提供了良好的服务。

（1）团队式的绩效考核与激励制度

海源把整个生产系统的管理人员和整个系列生产人员捆绑在一起，进行绩效考核。根据职位与个人能力情况设定工作业绩目标，将目标定量化，确定衡量方法和绩效标准，考核时按照预定标准对下属的工作情况进行评估，评定员工的工作任务完成情况、员工的工作职责履行程度和工作进展情况，并且将评定结果反馈给员工。这样使公司内部的团队效率提高，团队与团队之间也形成了竞争，使外部竞争内部化。经过考核后，海源给及时完成任务的员工或团队进行物质和精神相结合的奖励，对有贡献的员工既给予物质上的奖金奖励，同时也在全公司公开表扬，号召全公司人员向先进员工学习，培育了企业内部相互竞争、相互学习的氛围。

（2）三层次的反馈制度

为顺应公司发展需要，海源在专业的多元化阶段形成了有效的三层次反馈制度，即市场反馈制、技术反馈制和生产反馈制。首先，由业务部定期组织市场信息反馈。业务部是最接近市场的部门，能在第一时间掌握关于消费者、供应商和竞争者的信息，定期把市场信息汇报给公司全体员工，不仅让公司管理者能及时做出相关决定，而且使公司员工能了解公司所处的环境，加强员工责任感和使命感。其次，公司技术问题及时反馈给品质管理部。公司从研发部门、生产部门、销售部门到售后服务部门，一旦发现有产品技术上的问题，都要及时反馈给品质管理部。品质管理部对产品质量问题信息进行分类整理并做记录，组织相关部门进行整改，从而不断提高公司产品的质量，保证质量第一。最后，公司每周召开生产协调会。保证部门间的充分沟通与协调，解决出现的生产管理上的问题，使质量和产量都上一个台阶，以满足客户需求。

（3）定期的考察制度

公司发展到一定的规模，管理就显得尤为重要。为了更新管理层的知识，提高管理者的管理水平，海源制定了定期考察制。公司为管理层到优秀企业考察提供机会。公司规定，贡献突出的员工可以随从公司管理人员公费到省外甚至国外的知名企业学习考察，这种举措不仅丰富了员工的专业技术知识，而且也让他们增长了见识，带回了先进的管理理念，借鉴先进的企业管理方式，促进了企业健康快速成长。

7. 文化创新——理念创新和绿色文化

（1）理念创新

在专业多元化阶段，海源的企业文化得到了很大提升，理念上有了一系列创新。主要体现在："致富不忘回报家乡"的反哺社会理念；利用自主知识产权创新产品，利用创新技术优势开拓多元化格局，"敢为天下先"的新产品开发理念；设计、生产、营销、服务的相互协调、良性循环、有效控制、持续发展，"倡导宏观联合，坚持协同发展"的行为理念；择人善用、疑人不用、用人不疑，"用宽容的心，成就优质的人"的人才理念；为市场不断创新，为市场不断服务，在市场中积累优势，在市场中增强核心竞争力，"客户就是市场，人心就是市场"的市场理念；营造一种文化概念，率先把营销深入人心，不仅要深入，而且要"神"入，"80%的是营，20%的是销"的营销理念；"经营的98%是人性，资源的98%是整合，矛盾的98%是误会"的"九八"理念；质量和服务的结合作为品牌建设的核心，延伸品牌的内涵，丰富品牌的信息载体，树立"品牌就是最好的生意，品牌就是最大的资源"的品牌理念；"身心健康，思想健康，产品健康，企业才能健康"的健康发展理念。海源一系列的理念创新，成功地渗透到企业的战略、组织、制度、市场、管理等创新中，使海源的企业文化迈向成熟，为制造一流的高新装备产品、成就知名压砖机品牌提供了思想动力。

（2）构建绿色"和文化"

全面、协调、可持续的科学发展观和循环经济发展要求决定了新时期企业文化建设的价值取向和思维观念，海源顺应社会发展要求和历史发展潮流，及时、有效地构建绿色"和文化"。海源的绿色"和文化"就是指海源凭借领先技术、创造性思维，通过提供绿色装备和技术，为人类环保事业开创绿色空间。"和我一起，为你为世界"是海源的文化宣言。绿色"和文化"贯穿于海源的经营发展过程中，如图6-4所示。

海源绿色"和文化"，涵盖了"和自然""和资源""和社会""和员工""和股东""和客户""和企业"。其中，"和自然"指以绿色的意识、行动和产品及技术，实现人类活动与自然生态的和谐发展；"和资源"指运

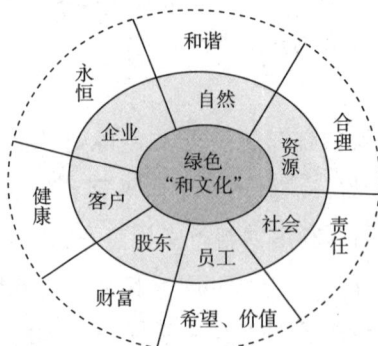

图 6 - 4 绿色 "和文化"

用领先的技术及创造性思维，变废为宝，节能增效，最大可能地减少资源的耗费；"和社会"指为社会经济可持续发展做出贡献，为循环经济发展起模范作用；"和员工"指尊重每个员工，为他们创造成长的绿色空间，为其构建实现人生价值的绿色平台；"和股东"指为每个支持、欣赏海源绿色之道的人负责，为他们实现名利双收；"和客户"指通过"绿色"产品及技术，以极大的热情推动客户成功，实现双赢乃至多赢；"和企业"指以绿色理念和行动，实现企业永恒的发展，创造出更广阔的绿色空间。海源通过"和文化"将企业绿色文化系统表达出来，通过"和文化"使海源与自然、客户、股东、员工等保持良好的关系，引导大家认同公司的理念及目标，最终保障海源发展战略的实施并取得成功。

8. 全员创新——研产销一体化

创新不只是研发部门的任务，海源深刻认识到这一点，在企业内部推行研产销一体化，使生产、销售部门共同参与创新。研产销一体化强调企业研发、生产、销售部门的人员必须"目标共有、责任共担、信息共享"。作为海源内部的全员创新，海源根据产品性质和顾客需求的不同，形成了不同的责任范围，主次分明，各负其责，密切配合，共同参与创新，合作完成目标。研产销一体化使研发人员、一线生产工人、市场营销人员相互联动，及时沟通信息，有利于研制出最适合市场需要且具竞争力的产品。海源的发展表明，研产销一体化是使其产品迅速研制和销售的重要渠道。

9. 全时空创新

（1）构建创新网络——设立技术中心

在异地设立技术中心是海源进行全时空创新的途径之一。企业技术中心是隶属于企业的技术研究和开发机构，其中心任务是为企业的技术进步服务。建设企业技术中心是提升自主创新能力的关键环节和有效途径，更是企业自我发展、提高竞争力、打造优势的内在需求和必然选择。海源顺应发展的要求，立足于福州的同时，在西安、北京等多个地方建立了技术中心，海源的技术中心有利于解决顾客提出的技术问题，整合全国的资源，为企业的技术进步提供支持与服务。

（2）全价值链创新——用户与大学科研机构参与创新

全价值链创新的实质是基于价值链分析的方法把企业内、外部的整个价值网络纳入企业的创新过程，以实现价值增值、获取核心竞争优势。用户参与创新是海源全价值链创新的形式之一。海源技术人员定期走访顾客，将顾客要求整合到产品设计的细节中去，通过用户对产品所提的改进意见，不断完善压砖机及相关的生产线，经过用户参与创新设计生产出来的设备也更容易被消费者认可，同时使消费者能获得更多的价值。全价值链创新的形式之二是大学科研机构参与创新。海源认为，创新不仅是在企业内部的创新，也应该是全空间范围内的创新。只有充分利用全球化资源，整合外部一切可利用的资源，才能使创新的力量发挥得最充分。海源考虑到自身技术方面存在的欠缺，2002 年开始与武汉理工大学合作，通过合作，集聚企业外部的资源优势为其所用，将武汉理工大学与本企业的技术融合，转化为先进优质的机械设备。合作就像一条绳索，把双方的创新资源连接在一起，形成联动反应，最终可以整合全部创新点，形成更高层次的创新突破。合作中双方实现共赢，资源得到了最充分合理的配置。海源先后与西安墙体材料研究院、福建工程学院、东北建筑设计院、北京工业大学等科研院校开展技术合作，保障了公司技术的先进性。

（四）小结

海源公司在 20 年来的发展历程中，经历了以技术要素积累为主、非技术要素积累并举的原始积累阶段，全自动液压压砖机的规模化发展阶段，以陶瓷液压机为基点、开发跨行业应用的自动液压机及配套生产线的专业多元化阶段三个不同的发展阶段。依据全面创新管理理论，我们可简要归纳出海源在各个阶段中，对企业战略、技术、管理等要素方面所进行的不同深度和不同广度的创新（见表6-1）和海源三个发展阶段的重大发展历程（见图6-5），有利于我们更加深入地理解海源公司的发展现状与发展趋势，有助于我们对企业从科技型迈向创新型道路的探索。

表6-1 基于全面创新管理理论的海源公司创新要素分析

内容\阶段	原始积累阶段 1988~1995年	规模化发展阶段 1995~2003年	专业多元化阶段 2003年至今
战略创新	• "围绕国内技术空白"的战略 • 成立福州龙门建材机械厂 • 承包福州冶金机械厂 • 创建福建海源建材机械设备有限公司	• 战略性布局 • 并购国营老厂 • 斥资创建海源自动化机械设备有限公司	• 全自动液压压砖机的专业多元化战略 • 股份制改造的融资战略 • 开发一代、成长一代、储备一代的技术发展战略
技术创新	原始创新与引进消化吸收再创新并举 • 中国首台多片锯石材机械 • 第一条自动磨光生产线 • 中国首台1000吨陶瓷砖自动液压压砖机	• 中国首台1200吨、1600吨、2600吨和3600吨陶瓷砖自动液压压砖机 • 中国首台HB1000吨陶瓷透水广场砖自动液压压砖机	• 同时生产HP、HB、HF、HC多种型号自动液压压砖机 • 从单一的产品提供到成套的生产技术服务提供
组织创新		• 扁平架构的矩阵制	• 建设学习型组织
市场创新	• 体验式营销方式	• 领先于行业一步参加展览会 • 到陶瓷相关生产地区设立办事处 • 利用媒体推介、网站推广	• 参加国际展览会 • 举行现场推介会 • 选取国外代理商 • 一揽子服务 • 5S服务系统 • 顾问式的双赢营销模式
管理创新		• 全面贯彻实施ISO9001：2000国际质量管理体系	• 实施ERP、OA、HR电子化管理 • 以产品为事业部的管理

续表

内容 \ 阶段	原始积累阶段 1988~1995年	规模化发展阶段 1995~2003年	专业多元化阶段 2003年至今
文化创新	• 和谐的家庭传统与以人为本的现代企业管理理念相结合	• "成己为人，成人达己，诚信为本"的企业宗旨	• "致富不忘回报家乡"的反哺社会理念 • "敢为天下先"的新产品开发理念 • "用宽容的心，成就优质人"的用人理念 • 质量和服务结合的品牌建设理念 • 绿色"和文化"
制度创新		• 竞聘上岗制度 • 产品质量问题召回制度	• 团队式绩效考核与激励制度 • 三层次的反馈制度 • 定期的考察制
全员创新		• 员工随时随地探讨工艺改进	• 研产销一体化
全时空创新		• 持续创新	• 在异地设立技术中心 • 全价值链创新

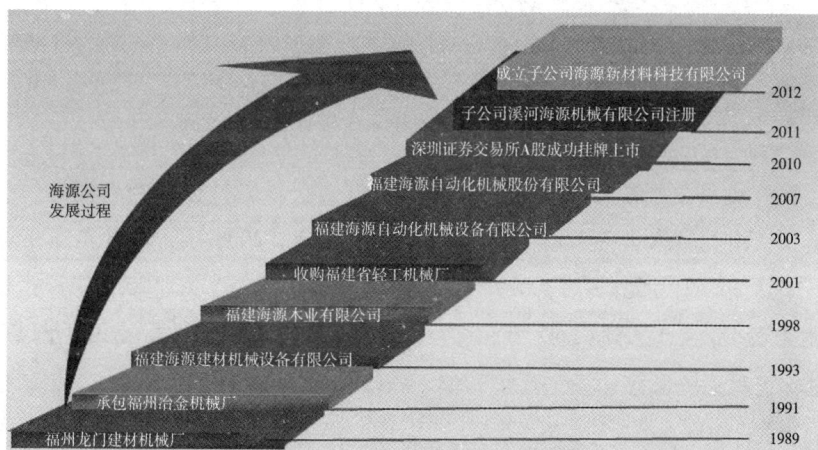

图6-5　海源公司重大发展历程

三　海源实施全面创新管理的绩效

近年来，海源在实施全面创新管理方面屡创佳绩，公司的研发投入与研发投入占营业收入的比重、劳动生产率、掌握关键技术和核心技术的工程师所占比重等多项指标均有明显提升，新产品产出周期不断缩短，创新成效已逐步显现。

在"研发投入与研发投入占营业收入的比重"指标上，海源不断加大研发投入力度、提高研发产出效率。以2005年研发投入235.87万元，研发投入占营业收入的比重4.05%为基数，2008年海源研发投入达1529.31万元，2009年继续增长至2368.82万元，2010年和2011年因公司刚上市以及受经济形势影响，新产品开发力度有所放缓，分别为1412.47万元和1768.35万元，2012年公司又重新加大了研发投入，新增了复合材料模板试验线等研发项目，研发投入2495.52万元，2013年持续增长至3082.65万元，占当年营业收入的12.21%。2014年，研发投入占营业收入的比重由2013年的12.21%提高到13.79%（见图6-6）。

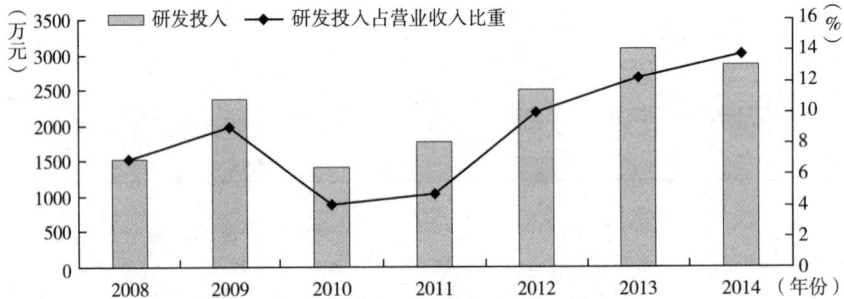

图6-6 研发投入与研发投入占营业收入的比重

在"劳动生产率"指标上，近年来全员创新思想日益影响着海源每一位员工，由此带来员工劳动生产率的新一轮提升。2008年，海源员工劳动生产率达30.52万元/人，2009年快速增长至36.34万元/人，2010年该指标突破40万元/人，达到41.42万元/人，2011年为40.78万元/人。2012年以后受外部宏观经济形势和竞争环境影响，该指标有所回落，2012~2014年该指标分别为25.06万元/人、26.92万元/人、24.40万元/人，如图6-7所示。

在"掌握关键技术和核心技术的工程师所占比重"指标上，海源素来注重技术人才培育和引进，全面创新管理理论的实践再次体现出海源建设创新型人才队伍的显著成效，工程师队伍占比长期保持较高的比例。2009年，海源掌握关键技术和核心技术的工程师所占比重为13.27%，到2010年，该比重上升幅度超过一个百分点，比重达14.29%。2011年达到14.33%，2012年和2013年有所下降，到2014年又增至13.80%（见

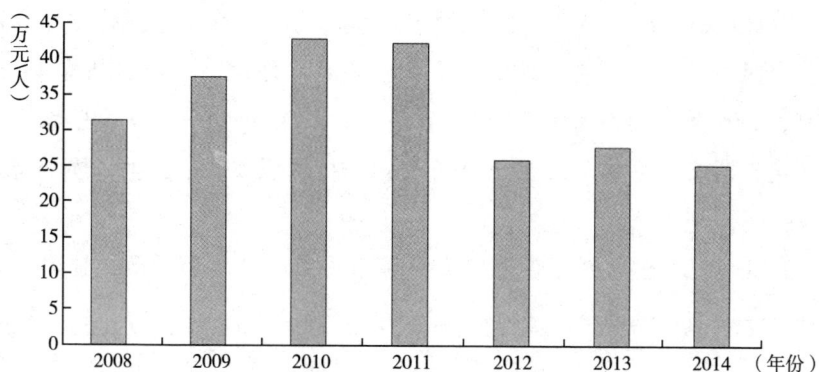

图 6 - 7　劳动生产率

图 6 - 8）。同时，员工学历结构也发生较大变化，本科及以上学历人员比例逐年递增，2010～2014 年，本科及以上学历占比分别为 12.50％、17.05％、17.99％、21.69％、22.39％（见图 6 - 9）。

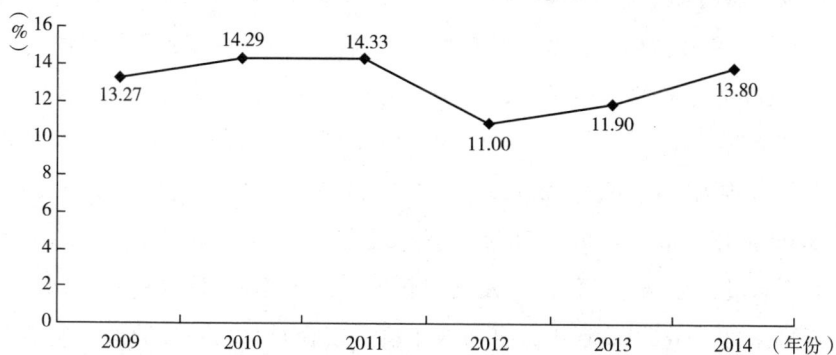

图 6 - 8　掌握关键技术和核心技术的工程师所占比重

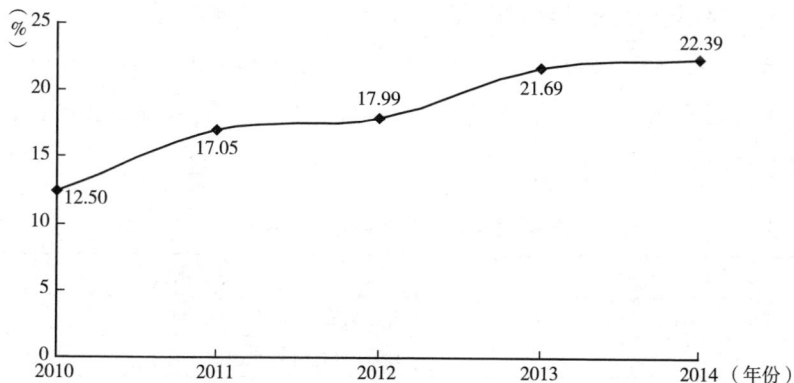

图 6 - 9　本科及以上学历员工占比

与此同时，新产品产出周期的不断缩短，也是全面创新管理在海源创新实践中的有效例证。2008 年海源平均每项新产品产出周期为 14.88 个月，2009 年该周期缩短至 14.4 个月，到 2010 年公司平均每项新产品的产出周期缩短为 10.2 个月，随着公司的技术积累，产品生命周期将进一步缩短。

由此可见，全面创新管理对于海源获得突破性创新绩效、提升公司整体创新能力、推进企业创新升级具有重要价值。

四　海源案例对提高科技型中小企业自主创新能力的启示

从福建海源自动化机械股份有限公司的案例分析中可知，海源的崛起是科技型中小企业的成功典范，其成功背后是诸多偶然性与必然性的交织。海源公司创新的发展历程，对福建省科技型中小企业提高自主创新能力，具有如下方面的启示。

（一）科技型中小企业有特色的技术创新路径——项目导向型创新

从 1988 年海源创办以来，公司致力于企业技术创新，1990 年至今，相继完成项目有单臂锯石机片、LMG 型石材连续磨光机、TC33100 型液压自动压砖机、TC33160 型液压自动压砖机、HP2600 型液压自动压砖机、HP3600 液压自动压砖机、HB1100 透水广场砖液压自动压砖机、HF1100 千吨全自动液压墙体砖压砖机及其配套生产线、MD64 码垛机、HP 和 HF 改进型压机、HC2100 耐火砖自动液压机、复合材料模板试验线、复合材料自动液压机 HEG315、耐火材料压机 HC3600、直接在线长纤维增强热塑性复合材料制品（LFT－D）成套生产线、快装组合式复合材料模板、工业级 3D 打印机、四柱导向 3D 建筑打印机等 70 余项。截至 2014 年 7 月，海源已经拥有 78 项专利，获奖项目共计 40 余项，主要获奖项目统计如表 6－2 所示。

表 6－2　海源公司主要获奖项目

奖励种类	获奖项目
福建省 2012 年标准贡献奖二等奖	蒸压砖自动液压机
福建省 2011 年科技进步奖三等奖	HC2100 耐火砖自动液压机
福州市 2011 年优秀新产品一等奖	HC2100 耐火砖自动液压机

续表

奖励种类	获奖项目
国家 2010 年建筑材料科学技术一等奖	固体工业废弃物生产蒸压砖关键设备与成套技术的开发及应用
福建省 2010 年科技进步二等奖	HF1280 蒸压砖自动液压机机组
福建省 2010 年优秀新产品二等奖	HF1280 蒸压砖自动液压机机组
福州市 2010 年优秀新产品一等奖	HF1280 蒸压砖自动液压机机组
福州市 2010 年科学技术进步二等奖	HF1280 蒸压砖自动液压机机组
国家教育部 2008 年科学技术进步奖二等奖	高掺量硅铝质固体废弃物制备承重墙体材料的关键技术与成套装备
湖北省 2008 年科技成果推广二等奖	利用钙质固体废弃物制备新型建筑材料的研究与应用
福建省 2007 年度科学技术一等奖	HF1100 型蒸压粉煤灰砖全自动液压压砖机机组
福建省 2007 年度优秀新产品一等奖	HF1100 千吨全自动液压墙体砖压砖机
中国 2005 年度建筑材料科学技术二等奖	HF1100 型蒸压粉煤灰砖自动液压压砖机机组
福州市 2005 年度科技进步二等奖	HF1100 千吨全自动液压墙体砖压砖机
福州市 2004 年度优秀新产品一等奖	HF1100 千吨全自动液压墙体砖压砖机
福州市 2003 年度科技进步三等奖	HP3600 型液压自动压砖机
福州市 2003 年度优秀新产品三等奖	HP3600 型液压自动压砖机
福建省 1999 年度科学进步二等奖	TC33160 型液压自动压砖机
福州市 1999 年度科学进步二等奖	TC33160 型液压自动压砖机
福州市 1998 年度优秀新产品一等奖	TC33160 型液压自动压砖机
福建省 1997 年科学技术进步二等奖	TC33100 型液压自动压砖机
福州市 1997 年科学技术进步一等奖	TC33100 型液压自动压砖机
福州市 1996 年度科学技术进步一等奖	CMX600 型瓷质墙地砖磨光生产线
福建省 1996 年度优秀新产品二等奖	CMX600 型瓷质墙地砖磨光生产线
福州市 1996 年度优秀新产品二等奖	CMX600 型瓷质墙地砖磨光生产线
福建省 1995 年度优秀新产品二等奖	LMG 型石材连续磨光机
中国轻工业优秀新产品一等奖	DSQ30－900 型电脑石材多片切机
福建省 1995 年度优秀新产品二等奖	CMX600 型瓷质墙地砖磨光生产线
福州市 1995 年度优秀新产品二等奖	CMX600 型瓷质墙地砖磨光生产线
中国轻工业 1995 年度优秀新产品一等奖	LMG 型石材连续磨光机
福建省 1994 年度科技进步三等奖	DSQ30－900 型电脑石材多片切机

奖励种类	获奖项目
福州市 1994 年度科技进步三等奖	LMG 型石材连续磨光机
福州市 1994 年度科学技术进步二等奖	LMG 型石材连续磨光机
福建省 1994 年度优秀新产品三等奖	DSQ30－900 型电脑石材多片切机
福建省 1993 年度优秀新产品三等奖	DSQ30－900 型电脑石材多片切机
福建省 1993 年度二轻工业优秀新产品二等奖	DSQ－1600 型电脑石材切线
福州市 1992 年度科学技术进步三等奖	DSQ30－900 型电脑石材多片切机
福建省 1992 年度发明与革新成果银奖	DSQ－1600 型电脑石材多片切机
福州市 1992 年度优秀新产品一等奖	DSQ－1600 型电脑石材切机
福州市 1991 年度科技进步二等奖	DSQ－1600 型电脑石材切机

通过对海源总体技术创新历程的实证研究发现，海源公司每项新产品开发都来源于公司每一个创新项目。公司成立项目攻关组。早期，公司没有稳定的技术团队，项目小组中的成员跟随项目的开发与结束进行组织或解散，后期，随着海源技术人才的成长和公司管理的规范化，公司打造了稳定的技术团队，提高了项目导向型开发的速度和能力。海源以项目为载体，在项目研究开发工作中实现技术突破，成功进行技术创新。由此可见，进行项目导向型创新是科技型中小企业实现技术创新的重要途径。

本书认为，项目导向型创新是指以科技型企业家为技术创新的领军人物、以项目的研究与开发为载体所进行的创新。它将项目作为中小企业技术创新的主导方向，在项目的攻关过程中实现技术突破，通过项目导向研究提升企业的技术创新能力和实现企业的生存与持续发展。项目导向型创新成败与否，科技型企业家起了决定性的作用，主要体现在科技型企业家拥有技术战略眼光。首先，企业家指导企业的技术开发方向，对大的项目提供设计开发方案。其次，企业家解决企业未来产品的储备问题。以市场需求为基础，以客户价值最大化为原则，企业家带领产品开发部不断进行技术改进，保证产品质量的同时进行新产品的开发。实行项目导向型创新的企业，其组织和文化具有一定特征。其一是构建创新型企业文化，注重创新，鼓励员工积极创新，将创新精神渗透到企业的各个角落。其二是建设矩阵制组织结构，形成机动、灵活的组织，组织成员可随着项目的需要调配。其三是培养学习型组织，倡导个人学习和组织学习，鼓励员工积极进行知识内化。企业家在培养学习型组织中树立学习型领导的形象，注重自我培养。用自主学习、咨询学习和行业专家指导学习三结合的方式，提高企业全员的学习积极性。其四是技术团队的培育。在早期技术人才缺乏的情况下，项目攻关组成员随着项目开发与结束组织或解散。随着企业技术的成熟与管理制度的完善，企业机动的技术人员逐步形成稳定的技术团队，在项目导向型创新中起着重要作用。

项目导向型创新是一个基于项目的运行过程，起始于项目确立，继而成立以企业家为首的项目攻关组对项目进行研究开发，最后项目完成并结束于新产品的推出，如此起始往复，不断循环，促进企业实现技术创新。项目导向型创新模式可用图 6 - 10 进行说明。

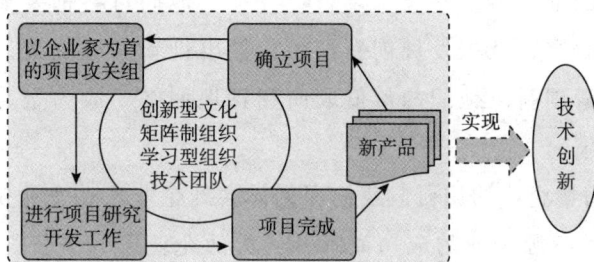

图 6 - 10　项目导向型创新模式

调研发现，海源在良好的组织环境下，以项目导向型创新为载体实现企业的技术创新。海源企业家通过对内、外部环境的审视，选择研究开发的项目，继而成立以科技型企业家李良光总经理为首的项目攻关组，开展项目的研究开发工作，项目完成时即新产品推出的时刻，也代表着前一轮的项目导向型创新的结束，在新产品进入市场的基础上开始新一轮的项目导向型创新。海源公司就是通过如此循环的项目导向型创新，实现了企业源源不断的技术创新，也带动了扁平架构的矩阵制的组织结构创新、以人为本的企业文化创新等其他要素的创新。项目攻关组成员以项目为载体，共同探讨问题的局面成为海源全员创新的雏形。海源以项目导向型创新为起点的技术发展路径给广大科技型中小企业的技术发展趋势提供了借鉴与参考。

（二）决定科技型中小企业创新能力的稀缺要素——企业家

推动科技型中小企业要素创新的核心人物是企业家。熊彼特认为，创新是生产要素的重新组合，实现生产要素组合的载体是企业，而推动生产要素组合实现的人是企业家。企业家的本质是创新，创新的主动力来自企业家精神，其成功取决于企业家素质。对于创新成功的科技型中小企业，企业家又被称为企业型科学家、科技型企业家，是同时具备科学家和企业家所拥有的知识、能力和素质的复合型人才。科技型企业家具有非常强的市场意识、科技意识和创新精神，能够在先进技术和市场需求上进行有效沟通，对于一项潜在的新技术及其可能的应用能够在较短时间内做出反应。他们常常是企业创新活动的倡导者、技术观念的创新者、技术创新活动的组织者、技术手段创新的投资者、技术创新成果的推广者。在技术创新过程中，他们对各种要素创新机会进行整合和研究，从中发掘创新设想，做出创新实施决策，推动和组织企业多要素创新。他们的价值取向和管理偏好，成为企业发展与创新的重要源泉。

通过对海源企业的调研，我们深刻体会到企业家在企业技术创新中的核心作用。海源企业的成功离不开优秀的企业家——李良光总经理，他是实现海源创新的灵魂，在企业整个发展过程中的重要作用是组织和推动企业要素创新。从陶瓷液压压砖机技术的原始积累、全自动液压压砖机的规模化发展到以陶瓷液压机为基点，开发跨行业应用的自动液压机及配套生产线的专业多元化，海源的企业家主持开发各阶段技术创新项目，并为实现技术创新领先一步于普通业务员进行市场创新，引领和指导各发展阶段非技术要素创新活动。李良光总经理不仅在技术专业领域拥有技术威望，而且也拥有极高的人格威望。他有远见、有智谋、有魄力、有才华。在工作上，他不尚空谈，追求务实，一向保持雷厉风行、艰苦奋斗的实干作风，给员工留有"追求创新的一生"的深刻感触；在生活上，他懂得尊重人、关心人、理解人和信任人，拥有极高的道德人格魅力，因而能够凝聚人心，受到企业员工的爱戴和拥护。正是在这样优秀企业家的带领下，企业内部形成了有利于创新的团结一致、共谋发展的和谐局面。

由此可知，与大企业相比较，科技型中小企业创新能力取决于企业家，企业家的创新能力决定了企业的创新能力。因此，企业家成为决定中小企业创新能力最稀缺的资源。要提高中小企业创新能力，必须充分发挥科技型企业家的核心作用。当务之急是要培育科技型中小企业企业家的创新意识和创新精神，用全面创新管理理论武装企业家，提高企业家运用全面创新管理理论的知识和实践能力，在实践中积累创新管理和企业发展的经验。同时，推广不断创新的企业家精神，让企业家的创新精神在企业员工中传播，使创新精神从企业家的个人精神变成团队的精神，增强企业家要素创新的核心作用和带动作用，提高中小企业全要素创新的人员参与率。

（三）科技型中小企业创新形态升级的方式——以"主导要素"为创新切入点，权变最优要素创新序列

"孤峰理论"（陈乃醒，2007）[176]认为，在企业发展过程中，各项经营管理水平不可能处于同一层次，在通常情况下，企业经济效益的发挥，是以最强的一项为导向。"孤峰理论"旨在以企业核心要素的"凸峰优势"来提升企业整体创新水平。其理论内涵符合中小企业可用资源有限、规模化不足的创新实际，但将企业的优势要素表述为"孤峰要素"，则易于陷入只强调单一维度要素创新的理论局限，我们认为，中小企业的要素创新是以主导要素先发进而带动其余要素的依次推进、协同创新的过程。根据中小企业的资源局限性和基础薄弱性，对于中小企业而言，企业各创新要素发展并非齐头并进，那些暂时处于先进的、具有优势的创新要素是企业的主导要素，会形成企业创新发展的"凸峰优势"，是中小企业自主创新的主导和核心要素。相应地，对主导要素的创新成为企业要素创新的切入点。不同的中小企业主导要素各异，可能是技术、战略、管理、文化、制度和市场等要素中任何一种要素。从海源公司的实践来看，科技型中小企业最初的创新主导要素是技术要素。

同时，权变理论（费德勒，1962）[177]作为一种组织管理理论，其理论核心就是通过组织的各子系统内部和各子系统之间的相互联系，以及组织和它所处的环境之间的联系，来确定各种变数的关系类型和结构类型。它强调在管理中要根据组织所处的内外部条件随机应变，针对不同的具体条件寻求不同的最合适的管理模式、方案或方法。从权变理论看企业创新要素，企业各创新要素就是企业全要素的一个子系统，子系统之间以及子系统与系统之间的关系会随着企业整个环境的变化而变化，因此，对要素子系统的创新管理方式也应权宜应变。

从"孤峰理论"与权变理论可知，在企业发展的不同阶段与不同的竞争环境中，主导创新要素的创新力和竞争力不同，因此，不同阶段中的主导要素不同。中小企业一旦开始主导要素的创新，必然打破原有的均衡状态，形成与主导要素相应的创新"凸峰优势"，使得某些创新要素可能暂时处于先进状态而另一些要素则暂时处于落后状态。根据非均衡发展理论，随着环境的变化，主导要素的创新力和竞争力是会变化的，更强创新力和竞争力的主导要素将随着竞争格局的变化，取代原来先进的主导要素，形成新的主导要素。这时，新的主导要素可以是单要素，也可以是要素组合，而先进要素对后进要素有促进作用，使后进的要素也会改变，即后进变先进。就是这样，企业的各种创新要素先进与后进状态的交替变化，从而推动企业主导要素的转变。

从海源案例来看，企业创新是以主导要素为创新切入点，开始形成企业创新的"凸峰优势"，打破企业原有的均衡态势，进而对企业创新的其他要素提出新的要求。由于中小企业资源的有限性，主导要素创新对其他要素创新的激发及要求并非同步进行。根据权变理论，其他要素参与创新的可能性和必要性会随着企业内外部条件因时而异、因需而异。因此，以主导要素为创新切入点，围绕"凸峰优势"的变化和需要，根据企业自然资源和条件的作用，其他要素创新将形成权变性的优先级序列排列，促进其他创新要素的改革创新，进而形成企业创新形态，提高企业整体创新效益，促进企业发展跃上新台阶。与此同时，在创新进程中，企业形成的新主导要素将替代或并列于过去的主导要素，进而形成新的"凸峰优势"。随着"凸峰优势"的变化，主导创新的要素也会变化，创新序列也不断重新排列组合，创新形态不断更替，形成创新形态的循环。创新活动在此起彼伏和循环往复中促进创新形态升级，螺旋式地推动企业持续创新（见图6-11）。

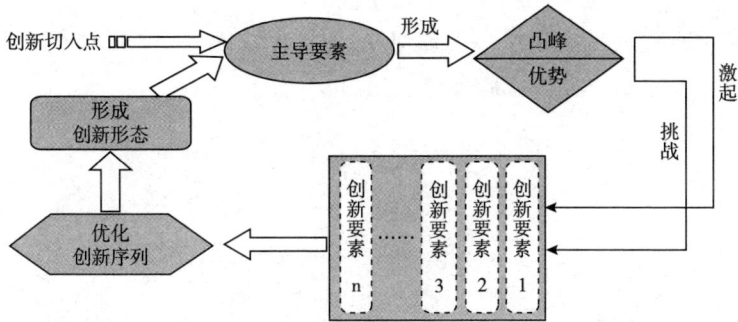

图 6-11 企业创新形态形成路径

　　海源公司的发展道路表明，自主创新成功的关键在于正确选择创新切入点，合理权变最优要素创新序列，促进创新形态的动态升级（见表 6-3）。

表 6-3　海源创新切入点和创新要素序列

发展阶段	创新切入点	凸峰优势	创新要素序列
原始积累 （1988～1995 年）	技术	技术导向型创新	市场→战略→文化
规模化发展 （1995～2003 年）	技术+市场	市场导向型创新	战略、制度→组织→管理→文化
专业多元化 （2003 年至今）	技术+服务	服务导向型创新	战略、市场→管理→文化→制度→组织

　　由表 6-3 可见，以原始积累阶段技术为主导要素，海源公司形成了技术上的"凸峰优势"，为适应主导要素的创新，海源配套了其他创新要素并优化要素创新的序列，逐步促进多要素创新，形成企业基于核心技术的持续性产品创新形态，并迈向以技术和市场共同为主导要素的规模化发展阶段。以市场为导向的创新作为"凸峰优势"，引起新一轮的要素创新序列化，使企业各要素创新满足于技术创新和市场创新的要求，再次升级企业创新形态到基于营销模式创新（体验式/顾问式）的形态。此时，海源已经拥有了广阔的市场，提高了品牌知名度，发展要素替代基础要素，新一轮的要素创新切入点指向技术和服务，使海源公司进入以

技术和服务为主导要素的创新，形成了基于"一揽子、5S"为主的服务模式创新的新一轮创新形态，在如此循环往复中，企业创新系统得到升级，实现企业和顾客价值最大化（见图6-12）。

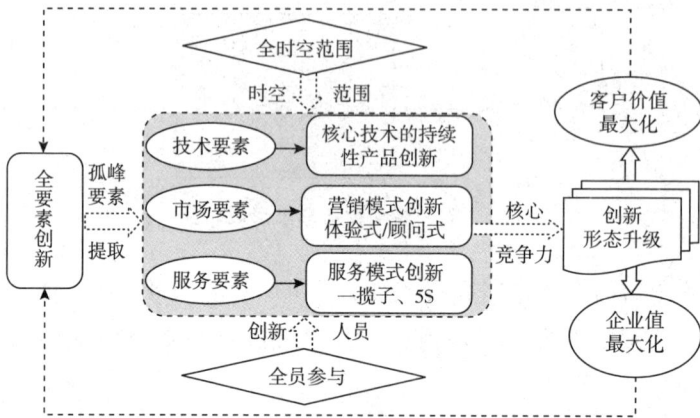

图6-12　海源公司以主导要素创新为主导的创新形态模式

（四）科技型中小企业技术创新团队协同创新机制的培育路径——以新产品系列开发为依托

协同理论（赫尔曼·哈肯，1976）[178]认为，任何复杂系统，在外来能量的作用下或当物质的聚集态达到某种临界值时，子系统之间就会产生协同作用。这种协同作用能使系统在临界点发生质变产生协同效应，使系统从无序变为有序，从混沌中产生某种稳定结构。按照哈肯的观点，协同是系统中的子系统的联合作用，在一定的外部能量流、信息流和物质流输入的条件下，系统会在演化过程中通过大量子系统之间诸如连接、合作、协调、互动等行为协同作用而形成新的时间、空间或功能有序结构。协同理论运用于科技型企业技术创新中，在于期望形成技术创新的协同创新效应。协同创新效益的产生，取决于企业内部协同创新机制的培育与完善。

与大企业相比，科技型中小企业在生产、营销、融资等方面都不占优势，要在激烈的市场竞争中求得生存与发展，唯有依靠持续提供拥有核心技术含量的系列化产品。进行产品系列化开发是科技型中小企业集约资源，快速进行品牌和产品延伸、整合以及提升的重要举措。而产品的系列化开发是一个复杂的系统工程，需要企业建设一支强有力的技术支撑团队。本质上讲，科技型中小企业的技术创新是一种技术团队协同运作的价值突破，企业要在产品系列化开发的基础上，加强技术团队的培育和整体建设，并在这个过程中培育技术团队的协同创新机制。

科技型中小企业以产品系列开发为依托的技术团队协同创新机制本质上是一种响应机制，也即系统内部诸要素以技术创新为中心，协同响应并促进技术创新的发生与涌现的机制。进行技术团队协同创新机制的培育，需要企业内部相关要素的有效支撑，主要需要以技术中心为主的组织结构的扁平化。扁平化技术中心组织结构有利于企业对特定技术创新的响应，在组织平台的支持下，实现技术团队的协同创新（见图 6 – 13）。

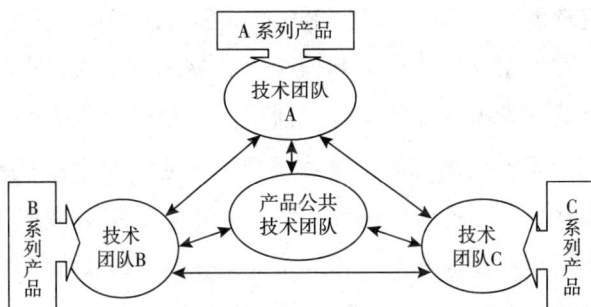

图 6 – 13　技术团队的协同创新

任何企业的技术团队都有一个培育和发展的过程，海源公司也不例外。在早期，公司以项目为载体，围绕项目导向型创新的需要，形成项目攻关组，技术创新人员随着项目的开发与结束进行组织或解散。此时技术团队并未完全形成，项目攻关组仅仅是企业技术团队的雏形。随着项目导向型创新的持续进行，海源技术不断得到突破，逐步形成了技术创新团簇。技术上的突破进一步丰富了海源的产品创新，出现了以 HF、HP、HC 为主的产品系列创新。在这个过程中，海源的技术团队从项目攻关小组发展到目前的以 HF、HP、HC 系列产品开发为依托的 HF、HP、HC 三大技术创新团队。在技术创新团队渐趋成熟的过程中，海源于 2005年开始成立了自己的技术中心，并分别在 2006 年和 2007 年被认定为市级技术中心和省级技术中心。海源技术中心的成立，使海源三大技术创新团队的创新力在技术中心的平台上，得到了巩固和强化，提高了以产品系列化开发为主导的技术创新团队的团队协同创新过程。

海源技术创新的成功不仅源于企业家李良光总经理的总体技术指导，也有赖于企业以技术中心为平台的技术团队及团队间的协同创新。为了加速企业的技术创新，海源形成了矩阵制的组织结构（见图6-14）。技术中心总工办管辖北京技术研发中心、试验中心、四个设计室（模具设计室、液压设计室、电气设计室、工艺设计室）和三个新产品开发部（新产品开发一部、新产品开发二部、新产品开发三部），这也是企业的公共技术团队。在产品系列创新中，总经理提供产品系列开发的战略方向，选定未来新产品的储备，以保证产品创新利润的最大化；产品经理全程负责所属系列产品技术团队的研发工作、技术改进，以部件、机型改进为主的渐进性创新，新产品衍生系列的开发等。当项目大、期限短时，产品经理可以按需调配试验中心和四个设计室的技术人员，使产品系列技术团队与公共技术团队优势互补，通过协同创新攻克系列产品开发难题。另外，三个新产品开发部在研发过程中，遇到专业性强的技术问题时，也能够在技术中心总工办的授权下，调动试验中心和四个设计室的技术人员，协同新产品的开发工作。不仅企业内部的技术团队相互协调，海源在北京也设立技术中心，集聚专家和技术人才，技术中心成为海源发展的"技术智囊团"，对企业技术创新及企业整体发展方向给予充分指导。同时，海源利用地理位置的优势，把北京技术中心也作为客户和员工的培

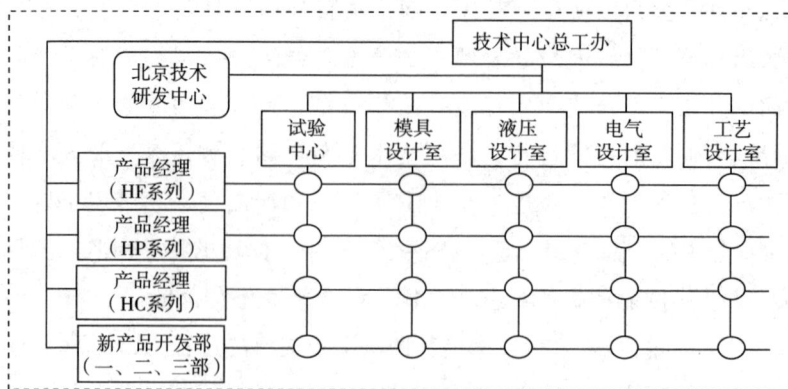

图6-14 海源矩阵制组织结构

训基地以及客户技术咨询基地，这成为海源技术创新系统内外部协同的重要形式。

正是海源在技术创新过程中逐步培育企业技术团队，使企业技术团队从早期的松散型发展到如今的稳定型，并在技术中心下形成技术创新团队的团队协同创新机制，使不同类型技术人才的优势得到互补，技术创新实力保证了海源技术开发的领先优势，成为海源技术不可替代的关键因素。由此可见，科技型中小企业技术团队是在企业的产品系列开发过程中培育出来的，技术团队的协同创新机制则可通过企业技术中心的建立得以形成。因此，科技型中小企业应以产品系列开发为依托，促进企业技术中心的建设，强化企业技术团队以及技术团队的协同创新能力，这样才能保证企业的持久竞争力。

（五）催化科技型中小企业向创新型企业转型升级的平台——"全面创新管理平台"

从海源案例来看，构建"全面创新管理平台"对科技型中小企业的创新发展具有举足轻重的作用。"全面创新管理平台"不仅指已经存在的实体平台，也包括利用新的思想、新的构思及新的观念，运用新的战略与策略，对未来创新发展的构想。它既是无形的，又是有形的。它能够规范和引导企业的创新发展。研究发现，构建"全面创新管理平台"可以解决要素的创新序列最优化、创新度最大化、企业转型升级等问题。"全面创新管理平台"的功能包括：第一，在于指引企业的全面创新发展过程，使各要素的创新根据企业发展的不同阶段、不同资源特点有条不紊地按需推进，形成要素循序创新系列，保证要素创新序列的最优化。第二，在于使企业创新度最大化。当要素的创新序列达到最优化的组合点时，企业创新要素作用也发挥到极致，企业在该创新序列下的创新度达到最高，表明企业创新力与竞争力处于最高水平，企业具备更强的市场竞争能力。第三，在于规范企业未来创新发展的方向。"全面创新管理平台"不仅是跨部门沟通协作、开拓创新渠道的重要平台，也是开展全面创新管理，实现企业技术发展范式转型、企业管理范式转型、企业经济增长范式转型、企业发展范式转型的基础。"全面创新管理平台"建立及健全的过程，也是企业创新体系趋向系统性、开放性和全面性的过程，它从客观上规范着企业未来创新发展的方向，能提高中小企业全要素创新、全员创新、全时空创新及全面协同创新的意识和效益，催化科技型企业向创新型企业转型升级。

然而，海源案例告诉我们，"全面创新管理平台"并不是固定不变的，为了保持企业技术上的领先与优势，它必须随着企业创新的进程，对现有创新平台进行重构、修正和再定义（见图 6－15）。

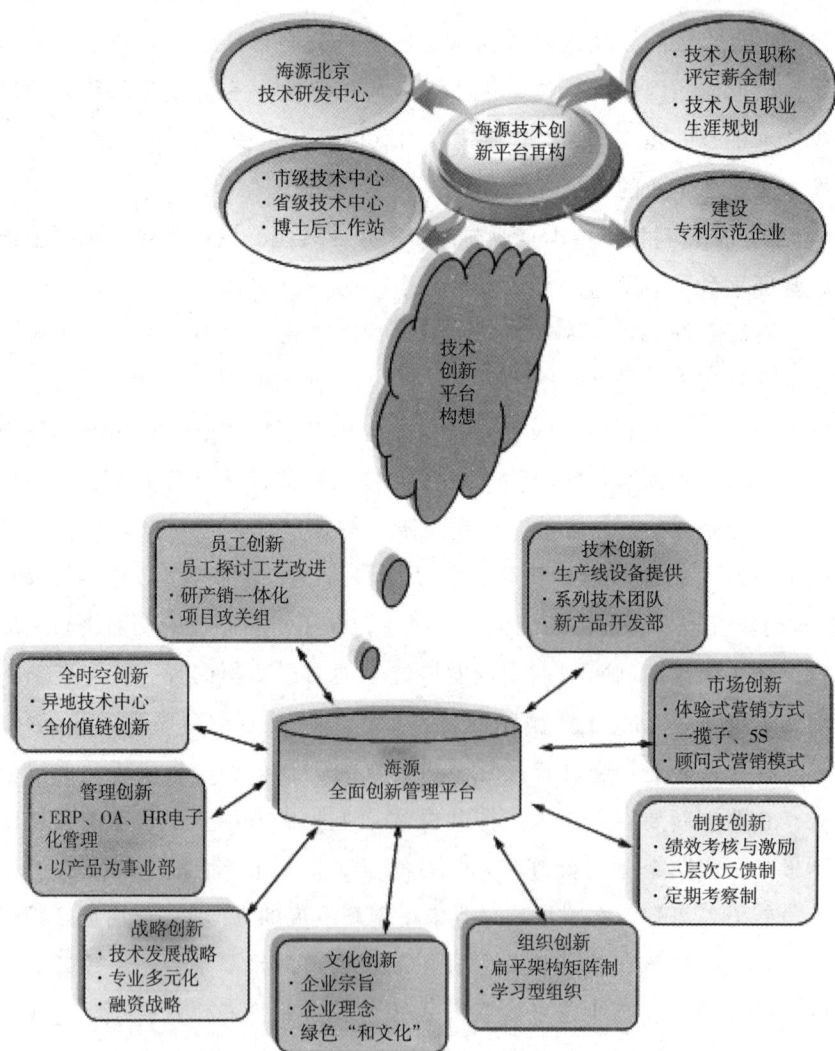

图 6－15　海源创新管理平台

第二节 凤竹纺织科技股份有限公司技术引进
消化再创新案例分析

一 凤竹纺织科技股份有限公司简介

凤竹纺织科技股份有限公司，作为一家以棉纺、染整精加工和针织面料、筒子色纱生产及环保设施运营为主营业务的上市公司，是福建省最大的针织染整专业厂家和重要的针织面料生产基地，也是福建省百家重点企业之一。公司成立于1991年，其前身为福建晋江凤竹针织漂染实业有限公司，公司1991年的注册资金为500万元，2000年福建晋江凤竹针织漂染实业有限公司整体变更，设立福建凤竹纺织科技股份有限公司（以下简称"凤竹纺织企业"），并于2004年在上海挂牌上市。截至2014年，企业拥有总资产约9.25亿元，2014年销售收入约为7.77亿元，净利润约为1001.53万元[①]。

凤竹纺织企业所取得的辉煌成就，与其对技术的高度重视是分不开的，企业始终坚持以科技为本，走技术创新之路，大力提升企业技术研发水平，不断扩大市场，在企业发展的整个过程中，始终紧跟技术进步的步伐，积极引进先进的设备、技术，开展相应的消化吸收再创新活动，不断开发新产品、新技术，实现自主创新与引进消化再创新齐头并进，集成企业内外创新成果进行再创新。在这个过程中，企业取得了一系列优异的创新成果。在产品开发方面，2006~2014年，企业共开发新产品近50项，福建省科技厅和泉州市科技局组织鉴定19项，其中2008年多功能针织运动面料获福建省科技进步二等奖，异型纤维针织面料获福建省优秀新产品奖。在技术改造方面，2006年气雾染色技术的开发应用获福建省科技进步二等奖；2008年先后完成了国家重大产业技术开发专项"低耗水印染新技术和高效节能染色新工艺技术"、福建省重大专项"印染新工艺及其废水回用新技术"项目，并通过验收；2009年印染废水大通量膜处理技术与产业化获国家科技进步二等奖；2010年印染新工艺及

---

① 凤竹纺织官网，http://www.fynex.com.cn。

其废水回用新技术获福建省科技进步二等奖；2012 年"间歇染色过程计算机仿真系统研究与应用"获泉州市科技进步一等奖，"异收缩涤纶弹性针织面料"获中国纺织工业联合会科学技术三等奖，晋江市科学技术三等奖，发明专利"大豆纤维针织鱼鳞布及其生产工艺"获晋江市专利银奖；2013 年"防透吸湿异机能针织面料"获纺织工业联合会科技进步三等奖；2014 年"等模量四面弹针织面料技术开发"获中国纺织工业联合会科技进步三等奖。

同时，企业也因技术创新成果卓著，获得了多项荣誉。1995 年，公司被福建省科学技术厅认定为"福建省高新技术企业"；2000 年被国家科技部认证为"国家火炬计划重点高新技术企业"；2001 年被福建省科学技术厅认定为第一批"两个密集型企业"；从 2003 年起，企业连续七年被评为"全国针织行业竞争力十强企业"，并荣登"2004 年度福建省工业行业榜首企业""2005 年中国最具生命力十大民营企业"；2006 年，企业技术中心被认定为国家级企业技术中心；2007 年，凤竹牌针织面料获得中国名牌称号；2008 年，公司成为国家第二批循环经济试点企业；2009 年，公司被认定为国家级高新技术企业、国家级创新型试点企业；2010 年，公司成为福建省第一批实施技术标准战略试点优秀企业；2011 年企业成为泉州市第一家国家级创新型企业；2013 年公司被工信部列为"清洁生产示范企业"。

企业这样的进步，并不是一朝一夕的努力便可以获得的，历年来凤竹纺织企业重视科技创新，不断加大研发投入强度，2005～2010 年，随着企业销售收入的快速增长，企业的研发投入也不断增加，2010～2014 年企业的研发投入经费分别为 597.81 万元、611.25 万元、564.91 万元、612.34 万元、468.25 万元，研发投入占销售收入的比重分别为 0.65%、0.65%、0.67%、0.70%、0.60%，可见研发投入强度还有提高空间（见图 6-16）。

二　凤竹纺织企业染整技术引进消化再创新发展历程

染整精加工是凤竹纺织企业重要的核心业务之一，染整技术的发展贯穿于整个企业的发展过程。企业成立 20 年来，染整技术在设备引进和

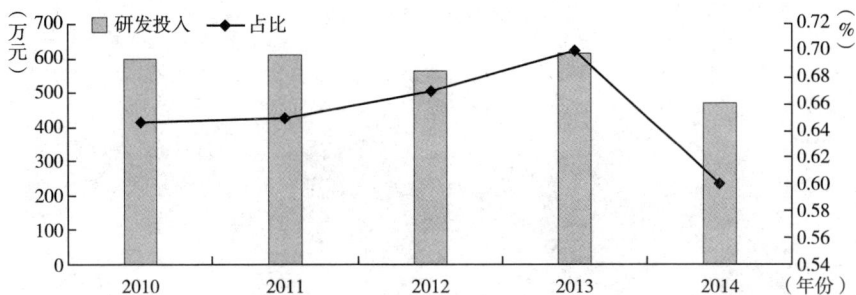

图 6 - 16　凤竹纺织企业的研发投入强度

工艺创新中不断向前发展，从单独的溢流染色技术为主流技术发展到现在以气雾染色技术为主流技术、溢流染色技术同步发展，在这个过程中企业染整技术的发展大致经历了三个阶段：染整技术引进积累阶段（1991~2000 年）、染整技术跨越发展阶段（2001~2005 年）、染整技术创新发展阶段（2006 年至今）。

（一）染整技术引进积累阶段（1991~2000 年）——溢流染色技术的积累期

1991~2000 年是凤竹纺织企业染整技术发展的引进积累期，在这个阶段，企业通过引进溢流染色机发展了溢流染色技术，并紧跟染色技术的发展步伐，不断引进新的溢流染色机，在新型染机的工艺配套和应用中，企业完成了对工艺技术及工艺规则知识的积累，为后期的工艺技术创新打下了坚实的基础。

溢流染色技术是根据染色的工艺要求，将适量的染料及助剂溶解配制成一定浓度的染液，织物则浸泡在染液中，通过浸染上色，织物的运行主要依靠提布轮的协助及液流的推动来进行。染色浴比，作为衡量染整技术先进程度的重要指标之一，是所染织物的重量与染色过程中用水量的重量之比。浴比越小则越节省染化料和能源，污水排放量越少，环保性也越好。因此，浴比的降低可以在一定程度上反映企业染色技术的进步。在引进积累阶段，凤竹纺织企业不断引进先进的设备，其溢流染色技术的浴比也从最初的 1∶15 降到 1∶10，染色工艺在与先进技术的工艺配套与应用中，同步向前发展。

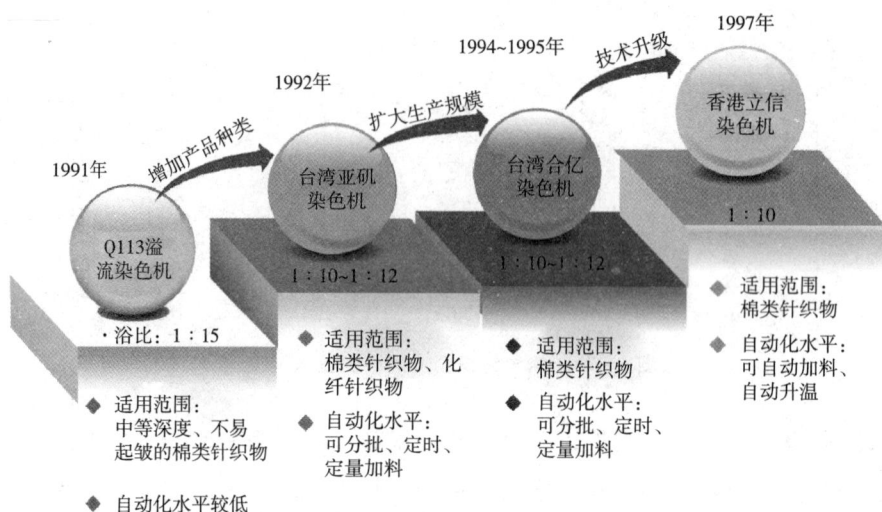

图 6 – 17 引进积累阶段企业溢流染色设备的引进

1. 溢流染色设备的引进

染色设备的引进是凤竹纺织企业引进染整技术的重要载体，建立之初企业引进的是无锡西蔡钣金厂 Q113 溢流染色机（见图 6 – 17），自此凤竹开始发展溢流染色技术。Q113 染色机主要用于棉类针织物的绳状浸染处理，织物的氧漂、染色、水洗、皂洗等工艺可以同机进行，但该染色机的适用范围比较窄，适于染中等深度、不易起皱的棉类针织物，染色浴比也比较高，一般在 1∶15 以上。1992 年，企业为了增加产品的种类，同时降低溢流染色技术的染色浴比，引进台湾亚矾的常温及高温高压染色机，分别用于染棉类针织物及化纤针织物，企业开始染整化纤针织物（最初主要是涤纶）。台湾亚矾染色机在适用范围上有所发展，可用于纯棉弹性布、聚酯涤纶弹性布、尼龙锦纶弹性布，该设备在帮助企业丰富产品品种的同时，其浴比也降到 1∶10 ~ 1∶12，同时，设备的自动化程度有所提高，可以分批、定时、定量加料。1994 ~ 1995 年，企业引进台湾合亿的常温染色机，其先进水平与台湾亚矾的染色机不相上下，其浴比也是 1∶10 ~ 1∶12，该设备的引进主要是为了满足企业生产规模的扩大。1997 年，企业引进香港立信的常温染色机，主要用于染棉类针织物，其浴比是 1∶10，自动化程度有所提高，可以实现自动加料、自动升温。

2. 染整工艺技术的积累

纺织产业存在一个较为普遍的问题：企业引进了国际先进的设备却生产不出达到国际标准或国际先进水平的纺织品，出现这种现象的主要原因是工艺发展水平落后于引进设备的技术水平，因此，引进设备的先进水平还不能完全反映企业的技术水平，设备和工艺的总体水平才能真正反映企业的技术水平，那么工艺创新也因此成为对引进技术（尤其是设备）进行再创新的重要方式。凤竹纺织企业引进技术的主要方式是购买先进设备，对引进技术的再创新也主要是应用引进设备过程中的工艺开发，因此，染整工艺的发展水平也就反映了其对引进技术再创新的水平。在引进积累阶段，凤竹纺织企业通过引进溢流染色机，采用了当时较为成熟的溢流染色技术，由于缺乏相关技术的积累，企业最初应用溢流染色设备的染整工艺主要通过模仿获得，沿袭了传统的染整工艺。在引进先进技术、设备的推动下，企业的染整工艺不断进步，工艺水平从简单的模仿到新设备的工艺配套再到同一系列产品新品种开发为主的相关性工艺创新。这个过程中，凤竹纺织企业在完成染整工艺技术基础知识积累的基础上，为企业进一步的技术引进消化再创新活动打下了坚实的基础。

（1）传统的核心工艺

染色工艺是染整工艺的核心工艺，也是对引进设备开发性应用水平的重要体现，是先进染整设备能够生产出高质量面料的重要保障。该阶段企业采用直接染料染色工艺对棉类针织物进行染色，染色温度为100℃；采用分散染料染色工艺对涤纶针织物进行染色，染色温度为130℃。20世纪90年代后期，企业开始引入部分活性染料用于棉类针织物的染色，其染色温度为80℃，并在染色过程中加入元明粉进行促染，加入纯碱进行固色。

从染色工艺方面看，由于技术基础薄弱，该阶段凤竹纺织企业主要通过模仿对引进设备进行工艺配套，采用染整行业沿用多年的传统工艺或者模仿外部其他企业的创新行为。企业的技术改进与创新多是由外部推动的，工艺、产品的发展也以市场追随型为主。

（2）传统的配套工艺

配套工艺是与企业的核心工艺（染色工艺）配套存在的工艺，这里主要指前处理与后处理的工艺。配套工艺的完备程度及先进水平，决定了所染面料的质量水平，同时也直接反映了企业对引进技术的开发性应用水平。在引进积累阶段，企业的配套工艺相对较少，主要有氧漂工艺和脱氧工艺，这表明其对引进设备进行开发性应用与再创新的水平较为有限。

凤竹纺织企业氧漂工艺所用助剂主要是液碱和过氧化氢，这是当时染整行业进行氧漂的传统工艺。氧漂工艺的主要作用是去除针织胚布中的色素、杂质、蜡质，增加织物白度。采用液碱进行氧漂，由于液碱碱性强，纤维强力容易受损；此外，棉纤维的表面有 0.5% ~ 0.6% 的蜡质，而这些蜡质会在烧碱中皂化、溶解，使得纱线失重率提高、面料手感比较粗糙，烧碱氧漂工艺更不适于染腈纶、氨纶、竹纤维、大豆蛋白等类纤维织物。同时，用烧碱进行氧漂，废水中 COD 含量较高。

脱氧工艺的主要作用是去除氧漂后残余的过氧化氢，以免影响活性染料染色效果。本阶段企业采用的主要是硫代硫酸钠脱氧工艺，这也是企业最初从事染漂行业所用的脱氧助剂。用硫代硫酸钠脱氧符合酸碱化学反应的原理，在引入生物酶之前，企业一直都沿用这种脱氧工艺。硫代硫酸钠脱氧的缺点是反应温度比较高，而且如果硫代硫酸钠没有去除干净会影响染色效果。

（3）简单的辅助工艺

企业染整过程中的辅助工艺主要是后整理工艺，后整理工艺最基本的作用是改进织物的光泽、形态等外观，提高织物的服用性能，其更重要的作用是赋予织物某种特殊功能，进行产品开发。因此，后整理工艺的开发，是企业将引进技术用于产品创新的重要途径和方法，后整理工艺的种类和水平直接影响企业运用引进技术进行产品创新的能力。在引进积累阶段，凤竹纺织企业的后整理工艺比较少，有柔软工艺、树脂整理、拉毛整理、定型整理，主要用于提高产品的基本性能，很少涉及功能性产品的开发。

在染整过程中，织物经各种染料、助剂等化学剂的湿热处理并受到机械张力等作用，不仅组织结构会发生变形，而且会引起手感僵硬和粗糙，柔软整理是弥补这种缺陷使织物手感柔软的加工过程，用以提高纺织品性能。凤竹纺织企业的柔软工艺主要采用化学柔软剂来降低纤维之间的摩擦系数，使织物恢复至适当的柔软度，以满足客户的要求。拉毛处理工艺是指对长毛绒类织物所进行的用以产生类似于动物毛的织物表面效果的处理工艺。定型整理，是织物经过定型机的机械作用及化学试剂的增软、放缩、增硬等作用，达到一定的缩水、密度、手感，并实现线条平整、纹路清晰、门幅整齐划一。

在引进积累阶段，企业的树脂整理工艺主要是用合成树脂来整理织物，用于达到防皱防缩、改善织物外观的效果，并且防止织物起球。这个阶段的后整理工艺，主要是一些传统的后整理工艺，更多的是用以提高产品的外观与质量，在发展功能型面料方面的作用还没有充分地显现出来。

（4）工艺技术知识的积累

在引进积累阶段，凤竹纺织企业先后引进了四类溢流染色设备，主要通过工艺模仿对引进设备进行工艺配套，并开发相应的工艺曲线。在这个过程中，引进设备在直接促进染整技术升级的同时，也推进了工艺的进步，工艺进步也提高了企业的染整技术水平，凤竹纺织企业走的是以引进设备推动为主的工艺和技术共同进步之路。在这个阶段，凤竹纺织企业除了完成新设备的工艺配套工作外，基本没有进行突破性的工艺创新，其工作的重点是进行染整工艺技术基础知识的学习，熟悉溢流染色设备应用过程中面料性能与工艺的回路，明确每个工艺的功能，并分别确定可能影响纺织品各项性能的工艺，从而为工艺创新打下了坚实的基础。

本阶段，凤竹纺织企业所进行的技术积累，主要以对氧漂、脱氧、染色三个工艺的学习为主（见表6-4）。氧漂工艺的主要功能是去除针织胚布中的各种杂质、色素、蜡质等，氧漂工艺的成功与否会影响纺织品的外观（主要是匀染性），如果氧漂不成功，可能会造成面料有色花、颜色不够鲜亮。脱氧工艺主要用于去除氧漂过程中残余的过氧化氢，脱氧工艺也会影响到面料的匀染性，脱氧不完全会使面料出现色花、颜色过浅。染色工艺主要是使针织胚布上染、着色，染色工艺进行得是否顺利主要会影响到面料的匀染性及色牢度，如果染色工艺控制不好，会使面料有色花、色渍、色差，或者着色牢度比较差。确定了影响产品性能的工艺，再对该工艺的工艺曲线（如加药量、加药时间、温度、升温速度等）进行具体研究，就可以确定具体工艺影响纺织品性能的方式，从而在不同性能纺织新品种的开发及生产问题的诊断、解决中，做到游刃有余。

表6-4　染整技术引进积累阶段凤竹纺织企业的工艺积累

工艺	工艺功能	所影响的面料性能	可能产生的不良影响
氧漂工艺	去除胚布中的杂质、色素、蜡质等	面料外观	面料颜色不够鲜亮 面料有色花
脱氧工艺	去除氧漂工艺过程中残留的过氧化氢	面料匀染性	面料颜色较浅 面料有色花
染色工艺	染色	面料匀染性 面料色牢度	面料有色花、色渍、色差 面料色牢度差

　　企业的工艺进步还体现在产品开发方面，每个新品种、新标准的产品都需要有新的工艺曲线与其配套，在这个配套过程中，技术人员要分析织物的各种性能，并根据织物的性能及产品规格要求，选择合适的染料及助剂，开发相应的工艺曲线。在企业经营的初期，在产品的模仿开发中，企业总结出自己的工艺曲线，但工艺曲线的数量有限，企业可以染整的织物种类也有限。在生产过程中，企业不断优化已有的工艺曲线，不断解决生产过程中遇到的问题，并开始开发新的工艺曲线。前期的工艺开发主要是对原有工艺曲线的微调，开发同一系列不同品种、规格的面料或不同系列但性能相近的面料。随着工艺技术知识的积累，企业开始开发与企业原有面料性能相关性较小的胚布的染整工艺，工艺开发能力也不断提高。

　　（5）简单的工艺流程

　　在引进积累阶段，凤竹纺织企业主要通过模仿创新实现了对引进溢流染色设备的工艺配套，采用了传统的核心工艺、配套工艺及简单的辅助工艺，由此形成了较为简单的工艺流程（见图6-18）。凤竹纺织企业与引进染整设备相配套的染整工艺流程的发展、演变，可以通过其三种主要产品（纯棉产品、浅色涤棉产品、深色涤棉产品）染整工艺流程的发展变化体现出来。在本阶段，企业纯棉面料的染整工艺流程为：氧漂→脱氧→染色→后整理；浅色涤棉面料的染整流程为：氧漂→脱氧→染涤棉→后整理；深色涤棉面料的染整流程为：氧漂→染涤→还原→染棉→后整理。

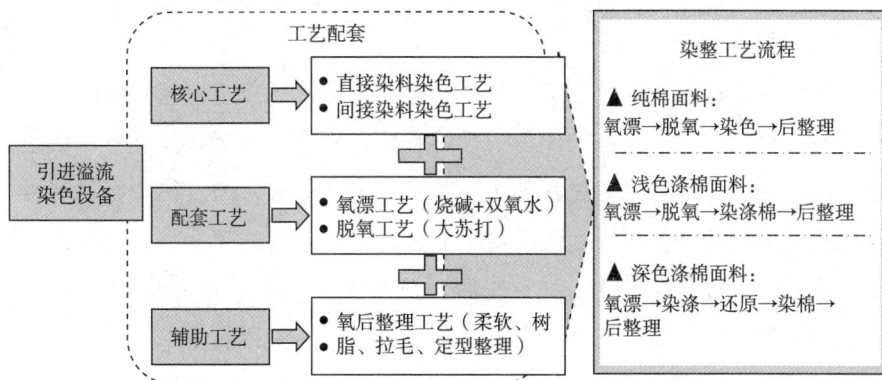

图 6－18　引进积累阶段凤竹纺织企业的染整工艺流程

3. 产品品种的开发

在引进积累阶段，企业引进溢流染色设备最先用于纯棉针织面料的染整，随后通过高温高压溢流染色设备的引进及核心、配套工艺的调整进行产品开发（见图 6－19），开始进行涤纶、涤棉系列面料的染整，后期又陆续进行尼龙面料、棉氨面料、涤氨面料等系列面料的染整，这个时期企业的新产品销售收入占企业产品销售收入的比例大约维持在 5%。相应地，企业所生产的面料系列主要有纯棉面料、涤棉面料、涤纶面料、尼龙面料、棉氨面料、涤氨面料，这些面料也是本阶段市场上的主流面料系列。在新产品开发方面，凤竹纺织企业通过引进设备及核心、配套工艺的调整，增加面料系列的数量，并以此为基础，重点在色彩、规格、档次等指标方面开发新的品种，辅助工艺的主要功能是提高产品的质量，由辅助工艺开发带来的产品创新较少。

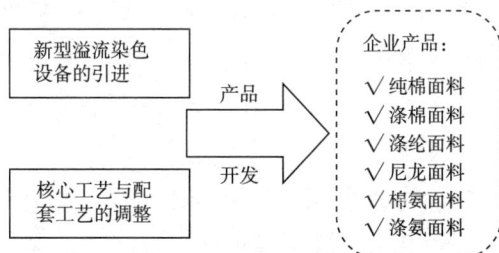

图 6－19　凤竹纺织企业产品的开发

（二）跨越发展阶段（2001～2005 年）——溢流染色技术跨越式发展，气雾染色技术兴起

2001～2005 年，凤竹纺织企业的染整技术历经了双重跨越：一方面企业的溢流染色技术和工艺在设备引进过程中，实现了跨越式发展——染色浴比降到 1∶7，实现染色过程的全自动化；另一方面，通过德国特恩气雾染色机的引进及攻关应用，企业发展了另外一种全新的超低浴比的环保染色技术——气雾染色技术。在这个跨越阶段，随着气雾染色技术的引入，企业开始进入两种染色技术协同发展的阶段。气雾染色技术虽然有众多的优点，但是，从技术的成熟度及应用的熟练度上来分析，凤竹纺织企业在染整技术跨越发展阶段的主流染色技术，仍然是溢流染色技术。

气雾染色技术的工作原理是，按照特定的工艺要求，将定量的染料助剂混合均匀后，将其直接放入空气蒸汽中并被雾化，当雾状染料与织物接触后，不断地冷凝，染料在织物纤维表面不断扩散直至渗透，染料对织物的染色过程始终按照"吸附→扩散→渗透→溶落→再吸附"的循环不断继续，而胚布则依靠循环风机产生的高压气流来驱动，其运行速度可通过调整风量来控制。利用气雾染色技术进行染色，胚布和染液是分离的，不需要浸泡在染液中，胚布只在喷嘴处瞬间接受染料及助剂，水仅仅是染料和助剂的溶剂，大部分染色过程都是在进行补充染料和助剂。

1. 设备引进

（1）溢流染色机的引进

2001 年企业引进德国第斯高温高压染色机，该染色机可以自动进汽、加水、液温控制，生产过程中的操作程序和工艺参数均可以由计算机控制、显示；同时，该设备在染色浴比降低方面有重大突破，其浴比降为 1∶7，与常规染色机（浴比：1∶10～1∶12）相比，染化料助剂的耗用量及吨布耗水量都大幅下降。

2004 年，企业引进希腊 Sclavos 全自动双排软流染色机及染色生产全自动装置，双排软流染色系统是获得世界专利的印染系统，染液均匀地从一个总的流入口分流到两个喷嘴流出口，大大降低了对胚布表面的机械损伤，同时染液与胚布交换频率增加 1 倍；染色生产全自动装置主要包括五大控制系统，即染料及助剂自动称料系统、Pozzi 自动化料系统、Pozzi 自动输料系统、SDM 染机染色程序自控系统、化验室打样与车间管理控制系统，这五大系统形成了快速准确的自动化作业流程，确保了工艺的规范管理，有效提高了染色一次成功率，各项技术指标也达到国际一流质量保证的要求；染色浴比为 1：6～1：8，与常规染机相比，染化料助剂的耗用量及耗水量都有所下降。

（2）气雾染色机的引进

2001 年企业引进德国特恩气雾染色机，染色机中的织物主要依靠系统风机产生的气流向前推动及展幅，气流同时把染液雾化后喷射在展开的织物上，染料被织物吸附渗透并固着在纤维内部，采用这种染色技术染色浴比可以降到 1：4。与传统染色机相比，气雾染色机可节约染料 10%，助剂节约 50%，蒸汽节约 30%，每吨布的用水量节约 30%，废水 COD 含量减少 20% 以上。由于染色过程需要不断展幅、变换提布轮上的绳状折叠位置，所以，气雾染色机染出的面料无褶皱；另外，该设备还具有染色时间短、适染范围广、功能多、工效好等优点。

2. 染整工艺技术的完善与优化

在染整技术跨越发展阶段，凤竹纺织企业主要引进了两类染色设备，设备的引进直接推动了企业染整技术的升级。另外，在应用引进设备的过程中，企业不断提高生产标准，完善染整工艺，同时企业开始打破常规：对传统工艺进行创新，以工艺的创新促进引进技术的发展。在染整工艺的创新过程中，企业染整技术的进步主要表现为：染整温度、耗水量、耗电量、废水 COD 值、织物损耗率等方面的下降及织物匀染性、得色率等方面的提高。

（1）优化的核心工艺

染整技术跨越发展阶段，企业主要采用活性染料染色工艺对棉针织物进行染色，染色温度降为 60～80℃。与直接染料相比，活性染料的色牢度好，色谱齐全，染色温度低，能耗小，废水中的 COD 含量比较低。涤纶及其他化纤针织物的染色工艺没有发生很大变化，仍然用分散染料进行染色，染色温度为 130℃。

活性染料也称反应性染料，因含有活性基团能与纤维反应呈共价键结合，染色牢度较好，而且色泽比较鲜艳。活性染料的染色主要包括三个基本过程：吸着（吸色），即织物从染液中吸取染料并向纤维内部扩散的过程；固着（固色），即染料与纤维发生化学反应、形成共价键的过程；水洗则是指洗去纤维上没有固着的染料。与直接染料相比，染色过程增加了固着（固色）这一过程，在技术积累阶段，企业已经开始使用少量活性染料进行染色，当时固色所用的助剂主要是纯碱，而在跨越发展阶段，企业开始使用代用碱来代替纯碱进行固色。

（2）完善的配套工艺

随着凤竹纺织企业染整技术水平的提高及纺织面料市场产品标准的提高，企业在应用引进染整设备的过程中，不断进行再创新，完善相关的配套工艺，产品的质量也明显提高。在染整技术跨越发展阶段，凤竹纺织企业的配套工艺主要有：氧漂工艺、脱氧工艺、抛光工艺、皂洗工艺。其中，氧漂工艺由原来的液碱氧漂工艺发展成为精炼酶氧漂工艺，氧漂温度降为80℃。精炼酶氧漂工艺对纤维损伤较小，织物手感较柔软，且废水 COD 值也明显下降。脱氧工艺由原来的硫代硫酸钠脱氧发展成为脱氧酶脱氧，脱氧温度由原来的80℃降为40℃，能耗明显降低，废水的 COD 值也有所下降。

企业采用的是酸性抛光酶抛光工艺，抛光温度是55℃，但去除抛光酶时温度要达到80℃。抛光工艺的作用是去除纤维表面的绒毛，提高织物表面的光洁度，减少毛球。酸性抛光酶抛光工艺的作用原理是：在酸性条件下，抛光酶与纤维或织物表面绒毛发生化学反应，结合染色过程中水的冲击及滚筒的机械作用，去除纤维表面的绒毛，从而达到抛光效果。凤竹纺织企业所用的皂洗工艺是常规皂洗剂皂洗工艺，一般需要两次高温（95℃）皂洗。皂洗工艺的出现，主要是为了避免在活性染料染色过程中未上染的染料沾染面料出现，从而提高面料质量。

（3）功能型的辅助工艺

染整技术跨越发展阶段，企业不断为引进设备开发新的染整辅助工艺，增加了许多功能性后整理工艺，以引进技术（设备）为根基进行新产品开发的力度明显提高。企业在这个阶段发展的后整理工艺主要有：

磨毛整理、摇粒整理、防水防油整理、防霉防蛀整理、吸湿排汗整理、抗菌防臭整理、抗紫外线整理、抗静电整理、阻燃整理。这些后整理工艺的出现，赋予了面料某种特殊的功能，提高了面料产品的附加值，满足了消费者不断发展的差异化需求。

（4）气雾染色技术应用过程中的工艺研究

气雾染色技术是一种全新的技术，染色原理与原来的溢流染色技术有很大区别，最大的区别是前者实现了染色过程中布、液的分离，染色的媒介不再是水而是气流，同时也正是由于这种差异，气雾染色技术实现了超低浴比，将纯棉的染色浴比降到 1:4，涤纶的染色浴比降到了 1:2.5。由于气雾染色技术与传统的溢流染色技术在染色原理及染色浴比上存在巨大的差异，原来用于溢流染色机的染色工艺曲线不能直接用于气雾染色机，并且在气雾染色过程中遇到了许多工艺问题，其中有五个重要的瓶颈问题（见图 6-20）：气雾染色技术的染色浴比比较低，染液溶解量下降，由此产生了染料的凝聚问题；在超低浴比条件下，染料对染液中盐、碱效应敏感性提高，严重影响了染料染色的稳定性和重现性；化验室小样打样浴比与气雾染色大生产浴比不一致而产生色差；企业对气雾染色工艺规则了解较少，工艺曲线制订困难；气雾染色过程的规范操作与管理问题。

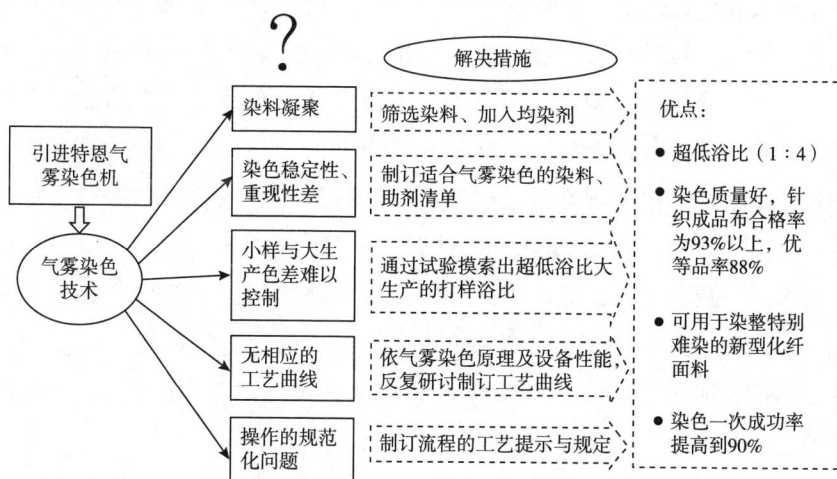

图 6-20　气雾染色技术的应用攻关

针对以上问题，凤竹纺织企业成立了项目组，对气雾染色技术的开发应用进行了研究，针对气雾染色过程中存在的五大瓶颈问题进行重点攻关。对于低浴比条件下的染料凝聚问题，企业经过多次试验，筛选出溶解性、分散性较好的染料，同时在染色过程中加入适量的助剂（匀染剂）以改善染料的凝聚问题。针对盐碱效应引起的染料染色稳定性及重现性问题，项目组对传统工艺应用的染料、助剂，从盐碱效应、稳定性、匀染性等方面进行了重新筛选，经过反复试验，筛选并制订出适合气雾染色的染料、助剂清单（前处理、染色染料清单、皂洗化工助剂清单）。通过大量的化验室试验和工厂大生产试验相结合，项目组最终摸索出超低浴比大生产对应的合理的打样浴比，解决了因化验室小样打样浴比与气雾染色大生产浴比不一致而产生的色差问题。由于气雾染色与溢流染色在相同品种同一颜色之间所用染料、助剂、化工辅料用量之间存在的差异，项目组针对气雾染色机制订了气雾染色前处理、染色、后处理等染料、助剂、化工辅料的用量规定，并结合气雾染色的原理及设备性能，经过多缸染色，反复研讨确定产出最合理的染色工艺曲线（包括各种品种的前处理、染色、后处理等工艺曲线）。为了便于现场管理，项目组针对染化料助剂及染机性能，制订了气雾染色各阶段专门的工艺提示与规定。

解决了以上的瓶颈问题，凤竹纺织企业成功地应用了这一超低浴比的环保气雾染色技术。在应用初期，该染色技术已经体现出了以下五大优点：第一，超低浴比染色，纯棉产品为 1 : 4，纯涤产品为 1 : 2.5；第二，染色质量好，无褶皱、无色花、手感柔软，布面平整光洁美观，针织成品布优等品率为 88%，合格率为 93% 以上；第三，对于特别难染的细旦、超细旦、仿真丝等新型化纤面料能达到优等级针织成品布质量要求；第四，染色一次成功率提高到 90%，节约染色的工艺时间；第五，节约水汽，减少排污量，减少染化料助剂的使用量。气雾染色技术对染色工艺曲线的贡献表现为：染色用水消耗比传统技术降低 30% 以上，染料和助剂分别降低 10% ~ 20% 和 50% 以上，用汽消耗下降 25%。同时，排污量减少 30%，废水 COD 值下降 20% 以上。

（5）工艺的创新与优化

染整技术跨越发展阶段，凤竹纺织企业开始重视引进技术的再创新，围绕引进设备进行工艺开发与创新，在工艺创新过程中企业的染整技术水平不断提高，主要表现为染整工艺曲线的进步，如染整工艺时间缩短、染整助剂使用量的减少、用水量及废水 COD 值下降等。本阶段凤竹纺织企业在工艺创新方面取得了较大进步，其中成果卓著的突破性工艺创新主要有三个（见图 6–21），即开发除氧酶脱氧工艺、用环保型代用碱代替纯碱进行固色、精炼酶代替烧碱进行氧漂前处理。

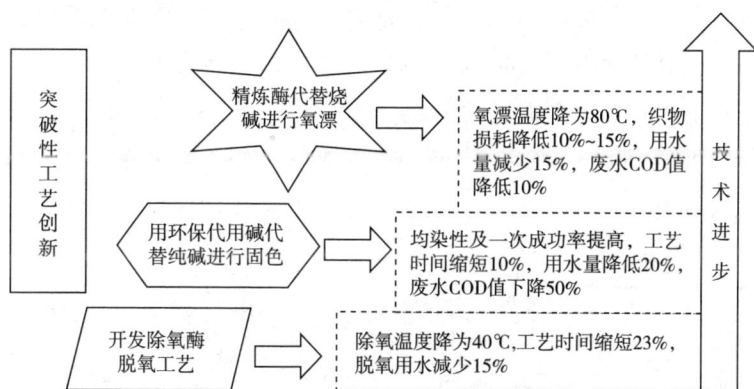

图 6–21 凤竹纺织企业的突破性工艺创新

开发除氧酶脱氧工艺。棉制品在染色前通常要进行脱氧处理，去除氧漂后残留在织物及工艺环境中的过氧化氢。因为残余的过氧化氢会与活性染料反应，妨碍染料与棉纤维之间有效共价键的形成，容易造成色花、色浅等瑕疵。

传统的脱氧处理采用硫代硫酸钠脱氧工艺，脱氧温度为 70～80℃。脱氧工作完成之后，还要进行热洗和水洗，因为硫代硫酸钠会对活性染料染色产生影响，整个过程能耗、水耗大，并且废水中的 COD 含量高。针对以上问题，凤竹纺织企业积极创新，敢于打破常规，改变行业传统工艺，引入生物酶（除氧酶）进行脱氧。除氧酶作为一种催化剂，可以在一次反应中将两个过氧化氢分子分解成一个氧分子和两个水分子。

在合适的条件下，除氧酶与过氧化氢反应的速度非常快，一分子的除氧酶可以在 1 分钟内分解 500 万分子的过氧化氢。由于除氧酶基质的特异性，它仅仅分解过氧化氢分子，不会与其他分子反应，也不会对染料染色有任何影响，所以脱氧完毕之后，不用排液可以直接进行染色，省去热洗和冷洗工序，同时，除氧酶脱氧的温度是 40℃，既缩短了染色的准备时间，节省水、电、汽，又减少了污水的排放。此外，由于除氧酶可以完全被生物降解，与硫代硫酸钠相比，除氧酶更加环保，使用也更方便。

通过应用除氧酶脱氧代替硫代硫酸钠脱氧这一工艺创新，改变了除氧工艺的工艺规则，使得凤竹纺织企业的染整工艺曲线上的一系列工艺参数（除氧工艺部分）得到优化（见图 6-22），其工艺曲线的进步主要表现为：脱氧温度由原来的 70℃ 降为 40℃，氧漂所用的时间减少，同时省去了热洗这一工序。据凤竹纺织企业统计，工艺时间缩短了 23%、脱氧用水减少了 15%；同时，废水 COD 值明显下降，每吨布可以节约脱氧助剂成本 4.73 元，每年可节约的直接经济成本为 17.02 万元。

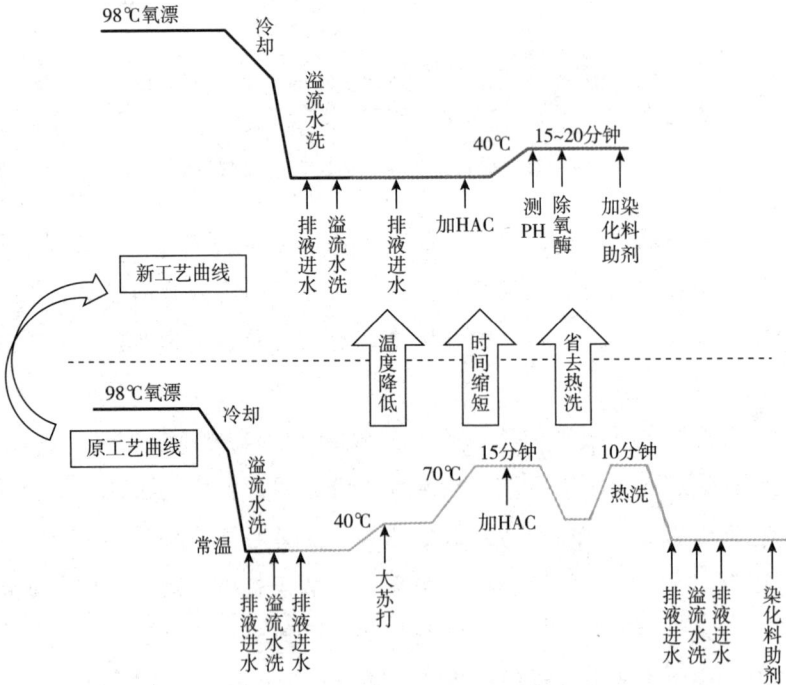

图 6-22 棉类面料的工艺曲线变化（除氧工艺部分）

用环保型代用碱代替纯碱进行固色。活性染料的染色主要包括三个基本过程：吸着、固色、水洗。2004 年以前，凤竹纺织企业用活性染料进行染色时，一直在用纯碱进行固色。用纯碱进行固色时，纯碱的使用量比较大，深色织物的纯碱使用量会达到织物重量的 25% ~ 30%，较大的使用量给车间工人的操作带来很多不便。而加碱固色又是活性染料染色工艺过程中一个非常关键的环节，加碱时间和速度的控制十分重要。如果加碱时间长，则工作效率低，染料容易在碱性条件中产生水解反应，降低织物得色率；如果加碱速度过快，对碱敏感的染料如染浅蓝、翠蓝色、紫色以及各种深颜色，很容易产生色花。因此，提高固色效率及染色质量，成为当时重要的工艺问题。

为解决这个问题，公司开始测试大量活性染料代用碱，经过反复试验，2004 年企业成功试验和开发出了一种用液体代用碱进行固色的高效环保固色工艺。该液体代用碱是一种高浓缩缓冲有机液体碱，溶解性比较好，化料比较方便，只需加入少量冷水搅拌均匀即可，不会因化料用水过多而超浴比染色；同时，冬季气温低时，也不会像纯碱一样会凝结而堵塞管道，特别适用于气雾染色机等低浴比染色设备及自动加料系统。此外，企业经过染液渗圈效果测试发现，液体代用碱的匀染性和扩散性均明显比纯碱好，一方面不容易产生色花，提高染色质量，降低回修率；另一方面，染色后容易清洗，省去酸洗和一次热水洗。在加碱工作方面，由于液体代用碱染料上色比较缓慢，因而染透性和匀染性均较好，不容易产生色花，因此不论染浅色或者深色，均可一次性完成加碱固色工作。在企业的生产过程中，也从未因加碱速度过快而产生色花。这一点也是液体代用碱的最大优点；在碱的使用量上，液体代用碱的使用量仅仅是纯碱的 1/10 ~ 1/6，大大减轻了工人运料、化料的负担。

凤竹纺织企业在应用液体代用碱代替纯碱进行固色的实际生产过程中，也验证了液体代用碱的优势。液体代用碱在提高匀染性的同时，工艺曲线也在不断地进步：工艺时间缩短 10%，用水量下降 20%，碱剂的使用量大大降低。同时，废水 COD 值也下降 50%，平均每吨布可节约 221.9 元，每年可以产生直接经济效益 798.84 万元。

精炼酶代替烧碱进行氧漂前处理。传统氧漂工艺的主要助剂是烧碱和过氧化氢，作用是漂白和去除织物纤维上的果胶、蜡质、杂质等非纤维物质，使织物获得良好的吸水性，便于后续的染色加工。烧碱碱性强，纤维强力容易受损，一旦烧碱用量控制不当，会对纤维造成严重损伤，增加后续加工的难度；烧碱与过氧化氢的协同性较差，需要使用大量的助剂，使工作液稳定，对生态环境危害严重；烧碱不容易洗涤，氧漂完毕后需要多次水洗，工艺时间长，用水量较大，废水中的 COD 值也比较高，因此，用烧碱氧漂工艺是一种污染严重、效率低的工艺。

为提高氧漂工艺的效率和环保性，凤竹纺织企业 2005 年成功开发出精炼酶氧漂工艺，用精炼酶代替烧碱进行氧漂。精炼酶氧漂工艺的碱性低，不损伤纤维强力，织物失重率降低；经精炼酶氧漂过的织物亲水性好，可以提高匀染性和得色率，大幅降低染色次品率，提高一等品率；织物手感柔软，布面平整亮泽、纹路清晰。除此之外，用精炼酶氧漂所要求的温度是 80℃，远远低于烧碱的氧漂温度（100～110℃）；同时，精炼酶容易洗涤，可以减少两次氧漂后水洗，降低氧漂过程中的水耗、能耗，缩短工艺时间，减轻废水处理的负担。

通过采用精炼酶氧漂工艺，凤竹纺织企业的染整工艺曲线得到优化：减少了两次氧漂后水洗、用水量下降 15%、助剂使用量也下降。同时，织物损耗下降 10%～15%，废水中的 COD 值降低 10%，每吨布节约助剂成本 49.74 元，每年可节约经济成本 179.06 万元。

（6）完备的工艺流程

染整技术跨越发展阶段，在引进设备的应用过程中，凤竹纺织企业的染整核心工艺得到了优化、配套工艺日益完善、辅助工艺开始向功能性方面拓展，相应地，凤竹纺织企业的染整工艺流程也较为完备，完备的工艺流程是染整技术进步的重要表现，也是产品质量与多样化水平提高的重要保障。本阶段，企业纯棉产品的染整工艺流程为：氧漂→脱氧→抛光→染色→皂洗（两次）→后整理；浅色涤棉产品的染整工艺流程为：氧漂→脱氧→染涤→染棉→皂洗→后整理；深色涤棉产品的染整工艺流程为：氧漂→脱氧→染涤→还原→染棉→皂洗（两次）→后整理。

3. 功能性产品的开发

染整技术跨越发展阶段，凤竹纺织企业在熟练操作引进设备的基础上，围绕引进设备的特点和性能，进行了工艺开发，进而实现产品创新。凤竹纺织企业进行产品创新的方式主要有两种：一种是引入新型纤维织物，通过研究新型纤维织物的性能并重点对染整核心工艺及配套工艺进行开发，制订相应的工艺规定，从而实现产品创新；另一种是通过对辅助工艺（后整理工艺）的开发，为面料赋予特殊的功能，实现功能性新产品的开发。本阶段通过新型纤维染整工艺的开发，凤竹纺织企业生产的新型面料系列有：尼龙66面料、异性纤维面料、莫代尔面料、改性涤纶纤维面料、天丝面料、丽赛纤维面料、金银线面料（见图6-23）。企业通过发展染整的辅助工艺即后整理工艺，而开发的功能型面料系列有：防水防油面料、防霉防蛀面料、吸湿排汗面料、抗菌防臭面料、抗紫外线面料、抗静电面料、阻燃面料。本阶段，企业的新产品销售收入大致占企业产品销售收入的40%，产品除了在本省销售外，主要销往广州、浙江、上海、香港等，主要是在地理位置上比较邻近的省份。

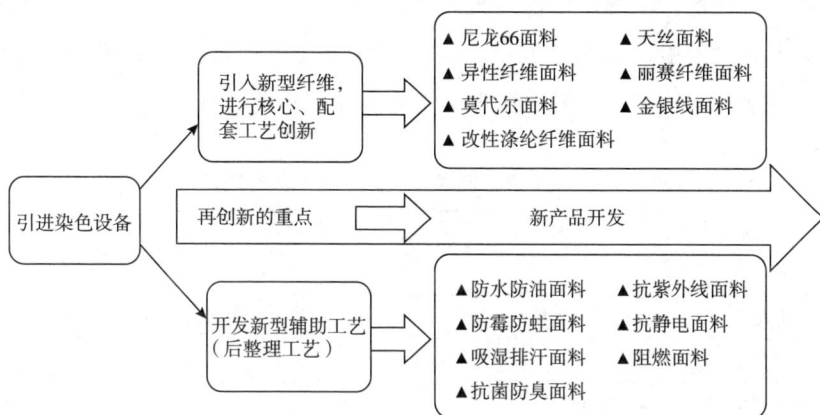

图6-23　凤竹纺织企业功能性产品的开发

（三）创新发展阶段（2006年至今）——气雾染色技术的快速成长期

2006年至今是凤竹纺织企业染整工艺技术的创新发展阶段，在这个阶段，企业同时存在两种染色技术——溢流染色技术和气雾染色技术。企业的溢流染色技术已经进入成熟期，在浴比上已经基本达到溢流染色技术的极限（1∶6），在自动化方面，已经实现了染色过程的全自动化；而气雾染色技术正处于快速成长期，在对气雾染色设备的熟练应用中，气雾染色技术的各方面的优越性充分体现出来，并在问题解决中不断进步，同时自动化水平也不断提高，逐渐成为企业的主流染色技术。气雾染色技术与溢流染色技术性能的比较如表6-5所示。该阶段，企业工艺创新的形式也由上一阶段的以工艺优化为主发展为以工艺整合为主。

随着气雾染色技术和工艺的成熟，气雾染色技术的优势也得到了充分的体现，与溢流染色技术相比，几乎所有工序都有其优越之处。氧漂过程中，气雾染色技术中织物在接受了相应浓度的碱剂、过氧化氢等助剂后，便一直带着同样浓度的各种助剂进行反应，而在溢流染色技术中，织物接受染料助剂后，一旦进入染缸，其所携带的助剂便会被大浴比的水稀释，因而需要不断补充各种助剂。染色过程中，采用气流雾化染色，相当于以气流为媒介进行染色，因此，一方面，染色织物在机内松弛循环运转，可避免常规溢流染色机出现的"鸡爪印"；另一方面，气雾染色不会产生泡沫，既不用加消泡剂也不会产生药剂斑。水洗过程中，织物边水洗边排水，碱剂、浮色等直接随水流排出，不会再玷污织物；而在溢流染色过程中，不能采取边水洗边排水的方式，洗下来的助剂、浮色等会再玷污织物，并且需要多次排放复洗才能达到水洗效果。

表6-5 溢流染色技术与气雾染色技术的性能比较

染色技术 性能	溢流染色技术	气雾染色技术
染色原理	织物浸泡在染液中染色	雾状染液喷射在织物上染色
染色媒介	水流	气流
染色浴比	1:6~1:8	1:4
适染范围	相对有限，主要适用于染常规面料	非常广泛，还可用于染特别难染的新型化纤面料
染色过程	织物在喷嘴处接受染化料助剂，浸泡在染液中染色并需要添加消泡剂，采用浸泡式水洗	织物接受雾状染液后，一直带着同样浓度的染液进行反应，采用边洗边排水的方式水洗
优点	发展相对成熟，相应设备的自动化水平较高	染色浴比低，染色时间短且质量好，适染范围广，染化料助剂的使用量小，废水排放量少且COD值较低
缺点	适染范围有限，所用的染化料助剂较多，废水COD值较高，耗水量大，染色时间长，织物易产生褶皱	发展不够成熟，气雾染色设备的耗电量大且自动化水平偏低

1. 气雾染色设备的改进

企业在引进德国特恩气雾染色机后，一方面积极消化吸收气雾染色机的先进性能，结合工艺创新，进行开发式应用；另一方面，企业与华侨大学合作，对气雾染色机进行自动化、信息化改进。2007 年，企业开发的"嵌入式染机集中控制系统"被授权为实用新型专利，在此基础上，企业开发出了染整生产过程的智能控制系统——基于 Profibus 现场总线印染生产控制系统，并于 2008 年开始应用推广。该系统在提高染机自动化及生产监控水平的同时，改变了以往一台气雾染色机由一台计算机控制的局面，实现了多台染机的集中管理和控制（见图 6 – 24）。

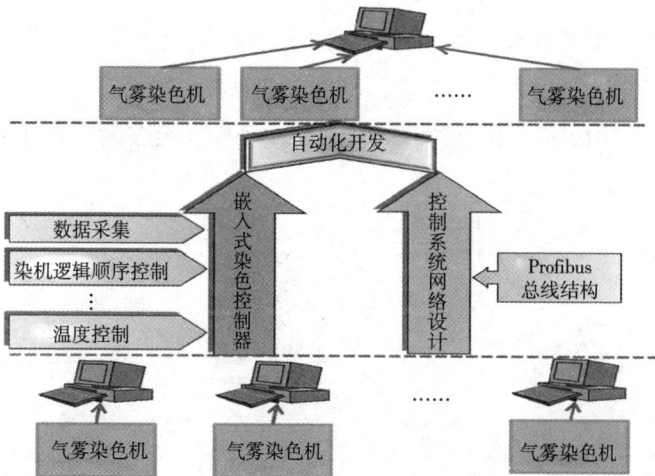

图 6 – 24　凤竹纺织企业对引进气雾染色机的自动化改进

基于 Profibus 现场总线印染生产控制系统，通过嵌入式染色控制器来完成对分散染机的控制，嵌入式染色控制器组成控制系统网络，并与染色管理系统实现数据集成，从而实现对染色生产过程的集中管理和控制。因此，在对染机进行自动化改进的过程中，企业重点完成了两项工作：嵌入式染色控制器设计和控制系统网络设计。

嵌入式染色控制器的开发过程中，为了让气雾染色机的各部分协调稳定工作，达到染色过程中的各种监控要求，在开发嵌入式染色控制器的染机控制程序时，凤竹纺织企业重点进行了以下功能的开发：数据采集，染机逻辑顺序控制，温度控制，集中管理和控制进水、排水、升温、降温、主泵，集中控制转布轮与出布轮，集中控制料缸的进水、排水、升温、搅拌等功能。控制系统网络采用了 Profibus 总线结构，由 Profibus – DB 将系统 PLC 与操作面板连接；Profibus – PA 连接水分、定量、流量、温度、浓度传感器和所有电动调节阀。Profibus 通过耦合器将 Profibus – DB 和 Profibus – PA 连接起来。

2. 染整工艺的创新

在染整技术创新发展阶段，凤竹纺织企业没有引进新的染整设备，更注重对已有引进设备的再创新，即对设备相关工艺的创新，工艺创新在推动企业染整技术进步方面发挥着十分重要的作用。该阶段的工艺创新既涉及核心工艺，也涉及配套与辅助工艺，创新的幅度也比较大。核心工艺在工艺温度降低方面取得了较大进步；配套工艺通过集成创新在工艺流程缩短方面有着较大进步。辅助工艺科技含量明显提高（见图 6 – 25），2006 ~ 2010 年，凤竹纺织企业就完成了 6 项突破性工艺创新。

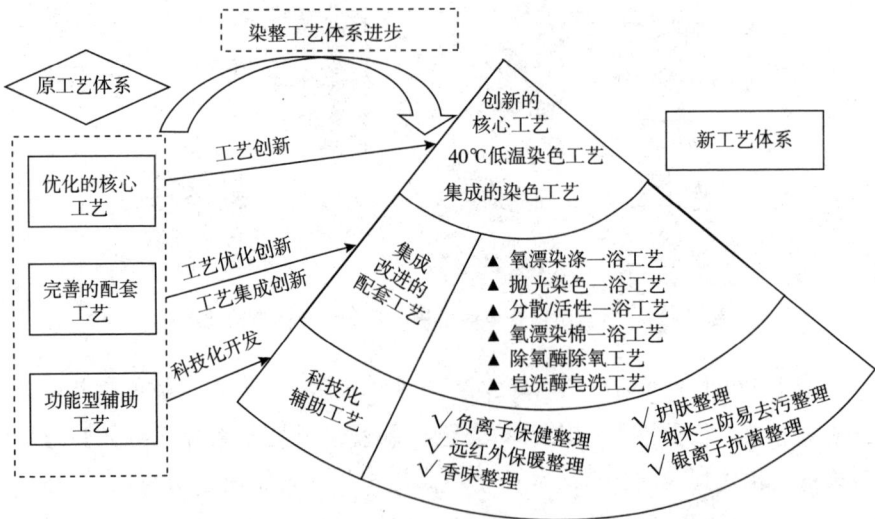

图 6 – 25 染整技术创新发展阶段凤竹纺织染整工艺体系的进步

（1）创新的核心工艺

在染整技术创新发展阶段，企业仍然采用活性染料染色工艺对棉类针织物进行染色，固色工序仍然采用液体代用碱，只是染色温度由原来的 60 ~ 80℃ 降为 40 ~ 60℃。涤纶及其他化纤针织物的染色工艺没有发生很大变化，仍然用分散染料进行染色，染色温度为130℃。但是，涤棉产品的染色工艺由原来的染涤、染棉两浴工艺发展成为染涤棉一浴染色工艺（分散/活性一浴染色工艺），染色温度为130℃。

本阶段染色工艺的突出特点是：染色工艺在很多情况下不是单独一浴独立进行，而是与其他工艺（主要是配套工艺）合为一浴进行。染色过程所采用的染料助剂，总体上没有发生很大变化，最大的进步是成功地开发出来40℃低温染色工艺。

（2）集成改进的配套工艺

在染整技术跨越发展阶段，企业的染整配套工艺已经基本完善，创新发展阶段没有再出现新的配套工艺。与染整技术跨越发展阶段不同的是，本阶段的许多配套工艺，不再是单独一浴进行，而是与核心工艺合为一浴进行，因此本阶段的经过工艺整合后的配套工艺为：低温练染一浴工艺、氧漂染涤一浴工艺、氧漂染棉一浴工艺、中性抛光染色一浴工艺、皂洗酶皂洗工艺。

氧漂工艺根据所染产品的不同，细分为低温练染一浴工艺与氧漂染涤一浴工艺，氧漂温度也由原来的100~110℃分别发展为50℃和130℃；相应地，主要氧漂助剂也由上一阶段的精炼酶分别发展为练染一浴助剂和氧漂染涤一浴助剂。脱氧工艺仍然沿用上阶段的除氧酶脱氧工艺，脱氧温度也基本没变。抛光工艺由原来的酸性抛光酶抛光工艺发展成为中性抛光工艺，并且该工艺过程与染色合为一浴，发展成为中性抛光染色一浴工艺，抛光温度由原来的55~80℃降为40~60℃。皂洗工艺由原来的两次皂洗剂皂洗工艺发展成为一次皂洗酶皂洗工艺，皂洗温度仍然是95℃。

（3）科技化的辅助工艺

在创新发展阶段，企业的辅助工艺即后整理工艺不断走向高端，该阶段企业开发的后整理工艺主要有高功能及功能集成型整理工艺：负离子保健、远红外保暖整理、香味整理、护肤整理、纳米三防易去污整理、银离子抗菌整理等。这些后整理工艺的特点是开始利用其他领域的先进科技，主要用于生产高功能型及功能集成型产品。

（4）工艺优化创新与工艺集成创新

本阶段在应用引进设备的过程中，凤竹纺织企业主要进行了6项突破性工艺创新，其中有 4 项是通过工艺集成创新实现的，其余两项创新分别是核心工艺与配套工艺的优化创新（见图 6 - 26）。

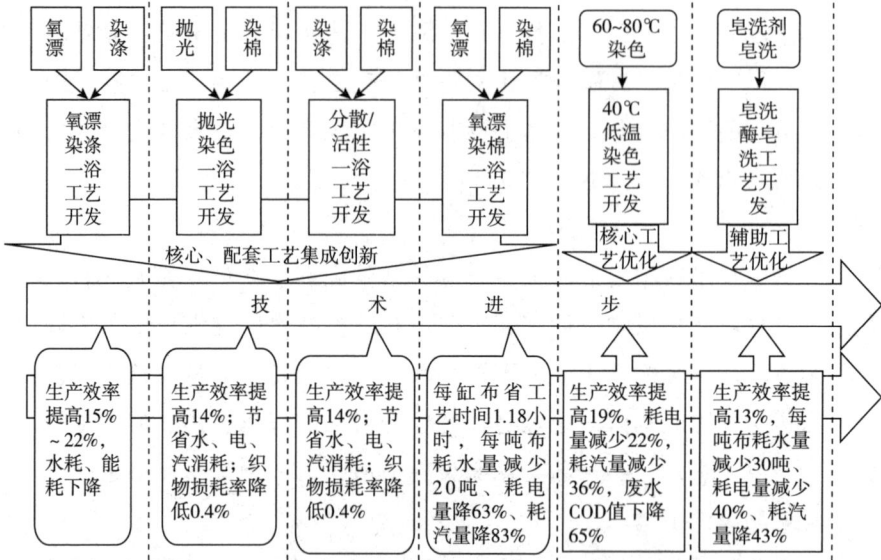

图 6 - 26　染整技术创新发展阶段的工艺创新及其对技术的推动作用

开发涤棉产品氧漂染涤一浴新工艺。传统的涤棉漂染工艺主要包括三个工序：氧漂→染涤→染棉，其中，氧漂工序需要 120 ~ 150 分钟，染涤工序根据所染颜色的深浅不同，需要用时 200 ~ 300 分钟，因此，涤棉系列面料的染整工艺时间长，水、电、汽各项能源消耗大。

为提高涤棉产品的染整效率，凤竹纺织企业 2007 年着手开发涤棉氧漂染涤一浴工艺，该工艺开发的关键技术是氧漂染涤一浴助剂的应用及耐碱性分散染料的选用。传统工艺中，氧漂是在碱性环境下进行的，而染涤是在酸性条件下进行。新工艺引进染漂一浴助剂的同时还要筛选耐碱性分散染料，以便将氧漂与染涤合为一浴，那么染涤就需要在弱碱条件下进行。通过化验室试验和探讨，以及与助剂供应商的技术、经验交流与合作，企业筛选出适用于涤棉品种的氧漂染涤一浴染料和助剂。通过分析涤棉品种氧漂染涤一浴工艺的影响因素，对助剂用量、适用染料做详细的探讨，制订合理的助剂用量及适用染料组合，通过复样应用于大货生产，并根据大生产实际情况编写制订涤棉品种氧漂染涤一浴生产工艺规定，规范新工艺的工艺条件。涤棉产品氧漂染涤一浴新工艺对织物强力无明显损伤，在省去氧漂单独一浴工序的情况下，达到合格的染色效果，并大幅度缩短了染色工艺时间，降低了染色成本。

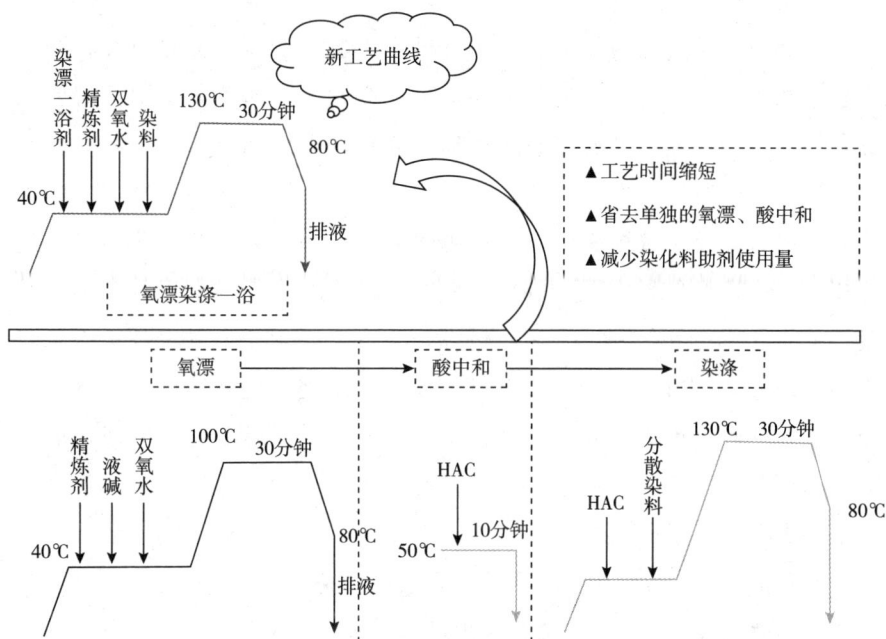

图 6 - 27　涤棉产品的工艺曲线（氧漂、染涤工艺部分）变化

从图 6 - 27 中可以看出，与染整技术积累阶段的工艺创新相比，氧漂染涤工艺的开发改变了不止一个工艺（氧漂、染涤工艺）的规则，该工艺创新对工艺曲线的影响更大，由此带来的染整工艺曲线的进步表现为：工艺时间缩短，省去单独的氧漂、酸中和，减少染化料助剂使用量，能源消耗大大降低。据凤竹纺织企业统计，该工艺创新使得涤棉产品染整工艺曲线的工艺时间减少了 2.4 小时，提高生产效率 15% ~ 22%；水耗、能耗大幅下降。另外，氧漂染涤一浴工艺的应用过程中，每吨布可节省染整成本 270.3 ~ 343.5 元，每年可节省企业直接成本 15.9 万元。

开发纯棉抛光染色一浴新工艺。传统的棉和涤棉织物抛光工艺采用的是酸性抛光酶，在酸性条件下，酸性抛光酶会与织物表面的绒毛发生反应，从而去除织物表面的绒毛，提高织物表面光洁度，减少起毛起球现象。酸性抛光酶抛光一般在氧漂前或后单独进行，由于其要求的是酸性环境，所以不能与染色同浴。此外，由于酸性酶会损害织物的强力，抛光后还需要加碱剂，在高温条件（80℃）下使抛光酶失活，所以，抛光工艺是对水、电、蒸汽的消耗较大，且工艺时间比较长，单独的抛光工艺需要大约 107 分钟。

为提高抛光工艺的效率，企业对抛光工艺曲线做了大量研究，同时企业注意到抛光工艺与染色工艺存在某些共同点，如工艺后期都需要加碱剂，活性染料染色过程需要加碱进行固色，而抛光工艺在工艺后期需要加碱使酸性抛光酶失活。以此为突破口，企业在 2008～2009 年进行了大量的实验研究，最终成功开发出抛光染色一浴工艺。新工艺抛光的过程中 PH 酸碱度接近中性，同时由于染色工序前期的加染料及染色运行过程中 PH 酸碱度也是中性的，在这种情况下，抛光和染料的前期上染工作可以同时进行，当抛光工作结束时，需要加碱剂使抛光酶失活，恰好染色过程在这时也正进行到加碱固色阶段，此时加入碱剂，一方面可以起到染料固色的作用；另一方面还可以使抛光酶失活，这种工艺过程上的协同，大大缩短了抛光染色的工艺时间。

公司的生产实践及化验室测试结果表明，抛光染色一浴工艺在抛光的效果、顶破强力、损耗率、染色重现性、一次成功率等方面，与常规酸性抛光工艺的抛光效果相当。但染整工艺曲线，尤其是与抛光染色对应的工艺曲线取得了较大进步，抛光工艺时间每缸减少了 82 分钟，生产效率提高 14%；省去了高温杀酶工序。另外，抛光染色的损耗率由原来的 6% 降为 5.6%，每吨布可节约直接成本 145 元，每年可节约直接经济成本约 60 万元。

涤棉针织物分散/活性一浴染色工艺。涤棉产品常规的两浴染色过程需要先染涤再染棉，对于中深色涤棉产品，染涤后还需要做还原清洗，染棉后也需要酸洗、皂洗及多次水洗，其步骤多、流程长、耗时多，同时，水、电、汽的消耗量也比较大，且直通车率（一次成功率）比较低。

为了简化涤棉产品的染色工艺，企业致力于开发涤棉产品分散/活性一浴染色工艺，即在同一染浴中，同时加入分散染料、活性染料及相应的助剂，使涤纶和棉纤维同时上染。实现分散/活性一浴工艺，需要解决的问题主要有四个：分散染料必须在高温（130℃）条件下对涤纶上染，而一般活性染料则不需要那么高的温度，因此必须要有一种活性染料能够在高温条件下具有较高的上染率和固色率，并且不会与分散染料发生反应；分散染料可能对棉纤维有反应，造成棉纤维沾色，这种沾色无法通过还原清洗来去除，同时还会降低棉纤维的染色牢度；活性染料染色过程中需要加入碱剂固色，因此，分散染料必须能够在碱性条件下保持较好的上染率；活性染料染色时需要加入大量的元明粉等电解质，可能会影响分散染料的稳定性，产生染料凝聚，进而在织物表面形成色斑。在工艺研究与开发过程中，企业重点攻关了上述四个问题，从而筛选、开发出适合涤棉分散/活性一浴工艺的活性染料、分散染料、助剂及其相应的用量，并最终开发出相应的工艺曲线。

涤棉分散/活性一浴工艺的开发，使得涤棉产品的工艺曲线取得了较大进步，浅色涤棉产品的染化料助剂使用量急剧下降，中深色涤棉产品的染色工艺时间缩短 5 小时以上。在经济效益方面，每吨浅色涤棉产品可节约染色成本 200 元以上。

传统活性染料染色多数采用 60℃中温染色，部分敏感色需要升温到80℃进行匀色，深色产品染色后需要 95℃高温皂洗两次及经过多次水洗，以保障色牢度，传统活性染料染色工艺时间长，能源消耗大。为了在降低染色温度、提高生产效率的同时，不影响染料染色的上色率、匀染性，凤竹纺织企业进行多方咨询、调研及大量化验室试验，最终选用安诺其公司的低温活性染料，开发出 40℃低温棉针织品活性染料染色工艺，并在生产实践中不断优化低温染色工艺。与传统染色工艺相比，40℃低温染色工艺具有下列优点：匀染性好，适用范围较广；低温条件下进行染色、固色，能源消耗低；采用混合碱，碱剂成本大幅下降；染色的一次成功率较高；容易清洗，采用低温皂洗，减少水洗次数，从而缩短工艺时间，减少废水 COD 值，减轻废水处理负担。

40℃低温染色工艺的开发作为核心工艺的重大创新，对推动相应工艺曲线进步方面的效果也十分显著：后处理过程中只需要 90℃皂洗 1 次，并减少 1~2 次水洗；每缸布的工艺耗时减少 2~3 小时，使生产效率提高19%；每吨布的耗水量节省 20 吨，耗电量减少 22%，耗汽量减少 36%。在社会效益和经济效益方面，废水中的 COD 值下降 65%，产生的社会效益及环境效益显著；每吨布可节约的直接成本为 792~1480 元，每年可产生的直接经济效益为 306 万元。

深色前处理、染色一浴工艺。常规的纯棉针织产品，深色前处理（氧漂）一般是采用 30 分钟的 95℃碱煮，再经过酸洗、水洗后才可以染色。传统前处理，由于温度高、碱性强，会对织物的纤维强力产生一定的损伤，而且能耗大，废水中的 COD 值较高。

由于深色纯棉针织产品前处理工艺的能源消耗大、工艺时间长，而在染色过程中其对底布的要求不高，基于这种认识，公司考虑在不影响深色纯棉针织品染色质量的情况下，降低深色纯棉织物的前处理标准，同时尝试将前处理与染色在同一染浴中完成。为达到这一目标，企业进行了大量的咨询和试验，最后初步筛选了一种低温练染一浴助剂。通过小样和大货试验，最终成功开发出深色纯棉针织产品的前处理、染色一浴工艺曲线。采用前处理、染色一浴工艺，前处理温度降为 50℃，工艺环境的碱性下降，并且织物经前处理后，不必排水，可以直接进行染色，省去酸洗和水洗的工序，同时节约了工艺时间。该工艺的突出优点是：工艺时间短、水洗次数少、废水排放量小。

经过这一工艺创新，企业的深色纯棉针织物的前处理温度降低，且省去了酸洗和多次水洗，每缸布可节省工艺时间 1.18 小时，每吨布的耗水量减少 20 吨、耗电量降低 63%、耗汽量降低 83%，工艺曲线在多个方面取得了进步。在经济效益方面，每缸布可节约综合成本 306 元，每年可产生的直接经济效益为 108 万元。

活性染料节水型后处理皂洗工艺。企业所用的常规活性染料深色后处理需要在 95℃高温条件下皂洗两次、水洗多次，工艺时间比较长，水、电、汽消耗量比较大。

为了克服传统皂洗剂皂洗工艺的消耗大、工艺时间长的缺点，企业对众多皂洗剂进行大量试验、筛选，并跟踪个别皂洗剂大生产实际效果，经过这一系列的初步试验、探讨，企业技术部筛选了一支高效皂洗酶。在大生产试验过程中，企业通过实际跟踪后处理每一步残液的色度，发现采用皂洗酶皂洗可以在保证皂洗效果的同时，缩短工艺时间，减少水、电、汽消耗，并且皂洗酶在实际大货生产过程中稳定性较好。与传统的皂洗剂皂洗工艺相比，皂洗酶皂洗可以减少一次高温皂洗工序和水洗工序，减少耗水量，缩短工艺时间。

皂洗酶皂洗工艺的应用，使得凤竹纺织企业的染整工艺曲线中减少了一次高温热洗和一次水洗，每缸布节省工艺时间 1.4 小时，生产效率提高 13%，每吨布的耗水量减少 30 吨、耗电量减少 40%、耗汽量减少 43%。另外，应用该工艺的过程中，废水 COD 值下降 25%，每吨布可以节约直接成本 399 元，每年为企业带来的直接经济效益为 188 万元。

（5）简化的工艺流程

经过一系列的工艺集成改进，本阶段的针织物的染整流程有缩短的趋势。与染整技术引进积累阶段简单的工艺流程不同，染整技术创新发展阶段的工艺流程虽然也比较短，但其工艺功能比较全，是在完成染整技术跨越发展阶段所有技术功能甚至优化技术功能的同时，简化了工艺流程，是凤竹纺织企业染整技术进步的重要表现。其中，纯棉针织物的染整流程为：氧漂→脱氧→抛光染色一浴→皂洗 1 次→后整理，与上一阶段相比，目前的染色工艺将抛光与染色合为一浴，并且省去了一次高温皂洗。浅色涤棉产品的染整工艺流程为：氧漂→脱氧→染涤、染棉一浴→皂洗→后整理，与上一阶段染色工艺不同的是，将染涤与染棉工艺合为一浴。深色涤棉产品的工艺流程为：氧漂染涤→脱氧→染棉→皂洗（一次）→后整理，与上一阶段相比，将氧漂与染涤合为一浴，并且减少一次高温皂洗（见图 6 - 28）。

3. 高功能与功能集成型产品的开发

本阶段，凤竹纺织企业所应用的依然是上一阶段所引进的设备，但通过对引进设备的工艺创新，企业在新产品开发方面取得了优异成果。企业一方面引入新材质的胚布，重点对染整核心工艺和配套工艺进行创新，进而开发出一系列新型面料，如竹纤维面料、竹炭纤维面料、冰凉纤维面料、木棉纤维面料、抗菌（银离子纤维）面料、大豆蛋白纤维面料、玉米纤维（PLA）面料等；另一方面通过染整辅助工艺（后整理工艺）的开发，生产的高功能及功能集成型新产品主要有：纳米三防易去污面料、多功能针织面料、负离子保健面料、远红外保暖整理面料、香味整理面料、护肤面料、纳米银抗菌面料、多功能针织运动服面料等。从所开发的面料分析，凤竹纺织企业在引进设备的基础上进行了大量的再创新，并且该阶段的产品创

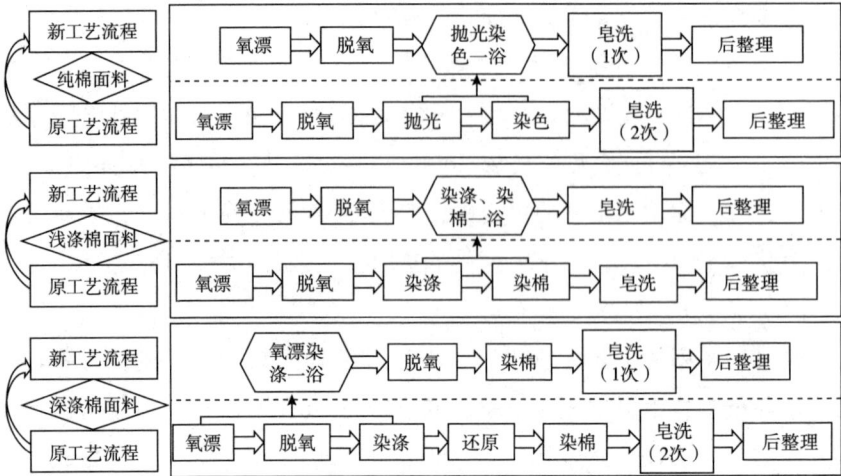

图 6 - 28 凤竹纺织企业染整工艺流程的升级

新逐渐走向高端，所开发的新材料面料及辅助工艺的科技含量比较高。目前，凤竹纺织企业应用新工艺、新技术等生产的新产品占企业全部产品的70%，产品不仅在本国销售，开始销往世界各地，其中份额较大的国家和地区有新加坡、美国、加拿大、日本、越南、欧洲。

（四）小结

公司成立20年来，企业的染整技术经历了三个发展阶段（见图6-29）：引进积累阶段、跨越发展阶段、创新发展阶段。在引进积累阶段，企业染整技术的核心技术是溢流染色技术。跨越发展阶段，企业实现了染整技术的双重跨越，通过引进德国第斯染色机和希腊染色机，企业的溢流染色技术在低浴比和自动化方面实现了跨越式发展；同时，企业引进德国气雾染色设备，在继续开发应用溢流染色技术的基础上，成功应用了气雾染色技术，这是企业染整技术发展的又一重大跨越，由此进入以溢流染色技术为主流技术、两种技术协同发展的阶段。在创新发展阶段，企业的染整技术演变为以气雾染色技术为主流技术、两种技术同步前进的技术组合。

在技术进步的三个阶段，凤竹纺织企业不断进行工艺创新，工艺进步与技术进步并举，是凤竹纺织企业染整技术发展的突出特色，同时各技术要素也呈现同步前进的局面（见表6-6）。

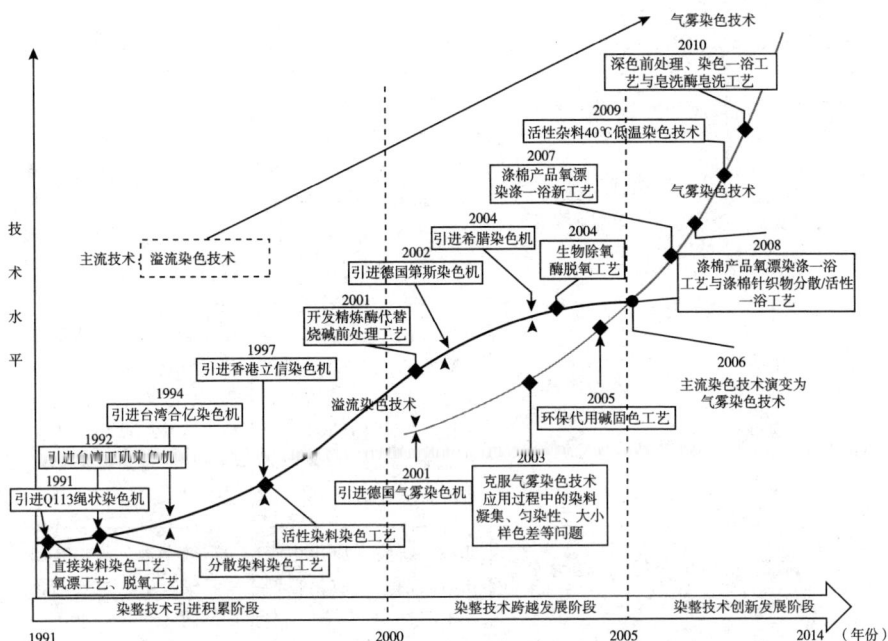

图 6 - 29　凤竹纺织企业染整技术的发展历程

表 6 - 6　企业染整工艺的发展变化

技术要素	发展阶段	引进积累阶段 （1987~2000 年）	跨越发展阶段 （2001~2005 年）	创新发展阶段 （2006 年至今）
引进染整设备 及其改进		Q113 绳状染色机、台湾亚矾染色机、台湾合亿染色机、香港立信染色机、德国第斯染色机；无设备改进	德国特恩气雾染色机、德国第斯染色机、希腊高温高压染色机；无设备改进	开发气雾染色机的嵌入式集中控制系统
主流染色技术		溢流染色技术	溢流染色技术	气雾染色技术
工艺	核心工艺	直接染料染色（100℃）、活性染料染色（60~80℃）、分散染料染色（130℃）	活性染料染色（60~80℃） 分散染料染色（60~130℃）	活性染料染色（40~60℃）、分散/活性一浴染色技术（130℃）
	配套工艺	液碱氧漂工艺（100~110℃）、硫代硫酸钠脱氧工艺（80℃）	精炼酶氧漂（100~110℃）、除氧酶脱氧工艺（40℃）、酸性抛光工艺（55~80℃）、皂洗剂皂洗工艺（2 次）	练染一浴工艺（50℃）、氧漂染涤一浴工艺（130℃）、除氧酶脱氧工艺（40℃）、抛光染色一浴工艺（40~60℃）、皂洗酶皂洗工艺（1 次）

203

续表

技术要素 \ 发展阶段		引进积累阶段（1987~2000 年）	跨越发展阶段（2001~2005 年）	创新发展阶段（2006 年至今）
工艺	辅助工艺	传统后整理工艺：柔软工艺、树脂整理、拉毛整理	磨毛、摇粒、防水防油、防霉防蛀、吸湿排汗、抗菌防臭、抗紫外线、阻燃等整理工艺	负离子保健、远红外保暖、香味、护肤、纳米三防易去污、银离子抗菌等整理工艺
	工艺研究与创新	新设备的工艺配套、工艺曲线的优化、生产问题的解决	开发精炼酶氧漂工艺、除氧酶脱氧工艺、环保代用碱固色工艺，解决气雾染色技术的染料凝集、匀染性等问题，完成气雾染色机的工艺配套	开发氧漂染涤一浴新工艺、分散/活性一浴染色工艺、40℃低温染色技术、深色前处理染色一浴工艺、皂洗酶皂洗工艺
	瓶颈问题	资源消耗大、废水处理难度大	低浴比新技术应用中存在的问题、自动化控制技术攻关	生产效率进一步提高问题；气雾染色机自动化控制问题
	解决方法	工艺规程的适应性改进	新技术问题分解，逐个攻破；加强与外部机构的合作	染色技术升级，环保工艺的应用，工艺流程整合
产品	新产品系列	纯棉面料、涤棉面料、涤纶面料、尼龙面料、棉氨面料、涤氨面料	尼龙66、异形纤维、改性涤纶纤维、莫代尔、丽赛纤维等新纤维面料，防水防油、吸湿排汗、抗菌防臭、抗紫外、抗静电、阻燃等功能型整理面料	竹纤维、冰凉纤维、大豆蛋白纤维、玉米纤维等新纤维面料，纳米三防易去污、负离子保健、远红外保暖、纳米银抗菌等功能型整理面料
	新产品率	5%	40%	70%
技术创新团队		少数技术人员自成技术小组	以技术带头人为中心专业技术团队	以项目为导向的动态技术创新团队
创新管理与机制		成立物检室；形成生产问题解决式创新机制	成立省级企业技术中心；以技术带头人为中心的技术研发体系，产学研合作创新	成立国家级企业技术中心；产学研合作创新、项目管理委员会制度

　　随着企业创新活动的频繁，企业的销售收入也踏入了稳步增长期，2002~2008 年，企业的销售收入一直稳定增长。2008 年国际金融危机以

来，一些作为主要出口市场的经济体的复苏仍然脆弱，整个行业整体运行态势仍严峻，如市场需求仍低迷、国内外棉价差依然存在、棉花原料价格不稳定、劳动力成本持续上涨、东南亚国家纺织竞争力逐年增强等，面对诸多不利因素影响，公司管理层坚持效益优先，科学组织生产经营，优化资源配置，加强公司内部基础管理，在生产、营销等方面进行了调整和改进，努力克服各种不利因素对生产经营的冲击。公司业务收入总体上保持相对平稳的局面（见图6－30）。

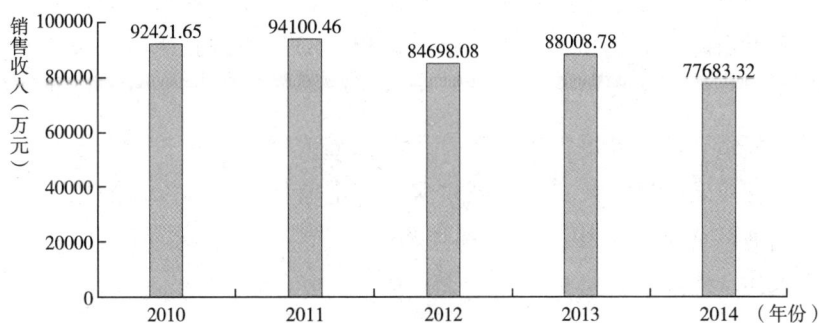

图6－30　凤竹纺织企业年销售收入变化

三　凤竹纺织企业技术引进消化再创新案例的启示

（一）技术跨越式发展的助推器——引进设备

先进设备是技术的重要载体，设备的引进可以促进企业技术的进步。但设备本身对企业技术的推动作用往往是一次性的，同时也是跳跃性的，而设备引进后的工艺创新则是渐进的，并且有很大的发展空间。每次引进设备后，先进设备的消化吸收、工艺配套，可以促进企业技术的跨越式发展，但是在引进下一代设备之前，企业的技术进步主要通过工艺创新实现。而工艺创新对技术推动作用的大小则与企业的努力程度有关。引进一台设备，无论所用工艺是先进还是落后，只要与引进设备配套，都可以进行生产活动。因此，要想实现引进设备对技术的推动作用，必须将引进设备及其所承载技术的消化吸收与工艺的持续创新相结合。凤竹纺织在引进染整设备时，基本上每次引进设备都会带来染整技术的跨越式发展——浴比的下降，对染整技术来说每次浴比的下降都是一次飞跃，而在引进下一代染整设备之前，凤竹纺织的染整技术也会不断进步，如工艺时间缩短、温度下降、耗水量下降、产品性能提高等，但这些技术进步都是企业在应用引进设备的过程中，通过不断的工艺创新实现的。同时，随着凤竹纺织企业技术创新能力的提升、创新频率的增加，其技术进步的速度也在不断加快。

要想发挥引进设备对企业技术的持续推动作用，必须保证引进设备能够被企业消化吸收，并且有能力进行工艺创新。因此，在引进设备时，一方面选择的设备要与企业技术发展战略相符；另一方面企业要结合自身技术实力，确保技术跨越的幅度在企业可接受的范围内。制定相应的技术发展战略并依照技术发展战略引进相应的设备或技术，是企业在技术引进中掌握主动权的重要保障。凤竹纺织企业在染整技术引进积累阶段引进的是一系列溢流染色机而非比较先进的气雾染色机，是因为结合当时的行业发展情况及企业的技术实力，企业将其技术发展的重点确定为溢流染色技术。另外，设备的引进可以促进企业技术的跨越式发展，但也不能一味地引进最先进的技术，技术的跨越必须以企业的技术实力为基础。对于凤竹纺织企业来说，如果通过设备的引进一次性地将染色浴比从最初的 1∶15 降为 1∶4 固然是好，但是这种跨越幅度完全超越了企业的技术能力范围，很容易造成"消化不良"，浪费企业的资源。因此，在运用引进设备促进企业技术的跨越式发展过程中，需要同时控制好技术发展方向与技术跨越的幅度。

（二）技术消化吸收的方式——基于技术结构分解的技术学习

企业的技术消化吸收能力是企业学习、应用外部新技术的能力。企业消化吸收引进技术的过程，就是企业技术学习主体通过学习和实践把引进技术分解成可理解或可执行的"细小"技术，并将这些"细小"技术内化为自身知识，实现灵活应用新技术的过程。因此，技术结构的分解，是企业消化吸收先进技术的重要工具。凤竹纺织企业在消化吸收溢流染色技术和气雾染色技术时，均用到了技术结构分解的方法。

凤竹纺织企业对染整技术的消化吸收，可以分为两个阶段。第一个阶段，企业引进的是相对成熟的溢流染色技术，在技术的消化吸收过程中，企业将染整技术按生产流程分解为四个技术单元：前处理技术、染色技术、后处理技术、后整理技术；按照可执行的原则又将这些技术单元分解为六大工艺单元：氧漂工艺、脱氧工艺、抛光工艺、染色工艺、皂洗工艺、后整理工艺。为了达到对引进技术的灵活应用，企业研究了各项工艺的功能及其对产品性能的影响。通过实际生产过程中的研究与总结，企业得出各项工艺的功效。氧漂工艺的作用是去除针织坯布中的色素、杂质、蜡质。如果氧漂工艺做不好，会影响面料的匀染性和手感，产生色花、颜色不够鲜艳，面料手感粗糙；脱氧工艺的作用是去除氧漂后布面残留的过氧化氢。如果脱氧工艺做不好，会影响面料的匀染性，产生色花和色浅现象；抛光工艺的作用是去除织物表面毛羽。如果抛光工艺做不好，会影响面料的外观及强力，造成布面起毛起球、顶破强力差；染色工艺的作用是使织物上染、着色。如果染色工艺不成功，会影响面料的匀染性及色牢度，会造成色花、色渍、色差、色牢度差。皂洗工艺的作用是清洗织物表面未固着的浮色。如果皂洗工艺做不好，会影响面料的匀染性和色牢度，会使面料有浮色花、色牢度差；后整理工艺的作用是提高面料性能或为面料增加特殊的功能。如果后整理工艺做不好，会影响面料的外观、手感及相应的特殊功能。在此基础上，企业总结出染整技术的技术 - 功效图（见图 6 - 31）。

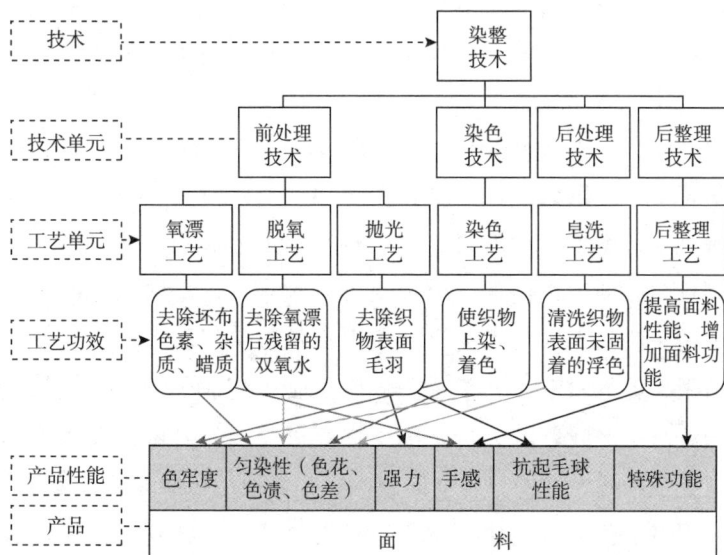

图 6 - 31 染整技术的技术 - 功效示意

　　在了解技术－功效图的基础上，企业通过对工艺单元中各个工艺操作（包括助剂选择、加药量、加药时间、加药速度、温度、升温速度等方面）的研究，逐渐得出各工艺单元影响面料性能的方式，由此企业掌握了溢流染色技术的工艺规则，基本完成了第一阶段的技术学习。该阶段的消化吸收活动主要是基于正向技术分解的技术学习，即按照技术系统的构成逐层向下分解学习。第一阶段，由于引进的是成熟技术，因此企业知道应该如何做，只是对其中的技术原理和工艺规则不了解，不明白为什么这样做，因此仅需要按照技术系统的构成依次分解为由技术单元、工艺单元、工艺功效等构成的技术分解结构，便可以完成对引进技术的消化吸收。

　　第二阶段，企业引进的是当时还没有被普遍应用的技术，在应用过程中出现了许多技术问题，如染料凝集、匀染性差、大小样色差等，气雾染色技术的染色原理虽然与溢流染色技术有很大差别，但是技术－功效图大致相同，只是工艺的原理、规则、曲线有很大不同，因此，凤竹纺织企业根据前期技术的积累，将气雾染色技术进行分解，得出了相应的技术－功效图（与溢流染色技术类似），并分析企业在尝试应用气雾染色技术过程中遇到的问题，从而确定产生问题的工艺单元。进行完这项工作，企业的重点就是摸索、总结气雾染色技术的工艺规则，这也是企业学习、应用气雾染色技术的最大难点。通过对工艺单元的继续分解，将工艺单元分解为工艺操作，结合企业已有的技术基础，进行大量实验，不断地对工艺操作做试探性研究，探索每一个微小的工艺操作变化对问题的改善程度，逐步摸索出气雾染色技术的工艺规则，并根据企业的生产需要制订相应的工艺曲线，完成对引进技术、设备的消化吸收。与第一阶段的消化吸收不同的是，该阶段引进的技术不够成熟，企业不知道应该如何做，更不知道其中的工艺规则（即为什么），因此，必须在技术结构的分解与生产问题的分析解决中摸索出应该如何做以及相应的工艺规则，这是一种技术结构分解与问题倒推分析相结合的攻关型技术学习。

　　技术引进消化吸收工作，主要是对引进技术工艺规则的学习，其创新也是在掌握工艺规则的基础上进行的工艺自主创新。企业消化吸收引进技术的过程中，技术结构的分解是企业进行技术消化吸收的重要工具，通过技术结构的分解，将引进的先进技术分解成能够为企业所理解、吸收的"细小技术"，从而完成对引进技术的消化吸收，后期随着引进技术的复杂性的提高，企业的消化吸收方式转变为基于技术结构分解与倒推式问题分析的攻关型技术学习。

（三）引进设备再创新的主要方式——工艺创新

引进设备可以推动技术的进步，但从凤竹纺织企业的实践中可以看出，没有工艺配套，设备无法推动技术进步，没有工艺创新，引进设备对技术的推动作用只能是一次性的。因此，引进设备之后，只有不断地进行工艺创新才能推动技术的持续进步。在具体的实践中可以发现，工艺创新主要有二种形式，即工艺组合创新、工艺优化创新、工艺集成创新。这三种再创新形式在创新的程度上依次递增，工艺组合创新不改进工艺及工艺之间的关系，仅改进工艺参数及其组合；工艺优化创新改进、优化单个工艺，但不改变工艺之间的关系；工艺集成创新既改进工艺也改变工艺之间的关系，其改变的幅度最大。

1. 工艺组合创新

工艺组合创新主要是指在不改进工艺及各工艺单元之间关系的基础上，通过改变工艺参数构造新的工艺组合，从而实现工艺创新。工艺组合创新中，工艺参数的改变一般在原有工艺的可调节范围内，主要创新点在于其构建的是新的组合。在染整技术引进积累阶段，由于技术基础相对薄弱，凤竹纺织企业引进的是非常成熟的溢流染色技术，采用工艺组合创新的方式进行创新，主要通过改变工艺参数如染料颜色、染色时间等，将不同参数的工艺加以组合，开发出新的工艺曲线，从而在色彩、规格、档次等指标方面开发同系列面料的不同品种。

2. 工艺优化创新

工艺优化创新是指为克服原有工艺存在的缺陷或提高其生产效率，对单个工艺进行突破性创新，但不会改变各工艺之间的关系及顺序。在染整技术跨越发展阶段，凤竹纺织企业主要采用工艺优化创新的方式进行创新，重点研究传统工艺中耗时长、耗水多或者对织物有明显损伤的传统工艺流程，通过改变核心染化料助剂，改变原有工艺的作用原理，并凭借企业前期积累的工艺规则知识，经过大量实验，变换改进工艺曲线上的各种操作（包括加药时间、加药量、温度、升温速度等），从而实现对单个工艺的优化。在染整技术跨越发展阶段，凤竹纺织企业开发的除氧酶脱氧工艺便是工艺优化创新的典型例子，传统的脱氧工艺是采用硫代硫酸钠脱氧，硫代硫酸钠脱氧存在温度高、能耗大、水耗大及污染严重的缺陷，用除氧酶代替硫代硫酸钠进行脱氧，将原来化学反应脱氧的作用原理改为生物酶脱氧，配合相应的工艺参数调整，在降低工艺温度、水耗、能耗及废水 COD 值的同时，同样达到脱氧的目的。

3. 工艺集成创新

纺织产业作为一个工艺流程比较长的传统产业，通过工艺集成创新整合缩短工艺流程已经成为一种趋势。工艺集成创新的创新程度较大，不仅改变单个工艺，而且也改变相关工艺之间的关系，是对工艺体系的重构。

工艺集成创新，也是工艺流程的整合，与其他集成创新一样，要完成工艺的集成创新，就必须找到集成的"接口"，并将"接口"标准化、统一化。在具体的执行过程中，由于每个行业的工艺及其特点不同，进行工艺集成的"接口"也就不同。在对凤竹纺织企业进行实地调研的过程中发现，在工艺集成创新中，它们将染整工艺流程的"接口"界定为工艺条件（主要是温度和酸碱性）。如果两个或多个工艺，在温度和酸碱性方面有可以协调的空间，那么就存在工艺集成的可能性。在具体的工艺集成研究过程中，企业技术人员对温度或酸碱性不敏感，或者要求不苛刻，做出调整让步，从而能够让两个或多个工艺在"接口"方面（主要是温度和酸碱性方面）实现标准化和统一，从而顺利实现工艺的集成创新。工艺集成创新是一个复杂的创新过程，除了考虑"接口"外，还要考虑许多其他因素。工艺集成创新过程，不仅仅要实现"接口"标准化，同时它也是一个求同存异的过程，"接口"属于需要"求同"的部分，而其他则是需要"存异"的部分。所谓"存异"，主要是指两种工艺的核心功能方面，一种工艺不能影响另一种工艺功能的完成，即两者在完成各自任务的同时互不妨碍甚至相互促进（见图 6 - 32）。在染整技术创新发展阶段，随着企业技术实力的增强，凤竹纺织企业完成的多个创新都属于工艺集成创新，通过将"接口"统一，把原来需要在两次染浴中完成的工艺集成在一次染浴中完成，突破性地改变了该行业由来已久的传统工艺流程。

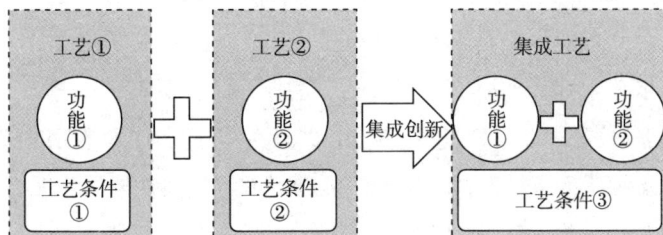

图 6-32 工艺集成创新的模式

（四）技术引进消化再创新紧密围绕工艺曲线的进步展开

只有围绕工艺曲线进步开展的技术引进消化再创新，才能促进企业技术的持续进步。在案例研究中可以发现，在染整技术的引进消化再创新过程中，工艺曲线的进步从未间断，因而凤竹纺织企业的染整技术也在持续进步。

在工艺曲线的优化方面，企业建立初期重点通过对先进设备的引进、消化吸收推进工艺曲线的进步，随着企业技术水平的提高，后期开始借助工艺和技术创新推进优化工艺曲线。在染整技术引进积累期，通过一系列设备的引进，将染色浴比从 1∶15 降到 1∶10，浴比的降低，可以大大减少染化料助剂的投入量，对整条工艺曲线上所有工艺参数均有影响，使工艺曲线实现跨越式进步；同时，该阶段工艺曲线的持续进步还表现为在对引进设备最佳工艺曲线持续探索中的进步。在染整技术上，凤竹纺织企业依靠引进技术进行工艺创新的频率不断提高，而技术引进的频率则不断下降，第三阶段不再直接引进技术。由此可见，企业完全依靠对引进技术的再创新推动工艺曲线的进步，进而提高企业的技术水平。

在工艺曲线的多样化开发方面，由于一种产品必然对应一条工艺曲线，因此，凤竹纺织企业新产品的持续开发反映了企业工艺曲线在多样化开发方面的进步。在染整技术积累阶段，凤竹纺织企业主要通过引进 Q113 绳状染色机开始生产棉类系列的面料，随后，通过引进台湾亚矾高温高压溢流染色机开发了涤纶系列面料的工艺曲线，并通过变换工艺参数的组合生产多种规格、颜色、档次的涤纶面料；再通过对高温高压溢流染色机的开发性应用开发了尼龙、氨纶系列面料的工艺曲线。在染整技术跨越发展阶段，凤竹纺织企业通过引进气雾染色机，引入了新的染色技术，由此企业可染面料的范围进一步扩大，开发了尼龙66、异性纤维、莫代尔等系列面料的工艺曲线，完成了相关面料的染整。在染整技术创新发展阶段，凤竹纺织没有再引进设备，而是在原有引进设备的基础上，不断加大再创新力度，集合多领域的先进科技成果进行再创新，由此开发了竹纤维、玉米纤维、大豆蛋白纤维等系列新型面料的染整工艺曲线；同时还开发了纳米三防易去污面料、多功能针织面料、负离子保健面料、多功能针织运动服面料等多种高功能面料的染整工艺曲线。其中多功能针织运动服面料工艺曲线的开发，综合运用了气雾染色技术去油彻底和双排软流溢流染色技术对织物表面机械损伤小的优点，是对引进技术集成应用的优秀案例。

（五）再创新成果转化的途径——以需求为导向的标准化之路

以需求为导向是企业开展各种形式的创新都应该遵守的规则，在引进消化再创新过程中更是如此。由于技术引进方在引进技术时，很难在技术上与技术发出方抗衡，而更容易在贴近市场需求方面占有优势，因此再创新成果的转化需要更注重以需求为导向。以需求为导向的原则，可以帮助企业确定再创新的方向，降低创新风险，但创新成果的水平需要用技术标准加以界定、展示，符合技术标准的产品更容易被消费者接受。因此，引进消化再创新成果的推广需要走以需求为导向的标准化之路。

创新成果的顺利转化，是凤竹纺织企业能够在技术引进消化再创新的过程中，比其他企业走得更快、更远的重要原因。在凤竹纺织企业中，再创新成果的转化不仅是生产部门和销售部门的工作，也不仅是再创新工作完成之后才考虑的事情，对创新成果转化问题的思考贯穿于整个引进消化再创新及其商业化阶段，因此，企业创新成果的转化过程需要分成两个阶段加以研究，即创新阶段、应用推广阶段。凤竹纺织企业在技术创新方面取得了一系列优异的创新成果，其创新成果转化率达到

100%，主要得益于其在技术创新过程中坚持以需求为导向，在应用推广阶段坚持标准先行（见图6-33）。

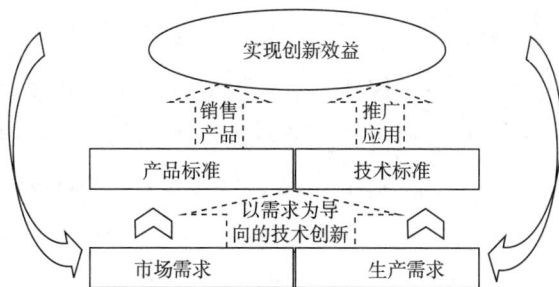

图6-33 凤竹纺织企业技术创新成果转化的模式

1. 以需求为导向的创新

在引进消化再创新过程中，再创新需求主要有两类：一类是市场需求，另一类是生产需求。其中，市场需求主要是指由市场产品发展趋势及客户要求所产生的再创新需求；生产需求主要是指由生产车间工作人员提出的，由应用引进技术时所遇到的问题引发的创新需求。以市场需求为导向，使得企业的再创新成果有稳定的需求市场；以生产需求为导向的再创新，使得企业的再创新成果能够直接应用于实际的生产经营活动中，改进引进技术，尽快产生经济效益。

再创新过程中，凤竹纺织企业通过对当前市场流行趋势的预测，结合营销部门对市场的反馈、客户的直接反馈、同行交流等方面信息的分析，由产品开发部门在每年年底确定下一年要开发的面料系列。而在产品开发方面的技术创新，则主要围绕这些以客户需求确定的新面料进行，结合引进设备及技术的特点，进行相应的产品设计及工染整艺设计。同时，企业会根据重点客户产品的问题，进行立项，开展问题解决式的工艺创新。另外，企业还会根据生产需要（间接的客户需求），通过技术创新解决生产过程中的问题，优化引进技术。正是这种以需求为导向的技术创新，为凤竹纺织企业创新成果的顺利转化提供了保障。

2. 标准先行的应用推广

与自主创新不同，在引进消化再创新过程中，技术标准（包括生产标准和产品标准）的存在往往先于企业对该项技术的引进和发展，即在企业还没有引进、发展某项技术之前，技术标准可能就已经存在了。技术标准是科学、技术和实践经验的总结，是组织生产和经营、管理的技术依据，是得到消费者和厂商普遍认可的标准，达到技术标准的产品也更容易得到消费者的认可。因此，对于引进消化再创新技术与原有引进技术的共性部分，应按照引进技术的技术标准加以规范，即引进技术时同时引入相应的技术标准，并将市场现行技术标准作为再创新的底线，从而提高消费者对再创新产品的接受程度。同时，与引进技术相比，再创新成果存在其不同之处，引进技术的已有技术标准并不能完全囊括、衡量再创新产品的性能，对于再创新成果尤其是突破性再创新成果，有能力的企业需要积极制订相应的企业技术标准，并加以推广。只有拥有并达到权威产品标准的再创新成果才能更好地赢得消费者的信赖，只有成为规范化生产标准的再创新成果才能更好地在生产经营活动中加以推广。

凤竹纺织企业的再创新成果之所以能够快速推广，一方面因为其坚持以需求为导向；另一方面在于它极其重视纺织技术标准的作用。为了更好地满足客户要求，凤竹纺织企业以标准化为先导，前期积极引进国内外先进技术标准，不断地完善企业内控标准。在行业内率先通过国际生态纺织品 Oeko – Tex Standrd 100 认证，Intertek 生态产品 I 类认证。企业检测中心拥有可检测项目多达 45 项，涵盖了国家标准 GB，国际标准 ISO，美国标准 AATCC、ASTM，英国标准 BS，德国标准 DIN，日本标准 JIS 等，并取得了国家实验室认可委 CNAS 认可。随着凤竹纺织企业技术水平和研发能力的提高，在应用引进技术的过程中，凤竹纺织企业不断进行再创新，并积极参与纺织标准的制定，2008～2014 年，企业主持和参加制定国家及行业标准 9 项（见表 6 – 7），企业一直将标准化视为其科技创新体系的重要支撑。2010 年，企业的标准化工作实现跨越式发展，通过了福建省技术标准战略试点企业验收，成为第一批技术标准战略示范企业；2012 年，被中国针织工业协会、全国纺织品标准化技术委员会评为"全国纺织品标准化技术委员会针织品分会第二届标准化工作突出贡献单位"。

表 6 - 7　2008 ~ 2014 年企业主持和参加制定的标准

序号	标准名称	标准类型	主持或参与	颁布年份	是否现行有效
1	棉制及化纤制纬编色织针织物	产品标准	主持	暂未颁布	—
2	针织棉服装	产品标准	参与	2011	是
3	针织布（四分制）外观检验	检验标准	主持	2010	是
4	针织用筒子染色纱线	产品标准	主持	2009	是
5	针织成品布	产品标准	参与	2009	是
6	针织坯布	产品标准	参与	2009	是
7	针织起绒布	海关标准	主持	2010	是
8	纬编色织针织物加工贸易单耗标准	海关标准	主持	暂未颁布	—
9	针织物表面疵点彩色样照	实物彩色标准样照	参与	2008	是

因此，为保证再创新成果的顺利推广，引进消化再创新过程需要坚持以需求为导向，同时，各个阶段的再创新成果都需要有相应的技术标准作为其顺利推广的重要保障，包括从外部引入的技术标准和企业自行制定或参与、主持制定的技术标准。

（六）引进消化再创新持续进行的保障——标准化的问题发现与解决机制

对凤竹纺织企业工艺创新的研究发现，对引进技术的再创新多数情况下是通过工艺问题解决实现的。技术引进消化再创新主要是通过解决引进技术存在的问题而进行的技术创新，问题的发现与解决便是获得再创新突破口的重要途径，同时，也是技术引进消化再创新得以持续进行的重要动力来源。通过问题的发现可以找到再创新的突破口，而问题的解决便是再创新的过程，技术引进消化再创新的持续进行就需要不断地发现和解决问题。由单个部门参与的问题发现与解决机制是没有活力的，可以发现的问题也是有限的，因此，要促进技术引进消化再创新的持续进行就必须构建多部门参与的问题发现与解决机制。另外，在凤竹纺织企业染整技术引进消化再创新的具体实践中可以发现：在应用引进技术的前期，企业所遇到的问题一般是显而易见的，也比较容易解决，后期的技术问题往往比较难发现。在应用引进技术的后期，再创新突破口的发现是一个主动搜索的过程，企业根据技术发展趋势及企业技术实力，确定引进技术近期发展的理想状态和水平，而现实与预想状态的差距便是引进技术的可优化空间及问题的所在，寻求理想的过程便是再创新的过程，这种方法发现的问题主要是隐性问题。在这种显性与隐性问题的解决过程中，企业启动可能的再创新活动，也可能是新一轮的技术引进消化再创新活动，技术引进消化再创新活动在问题的发现与解决过程中持续进行。

2008 年，企业成立了"推进管理进步、技术创新项目管理委员会"（以下简称"项目管理委员会"），正式引入了规范的项目化管理模式，制订了详细的项目管理流程（见图 6-34），由此建立了一种规范化的企业问题自诊断与解决机制。项目管理委员会成为企业创新的重要组织者，统筹协调营销、生产、供应、物资、人事、财务、制度建设、技术创新八项工作的全面实施，改变了生产要素的组合方式，全面推进了企业管理的进步和技术创新。在项目化管理模式下，企业各部门在生产经营管理中，遇到疑难的技术、工艺、流程、质量等问题，都可以经过相关部门的初步论证，提出解决问题的办法，向项目管理委员会提交立项申请表，提出立项申请。在这种制度下，凤竹纺织企业让最了解工作的人去发现工作中存在的问题及可以优化的地方，而且问题一经发现、提出，

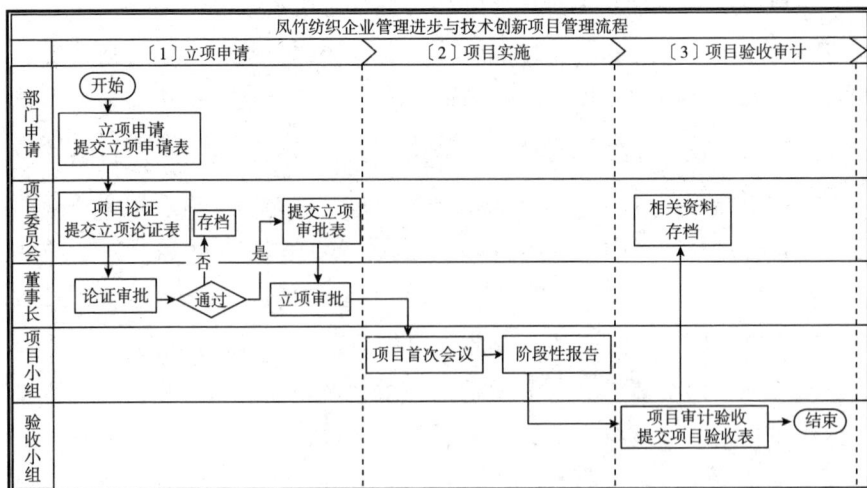

图 6-34 凤竹纺织企业项目管理流程

便会触发、启动企业的项目管理工作，包括立项、解决方案可行性论证、执行计划制订、项目执行及项目验收等一系列活动。企业项目管理委员会制度的建立，极大地促进了企业的技术引进消化再创新活动，在染整技术创新发展阶段，企业共开展了 6 项突破性的工艺创新，其中有 5 项是通过项目管理委员会立项开展的。自成立以来，企业项目管理委员会共组织立项 72 项；2010 年，企业技术创新项目实际节省成本 103 万元，按各品种产量计算，每年可产生直接经济效益 842 万元；同时，大幅度缩短了工艺时间，生产效率显著提高。

第三节　金天梭－鑫源机械有限公司技术引进消化再创新案例分析

一　金天梭－鑫源机械有限公司简介

金天梭－鑫源机械有限公司系由惠安金天梭精密机械有限公司和泉州鑫源机械有限公司联合组建的中外合资企业（以下简称"金天梭公司"），是国内针织机械领域技术实力较强的集研发、生产于一体的专业制造针织机械的科技型中小企业。公司位于福建泉州惠安洛阳镇北工业区，占地 30000 平方米。专业工程技术人员和 10 年工龄以上的熟练员工100 多人。公司总经理倪荣林在 1993 年研发生产出中国第一台针织大圆机，在其带领下，企业发展方针聚焦在优化产品、革新技术，以强化国产针织机械设备在国际上的竞争力，俨然成为泉州高档针织大圆机的领跑者。公司拥有十几项三角、调线器、下马座等方面的国家专利，设有针织机械研发中心，从 2007 年起承接了多项国家科技支撑计划重点项目，在高档针织大圆机系列产品上达到世界先进水平，且实现了核心部件 100% 自主研发。主要产品有双面电脑提花立式调线圆纬机、单面电脑 3/4/6 色自动变色针织机、电子选针无缝针织机等针织圆纬机系列，年制造各种高档次针织机械 1000 台。公司作为中国纺织协会技术创新联盟成员单位，参与了 2011 年修订中国纺织机械圆纬编机行业标准的工作。多年来公司充分运用产、学、研平台，积极参与并完成国家智能化针织机械设备研发任务，技术水平始终保持行业前茅。凭借高品质的产品、良好的品牌形象以及完善的售后服务，金天梭产品覆盖广东、浙江、山东、福建等国内市场，并远销海外，在南美、中东、东南亚都具有一定的影响力[①]。

针织机械行业处于产业链中游，受上下游影响波动明显，2008 年金融危机对金天梭公司影响严重（见图 6 - 35），金天梭公司在市场订单缩减的冲击下选择跳出价格战，坚持加大技术研发投入，终于克服艰难的过渡期，并通过成本结构的合理化调整，实现跨越式发展。稳定的技术创新团队是保证企业订单生产供应能力以及技术研发项目顺利开展的基石，因此金天梭公司的技术人员比重历年来基本稳定在 25% ~ 30%。通过承接国家高新项目，公司的研发经费投入占销售收入的比重从2007 年的 6% 上升到 2010 年的 10%（见图 6 - 36），这一比例已超出国际发达国家 5% 的标准水平[②]，充分反映了金天梭公司的技术创新实力。

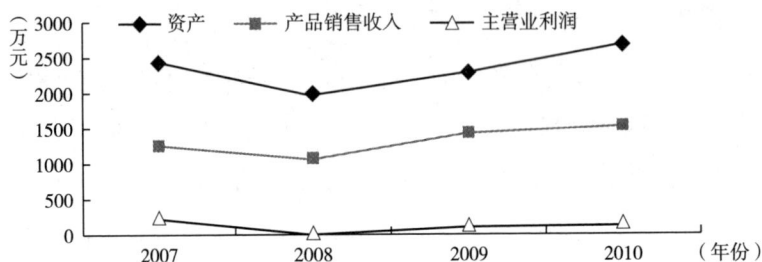

图 6 - 35　金天梭公司主要财务数据（2007 ~ 2010 年）

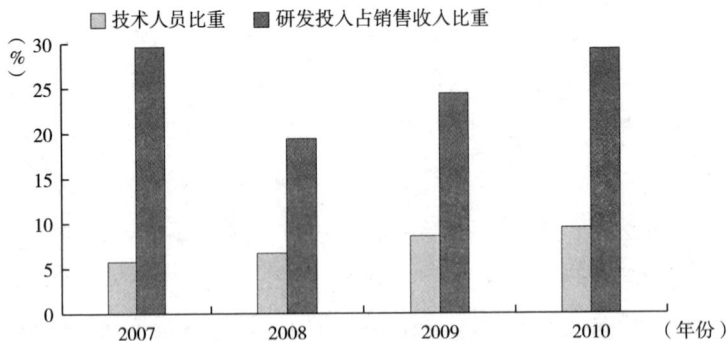

图 6 - 36　金天梭公司主要技术数据（2007 ~ 2010 年）

① 金天梭公司官网，http://www.ktanso.com。
② 《科教兴市统计指标解读》，上海市人民政府网站。

金天梭公司产品主要销往中国大陆及东南亚等市场,"金天梭"品牌深受欢迎。在福建省内采用直销方式,不设办事处,通过公司网络平台展示、客户介绍或路牌广告的方式拓展市场。最大的市场是泉州地区的石狮、晋江;其次是福州长乐,规模稍小;另外是辅助市场:厦门、漳州、三明、永安、南平等。国内其他市场设销售区域,主要市场有对产品档次要求高的广东市场,对品牌精度高,以及涉及日韩订单的山东市场;另外要求物美价廉的江浙地区是次要市场。海外市场是基于国家的出口鼓励政策,为薄利多销而设,通过国内外展览平台,发展客户和代理商,主要有孟加拉、伊朗、叙利亚、土耳其、泰国、马来西亚、印度。

二　金天梭－鑫源机械有限公司技术引进消化再创新历程

在20世纪90年代以前,我国针织机械产业基本依赖进口欧、日以及部分我国台湾品牌,国内生产领域只有上海气纺机厂、安徽二纺机厂、青岛四纺机厂、宜昌纺织机械厂等不到10家企业,远不能满足国内机械需求。改革开放之后,国有企业在体制、技术、质量方面无法满足市场需要,纷纷改制,一批民营企业悄然涌现。此时正逢台湾产业转型升级时期,传统产业向大陆寻找市场,而国产针织机却仍然处于零的状态。当时,金天梭公司前身——凹凸机械公司的总经理倪荣林关注到这个发展机会,1993年开始引进台湾技术,通过招台商并与本土企业合作,从整机进口到零配件进口,再到自主开发,就地取材,实现国产化。

泉州针织机械产业从引进中消化吸收再创新历经了整整20年,从无到有,从小到大的过程中最宝贵的财富就是通过引进设备、技术培训形成了完善的工程师和熟练工队伍。同时从针织大圆机的研发到制造过程中,台商带来了先进的创新观念,技术和善于学习的态度也尤其宝贵。现在泉州已然成为全世界最大的针织机械制造基地。规模以上的针织机械企业在泉州有100多家,年产量大约2万台,而全省年产3.5万台,占全世界总量的70%[①]。

金天梭精密机械有限公司在总经理倪荣林的带领下,技术引进消化

① 中国纺织机械行业分析报告。

再创新实践历经了国产化制造、功能化改造、传统机型的技术优化演进、特种机型高端化发展以及向自主创新跨越五个阶段（见图 6 - 37），成为泉州针织机械通过技术引进消化实现再创新成果的典型代表，其成果模式值得在福建省针织机械行业推广和学习。

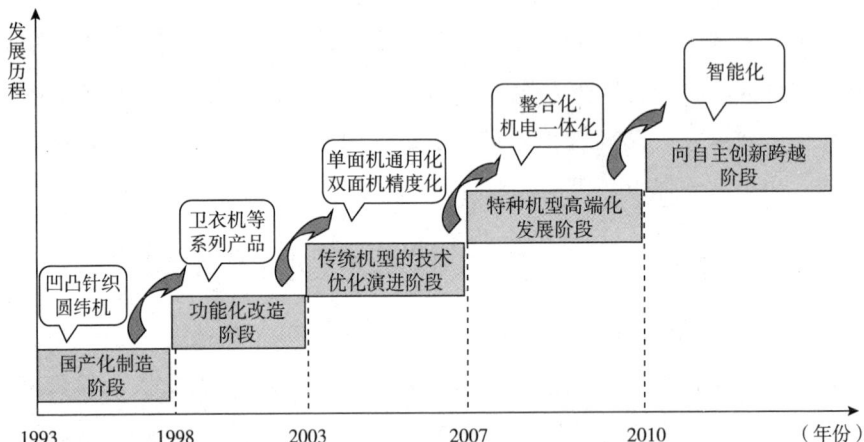

图 6 - 37　金天梭公司技术引进消化再创新发展历程

（一）国产化制造阶段（1993 ~ 1998 年）

在 1998 年以前企业发展模式是实现台湾技术国产化制造阶段（见图 6 - 38）。企业技术来源地是台湾，初期单纯的按照工艺要求进行仿制，关键部件从台湾整批引进，并直接生产。选取台湾作为技术被引进方，首先，因为台湾技术强调实用性，对有精度要求的部件都采用可调设计，这与大陆当时落后的工业基础相匹配。虽然相对来说欧洲的技术水平更高，但设计模式采用定位的方式，使用定位螺丝和定位销来保证精度，而以大陆当时的技术、材料、工艺实力只能增加变形、磨损甚至报废率。于是，台湾技术成为大陆针织机械产业发展的启蒙技术。其次，早期市场对精度要求不高，台湾产品的设计迎合了大陆市场需求。最后，企业在资金上也受到限制，引进欧洲技术会导致成本超负荷，这些因素都使得台湾技术能够在大陆蓬勃发展。但随着可调设计而来的问题是，在机械安装、调试过程中对人员的技术要求很高，因为设计上不固定，在运转过程中出现的精度问题就要通过熟练技术人员的人为设置来保证，通过微调使其符合编织工艺。因此台湾技术的引进使得大陆培育起了一批熟练的技术工和工程师队伍。

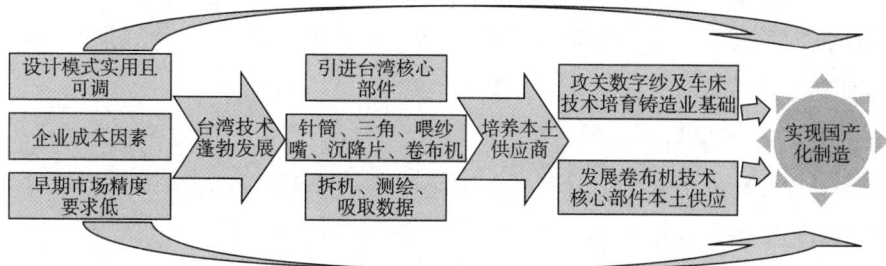

图6-38 国产化制造发展历程

这一阶段金天梭公司的主要生产模式是从台湾引进核心零部件，包括针筒、三角、喂纱嘴、沉降片、卷布机等，在技术设备引进后，通过拆机、测绘和吸取数据的方式进行技术的消化吸收，并就地培养供应商，实现整机生产国产化。这是由于大规模技术引进的模式带来了投入成本高、交通不便、延误交货期等问题。为了降低成本、实现批量化生产，扶持核心部件的就地供应是唯一的出路。因此，公司首先就地发展铸造业，金天梭公司通过培养成功机床厂，集中力量攻克当时在省内还不存在的核心技术——数字纱工艺，公司通过以订金先付的方式合作引进核心设备，发展起数字纱工艺以及大型车床技术。因为针织机械的核心部件，例如，机架的构成是以铸件为主，这一部分的突破解决了针织机械80%的国产化问题。

泉州铸造技术的国产化，也对产业链的形成提供了可靠的保证，同时质量问题相对有了保证。另外，金天梭公司在将台湾整机测绘完后，由于没有能力全部自己生产，就又通过提供技术合作，联合百源机械自主供应卷机，这样又实现了全省卷布机的国产化供应问题。金天梭公司通过自身技术消化吸收和与供应商的技术合作，到1998年，针织机械的核心部件已经能够全部实现在泉州直接供应，真正实现了整机生产的国产化，这一阶段主要生产的是凹凸系列针织圆纬机。

（二）功能化改造阶段（1998~2003年）

由于1998年突破性地实现了整机生产国产化，在前后5年过程中，针织机械行业处于发展的全盛时期。在2000年左右，每台圆纬机的净利润维持在 10 万元左右；发展到 2003 年，净利润仍然保持在每台 5 万元。因此这段时期的针织机械产业属于卖方市场，在暴利支撑下，行业快速发展，企业主要的生产模式是根据需要购买主要零部件，由于通过培养供应商而发展了产业链，铸件、卷布机、沉降片、喂纱嘴、针筒等核心部件都实现了本地供应，并保证整体生产。

但 2000 年以后，这样的质量问题就慢慢成为产业发展过程中的瓶颈，主要表现为铸件不配套，报废件出现多，损失率高，线圈稀路，编织过程中出现横条等，这都是国产机精度不够所造成的问题。而且熟练员工少，培训少，严重影响到产业的可持续发展。面对这样的问题，公司首先在设备上对国产机进行全面革新，提高了关键设备的生产精度；其次在工作母机方面，引进日本、中国台湾加工中心，提高设备的检测能力和生产能力；再次加大了人员培训力度，在编程方面培养人才，选取素质高的工人进行再培训，并且大力度引进了国营厂老员工，培养技术骨干力量。通过高瞻远瞩的改进谋略，企业解决了阶段性难题，并保证了长效获利机制，为企业后续发展自主研发奠定了设备、技术和人员基础。

在市场对机器精度开始提出要求时，金天梭公司也筹备着通过对机型的求新求变来开拓市场领地，抢占制高点（见图 6-39）。但针织机是一个长效的运行机制，生命周期长，沿用传统结构，针对市场要求，使用相同的基础蓝本进行改造，创新的部分往往是加工功能，将增加功能（如从机械提花到电脑提花）和提高精度作为附加值。企业在这一阶段的措施是通过引进台湾设备技术，消化吸收后形成了自己的一套产品系列。通过对市场多样化动向的把握，企业推出了毛巾机、卫衣机、剖布机等基础产品系列，通过丰富的产品类型奠定未来发展的技术基础。

（三）传统机型的技术优化演进阶段（2003～2007 年）

1. 单面机通用化、高速化：TS-U→TS-P→TS-F 单面高速针织机

2003 年，倪荣林所在的前身企业凹凸精密机械公司一分为四，他带着自己培养的一批技术人员和积累的资金，与台资企业鑫源机械公司合资成立了金天梭-鑫源精密机械有限公司。由于其前身企业的技术和人才资源积累，金天梭公司从成立起很快适应了当时市场要求的发展节奏。这一阶段企业的主要方针是求稳发展，在保证产量以及销售收入的同时，

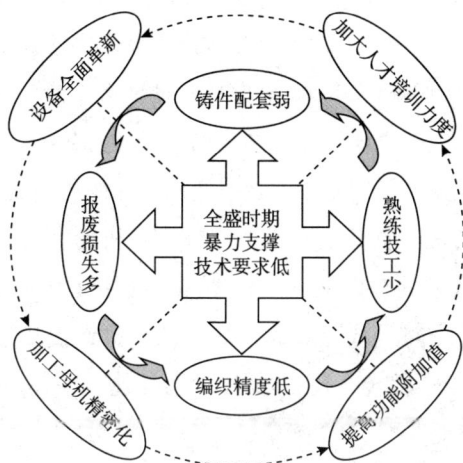

图 6 – 39 功能化改造阶段发展特点

针对市场要求进行再创新，企业主要在单面机和双面机两条轨道上实现了技术引进消化再创新（见图 6 – 40）。

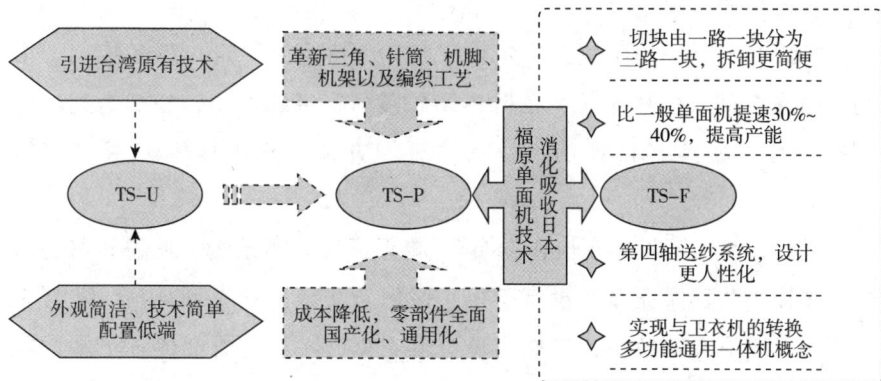

图 6 – 40 单面机通用化、高速化发展过程

TS – U 单面高速四跑道针织机系列，是最基础的单面机型，来源于早期对台湾针织大圆机生产和设备的技术引进，其结构基本照搬原有技术，整体外观简洁、精致，技术参数简单，在早期针织大圆机市场上，是实现批量化和利益最大化的经典机型。但其所属配置在各个方面都比较低端，在市场需求不断涌现个性化和多样化的发展趋势中，其劣势慢慢显现。

TS – P 相对于 TS – U 而言，在机架、外观、心脏件等方面都实现了性能优化，通过革新三角、针筒、机脚、机架以及编织工艺，优化人机界面并通过 CE 认证，操作简易，提高了机器的稳定性、可靠性、安全性能。所调整的设计和部件使得设备维护更加简便，机型的零部件更加通用化，方便了设备的更换匹配。最重要的是零部件实现了全面国产化，在成本降低的前提下，实现了类似技术性能指标达标的通用化再创新。

TS－F 通过消化吸收日本福原单面针织圆机的相关技术，根据对比研究，在自身原有机型的基础上，实现了深入通用化和高速化的再创新。

首先，切块由一路一块分路为三路一块，拆卸更简便；传动效率更直接；更好地实现高速运转，比一般单面机提速 30%～40%，达到 30 转/分钟，充分提高产能。

其次，送纱系统设计独特，顶盘部分采用悬挂式设计，使送纱系统的整体高度下降，更加方便操作工人使用，尤其是在纱圈与喂纱圈中间增加一个小纱圈，使纱线与氨纶丝不再被操作人员的头部所干扰，送纱变速箱与变速铝盘整体外移，采用第四轴送纱，使维护调试更加方便，更体现设计的人性化。

再次，创新采用中央升降定位控制，山角座采用定位螺丝控制，山角与滑块之间采用槽定位，消除由螺丝紧固带来的误差，特别是刻度器创新设计，其具有自锁功能，调整更加方便，真正体现精密机械的要求。

最后，自主开发的积极式卷布/折布无折痕多用系统，使得布料卷取方式多样，并且保证布匹没有折痕，该创新获得多项专利认证。并且只要添购三线卫衣转换件，更能实现与卫衣机的转换，更加体现了多功能通用一体机的概念。

通过上述通用化和高速化方式的再创新，增加了机器使用的稳定性、可靠性，并且保证了客户的高产量，设备各项性能已能达到中高端水平，成功实现了对日本福原单面针织圆机的再创新，该机型定位于中高价。

2. 双面机精度化——从 TD/TL 到 TD－J/TL－J 的双面螺纹针织机

相较于单面机在技术层面的持续高端化发展，金天梭公司双面机的创新主要体现在针对不同市场的技术需求，通过调整工艺参数和关键部件的设置方式来满足市场对精细化日趋提升的要求（见图 6－41）。

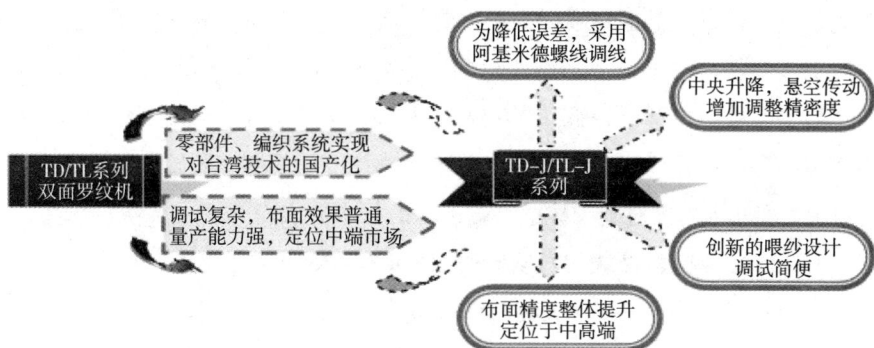

图 6 – 41　双面机精细化发展过程

TD/TL 系列双面螺纹机大规模运用台湾引进技术，在配置、零部件和编织系统上实现国产化。采用双浸油式上下同步齿轮传动，压板式升降系统以及传统的调线螺丝，该机型的特点着重于量产能力，即生产效率的提高。主要的问题是传统机型的调试方式操作复杂，布面效果流于普通，但在实现一般功能的前提下尚拥有价格优势。该机型定位于公司的江浙市场，并受到青睐。

TD – J/TL – J 系列双面螺纹机，为了适应更高端市场对布面精细度的要求，通过调整工艺参数以及设备技术创新实现了精细度的提升。

首先，将调线螺丝改革为阿基米德螺线，这是由于国外机械材料质量可靠，变形率低，编织部件都采用销来定位；而国内基础工业实力不足，材料的耐用性不足，对于引进机型须改换为可调节的装置，以保证降低调线的误差。

其次，工艺上创新的喂纱设计，使整组喂纱系统可以整体左右调整，也可以独立调整，使纱线以完美的角度进入编织系统，操作十分方便，提高了生产效率。

再次，升降系统由原先的压板调整为中央线圈密度调整装置，以一根调整扳手即可实现改编织物密度以及克重的目标。结构精巧，升降平稳，使织物克重调整更为精密和便利。中心调整机构完全摈弃了升降大齿轮，改为链条替代，使下马座底座高度得以降低，并减轻底座重量，中心调整装置显得结构紧密稳定，使用方便且省力。

另外，传动系统上从溢油结构改进为悬空结构，大点齿轮结构也进行工艺调整，使得成品面料圆度、平度更加精密，提升耐磨程度，误差缩减，同时提高产能。改进的下马座改车制整圈斜槽为彼此间断斜孔，再通过专用工装上钻孔、攻牙，以此工艺提高下马座高速运转稳定性，并获得实用新型专利保护。作为成功实现设备与产品精度化提升的再创新成果，TD－J/TL－J系列机型针对金天梭中高端市场的技术需求而开发。

（四）特种机型高端化发展阶段（2007~2010年）

1. 整合化——TSTL单面电脑3/4/6色自动变色针织机

在金天梭公司规划开发单面电脑3/4/6色自动变色针织机时，正逢国内对此类中高端针织圆纬机的需求量增加，而当时只有国内外几个知名品牌拥有开发生产实力。但国际产品价格昂贵，维修及保养工时长、费用高，而国内产品故障率偏高，稳定性差。面对这一市场状况，金天梭公司通过承担国家高新技术项目，投入大量的人力、物力、财力，顺利实现了TSTL单面电脑3/4/6色自动变色针织机的技术引进消化再创新（见图6－42）。

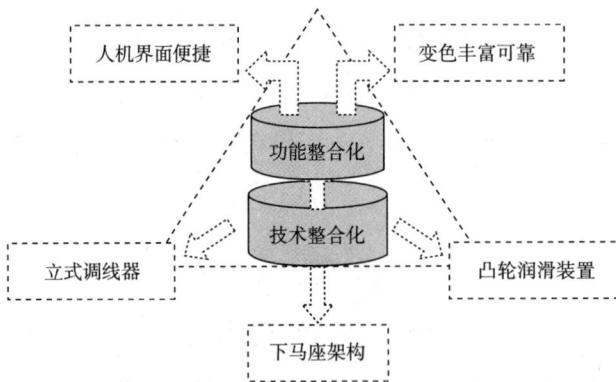

图6－42　单面电脑3/4/6色自动变色针织机整合化方式

该机型以企业原有的普通单面机型TSP系列为蓝本，在消化吸收意大利等国家参展机型的基础上，通过自主研发实现核心部件的再创新，使得企业完全拥有了设计、加工、制造和生产这一机型的能力，并且保证了国产化设备拥有与国外技术类似水平的可靠性和稳定性。再创新的技术方向属于《国家重点支持的高新技术领域目录》，高新技术改造传统产业的先进制造技术，分属纺织及轻工行业专用设备技术的"包括采用高精度驱动、智能化控制、高可靠性技术等开发的纺织机械专用配套部件"。

核心零部件工艺系统的技术创新主要表现在以下方面：首先，调线系统的可视化、开放性自动调线。控制三角掌管着喂纱和减纱这两组相对立的动作指令，在机器运转过程中，机线的相互摩擦往往导致花絮堆积而堵塞调线机。在早期 TSP 机型的调线部分采用从日本引进的卧式调线头，完全封闭的机组造成了用户使用过程中拆装清理的麻烦，延长了停机率，限制了设备的量产效率。后来发展为引进台湾的窗式调线机，但还是没有完全解决这一难题。针对这一问题，公司通过消化吸收欧洲德乐的先进技术，自主开发并生产了立式调线器，获得新型立式调线选针机构的专利认可。完全开放的结构设计，将调线器的选针脚设于调线器的侧面，相应的选针器位于调线器的侧面，配合陶瓷震动片为驱动元件的选针片，不仅解决了停机清理的问题，保证了运行效率，同时采用日本 WAC 控制系统，配合构架直观、设计合理的压电陶瓷选针方式，也显示了技术整合化在机型价值突破上的重要作用。

其次，工艺技术上的改进还表现在由升降链轮、联动小链轮、联动小链轮螺母、下马座底座组成的中心调整机构技术，使用该机构后完全摈弃了升降大齿轮，改为链条替代，使下马座底座高度得以降低，并减轻底座重量，中心调整装置显得结构紧密稳定。

此外，针对早期技术的再创新还表现在获得国家实用新型专利证书肯定的由调线器、控制三角座、控制凸轮组成的核心技术控制凸轮润滑装置技术。该装置由外壳与加油体本体构成，利用润滑油在油绳中的渗透作用，将润滑油均匀地涂抹于控制凸轮上，通过控制凸轮运动将润滑油带到控制凸轮与调线头三角的接触部位，达到润滑效果，由于油量较小而且均匀，不会漏油，就不会污染布料。

除了技术层面的整合化外，该机型的出现还顺应了市场个性化和多样化的布料需求，实现了电脑控制调线和自动变色的功能整合。通过先进的人机界面液晶触摸屏，方便变化花型或任意修改彩条宽度，且修改内部程序。另外，变色选项丰富，并且所设计的变色装置体积小，通过提高路数以达到提高产量的目的，克服了市场上调色机路数普遍偏低的问题，成功实现了这一产品对市场要求的功能整合。TSTL 单面电脑 3/4/

6 色自动变色针织机于 2008 年底研发成功，并于 2009 年开始量产上市，作为金天梭公司的核心产品系列，获得市场的广泛青睐。

2. 机电一体化——双面六色调线电脑提花圆纬机

新型和特种针织原料的不断问世与应用，人们对结构与功能新颖的服装用、装饰用和产业用针织产品的多元化要求，以及电子、计算机、信息技术的飞速发展，促进了针织机械设备在设计、加工与制造上技术水平的日益提高。金天梭公司的双面六色调线电脑提花圆纬机项目，就是在这样的市场氛围下持续推进的。

从 2007 年开始，金天梭公司通过承担国家科技支撑计划"新一代纺织设备"重点项目"智能化针织机械控制系统与装备"课题中"双面六色调线电脑提花圆纬机关键技术与装备"的研究任务，以技术引进为源头，以自主研发和合作研发为主要消化吸收模式，历时三年，成功开发制造出双面六色调线电脑提花机，实现针织圆纬机关键部件的国产化，并掌握了该机型核心部件的全技术自有率，获得多项国家发明专利的肯定。金天梭公司该款具有自主知识产权、达到国际先进水平的双面电脑提花立式调线圆纬机，提高了针织设备的智能化、数字化及自动化水平，实现了针织机械领域关键技术的突破，并逐步形成了产品系列。

金天梭 TD－ET 型双面六色调线电脑提花圆纬机的基础机型来源于 TD－HP 型双面花盘提花针织机系列。传统花盘机型存在很多制约因素，包括全人工操作，花盘斜度，转速低，产量不高，花型单一，调换烦琐，已远远不能满足当前市场对档次更高、技术更先进、功能更全、实用性更好的电脑针织机械的需求。公司在突出本公司特色、适合当前针织市场发展方向以及更具人性化的前提下，结合电子自动化控制技术、计算机选针、选色技术，人机界面对话和网络信息传导的机电一体化功能趋势，主要在立式六色自动调线器、三角曲线的设计及其制造加工、双面电脑提花控制系统软件和硬件、整机稳定性与可靠性等技术攻关方面实现了再创新，并最终研制成功具有自主知识产权的双面六色电脑调线圆纬机和双面六色调线电脑提花圆纬机。

在项目技术研发过程中，采用先进的电脑控制技术，重点攻克电子选针，六色自动变色，立式调线，双面电脑提花，电子控制牵拉和卷取，变频调速，针距快速变换等方面技术难题，并对整机的稳定性与可靠性等技术进行研究。目前，该项目经过科技部专家组鉴定，已达到国际标准。首先，该项目在新型六色立式调线机控制部件、壳体结构以及中盘底加固装置、陶瓷震动片选针方式、电脑调线提花控制系统等具有创新点，其中"中盘底加固装置""新型调线选针方式"已获得国家专利授权。其次，电脑调线提花控制系统可以方便地进行提花和变色相对位置的设定，该系统以日本 WAC 控制系统为技术蓝本，通过本公司与浙江创达公司的合作研发实现消化吸收，最终达到可与日本 WAC 系列产品兼容的级别，与国外同类产品相比，在花型输入功能方面有较大提升，具有集成度高、体积小、可靠性高、操作方便等特点。产品经国家纺织机械质量监督检验中心检测，各项性能指标均符合"双面六色电脑调线提花机"企业标准，该项目各技术指标均已达到要求，该机的整体技术性能达到国际先进水平。

该机型的主要创新点表现为：进纱路数选用48路进纱，充分提高了产量；采用每路1只8级二工位压电陶瓷选针器控制提花选针，在降低成本的同时提高了耐用度和精确度；自有的立式自动调线器，使每路1只调线器由选针器控制，以选择色纱颜色、编织风格多样的彩条织物；卷布系统采用新型无机变速卷布机，卷布效果更加均匀；电子感应器控制断纱自停器，有效达到疵点监控；采用中央吹风，步进电机控制风力分配，该机型能成功取代全成型针织机领域的进口机型，提高针织服装的品质，增加花色品种。在实现量产后，金天梭公司生产的双面六色调线电脑提花圆纬机等带电脑提花功能的大圆机销售火暴，体现了针织市场对个性化功能及机电一体化多功能成型机等设备日益增长的需求趋势。

（五）向自主创新跨越阶段（2010年以后）

1. 通过拆机解剖和重组掌握前瞻性技术——全成型无缝内衣针织机

（1）市场调研和理论准备阶段

根据市场调查和行业推荐，金天梭公司通过对几大优势品牌、机型、市场购买力和客户反馈建议的深入研究，以及对市场未来走向的合理把握，选取意大利某知名品牌全成型机进行了早期研发试制、试组装。通过拆机和重组掌握设备核心工作原理，剖析关键零部件组装要领，论证原材料替换可行性，制订机加工和热处理等工艺参数，试验原装重组机运行效率，攻关误差率和变形率最小化，保证设备产品的高精密度、高稳定性和高可靠性。金天梭公司通过对引进技术的消化吸收，来实现企业对电子无缝针织机工艺技术的全自有率，力争成为我国行业内掌握新一代智能化针织技术的领军企业。

企业需要事先全盘掌握针对所要发展机型所能生产的产品、所具备的功能，以及功能的实现方式。即将开发的全成型机主要针对内衣市场。针对市场的要求，具备的核心功能有正反色、抄花、网孔（镂空）、添色，尤其添色中最高难度的花中花。

各种核心功能的实现方式主要表现在：正反色通过电脑选针方式完成；抄花需要配合机械动作，其动作原理包括工艺点、浇纱点、挺针最高点、压针最低点、挺针高度、浇纱深度等细化的技术参数；镂空即人为的设计破洞，为达到内衣特殊的市场化效果，编制原理是实现上下线圈的编织反差，并通过组织变换保证正常镂空；添色是要求在一个成圈横面添多种颜色，要求选针器、闸刀三角、纱嘴形成一个组合路的配合，使成圈横列一路里出现多种颜色；最后的难点是花中花，压针靠步进电机来完成，并且在编制中改变织物的移度，另外要突出内衣的布面功能，通过组织的变化实现收缩的效果，缩小布料密度。

（2）拆机前的机型积淀

我国该类全成型机出现在 2003 年，最早由国外机器引入且价位极高，国内厂家望而却步。由于对工艺缺乏了解且配套较差，国产机器功能非常原始。

2005 年开始，该类机型极具市场优势。为抓住发展机会，金天梭公司通过消化吸收前人的技术成果，模仿产生了自有的原始机型；到 2007 年，该类机器市场供不应求。而国产机型都属于简易版，存在附加功能缺失现象，相比国外厂商的机型能实现高度自动化，并且后续工序少能有效减少工时。为追赶国外高端设备的技术水平，公司一直持续不断地消化吸收市场以及展销会上的先进机型的技术来改革自有机型。公司在该类机型批量生产 2～3 年后，于 2010 年推出升级版机型，采用两个选针器，添两色，无中间片，比意大利知名品牌的 TOP1 系列性能更高，但在花中花功能上仍需要继续学习被解剖机型。

该类全成型机型的产生，是一个技术积累的成果。该类机型的技术革新速度非常快，更新换代周期短，目前为止在国内出现不过7年左右时间，就已历经行业内数次的技术升级。该机型目前处于高端领域，市场占有率大，这种企业竞争涉足该领域的现象，说明全成型机的市场走势代表了针织机械行业未来发展的方向。

（3）拆机步骤

在技术项目小组的指导下，通过由简到难18个步骤成功实现拆机（见图6-43），包括机架钣金部件→大盘台面→传动部件（主、上、中传动）→编织部件（联体台，选针，压针）→闸刀部件→生壳部件→纱嘴部件（纱嘴组合，托桩）→针筒部件→三角部件（下、生壳、上三角）→机头部件（下大立柱，升降）→扎口部件（针盖，扎口）→顶盘纱架→吸风部件→吹风润滑及气动→剪刀部件→线夹部件→开针探针部件（保障系统）→电控系统。

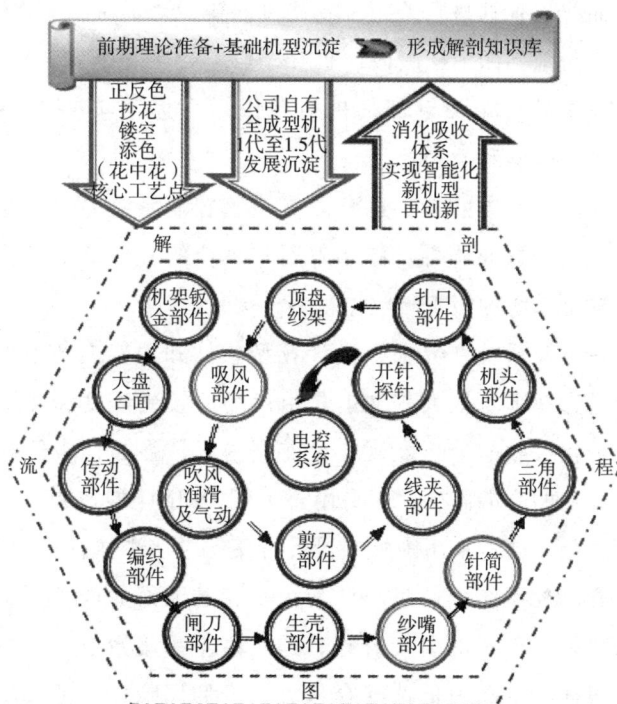

图6-43　意大利样机拆机解剖流程

231

（4）拆机的消化吸收体系

设计是整个机器的指导思想，学习国外新技术的目的主要是要掌握国际潮流趋势，了解它的优势和劣势。虽然拆机发现国外机器设计不适合国内行业实际，但它始终代表着先进的设计理念和工艺，可以尽可能地缩短工时，是国内机器的学习方向。通过拆机，系统的消化吸收技术要点主要表现在以下方面。

核心部件方面。首先，在传动上，国外机器的设计特色是不可调，并采用国际领先的同步带传动，这对齿轮的材料耐磨度、精度要求高。通过学习吸收，公司选用目前泉州最好的钢材，并部分尝试不可调的齿轮设计，在材质、齿轮处理上保证精度的同时，通过可替代的通用改造，实现零部件国产化，方便客户维护和更换。

其次，在编织部件方面主要表现在压针三角，在调试过程中发现，照搬原机设计时布面效果总有横条、反丝现象。由于前几年技术积淀，公司考虑到通用化等因素，融合自有技术，通过改进自己的跑道，切线放大，修整曲线来弥补材料差距，实现再创新。

再次，三角部件的消化吸收，贯穿于影响每个功能实现的各个环节，包括传动、编织等各个关键部件机械动作，并通过与电控系统的配合，完成机器的核心功能和动作。

最后，核心部件中的核心部分就是电脑控制系统，它是体现电子化新概念和新需求的核心构件，控制着所有系统的各种编织工艺和三角动作，因此，这个系统的消化吸收显得格外关键。

由于各种电控系统在界面、设计花型软件和构架上各不相同，因而在电控系统的选择上，很大程度上是由市场的接受程度和使用习惯来确定的。通过消化吸收的分析发现，目前国内以恒强为代表的软件公司尚无法满足该系列的高端需求，而采用意大利 DEIMO 的控制系统又在成本上无法负荷。公司准备采用国外的设计方案，并吸取国内的分块子系统，自主开发一套电控系统。通过与江南大学、航天部的产学研合作，以及与另外一家变频器公司的研发合作，通过多方采集数据、方案，来提供研究思路，根据成果和报价选择合作方，降低风险且保证成功率。该款再创新机型要在电子控制、机械制造、机电一体结合的成品上与国际一流水平企业展开竞争。

特色部件方面。首先，大盘台面上，主要表现在丝路设计和材料选择上。国内的构架材料侧重于铸件，而国外的材料设计主要采用铝件，其优点在于：质量轻有助于整机的重量缩减，在包装出厂和运输安装过程中实现了优化；散热性能好，可塑性强。但在国内加工过程中，由于材料疏密程度制约，精度不易保证，易变形和粘刀，这对润滑、冷却步骤提出了很高的加工要求。在消化吸收的过程中发现由于铸造工艺和加工能力的不足，这一难题尚在努力攻克阶段。

其次，机头部件为完成扎口部件而实现升降，系统由气动控制一系列联动效果，同时保证同轴用于检查故障和维修，这是完成组装必须实现的关键技术。公司所学习的机头设计分两种，一种是由步进电机控制，另一种是用汽缸做升降和调整，而缺点是易造成丢布，故目前新机型采用气动结构。与之相应的扎口部件也是由气动控制三角动作，这是国内外针织机械行业的共性技术，只存在结构形式上的差异，是由共同的原理指导电脑控制一套连续动作，保证织针的整圈动作。

再次，吸风部件也是全成型机的一个特色技术。以往普通针织大圆机是由各种类型卷布机来控制布面连续落下，保证杆拉力。而在这款全成型机上，布面是间断式落布并且连续工作要求织物张力，为避免落口出现拥堵，通过步进电机控制闸门开闭，在落布口形成副压，抽出衣物。对于以前简易卷布机的更新换代，也是该款机型的消化吸收再创新中必须要实现的特色技术。

最后，在毛圈上，照搬国外技术实现效果不佳，在毛圈的整齐度、长度等方面出现漏底。这是由于国外设备针对特殊织物时不一定具有优势，因而将自有技术融合设计。与之相对应的生壳部件，使用自有毛圈技术也做出配套的整体改动。

综上所述，金天梭公司通过对先进机型的拆机解剖和原机重组，掌握该款机型包括大盘台面系统、机头系统以及吸风系统等特色技术，消化吸收其传动系统、三角系统、编织系统以及核心的电控系统等关键部件的核心技术，来实现公司在全电子无缝机领域的核心竞争力，为走向更高端的智能化领域打响品牌战略。

2. 金天梭公司发展历程特点总结和未来发展规划

（1）金天梭公司发展特点小结

金天梭公司技术引进消化再创新发展历程的归纳总结如图6-44所示。金天梭公司一直采用的技术引进方式是通过构思与实物进行比对，获得工艺原理、技术参数和结构数据等，其中引进样机最有价值的就是机器的设计方案和思路。一般产品从产生仿造动机到实现产品创新，最少需要两年时间，其中历经买样机、解剖样机、测绘图纸、避开专利、研究工艺；需要一年时间。做样机需要开模具，与其他企业协作运行，真正形成经济效益要3～4年。金天梭公司多年的技术引进消化再创新路程走得十分艰难曲折，但也收获颇丰。经过多年的技术积累和沉淀，金天梭公司即将步入实现技术高速提升和跨越升级的新阶段，针对高端市场前景的战略规划，势必推动金天梭公司迈向自主创新的道路。

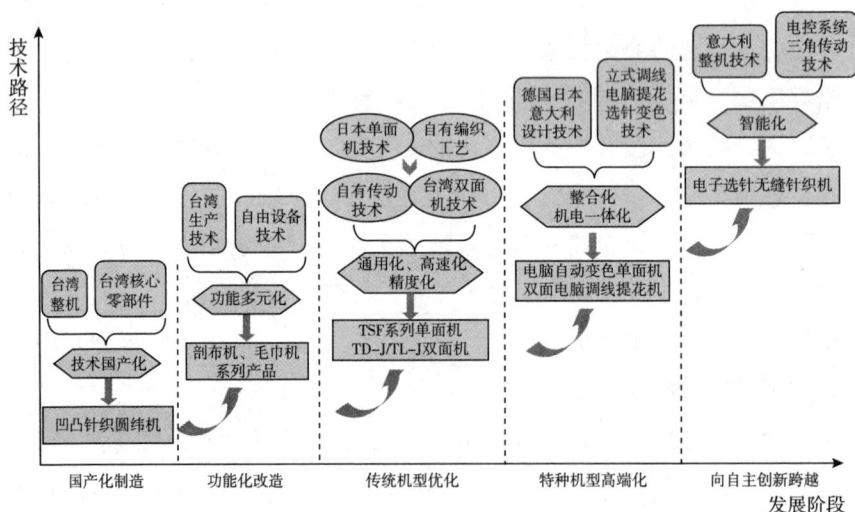

图6-44　金天梭公司机型与技术协同演进路线

（2）金天梭公司发展总体目标

金天梭公司下一步的核心战略规划是利用经济周期运行规律，在后金融危机时期大力投入研发，通过技术合作、项目研发攻关技术难题，消化吸收先进技术，并通过整合市场和技术创新发展合理化新机型，提高创新成果市场转化率，使企业在下一轮经济发展周期开始复苏、启动和繁荣的时候，抢占发展先机，塑造技术领先者的核心竞争力，掌握市场主动权。

（3）金天梭公司总体规划的实施步骤

为了实现这一部署，首先，要将无缝针织机的拆机和重组工作按照计划执行，2011年11月通过参展平台推出市场后，下一步的技术攻关通过参与"十三五"规划继续研究；其次，在样机解剖技术突破的过程中遇到的棘手难题，通过与香港友达织造厂、森弘织造有限公司战略合作进行解决，为"十三五"规划的项目奠定技术基础。由于香港厂商具有与外国著名针织机械品牌合作的经验，熟悉无缝机的优缺点和市场需求。金天梭公司计划通过若干次采集数据，了解、剖析机器工作原理。通过交流判断需要突破哪些关键技术，如何对老机型工艺改造，达到新工艺要求。另外，通过向有关部门申报引进样机，对整机进行详细的解构和重组，在掌握设备原有功能的基础上加入新功能，自主研发电控系统，实现锁底、成衣功能，同时，与服装品牌设计制造商直接合作，提升品牌价值。

三　金天梭－鑫源机械有限公司技术引进消化再创新案例的启示

（一）引进装备定位设计模式驱动工艺再创新

通过多年引进国外技术的经验发现，国外机器的显著特点就是在需要体现精度的地方都设计成定位结构。这是因为国外材料基础好且加工实力雄厚，简单传统的设计可以依靠强大的工业基础来支撑和消化。这样不仅缩减了人力成本，而且能保证精度。而国内机械行业在学习国外这种先进设计方式的过程中，由于受到工业化水平低，以及材料基础薄弱的制约，一味地照搬原设计会导致部件变形、磨损且不便更换，增加停机率和故障率，因此只能通过工艺再创新方式改造设计模式。随着消化吸收国外先进技术对设备精度要求的提升，加工工艺也必须改进，同时整机安装、装配精度也要相应提升。

定位设计模式的工艺再创新需要产业链上、中、下游联动支撑（见图6-45）。针织机械行业处于产业链和技术链的中游，在产业链上游原材料方面直接受到棉花价格上涨、银根缩减、汇率波动、劳动力成本上升等因素影响；在产业链下游纺织业方面受到市场需求不稳定的因素影响，两者导致针织机械行业的发展动向不稳定，企业难以制订长期规划投资技术再创新。在技术链上，需要涉及广泛的行业链，包括机床、铸件等工业基础行业，以及纺织、服装等消费市场行业。其中任何环节的波动都对针织机械产生直接的影响，从而技术引进消化再创新方式就必然包含对工业基础和市场容纳能力的考虑。

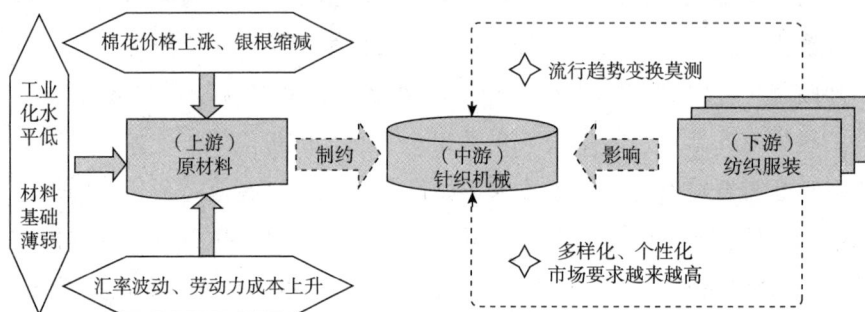

图 6 – 45　工艺再创新的产业链联动支撑模式

夯实工业基础是实现工艺再创新的必由之路，发展可靠性本地供应商，实现优质材料、设备的国产化是技术链优化的大势所趋。金天梭公司在引进台湾技术时，基于与台湾在企业概念、管理制度、文化上的差异以及安全性考虑，更倾向于与本地人合作。泉州针织机械配套加工技术，是从早期与汽配、小五金等加工企业零星合作，发展到与专业加工供应商的合作。作为针织行业的重要组成部分，铸件基础和针织服装加工业已经形成上、下游技术链配套齐全的产业体系。因此，产业要实现快速提升，由劳动密集型向质量效益型转变，必须加强技术链上、下游企业及针织机械制造企业间的合作，进而推动产业转型升级。

总之，全面提升针织加工产业链的整体水平是成功实现工艺再创新的原动力。目前大量加工型企业的产品附加值不高，产品同质化竞争激烈，要素成本上升，品牌创新能力不足等导致企业效益得不到根本性转变。针织圆纬机作为针织服装加工生产的主要设备，通过在新技术的应用、自动设备性能、操作、花色品种等方面发挥技术引领作用，才能带动下游加工企业的竞争力提升。

（二）破解技术引进渠道封锁以提升技术引进效率

目前，政府技术引进指导的缺失对机械装备产业技术引进消化再创新战略的实施造成严重的制约（见图6-46）。针织设备是针织工业的装备基础，针织设备的整机引进同样也是整个针织工业技术引进的重头，但目前我国的针织机械行业技术引进却是困难重重。首先，政策上缺乏系统指导，由于圆纬机属于大中型器械，政府在海关手续上暂时缺乏优惠引进扶持政策，或者大型高端技术的减免税政策。这在操作层面上，加大了企业依靠自身力量研究开发的成本负担，影响了企业学习国外先进技术的积极性，放缓了我国针织机械追赶国外高端技术的步伐。其次，政府在引进为了研究、解剖、学习与参考用的中高档设备上的政策处于空白，缺乏引进规划和评估机制的指导来提高技术引进效率。企业需要政府建立评估机制来分析目前国际、国内值得学习的设备，并在政策上进行低税和免税倾斜扶持大型装备的引进。

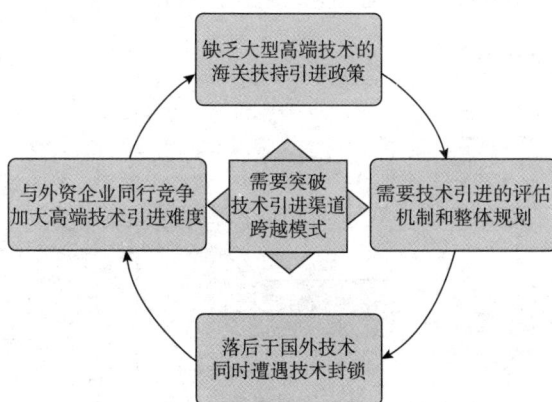

图6-46　机械产业技术引进渠道瓶颈

另外，外资企业作为同行竞争严格封锁技术引进渠道。首先，国内技术落后于国外技术十几年，但仍然时刻遭到国外企业的技术封锁，追赶路途越发遥远。其次，从行业角度来看，外资企业纷纷进驻中国市场，与民族机械工业俨然形成对峙的局面，同为竞争对手，更加大了高端技术引进的难度，也对本地针织机械企业的技术引进方式形成了考验。面对这种严峻的现状，本地针织机械企业原则上要采取大协作的方式，这是引进技术国产化成功的重要保证。鼓励本地针织机械企业形成与跨国企业的有机配套,采用补偿贸易、子公司技术合作等方式获取技术;通过外资企业与本地企业建立分包商、供应商等关系,从而使跨国公司在华生产线不断延伸,其技术也将会为我所用,总之,在机械产业引进高端技术的路途上,必须尽量化竞争为合作,才能有助于实现跨越式追赶。

(三) 技术消化吸收主要方式——整机和零部件技术匹配

整机和零部件技术通用化匹配。国外技术先进的针织机械设备属于针对性机器,在单一化功能上能做到专精尖,表现为整机参数的调节量相对较窄。例如,基本机型在棉纱面料方面的光滑度、整洁度非常好,但处理羊毛衫质地时会出现缩水、横条等现象。再比如,在毛圈技术上,国外机器在毛圈的整齐、长度、正面的漏底上存在缺陷,而优势一般在扎口、添色、花中花等特种功能。面对国内市场个性化、多样化的需求,企业需要通过对引进整机的消化吸收,推出能为客户实现功能整合、降低成本,整机和零部件技术通用化匹配的一机多能型产品,结合市场需求做好匹配标准化、系列化和通用化 (见图 6 - 47)。

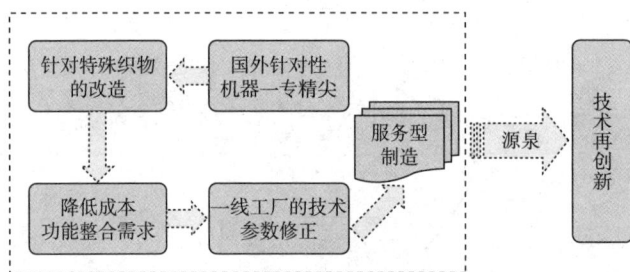

图 6 - 47 针织机械技术消化吸收方式

整机和零部件技术功能化匹配。目前,我国针织机械的生产和产品已趋于功能化、快速化、个性化、规模化、品牌化和时尚化。为了适应市场需要,基本产品品种和规格系列都发展得较为齐全。设备的发展也更强调通用性,如金天梭单面圆纬机中只要添购转换件就可以与三线卫衣机相互转换,实现一机多用;另外,同一台机器其不同规格的针筒可以相互调换,TSF 单面机的设备和零部件还可以实现对国外整机的兼容,实现一机多规格。结合国情和实际需要,自主开发的实用技术也成功应用和产业化。以此为动力的技术消化吸收发展方向表现为：提高对原料适应性的整机技术，机电一体化的整机设备，整体针织加工技术和多功能、可变换的零部件技术。

服务型制造推动整机和零部件技术匹配。买品牌也是买服务，金天梭公司的生产方针是在工厂保证机械98%的价值，另外2%由服务来补偿。对针织机械产业来说，多数的技术需求是由使用厂家所提供的，将不合理的技术进行改进，提高精度、速度，减少噪声，保证质量。金天梭公司有很多核心的技术创新都来源于一线工厂的使用心得，因为各个来源地的机器同时在工厂里运行，通过相互交流各款机器的优缺点，就使金天梭公司学习到日本机器的三角工艺，在反复试验过程中修正，实现工艺点的完全统一。通过对服务型制造提供的技术参数进行消化吸收，实现整机和零部件技术融合匹配。

（四）技术消化吸收理念落后制约创新根源性突破

国内机械行业在技术引进消化再创新上的核心问题是消化吸收理念落后。早期的技术引进模式是完全的拿来主义，将引进的技术、设备、零部件直接用于生产，后来慢慢发展为根据技术实现程度进行国产化，再者经过消化吸收后，在技术折扣的同时出现功能实现的仿制版、山寨版。这样的技术实现方式就决定了国内的机械产业一直处于价值链的低端，成为低技术、低质量的代名词。本土企业在遇到难题时往往不直接攻克关键性问题，只是绕道调整工艺差异最小化，从而导致我国技术水平跟发达国家相距甚远（见图6-48）。

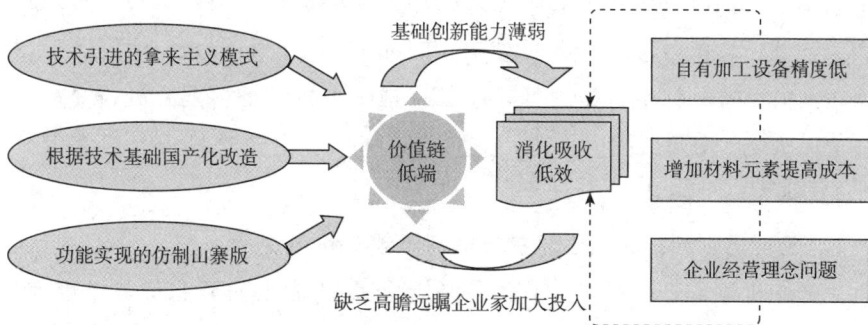

图6-48　技术消化吸收低效根源

长期以来，针织机械行业在基础研究和高技术研究领域取得突破性的发现或自有发明很少，在产品开发和工艺创新等方面始终是技术追随者。发明专利作为最根本的创新，是最能体现智慧的创新，是技术突破的重要体现。统计数据结果显示，针织机械行业拥有专利技术的企业数占比为 86.14%。但从专利性质的构成看，发明专利所占比例偏低，不足总数的 20%[①]。基础创新能力薄弱、基础研究投入过低是针织机械行业产品同质化严重的根本原因，导致每年仍需要进口大量高端针织机械产品及其关键零部件。

另外，由于消化吸收投入的风险高，本土企业在消化吸收上的投入比例也严重失衡。金天梭公司在解剖了日本原装机器后，在国产化调试过程中发现传动件的精度一直无法实现。通过检测发现，日本原装铸件含有 31 种元素，而国产铸件只含有 6 种元素，材料的差异导致性能缩水。而铸件生产商作为机械行业的工业基础保证方，却并没有选择消化吸收来提升材料质地，而是继续将就生产。首先，是由于自身的加工设备在精度上达不到要求；其次，微量元素增加会增加生产成本；最后，本土企业的经营理念问题，直接导致企业不愿意在技术的消化吸收上投入。显然，我国机械装备产业要成功实现转型升级，就要呼唤这样高瞻远瞩的企业家，培养出愿意带动行业发展的创新人才，大力发展材料科学，破解产业发展的基础瓶颈，建立利润和研发良性循环的长效机制。

总之，局部改进只能是过渡阶段，本土机械企业必须从源头上补课。目前技术实力雄厚的企业，都在研发资金上有较多投入。同时，需要加强技术改造，对精密加工机床扩大应用。针织机械是精密机器，特别强调工艺性，设备运行的各方面对纱线的配合、装配、调试、检测等提出了很高的要求。针织机械的可靠性一直是国产机械的薄弱之处，要从企业家、人力、物力、财力等方面进行材料的消化吸收投入，切实发挥"可靠性工程"的效益。

（五）再创新成果共性化扩散影响再创新积极性

针织机械行业共性技术居多，维持再创新成果的领先优势难度大。

---

① 中国纺织机械器材工业协会，《纺织机械行业"十二五"发展性指导意见》。

机械技术的特殊性在于通过工艺调整就能绕开国外技术的专利设计。企业通过引进、模仿，找到需要的技术，再解决工艺点，调试实践检验效果就能很好地实现本土化消化吸收，但相应地加大了本土企业对自身再创新成果的保护难度。因为每个设计方案都可以由两三个备案来解决，绕过核心的专利技术，依然能达到技术功能的实现效果。例如，陶瓷振动片的专利点是其支撑点的位置，而机械行业的学习能力特别快，模仿竞争能力很强，绕过支撑点的专利技术，陶瓷振动片的技术迅速实现扩散，越来越多的机械企业纷纷掌握了相关技术。核心技术的实效期很短，等专利保护期失效就彻底地转变为共性技术。比如，无缝内衣机的扎口系统是由气动控制三角动作，这也是国内外针织机械行业的共性技术，只存在结构形式上的差异，是由共同的原理指导电脑控制一套连续动作，保证织针的整圈动作。机械产业门槛在降低，市场竞争激烈引发无序混战，缺乏秩序引导，更降低了知识产权保护的效果。

针织机械产品知识产权保护局面的混乱，阻挠了企业技术再创新的脚步。结合机械行业的特点而言，我国知识产权保护机制的不完善主要表现在：首先，在我国未注册的设计从开始申请专利到在国际市场上得以保护至少需要三年，这样原创判断的难度加大。政府若能将专利申请、商标注册的时间缩短，才能更切实地保证企业创新成果。其次，现在企业对商标和专利申请的重视度不够，导致市场上山寨横行，以假乱真，严重影响了企业的销售市场，使更多企业丧失了进行自主研发创新的动力，不利于企业乃至行业的向前发展。最后，随着设计、生产和销售周期越来越短，机械产品设计的注册保护和对侵权行为的起诉过程相对漫长，而且成本也很高，权利的拥有者通过胜诉维护权利的难度上升。针织机械企业的核心竞争力普遍来源于产品创新、功能设计和品牌影响力，学会用法律的武器来保证再创新成果的领先地位显得尤为重要。

（六）技术再创新战略聚焦——破坏性再创新

针织机械技术再创新的重点是设备质量和价值的提升。在早期的国内机械市场，仿制机器由于具有价格优势，其销路强于原装机器。20年的发展历程，导致了很多机械企业仍然处在薄利多销、注重产量而不强调质量的道路上。而且目前的市场需求尚不高，人们对品质的判断能力也不高，消费市场的仿品牌和山寨品随着阶梯推进仍然有各自的市场。但随着国家进入"十三五"全面调整时期，对知识产权保护的加强，消费意识的提高，购买力的增强，大规模低档产品的市场在不断萎缩，而且大部分企业都将产品质量逐步提高，价格适度提高，这样的产品与完全不优化的产品会形成剪刀差，差距将越来越大，低端市场生存空间会越来越窄。企业缺乏核心竞争力，很容易被市场淘汰和替代。国内企业必须实现跨越，注重质的飞跃，开拓更广泛的市场。

金天梭公司寻求技术再创新的战略聚焦点。在广泛的市场领域上，单独的企业不可能做到面面俱到，金天梭公司的技术再创新战略聚焦于攻占高端领域，集中人力、物力、财力打造品牌战略。这就要求在 3~5 年内的发展规划中，针对企业在市场切入点上的布局，强化技术含量，加强对人才、研发、生产团队的培养，培育高端产品系列化的实力，充分运用前期大量的技术积累，在市场前景一片看好的环境中，果断跳出价格战的泥沼，稳固自身在高端市场的地位。

以破坏性再创新实现技术再创新的突破（见图 6-49）。国产机器稳定度要往高端发展，脱离不开先进国家的工艺路线，要充分消化吸收国外的设计方式。在机械构造上需要精确的定位，要求再安装时可以按照图纸直接安装，不需要复杂的操控能力来保证一模一样的精度。而大陆企业从台湾学习了多年的技术，由于材料、设备、工艺、热处理的总体技术薄弱，一直将定位设计改为灵活设计而发展。而目前的技术再创新突破点正是要将现行的灵活设计模式颠覆性破坏，逆向回归至定位设计模式。为了降低加工成本，减少人力成本，提升再创新层次，将机械加工、生产各环节的定位化设计改革作为破坏性创新的关键聚焦点。

目前破坏性再创新面临的困难包括材料成本增加，设备速度下降，产量减少，另外市场的接受度也存在一段过渡期。但要克服改革的不适应，对工人的责任心及其机器精度要求都在提高。例如，要实现三角的双定位，需要更好的加工中心及更换新设备。在成功实现针织机械的破坏性再创新过程中，利润是保证企业稳定发展的基石，产品和销售是相互依赖的，要使用高档材料和技术水平保证利润，用技术和质量来维持利润。在该理念的指导下，破坏性的再创新仍然需要一步一步来实现，

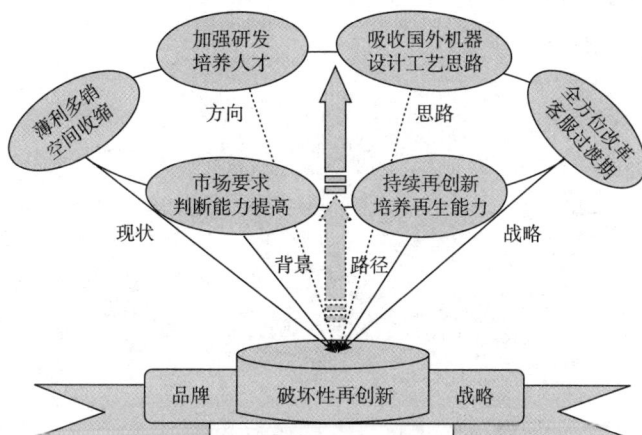

图6-49　机械产业破坏性再创新突围战略规划

而且需要保证一定的利润，才能实现再生的能力，从价值链的低端飞跃。

（七）民族工业保卫战是技术引进消化再创新的保障

民族工业在技术引进消化再创新过程中面临被外资吞噬的风险。中小企业是机械产业经济的主体，其中最为活跃的就是民营企业。民营企业的显著特点是企业家精神主导并渗透于企业发展的各方面，当民营企业发展到一个技术、规模和实力的分水岭时，对下一代领导者的培养就与企业的命运休戚相关。而在国内的文化氛围下，培养的技术人员忠诚度不足，职业经理人素质尚不过硬，企业家往往选择自己的子女承接，进入企业的下一发展阶段。如果在这一过程中出现移交空洞，民营企业无法实现向家族企业转型时，颇具市场、技术竞争实力的民族产业就会面临着被外资吞噬的风险。前期大量技术积累的企业被外资收编，不仅是民族工业的损失，更阻挠了本地企业真正做大做强、走上自主创新。

金天梭公司目前就面临着被并购的风险（见图6-50）。在企业开始涉入无缝内衣机领域时，适逢国内这个市场的开启，公司在这一领域的规模也逐渐扩大，这引起了意大利针织机械巨头圣东尼的重视。虽然金天梭公司每年产量只保持300台左右，但仍然具有一定的市场份额，而且在泉州针织机械中的研发实力也处于领先地位。外资企业通过几年的跟踪调查，选择并购的原因首先是吞并销售网络，打开中国市场份额，扩大地盘；其次是消灭竞争对手，技术上实现垄断局面；最后是获得熟练的技术工人，打下运作基石。

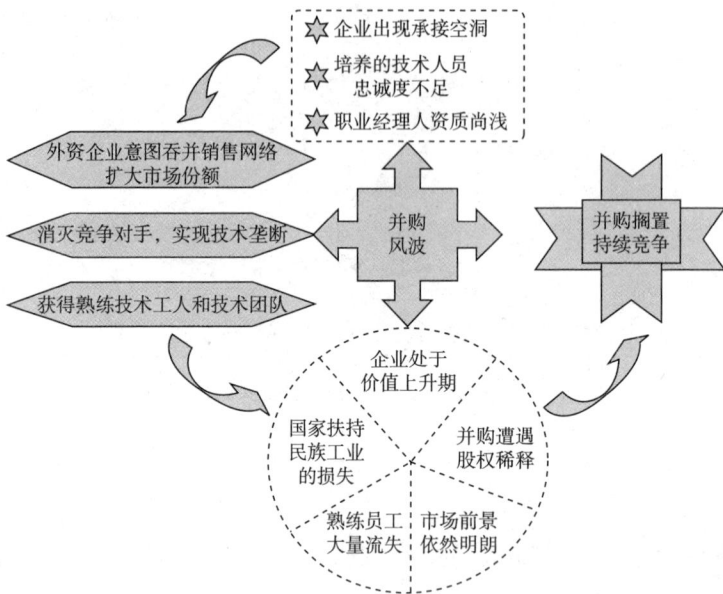

图 6 - 50　金天梭公司并购风波示意

面对并购方案，金天梭公司虽然有合作意向，但同时也面临着更多负面影响。首先，企业的发展阶段正处于价值上升期，前期打下的技术基石正要实现企业的技术跨越，形成核心竞争力。被并购会致使多年来通过自主研发培养的技术团队和技术能力被外资控制和利用，甚至消解。其次，企业在发展过程中受到国家很多扶持政策的培育，被并购显然是民族工业的损失。再次，企业员工熟悉了目前民营企业的运作模式，重点技术骨干不愿意企业被并购，造成人员流失。另外，外国企业大批进驻，瓜分中国市场，本土企业相对熟悉环境，面对明朗的市场前景更坚定了发展信心。最后，由于国际品牌的排外特点，金天梭公司被收购后也会遭遇到稀释股权的困境。基于以上原因，双方才将维持了一年左右的并购谈判暂时搁置。

机械装备产业所面临的民族产业危机，需要引起政府的警觉和支持。外资企业也在等待最佳收购时机和收购对象。外资企业事先一方面会新建厂房，打下发展底盘，并广泛地培训吸纳熟练工；另一方面，不走整体公司并购的方式，挑选有潜力的业务网络进行合并，提高了兼并的可能性。为了维护民族工业，应对下一步更加激烈持续的竞争，本土企业应该强强联合，扩大企业规模以增强竞争实力。政府应着重鼓励中小企业跳脱家族企业的文化氛围，向股份制企业转型，并对民族工业的发展做出政策方面的倾斜，为机械装备产业在技术引进消化再创新进程中顺利发展提供良好的环境保障。

第四节　福顺微电子有限公司技术引进消化再创新案例分析

一　福顺微电子有限公司简介

福建福顺微电子有限公司是一家由福建福日电子有限公司与台湾友顺科技有限公司合资的半导体集成电路及特种分立器件制造企业，其中福建福日电子有限公司占股 30%，台湾友顺科技有限公司占股 70%。公司成立于 1996 年，自 1997 年至今连续十几年一直保持盈利，2013 年实现销售收入约 2.3 亿元。公司现拥有员工 560 多人，其中大专以上科技人员 180 多人①。公司成立之初，采用租赁的经营模式租借福建半导体器件厂引进的 4 英寸集成电路前工序生产线进行生产活动，经过一年多的时间，至 1997 年底就达到月产 5000 片 4 英寸晶圆片的生产能力。福顺在不断增资、扩大生产规模的过程中渐渐壮大起来。此后公司对这条生产线进行了两次扩大产能的技术改造，2002 年实现了产值、效益翻两番的目标。公司于 2003 年引进了一条新的 4 英寸生产线，2004 年建成投产；于 2004 年底引进了一条 6 英寸生产线，2006 年建成投产；此后于 2009 年底开始对原 4 英寸集成电路前工序生产线进行技术改造，2010 年底成功完成由 4 英寸生产线向 6 英寸生产线的改造。2012 年，公司参与投资建设"八英寸集成电路芯片生产线"，总投资 10 亿元，占地 77.23 亩。目前公司年生产能力 4~6 英寸晶圆 50 万片，已成为我国最大的 6 英寸集成电路芯片生产基地，4 英寸集成电路芯片产量位居全国前三（见图 6-51）。

---

① 福顺微电子官网，http://www.fjfsmc.com。

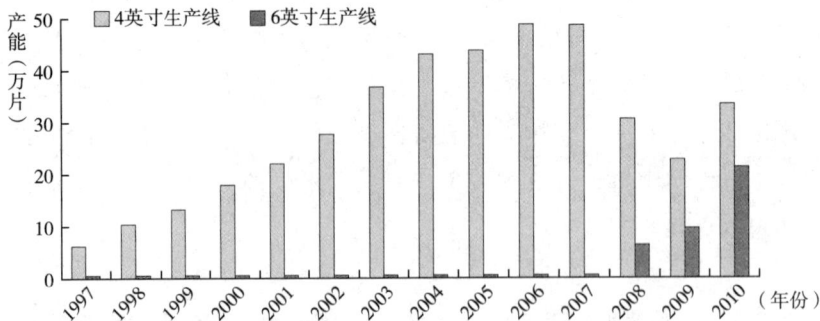

图6-51　福顺微电子1997~2010年产能增长情况

公司秉承"依托引进设备，进行产品及工艺技术创新"的理念，取得了丰硕的成果。到目前为止，公司已经成功开发集成电路产品680多种，覆盖32个大类，获得6项发明专利、3项实用新型专利。产品除了满足国内市场需求外，还出口到日本、美国、欧洲、南美洲、东南亚、南亚、中亚等地，呈现供不应求之势。企业还涉足集成电路设计领域，现已获得13项集成电路布图设计专利。早在1998年，福顺微电子就被福建省科技厅评为"高新技术企业"，并保持至今；2000年承担信息产业部"电子发展基金"项目，圆满通过验收，并得到表扬；2001年被福建省外贸厅授予"外商投资先进技术企业"的称号；2004年被福州市政府评为"技术创新先进"企业；2005年被中国半导体行业协会评为"中国最具成长性半导体企业"；2007年被国家发改委、信息产业部、海关总署、税务总局联合认定为"第一批国家鼓励的集成电路企业"，同年被福州市政府评为"科技工作先进企业"；2009年与2010年两度被评为"国家重点扶持的集成电路企业"。为了更好地开展国际贸易，福顺一直采用国际标准。公司于1999年通过ISO9001国际质量体系标准认证和英国国家质量标准（UKAS）认证；于2006年又通过了ISO14001国际环境标准和GB/T28001职业健康安全标准认证；2008年被福州市政府认定为"第一批鼓励发展的高新技术企业"，并通过"高新技术企业"新标准的认定；2009被授予"国家重点扶持的集成电路企业"，同年，获得"6·18"海峡两岸职工创新项目金奖；2010再次被授予"国家重点扶持的集成电路企业"；2011年通过"高新技术企业"复审，并被福州市国税局评为2011

年度"纳税三十强";2012 年获"福州市企业技术中心"认定;2013 年第三次被授予"国家重点扶持的集成电路企业",通过 ISO/TS16949 质量管理认证。

经过十几年的发展,福顺微电子已在中国集成电路行业优秀企业中占据一席之地。公司通过不断地引进国外先进设备,致力于工艺技术、产品创新,不断完善和扩展自己的产品系列,已成为福建省产品覆盖面最广、营利性最好、最具成长性的高新技术企业。

二　福顺微电子有限公司技术引进消化再创新历程

集成电路制造工艺技术是一项与专用设备密切相关的技术。进入 20世纪 80 年代以后,集成电路制造中的很多工艺技术已经固化在设备中了,设备已经代表一种相对完整的解决方案。因此,集成电路产业被赋予了"一代设备,一代工艺,一代产品"的特点。高端精密制造设备成为我国集成电路制造工艺技术发展的短板。一方面因为发达国家和跨国公司严格限制向我国出口最先进的技术和设备;另一方面因为国外先进的大企业为了在新技术的高利润期驱动技术升级、引领技术创新,所以发展中国家引进的设备多为翻新的二手设备。福顺微电子平均每年都会拿出销售收入的 25% 用于购买设备,在这些翻新的设备平台上,锐意进取,在消化吸收中不断进行多层次的工艺技术创新。在集成电路技术的发展中,新一代工艺技术诞生并不意味着会淘汰旧的工艺技术,而是多代并存,以成本最低、收益/投入比最大的原则,各自占领着相关的应用领域。因此,本书根据新的制造工艺技术出现的频次将福顺微电子的发展分为三个阶段(见图 6 - 52),分别为:技术积累阶段(1997～2002年),技术成长阶段(2002～2006 年),技术发展阶段(2006 年至今)。

(一)　技术积累阶段(1997～2002 年)——以 Bipolar 工艺技术为主导

技术积累阶段以双极(Bipolar)工艺技术为主,主要生产 5 微米(μm)、3 微米(μm)、2 微米(μm)双极型电路。在此阶段,除了线宽水平的进步,辅助工艺也开始有进步。金属布线工艺材料也由最初铝材料增加了铝硅合金材料;介质层工艺从最初的低压淀积工艺,拓展增加了常压淀积工艺;从化学淀积工艺,拓展增加了物理淀积工艺;从低压化学气相

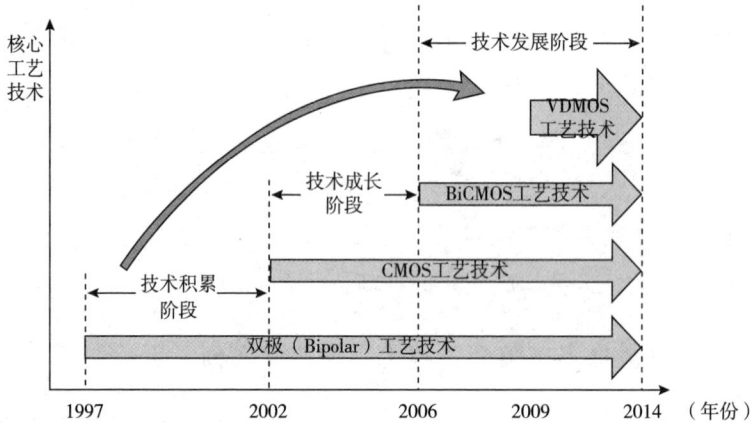

图 6-52 福顺微电子工艺技术的发展阶段

淀积工艺（LPCVD），拓展增加了等离子体化学气相淀积工艺（PCVD）（见图 6-53）。

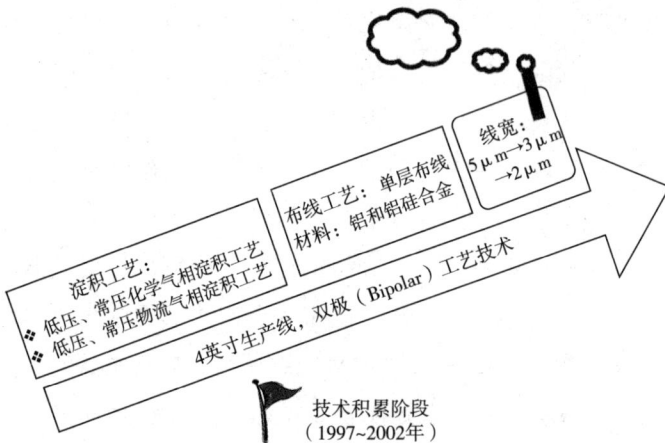

图 6-53 技术积累阶段工艺技术体系

1. 生产线引进及应用情况

双极（Bipolar）集成电路制造工艺技术是最早的集成电路制造工艺，出现于 1958 年。虽然现在双极工艺技术已经不属于先进的、高端的集成电路制造技术，但是凭借其高速度、高跨导、低噪声以及较高的电流驱动能力等方面的优势，发展依旧很快，目前主要的应用领域为模拟电路和超高速集成电路。

福顺微电子于 1996 年租赁一条 4 英寸集成电路生产线准备进行生产活动。这条生产线是由福建省国营八四三 0 厂于 1989 年引进美国的 4 英寸集成电路生产设备建成，但是由于缺乏集成电路生产及设计的专业人才，这条生产线一直闲置。直到 1996 年 5 月，由台湾友顺控股的福顺微电子租赁了这条生产线，通过引进及改造集成电路制造工艺技术及管理团队，1997年使这条生产线开始运行投产，并达到月产 5000 片的原设计生产能力。

当时国内 80% 以上的集成电路产品依靠进口，国内市场巨大，国外集成电路制造企业为抢占市场纷纷将集成电路生产线迁往中国大陆地区，并借助大陆廉价的劳动力，积极开展代工业务，出口集成电路产品。福顺微电子就是在这样的大背景下，由台湾友顺科技有限公司在大陆建立的生产制造中低端集成电路产品的代工厂。基于设备、资金、市场的综合考虑，福顺微电子利用原生产线的设备进行双极工艺技术的开发，以制造双极型三极管为起点开始生产，主要是一些耐压高、输出功率大的集成电路产品，主要应用面为电源稳压、音频功率输出、马达驱动等。

公司成立之初，由台湾友顺科技有限公司委派的工程师指导生产线的生产活动。公司吸纳了部分国营八四三 0 厂的部分技术员，并外聘了部分技术学员，由来自台湾的工程师进行培训和指导。技术学员跟着工程师从引进设备前厂房的准备开始学习，如车间无尘环境的控制参数如何设置、光线强度的控制、通电设备排线问题、水管线路的布线等。原 4 英寸生产线虽然在引进的时候已经过安装调试，但是由于多年废弃不用，设备折旧厉害，精密度降低。工程师教授学员如何进行设备保养、如何调试精密度、各制造工艺参数如何设置。晚上进行理论学习，白天进行实践，先在单台设备上进行流片试验和调试工作，等单台设备调试工作完成后，再将整条生产线连起来进行小批量试验。经过一年多的调试和学习，生产线可以运行投产，技术学员基本可以处理生产线的运行工作，剩下两名台湾工程师留下指导。自此，福顺微电子开始了代工之路。

2. 双极工艺技术

福顺微电子早期主要发展市场容量大、市场应用面广的双极型集成电路，采用双极制造工艺技术，线宽水平为 5μm。双极制造工艺技术主要以硅材料为衬底，在平面工艺基础上采用埋层工艺和隔离技术。埋层之于双极型集成电路就像淤泥清理机之于河道，如果没有埋层，电路电阻增大，不仅增加集成电路的耗能，还会减少其使用寿命。埋层就是为了疏通电路，减小串联电阻，保持电流的畅通。

刚开始进行量产双极型集成电路时，福顺微电子采用砷埋层工艺，可是出现了晶圆片成活率较低的情况，严重影响了公司效益。在生产线不能停工的条件下，工程师必须加班进行多项不同条件的实验，尽快找到成活率低的源头。一道道工序的参数被反复核对、测试，最终发现砷埋层自掺杂严重，对集成电路的制造产生了严重的干扰作用，影响了双极集成电路的制造成活率及器件的性能。于是技术人员决定采用锑材料取代砷材料进行埋层（见图6－54）。取代的过程不是一蹴而就的，技术人员在实验室内研究并确定锑埋层的各项参数后，还进行了与其他工艺的综合实验，保证进行生产线上的试产时晶圆片成活率为80%以上。生产线试产成功后，锑埋层工艺正式进入量产。此外，为了提高锑埋层的工艺质量，还引进了接触式曝光机和大束注入机，保证埋层的均匀性，提高了晶圆片的成活率。采用锑埋层后，生产线工艺性能稳定，偶尔出现的小问题进行微调即可。

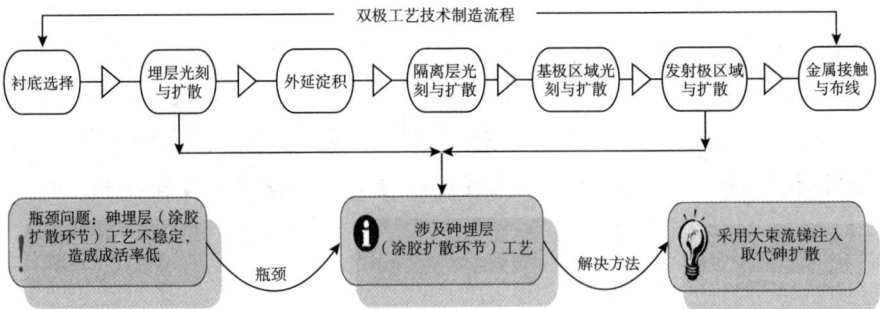

图6－54 双极工艺技术的瓶颈问题及解决方法

3. 辅助工艺的发展（见图6－55）

（1）线宽水平

集成电路的技术工艺水平主要从两个角度进行划分：硅片尺寸和线宽。硅片尺寸越大，表示其产品的技术工艺档次越高，生产线的生产效率越高；而线宽越小，表示其产品的技术工艺档次越高。

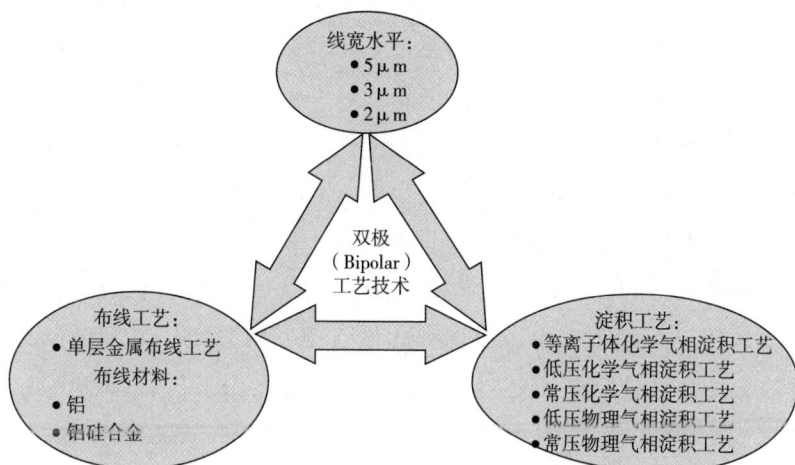

图 6-55　技术积累阶段辅助工艺发展

线宽指集成电路生产线在硅片上加工的线条宽度，线条越细表示单位面积中可放入的元件越多，也即集成度越高，线宽一般用微米表示。

由于集成电路生产工艺技术进步迅速而导致生产线的经济周期缩短，一旦技术周期结束后，生产线将进入微利或亏损的状态，所以在原生产线上进行工艺和技术改造、设备的补充和调整来延长其经济周期，已成为各集成电路制造商普遍的做法。福顺对这条 4 英寸生产线分别在 1998 年和 2000 年进行两次扩大产能的技术改造。1998 年，福顺拿出当年销售收入的 40% 用于引进设备，引进的设备包括扩散炉、快速热处理设备、匀胶显影设备等，尤其是引进了光刻设备接触式曝光机，将线宽水平提升至 3μm。2002 年，福顺又相继引进了线宽 2μm 的制造设备，11 月启动了 2μm 技术生产线。从此，福顺的生产线上又增加了两个产品系列——3μm、2μm 的双极型集成电路。

（2）布线工艺

集成电路中的金属布线工艺是把互相隔离的元件按一定要求互联成所需电路的工艺。在技术积累阶段，福顺微电子使用的布线工艺只有单层金属布线工艺，但是布线材料有所创新。金属布线工艺也是和曝光机等光刻设备密切相关的一项工艺，光刻设备的进步不仅带动了线宽的进步，同时也带动了金属布线工艺的进步。最初，福顺用于布线工艺的材料主要是铝。但是在实践中发现铝布线容易发生电迁徙现象，即当铝布线的电流密度超过 106 安/平方厘米时，电流会引起铝原子质量迁移，造成电路断路。这就要求 1μm 厚的铝布线每 1μm 宽度的电流强度不大于 1 毫安，所以线宽的缩小，也要求布线材料的升级。同时，铝和硅的接触电阻较大，铝硅间固 – 固扩散现象严重，铝的熔点低，硅片加工温度受限等缺点也都要求新布线材料的出现。当时铝硅合金的布线材料已经开始用于集成电路的制造，作为技术追随者的福顺，开始研究如何将铝硅合金材料用于布线工艺中。在现有的设备中如何确定铝硅合金的比例、用于多高的温度进行热处理、布线时如何保证光刻工艺的稳定性等，成为技术人员研究的重要问题。经过半年的攻关实验，铝硅合金布线工艺才可用于量产。自此，铝硅合金和铝成为福顺重要的金属布线材料。

（3）介质层工艺

集成电路制造过程常需要在硅衬底上生长固体材料层，用于电流的传输，这些材料层被称为薄膜，这些薄膜的堆叠就构成了介质层，用于形成薄膜的工艺被称为薄膜淀积工艺。按照淀积工艺涉及的反应方式，淀积工艺可分为化学气相淀积工艺（CVD）和物理气相淀积工艺（PVD）。随着集成电路平面工艺技术的发展，化学气相淀积工艺受到重视，得到了迅速发展。双极工艺技术是建立在平面工艺基础上的，因此福顺最早的淀积工艺就是最基础的低压化学气相淀积工艺。在低压情况下，材料分子反应速度较低，使淀积速度受限，限制了 CVD 工艺。福顺就开始开发常压化学气相淀积工艺和等离子体化学气相淀积工艺（PCVD）。同时还引进了进行物理气相淀积工艺的设备，学习物理气相淀积工艺。到 2002 年，低压化学气相淀积工艺（LPCVD）、常压化学气相淀积工艺、低压物理气相淀积工艺、常压物理气相淀积工艺、等离子体化学气相淀积工艺都已成功地应用到产品生产中。

综上所述，在技术积累阶段，以中低端产品市场为主的福顺，通过不断地引进设备、学习新的工艺技术，保证产品质量及多样化，实现盈利，形成利润持续转入设备和技术投资的良性循环，打稳了立厂的根基。虽然以上的工艺技术在国际集成电路技术应用中已属于成熟的工艺技术，福顺基本没有进行创新活动，但是要把这些工艺技术应用到现实的集成电路制造中，还需要福顺自身的技术人员去学习设备的使用、工艺的磨合、工艺参数的设定等一系列技术知识。有了深厚的基础知识、实践经验、用户需求等知识的积累，福顺微电子才能迎来知识积累的大爆发，才会有以后的技术快速发展阶段，才会有达到多项国际先进水平的创新。

（二）技术成长阶段（2002～2006 年）——以 CMOS 工艺技术为主导

技术成长阶段，在引进生产线的同时，工艺技术有了长足的发展。如图 6－56 所示，福顺微电子于 2003 年建设了一条 $1～2\mu m$ 4 英寸生产线，2004 年即建成投产，又于 2004 年底建设了一条 6 英寸生产线，2006 年建成投产。在扩大产能的同时，福顺还兼顾了技术创新：成功开发 CMOS 制造工艺，并将其用于量产 MOS 电路及 CMOS 电路；线宽水平最小达到 $1.0\mu m$，新增了 $1.5\mu m$、$1.2\mu m$、$1.0\mu m$ 线宽工艺技术；2003 年成功完成了双层布线工艺，金属布线材料又增加了铜、铝铜合金、铝硅铜合金；介质层工艺拓展增加了等离子增强化学气相淀积工艺（PECVD）及低温等离子增强化学气相淀积工艺（低温 PECVD），介质层材料由单一的二氧化硅拓展增加了多晶硅、氮化硅、硅硼玻璃、磷硅玻璃等。

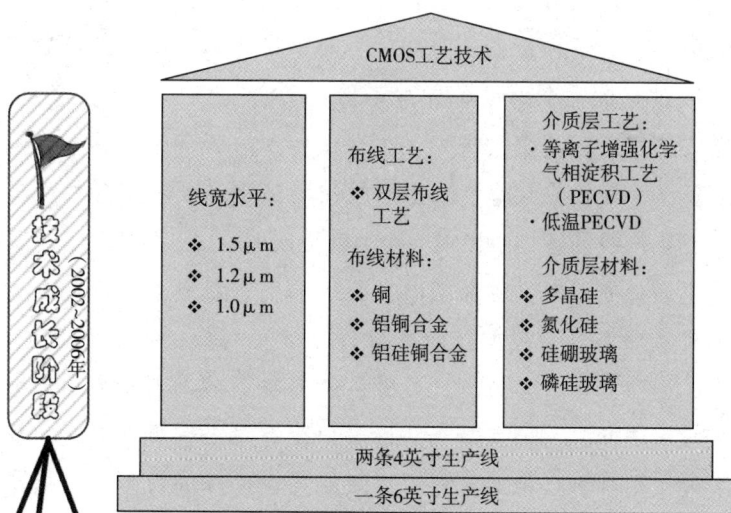

图 6－56　技术成长阶段（2002～2006 年）技术体系

253

1. 生产线引进及应用情况

根据福顺微电子管理层的发展规划，2003 年引进设备建设新的 4 英寸生产线，一方面是出于扩大产能的考虑；另一方面则是出于发展 CMOS 制造工艺技术的考虑。在引进这条生产线前，福顺的 CMOS 工艺技术基本在实验室实验成功。可是原 4 英寸生产线设备适用于双极制造工艺技术，要进行 CMOS 工艺技术的量产必须引进新的设备，于是福顺在 2003 年引进了新的 $1 \sim 2 \mu m$ 4 英寸生产线用于发展 CMOS 制造工艺技术，2004 年即建成投产，生产畅销的 MOS 型及 CMOS 型集成电路。2004 年底开始建设的 6 英寸生产线，主要的产品方向是新型 BCD 产品（Bipolar 型、CMOS 型、VDMOS 型集成电路），2006 年建成投产。在设备引进前，公司总经理和技术骨干组成了攻关小组，共同进行市场调研。由于集成电路的制造工艺对设备的依赖性强，所以引进设备前，小组还要考虑这个设备对以后要发展的新工艺是否适用的问题。等引进设备确定后，设备的安装、调试和培训工作则由设备提供方提供。在安装调试期间，公司的技术人员开始跟随学习，参与调试工作。福顺采用分批设备安装形式，先保证关键设备的安装，之后再去完成其他设备的连接。这样使技术人员在关键设备安装期间专注于关键设备的调试、维护、维修知识，最大限度地汲取设备提供方提供的设备知识，减少设备提供方撤离后，本公司技术人员熟悉、掌控设备的时间。一般来说，单台设备的调试工作一周之内就可以完成，个别设备异常不稳定因素比较多时，会反复几次。单台设备安装好后，技术人员先在单台设备上进行测试，熟悉设备操作过程。等整条生产线安装好后，生产线的测试则需要在实际的生产制造中进行，在生产线的运行中发现问题、解决问题。

在引进设备的同时，福顺微电子会一同引进设备的生产标准、与设备相关的咨询服务、设备的配套零部件，以及与设备配套的系统软件、系统软件的通信协议、接口软件及软件的升级服务。若设备出现公司解决不了的故障或问题，公司就会向设备提供方寻求咨询服务，或聘请设备提供方的工程师到厂示范维修，福顺就是在这样的过程中积累设备的技术知识，以至于后来公司内的技术人员可以进行简单的设备改造，继而发展到设备改造项目，一步步地走向设备创新。

设备自动化是各行各业发展的趋势，集成电路的精密性更要求设备要高度自动化，尽量减少人工操作，提升制造品质。设备的自动化要有软件来支持，但是若设备的系统软件只能获取和指挥这一台设备，设备的自动化就造成"自动化孤岛"，只实现了设备级别操作上的自动化，还是需要人工检查、批次的移动及跟踪。设备的集成自动化需要将各设备的软件连接起来，形成一个大的制造系统，然而各设备的软件供应商不同就造成了软件间的语言障碍，导致软件不能识别来自其他系统软件的信息。引进了设备自带系统软件的通信协议和接口软件，技术人员就可以调整软件，使软件相互识别各自的语言，实现生产设备系统连线，以避免产品混料或损失，缩短交货期及提高设备效率等。福顺微电子在引进设备系统软件的通信协议和接口软件的基础上，将关键设备的系统软件整合进福顺企业管理系统中，向自动化迈进了一大步。现在来自关键设备、生产线及生产车间各层面的制造数据都可以通过企业管理系统查询，大大缩短了生产周期。

2. CMOS 工艺技术

MOS 制造工艺相对简单，制造过程中成品率高，制造出的 MOS 集成电路属于功耗低、集成度高、抗干扰能力强的逻辑电路。由于电源极性相反，MOS 集成电路分为 PMOS 电路和 NMOS 电路。CMOS 工艺技术是在 PMOS 工艺和 NMOS 工艺的基础上发展起来的。CMOS 中的 "C"代表 "互补"，即将 PMOS 器件与 NMOS 器件同时制作在同一个晶圆片上，就形成了 CMOS 型集成电路。CMOS 工艺技术是当时大规模集成电路的主流工艺技术，福顺微电子开发 CMOS 工艺技术时，将单项工艺综合起来成为当时碰到的关键技术问题（见图 6-57）。此时，单项工艺的最佳条件在综合的过程中也许就成为障碍，对有可能采用的多种工艺途径必须进行反复推敲、比较、综合，最终选取最合理的工艺流程及条件。

拥有 MOS 结构的晶体管被称为 MOS 晶体管，由 NMOS 和 PMOS 晶体管组成的互补 MOS 电路，就是 CMOS 集成电路。由于 NMOS 和 PMOS 晶体管的结构不同，以及不同制程水平下介质材料的形态不一，极易带来介质层间的漏电问题，导致制造产品的成活率低。比如当 NMOS 管沟道

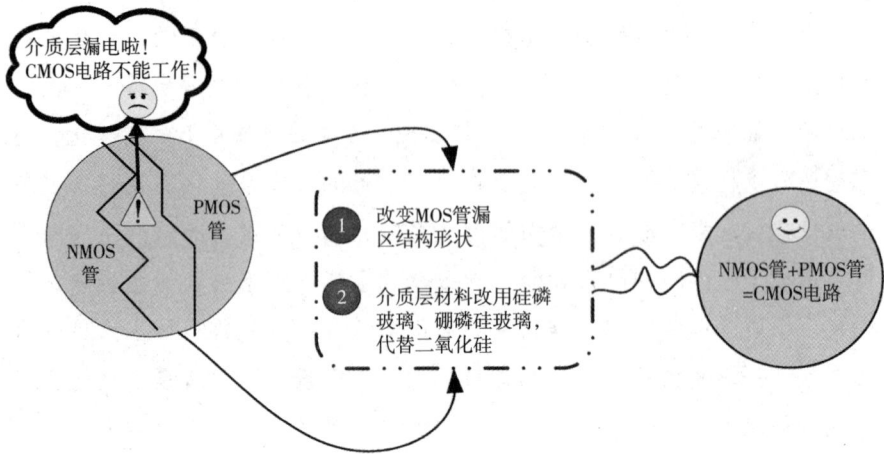

图 6-57　CMOS 工艺技术瓶颈问题及解决方法

长度小于 2.0μm，PMOS 管沟道长度小于 1.2μm 时，会出现因热载流子（电流载体）发射而引起器件性能退化现象。福顺微电子则采取改变 MOS 管的漏区结构形状，来降低漏区附近的电场强度，并把最大电流通道和最高电场点分开，以减少热载流子的产生和注入。同时，根据工艺生产线的实际能力，还改变了介质层材料，由磷硅玻璃、硼磷硅玻璃取代二氧化硅，更好地阻挡热载流子对薄膜的注入。

为了适应漏区结构的改变和介质层材料的改变，福顺微电子公司引进了干刻、投影式曝光机等关键设备。

3. 辅助工艺的发展（见图 6-58）

（1）线宽水平

2003 年建设的 4 英寸生产线的制程水平为 2μm，后来随着 1.5μm、1.2μm、1.0μm 的 CMOS 工艺技术的不断成熟，福顺先后引进了 2.0μm 以下的光刻及相关设备。由于 CMOS 工艺技术遵循按比例缩小法则（见表 6-8），所以不同线宽水平下的 CMOS 工艺技术才能发展如此之快，短短 4 年时间，福顺 CMOS 工艺技术的线宽水平经历了 4 次飞跃。并且随着工艺微细加工技术的不断发展，采用按比例缩小法则所获得的器件和电路，不仅其性能获得了极大的提高，而且其集成密度和集成度也获得极大的提高。

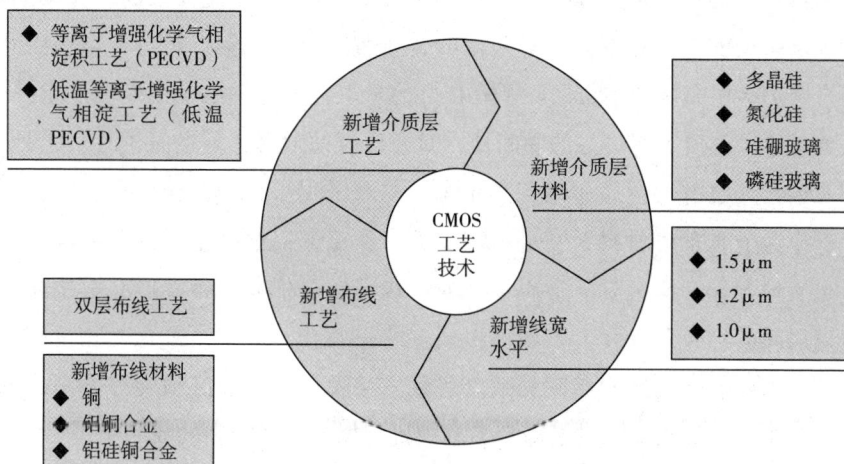

图 6-58　技术成长阶段辅助工艺的发展

表 6-8　按比例缩小法则

MOS 及 CMOS 工艺技术按比例缩小的基本概念（缩小因子 K 取 1.43~1.54）

器件或电路参数	按比例缩小
器件尺寸	$1/K$
掺杂浓度	K
电源电压	$1/K$
每门面积	$1/K^2$
每门电流	$1/K$
每门时延	$1/K$
每门功耗	$1/K^2$
芯片密度	K^2
功能通过比率	K^3

资料来源：参见王万业《2 微米 CMOS 工艺工程技术研究》，《微电子学》1990 年第 2 期。

（2）双层布线工艺

多层金属布线工艺是 CMOS 工艺技术中的重要内容之一，而且相对复杂，要考虑和兼顾的工艺参量很多，有较大的难度。此外，互联线上的信号由于本身的电容和电阻的存在，会被延迟，限制了电路速度。所以，互联线的设计随着晶体管的尺寸逐渐缩小显得越来越重要。福顺发展多层金属布线工艺迫在眉睫，于是开始了双层金属布线工艺的研发。要发展双层金属布线工艺，首先要考虑的是第一层金属层和第二层金属层的材料构成。对单层布线工艺，福顺微电子采用的金属布线材料是铝、铝硅合金、铝硅铜合金。多层布线要求金属除了有良好的导电性、与硅有低的接触电阻外，还要与绝缘介质膜有良好的黏附性，对介质腐蚀剂有良好的抗蚀性。于是，铜及铜合金被引入金属布线工艺中来。福顺采用了铜、铝铜合金、铝硅铜合金作为金属布线材料，经过多次试验，确定下铝铜合金、铝硅铜合金中各金属的含量。其次双层金属层间的连接问题要依靠刻蚀互联孔解决，在金属层间的绝缘介质膜上要刻蚀出众多的互联孔，若有一个互联孔没有完全刻透，就会造成层间互联失败。所以，互联孔的刻蚀必须要有很高的成品率。于是，福顺又引进了新型的刻蚀机，保证互联工艺的成品率。

（3）介质层工艺

开发双层金属布线工艺中的关键问题之一是层间绝缘。金属布线层间绝缘层需要淀积工艺形成介质膜实现，而且介质膜的致密性很重要。等离子增强化学气相淀积工艺是在20世纪70年代初发展的新工艺，用PECVD工艺制备的介质膜失效时间长、具有良好的热学和化学稳定性。于是，福顺微电子决定采用等离子增强化学气相淀积工艺及低温等离子增强化学气相淀积工艺来制备优质稳定的介质膜。引进了等离子增强化学气相淀积设备，增加了多晶硅、氮化硅、硅硼玻璃、磷硅玻璃等介质材料，根据前人的研究资料、以往淀积工艺知识的积累及台湾工程师的指导，不仅研究出了不同材料的介质膜，还能根据不同的产品灵活运用不同材料的介质膜，彻底将PECVD工艺融入生产制造中。

技术成长阶段也是福顺微电子的产能扩张阶段。福顺引进了光刻、扩散炉、清洗机、匀胶显影等设备，于2003年建设了一条1~2μm 4英寸生产线，2004年即建成投产，又于2004年底建设了一条6英寸生产线，2006年建成投产。在扩大产能的同时，福顺还兼顾了技术创新，在工艺技术上也取得了长足的进步：成功开发CMOS制造工艺，并将其用于量产MOS电路及CMOS电路；线宽水平最小达到1.0μm，新增了1.5μm、1.2μm、1.0μm线宽工艺技术；2003年成功完成双层布线工艺，金属布线材料又增加了铜、铝铜合金、铝硅铜合金；介质层工艺拓展增加了等离子增强化学气相淀积工艺及低温等离子增强化学气相淀积工艺，介质层材料由单一的二氧化硅拓展增加了多晶硅、氮化硅、硅硼玻璃、磷硅玻璃等。

综上所述，技术成长阶段也是福顺微电子的产能扩张阶段。经过技术积累阶段人才、资金、技术知识的积累，福顺有能力在短时间内对引进的新设备进行消化吸收，缩短了其从引进到应用再到量产的时间，保证了多条生产线的正常运行。在这四年时间里，福顺微电子工艺技术的发展不仅速度比技术积累阶段快，而且技术水平有了突破性进展。

（三）技术发展阶段（2006年至今）——以BiCMOS和VDMOS工艺技术为主导

技术发展阶段（2006年至今）是福顺经历了前期的技术知识沉淀，厚积而薄发的技术创新释放阶段。如图6-59所示，在此阶段，福顺收获了丰富的创新成果。首先，经过对2006年投产的6英寸的生产线的摸索、熟悉、学习，掌握了6英寸生产线的制造技能和知识后，将1996年租借的4英寸生产线改造成6英寸生产线，成为我国最大的6英寸芯片生产基地。其次，成立了技术中心，增强了企业技术开发和创新能力，加速了创新成果转化。再次，开发出核心的BiCMOS工艺技术和VDMOS工艺技术，向高端产品研发推进。最后，辅助工艺方面也取得了良好的发展：通过反求工程取得了13项集成电路设计专有权；增加了三层及多层布线工艺，布线材料又新增了Ti、TiN、TiW；研究出薄层外延工艺、厚层外延工艺及高阻外延工艺。

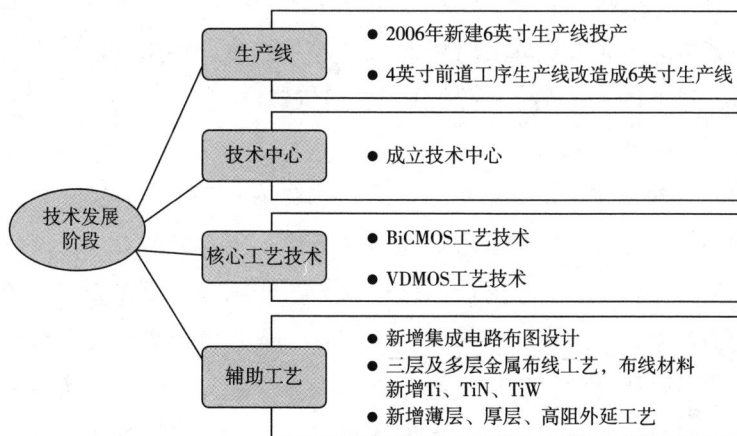

图6-59　技术发展阶段技术体系

1. 设备引进及应用情况

由于福顺微电子第一次进行 6 英寸生产线的生产制造，技术人员对于 2006 年建成投产的 6 英寸生产线经历了 1 年多的摸索、熟悉、学习和优化过程，才使这条生产线达到效益规模。当时，流片过程部分工序工艺和设备不断出现问题，技术人员要积极地去分析、实验、寻找对策解决；生产线管理人员面对全新的生产线，都是在摸索中前进；新生产线的操作量大，增加了工艺与设备分析和解决问题的难度等问题，影响了生产线批量生产的进度，但是，这个过程就是对新生产线知识消化吸收、学习和积累的过程。经过这些过程的积累，福顺仅用了 1 年时间就建成了第二条 6 英寸生产线。2009 年底开始对 1996 年租借的 4 英寸生产线进行改造，建设成第二条 6 英寸生产线，2010 年底完成技改建设并投产。之所以改造这条生产线，一方面由于这条生产线已经工作了 12 年，其经济周期即将结束，不得不对其进行技术改造来延长其经济周期；另一方面为了顺应技术发展和市场经济发展趋势，集成电路生产线不断向大尺寸发展体现了企业的进步。目前，福顺微电子拥有两条 6 英寸生产线，成为我国最大的 6 英寸集成电路生产企业。

除了对生产线的改造，福顺微电子还开始了针对设备使用技术的创新。"一种提高 ULTRATECH 光刻机对准信号的技术研究" 项目是福顺微电子目前唯一的针对设备使用的技术创新，项目开始于 2010 年 1 月，在 2011 年 12 月结束。这项技术属于国际先进技术，属于集成电路产业的关键共性技术，对促进集成电路产业的发展具有重要作用。目前，此项技术在实验室中已实验成功，正在量产实验阶段。

2. 技术中心的发展

2006 年福顺微电子技术中心成立，此后企业的技术研发完全依托于技术中心，公司的总经理兼总工程师就是技术中心的负责人，是技术开发的总设计师。技术中心由产品设计、工艺开发、质量控制、生产技术等方面的技术人员组成。技术中心成立后，企业的技术开发项目日趋规范，开发项目严格按照设计规范和设计程序实施，每个开发项目都必须有市场分析报告和立项报告，根据项目的重要性、投资规模等因素，立项报告的形式分为项目建议书和可行性研究报告两类，做到开发项目以市场为导向。

技术中心成立后，公司开始向国际先进技术进军，走向高端产品创新。先后引进了国际先进的设计和制造技术，包括条形状（Striple）原胞单元设计技术、超级结技术、ESD 保护技术、平面栅结构、垂直导电结构、沟槽式（Trench）结构、双扩散技术等，并通过研究项目立项进行消化吸收，再通过新产品项目将这些技术融入产品创新中。截至目前，技术中心已经成功进行了一系列研究开发项目：条形状原胞单元设计技术、超级结技术、平面栅结构、垂直导电结构、双扩散技术、新型埋层工艺技术、新型干刻工艺技术、新型薄膜工艺技术等 29 项，平均每年新产品转化项目 9 项，均成功运用于系列产品中。

此外，技术中心又陆续从美国等地引进了各种国际最先进的集成电路研发设备，比如，SEMI 分析仪、PCM 自动测试、C - V 测试、线宽测试、掩膜比较仪、台阶测试仪、光强测试仪等检测设备，为企业的技术研发工作打下了坚实的基础。

3. 核心工艺技术的发展

（1）BiCMOS 工艺技术

BiCMOS 工艺技术是指双极型 CMOS 工艺技术，是继 CMOS 后的新一代高性能超大规模集成电路工艺技术，是将 CMOS 和双极型器件同时集成在同一块芯片上的技术，结合了 CMOS 电路低功耗和双极型电路（Bipolar）高速及大功率的特点。随着线宽尺寸的逐步缩小，电路性能不断得到提高，但是当线宽尺寸降到 $1\mu m$ 以下时，由于载流子速度饱和等原因，电路的潜力受到很大的限制。将 CMOS 和 Bipolar 器件集成在同一芯片上，可以使其发挥各自的优势。福顺重点开发的 $0.6\mu m$、$0.8\mu m$ BiCMOS 工艺技术。

BiCMOS 工艺技术并不是简单地将双极工艺技术和 CMOS 工艺技术机械地叠加在一起，而是需要重新设计工序及工艺参数。"如何将两种工艺技术融合，并实现量产"成为福顺开发 BiCMOS 工艺技术的关键问题（见图 6 - 60）。于是福顺引进了国际先进的条形状原胞单元设计技术，将此技术用于 BiCMOS 产品的设计中，每一个原胞就是最小的 BiCMOS 结构单元；并采用最先进的 BiCMOS 制造工艺，如双扩散技术、新型埋层工艺

技术、新型干刻工艺技术、新型薄膜工艺技术、薄外延工艺等，用于
BiCMOS 产品的生产。

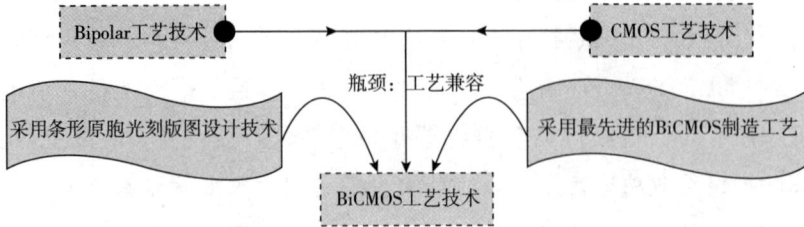

图 6 - 60　BiCMOS 工艺技术瓶颈及解决方法

（2）VDMOS 工艺技术

VDMOS 即垂直双扩散金属－氧化物半导体场效应晶体管，属于国际
先进的工艺技术，在功率集成电路及系统中得到广泛应用。VDMOS 器件
之所以能够得到广泛应用，是因为它兼有双极晶体管和普通 MOS 器件的
优点，如独特的高输入阻抗、低驱动功率、高开关速度、优越的频率特
性、低噪声等。但是 VDMOS 工艺技术发展中最重要的问题是如何使大功
率器件也能具备高耐压的特性。这是一个关键共性问题。

如图 6 - 61 所示，福顺为了解决这个问题，采用了垂直纵向设计结构
以减少器件中的各种寄生电容，减少寄生电容最常规的方法是加厚多晶
硅栅极下面非沟道区域的氧化层厚度，这样会导致导通电阻的增加，于
是通过采用二次外延工艺，减少器件电阻。此外，在进行 VDMOS 产品设
计和制造时，还应用了先进的条形状原胞单元设计技术、超级结技术、

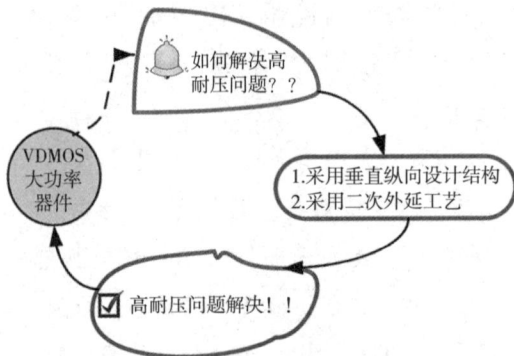

图 6 - 61　VDMOS 工艺技术瓶颈及解决方法

ESD 保护技术、平面栅结构、垂直导电结构、沟槽式结构、双扩散技术等。目前，福顺 VDMOS 关键产品性能已可与进口产品相媲美。

4. 辅助工艺的发展（见图 6 – 62）

（1）"集成电路布图设计 + 特种 IP 核"

在福顺微电子制造工艺稳定、生产线运转正常后，开始涉足集成电路设计领域。目前，只是通过一些反求工程对国际上畅销的产品进行剥离，进而复制集成电路布图。集成电路布图设计的中心思想是将电路图中的多个元器件合理地分布在多个叠层中，使其互联，形成三维配置，从而实现集成电路的功能。因此，同类集成电路产品，其布图设计不会有大的改变，各设计者只不过是在提高集成度、节约材料、降低能耗上下功夫。福顺微电子就是通过对复制的集成电路布图做细节上的改动，实现提高电路的性能或节约材料的目标，通过模仿进行创新，现已拥有13 项集成电路布图设计专有权。

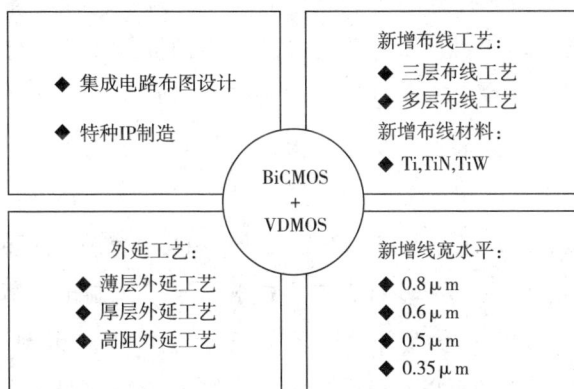

图 6 – 62 技术发展阶段辅助工艺的发展

IP 核（Intellectual Property Core）指用于产品应用专用集成电路或可编辑逻辑器件的逻辑块或数据块。将一些电路中常用但比较复杂的功能块设计成可以修改参数的模块，让其他用户可以直接调用这些模块，大大减轻了工程师的负担，避免重复劳动，同时缩短了产品设计时间。使用 IP 核是集成电路产业的一个发展趋势。福顺微电子结合自身的设计经验、积累的制造工艺技术及母公司台湾友顺科技集团公司的技术支持，开始设计并制造特种 IP 核。福顺的特种 IP 核主要是用特定制造工艺实现的硬 IP，这种 IP 核已经处于设计表示的最底层，所以最容易被集成。福顺微电子在国内的 IP 核制造领域中一枝独秀，具备良好的发展趋势。

（2）多层布线工艺

核心制造工艺技术的发展要求多种辅助工艺的同步提升，金属布线工艺就是其中一种辅助工艺。BiCMOS 工艺技术及 VDMOS 工艺技术的集成度更高，不仅要求线宽越来越小，还要求布线的多层重叠以减小占用面积。在先进制造工艺技术需求的推动下，福顺微电子研究开发了三层布线工艺及更高的多层布线工艺，在布线材料上也做了改进，增加了 Ti、TiN、TiW，根据需求配置布线层数及材料。同时，新增了 $0.8\mu m$、$0.6\mu m$、$0.5\mu m$、$0.35\mu m$ 线宽水平的光刻设备及相关设备，提升了布线的最小线宽水平，并发展了这些线宽水平下的制造工艺技术。

（3）外延工艺

外延工艺是指在衬底上生长一层有一定厚度、一定电阻率及一定导电类型的单晶材料，属于一种单晶生长技术的淀积工艺。随着福顺微电子开发的核心工艺技术不断进步及产品门类不断拓展，有的产品要求工作频率更高，有的要求工作功率更大，有的要求耐压更高，促使其在外延工艺上不断研究，相继开发出薄层外延工艺、厚层外延工艺及高阻外延工艺。常规的外延工艺制造的外延层的电阻率通常在 $1 \sim 30$ 欧姆·厘米范围，外延层厚度在 $3 \sim 30\mu m$ 范围。福顺微电子研制出的薄层外延工艺可以使外延层厚度小于 $1\mu m$，厚层外延工艺可以使外延层厚度大于 $50\mu m$，高阻外延工艺可以使外延层电阻率高于 100 欧姆·厘米。外延的工艺水平达到外延层片内电阻率均匀性偏差小于 1%，外延层片内厚度均匀性偏差也小于 1%。

综上所述，技术发展阶段是福顺创新成果的爆发阶段，完成了从技术引进向技术中心的跨越。在此阶段，福顺微电子技术中心的成立，进一步完善了技术创新体系，促进了企业项目导向型创新的发展，为核心工艺技术和辅助工艺技术的进步创造了良好的制度保障，造就了福顺微电子的首个设备应用技术项目创新、对引进技术快速地消化吸收及再创新、原有工艺技术的升级等一系列创新成果。

（四）小结

1. 形成多层次创新的工艺技术体系

福顺微电子以生产线及核心工艺技术为两条主干，以线宽水平、金属布线工艺、介质层工艺、外延工艺等为辅线，主线带动辅线发展，辅线优化主线，形成了主线和支线相互促进、相对完整的技术体系（见图6-63）。多层次工艺创新并行发展，推动福顺微电子产品创新及工艺技术创新结合，逐渐向高端集成电路产品及国际先进工艺技术前进。

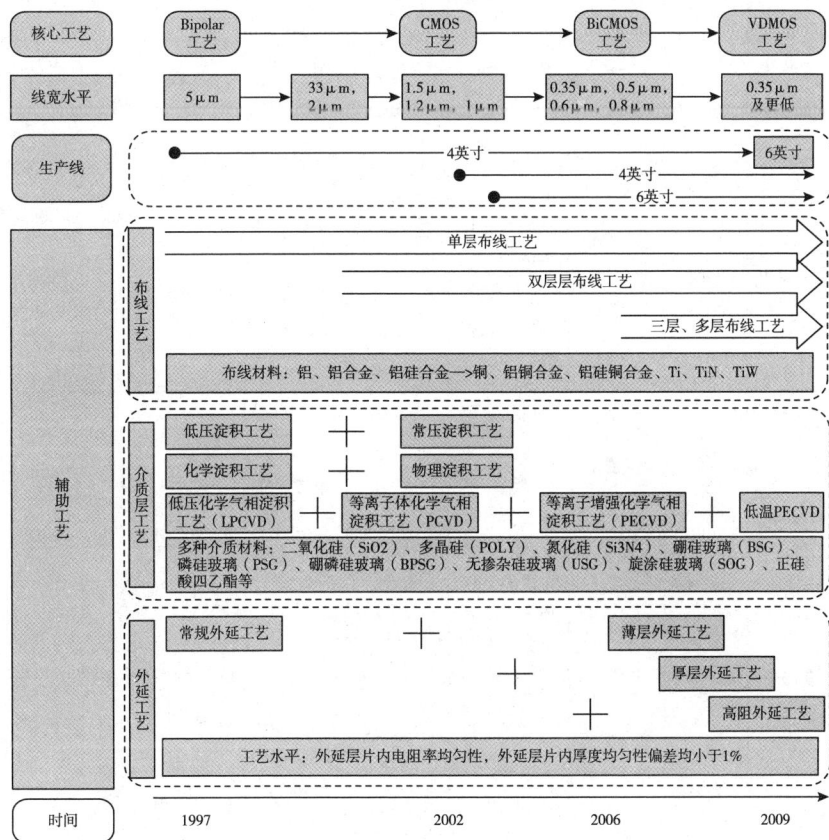

图6-63 福顺微电子技术体系

2. 成功突破核心工艺技术瓶颈

著名学者弗里曼认为："技术创新是一个技术的、工艺的和商业化的全过程，其导致新产品的市场实现和新技术工艺与装备的商业化应用。"在工艺技术的创新过程中，总是存在这样或那样的关键问题影响其商业

265

化。核心工艺技术的关键瓶颈破解不了，将严重影响到公司的盈利及发展。如表6-9所示，福顺微电子的每一项核心工艺技术的瓶颈依靠公司人才、知识、设备的积累，都能得到解决并成功运用到产品创新中。

表6-9　核心工艺技术瓶颈问题及解决方法

核心工艺	年份	瓶颈问题	解决方法	引入关键设备	效益	应用产品系列	创新成果转化率
双极（Bipolar）工艺	1997	砷埋层工艺不稳定	采用大束流注入的锑埋层工艺代替砷埋工艺	接触式曝光机，大束注入机	成品率显著提高	5μm，3μm，2μm双极电路	100%
CMOS工艺	2002	介质层漏电问题	改变介质层结构及介质层填充材料（磷硅玻璃、硼磷硅玻璃等）	干刻设备，投影式曝光机	成品率显著提高	1.5μm，1.0μm的CMOS电路	100%
BiCMOS工艺	2006	Bipolar工艺与CMOS兼容问题	1.采用条形原胞光刻版图设计技术 2.采用最先进的BiCMOS制造工艺	自对准、步进式曝光机，干刻设备	实现双极电路与MOS电路的集成	新型BiCMOS电源控制电路FSD61系列	100%
VDMOS工艺	2009	大功率器件的高耐压问题	1.采用垂直纵向设计结构 2.采用二次外延工艺	自对准、步进式曝光机，干刻设备	大功率电力电子器件也能高耐压	电力电子器件POWERMOS管	90%

3. 制度创新打造企业知识管理体系

集成电路制造产业属于资本密集型和知识密集型并举的产业，所以知识管理情况对企业的技术积累至关重要。在1999年福顺微电子就通过了ISO9001质量体系的认证，涵盖了从产品前期调研阶段、设计阶段、产品试制及用户认定等所有环节的基础知识管理体系。此后，福顺微电子专门成立数据部，并依托数据部建立了技术档案库。2000 年，福顺微电子启动信息化建设，建立了中等规模的内部网络，引入了福顺企业管理系统、福顺企业信息中心等信息管理系统，完善了报表体系。技术中心成立后，加强了技术开发项目的管理，要求每个项目必须有立项报告及市场分析报告，根据项目的重要性、投资规模等因素，立项报告的形式分为项目建议书和可行性研究报告，开发项目严格按照设计规范及设计程序实施。以上这些知识管理活动使福顺微电子形成了良好的企业技术积累和延续机制，为创新打下了坚实的基础，建立了企业知识管理体系。

三　福顺微电子有限公司技术引进消化再创新案例的启示

（一）工艺固化于设备

进入 20 世纪 80 年代之后，集成电路制造中的很多工艺技术已经固化在设备之中，设备的先进性引领制造工艺技术的发展。有专家认为，设备中已经固化了半导体工艺技术的 60% ~ 70% [1]，因此，集成电路技术进步的重点逐步转向改进设备，企业的激烈竞争一部分也反映到对设备应用的竞争上。美国半导体咨询委员会就曾在致美国国会和总统的报告中强调，要"以健全的半导体制造设备工业来使美国半导体工业保持持久的、世界一流的、富有竞争力的技术地位"。

作为技术追随者的福顺微电子，每一次的技术进步都与引进的设备紧密相连，所以每年都会投入巨资引进设备。例如，对集成电路集成度影响巨大的线宽工艺就是固化于光刻设备中，线宽水平的进步只能依靠光刻设备的升级来完成。福顺微电子的线宽水平就是依靠不断地引进光刻设备来实现升级的。如图 6 - 64 所示，三次里程碑式的光刻设备引进实现了线宽水平从最初的 5μm 到现在的 0.35μm。国外发达国家的设备封锁，导致福顺无法引进更先进的光刻设备，令其无法发展 0.35μm 以下的线宽水平，限制了其技术发展。

---

① 池安云：《展现新一代印制电路生产技术》，《印制电路信息》1999 年第 4 期。

线宽水平	5μm 2μm	1.5μm 1.0μm	0.8μm 0.6μm, 0.35μm	0.35μm以下
光刻设备	接触式 曝光机	投影式 曝光机	步进式 曝光机	受制于 设备封锁

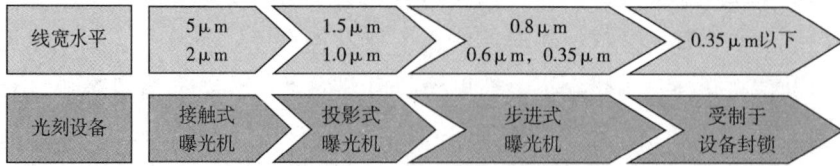

图 6-64 线宽水平固化光刻设备

由于国内集成电路专用装备产业与集成电路制造产业脱节，所以国内集成电路产业的工艺技术发展主要依靠引进设备。福顺微电子平均每年引进设备费用占销售收入比重高达 24.82%，而平均每年技术研发费用占销售收入比重只有 6.25%。如图 6-65 所示，从福顺微电子生产线投产的 1997 年至 2010 年的 14 年中，只有 2000 年与 2007 年的技术研发费用多于引进设备的费用，但是仍然相差不大。其他的 12 年里，引进设备的费用都远远高于技术研发费用。可见，福顺微电子的发展虽然离不开技术研发的支持，但是若少了设备这个创新平台，技术进步便无从谈起。

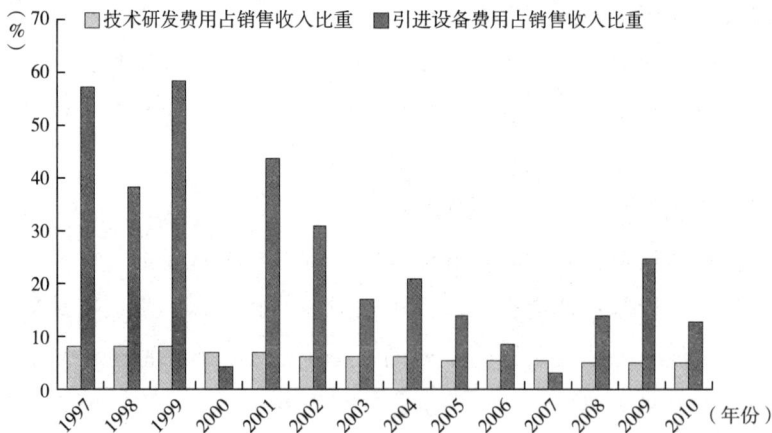

图 6-65 技术研发费用与引进设备费用占销售收入比重比较

（二）设备封锁限制工艺技术跨越式升级

集成电路产业工艺固化于设备的特点，使得集成电路专用设备成为集成电路产业发展的基础和支柱，所以，国际上集成电路产业的竞争更集中地反映在专用设备的竞争上。因为我国集成电路专用设备产业与国外存在 2~3 代、10~15 年的差距，使得大部分设备依赖进口，于是产生了我国集成电路产业发展受制于人的局面。以集成电路为代表的微电子技术已渗透到国民经济的各行各业，与国防和民生紧密相连，已成为一国综合国力的体现，因此，世界各国已将微电子技术上升至国家的战略高度。世界微电子技术发达国家为确保其大国地位和领航作用，严格限制先进设备的出口。在中国经济崛起的大背景下，微电子技术发达国家如美国、日本更是加大审查力度，严格限制先进设备进入中国，以求阻碍中国的发展壮大。因此，我国集成电路产业只能引进国外二手设备，亦步亦趋地发展，阻断了工艺技术跨越式升级的路径。

虽然福顺微电子引进了许多台设备，但是极少有全新设备，大部分都是国外先进的集成电路制造企业为了发展新技术淘汰下来的翻新设备。并不是因为福顺缺少资金，无力购买全新的、最先进的设备，而是因为集成电路产业发达国家对其设备和技术进行严密封锁，难以购置先进的关键设备。同时，国内的集成电路装备制造业与国外先进水平差距较大，无力满足国内市场的需求。所以，我国集成电路产业的发展只能被动地接受发达国家对我国的技术转移，发达国家解放至哪个技术阶段，我们只能承接到哪个阶段。追本溯源，工艺固化设备这个特点在一定程度上制约了集成电路制造工艺技术的发展。

（三）多层次工艺技术集成

一个完整的集成电路制造工艺技术的研发应包括两个大方面：一个是单项工艺技术的研发；另一个是工艺集成技术的研发。工艺集成技术就是把单项工艺技术与器件技术（包括器件的纵向横向机构参数和主要电参数的设计）综合起来，并转化成集成电路产品。同样的工艺设备能力，同样的单项工艺水平，采用不同水平的工艺集成技术，便可获得明显的不同的产品和经济效益。福顺微电子平均每年开发 20 多种新产品，与集成电路工艺集成密切相关。

工艺技术集成是以工艺技术开发先难后易、先复杂后简单的策略为前提的。只有先把核心的工艺技术开发成功后，依据核心工艺技术的框架去填充辅助工艺技术。福顺微电子就是根据这样的研发策略，以核心工艺技术为中心，根据核心技术的需要去开发辅助工艺技术。比如，核心工艺技术的发展路径为双极工艺技术→CMOS 工艺技术→BiCMOS 工艺技术→VDMOS 工艺技术，辅助工艺金属布线工艺的发展路径则为单层布线→双层布线→三层布线→多层布线，金属布线工艺的路径随着核心工艺技术的路径向前延伸。这样的策略有利于加快总体技术的进步，还有利于成套产品的开发，更有利于获得丰富的技术成果和良好的经济效益。

工艺技术集成增强了企业产品开发自主权。工艺技术集成要求企业根据市场需求结构特点和现有的工艺技术进行匹配分析形成产品概念，基于产品概念，通过对内外部可选择技术进行评估，挑选最合适的工艺技术研发或引进，形成技术路线图。因此，对于引进的工艺技术，企业的消化吸收再创新需围绕产品系统展开，进行技术学习及掌握相应的集成知识。这种方式不仅使企业获得了外部技术资源，学习了先进的技术知识，还使企业掌握了产品开发的自主权，促进了企业自主创新能力的增长。

（四）工艺技术呈现模块化

集成电路工艺技术呈现模块化主要表现为 IP 核的应用。IP 核是一段具有特定电路功能的硬件描述语言，它与集成电路的制造工艺无关，可以移植到不同制造工艺中去生产集成电路。IP 模块的出现为集成电路设计公司、制造公司及系统设计公司缩短集成电路产品上市周期做出了重大贡献。

IP 核分为软核、硬核和固核。IP 软核是用硬件描述语言描述的功能块，不涉及制造工艺，灵活度高，可以根据需要修改参数。IP 硬核是特定工艺的模块化形式，将目标工艺用元件的形式呈现出来，设计者可以将其快速地集成在衍生产品中。目前福顺微电子制造的特种 IP 核就是 IP 硬核的形式，把特色工艺制成模块形式。IP 固核是软核和硬核的折中，既有逻辑综合后的硬件描述语言，还在一定程度上与工艺相关。

模块化为企业获取外部技术提供了便利，节省了企业研究开发模块内部工艺技术集成的时间。功能各异的模块，通过复用、改进、整合，如同"搭积木"一样，能够迅速地制造出符合消费者个性化需求的产品，协调了生产规模化与需求个性化之间的矛盾，实现了"弹性专精"。

（五）工艺兼容制约工艺集成

工艺集成技术包括器件技术、工艺设计规则设计、工艺流程设计、主要工艺参数设计、工艺质量保证措施设计以及实际实施过程中对上述各种设计规范的调整和控制，而不是简单的工艺流程的叠加。因此，工艺集成技术需要从系统观的角度出发，要遵循科技发展的规律。在工艺集成的过程中要综合考虑器件的结构、器件电路应达到的水平、工艺设备的能力、工艺线的综合水平等因素，追求整体的合理化、最佳化，所以在选择工艺技术时，就要比较全面地考虑工艺间的兼容问题。

在福顺微电子开发核心工艺时，4项核心工艺技术中就有2项的瓶颈在于工艺兼容，分别是 CMOS 工艺技术和 BiCMOS 工艺技术。两项工艺的兼容首先从工艺设计规则开始，改变设计结构，使两项工艺结构能够同时存在于布图设计内。其次是工艺流程设计，工艺流程的设计既要以现有的工艺技术为基础，还要促进新工艺技术的开发。例如，在 BiCMOS 工艺技术的开发过程中，开发了三层布线工艺促成 BiCMOS 制造工艺。此外，常规的工艺参数在集成工程中已经不适合，重新设计工艺参数是工艺集成技术的一个重要环节。如果寻找不到两项工艺结合的参数平衡点，那么整个工艺集成就会前功尽弃，影响创新。

企业内部研发是解决工艺兼容问题的关键。企业引进单项工艺技术后，需要通过内部研发进行消化吸收，将外部技术整合进企业内部的技术体系。将引进的工艺技术与现有的工艺技术进行集成的过程即对引进的技术进行消化吸收的过程。在集成过程中遇到的工艺兼容问题促使企业了解引进的工艺技术的原理和本质，积累集成的系统知识，从而更好地利用引进的工艺技术。所以，企业解决工艺兼容的能力在一定程度上反映了其技术能力。

（六）技术无形磨损加速工艺升级

技术无形磨损是指由于科学技术的快速发展，在技术使用和被取代的过程中，其市场效能损失的过程。为了延长工艺技术的生命周期，可以从两个方面着手，一方面，在方案设计阶段，设计者要能够跟踪世界同类产品的先进技术，动态地预测本学科的发展速度，在产品设计之初就有一个很高的技术起点；另一方面，当产品的初始方案确定后，对传统的设计方法和程序进行改进。

福顺微电子则是从对传统的设计方法和程序进行环节改进，减少技术的无形磨损，延长产品的生命周期。应用双极工艺技术的双极型集成电路是福顺最早的产品，目前双极型集成电路依然是福顺重要的产品之一。这种电路之所以持续这么长的生命周期，是因为在双极工艺技术的基础上，福顺微电子不断地改进其辅助工艺，不断地升级刻蚀工艺、布线工艺、介质层工艺等，提高集成电路的制造水平。在技术发展阶段引进了先进的条形状原胞单元设计技术、超级结技术、ESD 保护技术、平面栅结构、垂直导电结构、沟槽式结构、双扩散技术等。针对引进的这些技术，开发了相应的消化吸收项目及与核心工艺技术集成开发新产品的项目，通过应用先进的辅助工艺，减少了核心工艺技术的技术无形磨损。

（七）技术转移与技术溢出的"双刃剑"——母公司的技术转移

友顺通过对子公司的技术、人才输出，促进了各分公司的技术发展，实现了技术、人才资源的优化配置。因此，子公司不仅可以获取来自母公司的技术转移，还能享受到来自母公司的技术人员的指导。来自母公司的技术人员一般具有丰厚的技术知识积累及对技术发展的前瞻性眼光，所以，子公司可以通过咨询母公司委派的技术人员，增加其引进外部技术的系统性和精准度。

然而，母公司对子公司的技术转移是一把"双刃剑"。在促进子公司技术创新能力增长的同时，也限制了子公司对外的技术溢出效应。福顺微电子从友顺获得技术转移，以及来自母公司的工程师长期的技术指导，加快了其消化吸收的速度，提升了创新绩效。但是，同时面临着母公司对子公司的技术控制。一方面，母公司对子公司转移的技术在国内市场上属于先进，但是落后于母公司的技术。对于一些对工艺技术水平要求较高的代工订单，则是由福顺承接，友顺进行实际制造。可见，友顺对高阶制程的工艺技术的封锁。另一方面，母公司通过控制技术人员流动、监控操作过程等手段防止技术对外扩散，限制了子公司对外的技术交流。

（八）引进工艺设备的本土化标志——参数的因地制宜

设备安装后要调试、设置参数，制造工艺的实施也要输入工艺参数才能进行，集成电路的制造离不开参数设置。但是这个参数却不是一成不变的，根据设备、外部环境的不同很容易产生波动。比如，在福建福顺微电子和丹东安顺微电子安装同样的设备，在福顺微电子安装、调试后的设备正常运行，可是按照同样的参数调试安顺微电子的设备，有可能会出现不能工作的现象。集成电路的设计制造已经达到微米及亚微米的水平，设备的精密度很高，对生产环境要求也很高，所以，外界大环境有微小的不同，就会对集成电路的制造产生影响。这时，引进的工艺或设备就需要调整参数去适应环境的变化，但是参数调整的幅度不会很大，会在一个合理的范围内。

（九）知识存量决定知识创新

知识存量是指特定时点某个组织系统的知识总量，是人们在生产和生活时间中的知识积累，反映了组织知识生产状况和创新的潜力。技术的本质即知识，组织内技术的沉淀及发展的过程就是知识积累、扩展知识存量的过程。企业内的知识包括两类知识：一类是技术知识；另一类是运用知识的知识（通常表现为能力）。前者一般具有较高的知识加工程度，这种知识转移相对有效，而后者一般是加工程度较低的内隐性知识，知识转移和传递的效率较低，需要经过长期的积累才能形成。

福顺微电子通过建立技术档案库的形式来形成知识积累机制，增加知识存量。通过技术人员周报告、立项报告、测试数据归档及分析、技术人员岗位变动移交报告等方式形成技术档案库的建立制度。这样，一方面将技术人员的职务技术积累有据可查，供新进技术人员参考，加快培训过程和降低培养成本；另一方面，完善了企业的技术积累，使企业技术可以在较高的基础上实现。正是有了多年的技术和经验积累，企业运用知识的能力才会提升，进一步增加了知识存量，形成了良性循环。知识积累导致技术变革，所以，福顺微电子从一代核心工艺技术到下一代核心工艺技术的开发时间越来越短，对生产线摸索、熟悉的时间越来越短，辅助工艺的研发成果越来越密集，从设备的单纯使用发展到对设备应用技术的研发，并取得了诸多创新成果。

知识存量决定了知识吸收、整合与重构的能力，即创新能力。企业引进的技术知识要与自己知识存量相匹配。因为福顺微电子具备了相当的知识存量，对于在技术发展阶段引进的国际先进技术，包括条形状原胞单元设计技术、超级结技术、ESD保护技术、平面栅结构、垂直导电结构、沟槽式结构、双扩散技术等能够很快地进行消化吸收，并成功运用于对核心工艺技术的研发中，加速了创新历程，增强了企业的竞争优势。

第五节　WB光电科技有限公司技术引进
消化再创新案例分析

一　WB光电科技有限公司简介

福建省WB光电科技有限公司（以下简称"WB公司"）成立于1993年，总部位于福建省莆田市华林经济开发区核心区，占地68亩，自建厂房47771平方米，公司拥有员工近千人，其中工程研发人员近百人，是一家集IC研发、LED封装及LED照明产品的开发、生产和销售于一体的综合性照明企业。

历经20多年的发展，WB公司拥有行业领先的球泡灯、射灯、灯管、筒灯、横插灯及路灯等产品线，并建立了LED芯片设计、LED封装及LED应用产品制造的完整产业链，年产值5亿元人民币。公司携手中国科学院福建物质结构研究所（中科院物构所）独创的MCOB封装技术打破了跨国巨头对LED技术的封锁，使得整灯光效达到世界最高整灯光效170LM/W以上，处于世界领先技术水平。公司先后通过ISO9001、ISO14001和TUV认证，同时在产品方面先后通过了UL、CB、GS、CE、ROHS、FCC、IC、SAA、ERP - Energy rating class A等权威认证。产品畅销欧美、亚太等40多个国家和地区。

公司经过近20年的不懈努力，先后被评为"国家高新技术企业"

"福建行业龙头扶持企业""福建名牌企业""福建第三批创新型试点企业"等，公司现已成立院士专家工作站、莆田市企业技术中心。已申报专利100多项，受理近80项，其中发明专利46项，申请PCT专利9件，已授权发明专利4项，实用新型专利36项，外观专利7项。2012年3月荣获"福建省LED节能照明示范工程"；2013年3月荣获"2012年度中国LED照明应用百强企业"①。

二　WB光电科技有限公司技术引进消化再创新历程

（一）LED闪灯产品开发（1993～2002年）——基于逆向工程的技术模仿创新

WB公司成立伊始，主要依靠董事长何文铭在电子行业的技术积累与市场经验，从事电子产品来料加工。20世纪90年代中期，莆田儿童鞋业兴起。凭借敏锐的商业嗅觉，公司决定转型生产LED童鞋鞋灯。为开发适销对路的高质量产品，公司广泛搜集来自广州、深圳、浙江、上海等国内主要鞋灯供应商的产品，并进行产品结构分解，确定各类部件开发模式。考虑到减少投资风险和突出自身技术优势，WB公司采取LED发光灯珠外购，驱动电路、电源与基板等自行研制的方式进行鞋灯开发生产。通过逆向反求工程技术，WB公司对引进鞋灯产品的主流构造、功能原理、驱动IC、元器件组成及其设计参数等进行拆解测绘、分析记录与优缺点识别汇总，继而在进一步的反求设计过程中，全面吸收各方产品的精髓，取长补短，开发出具有自适应光控儿童鞋灯，该产品能根据外界光线强弱自动调控LED驱动电路，从而达到有效节能、延长驱动电源工作寿命和提升鞋灯产品使用时间的效果。1997年，公司根据市场需求特点，引进了陶瓷基片振荡开关技术对鞋灯驱动电路进行改进，并在此基础上先后推出多色变化LED鞋灯、多功能LED鞋灯与全彩LED鞋灯等产品，如图6-66所示。配合薄利多销经营策略，WB公司鞋灯投放市场后，深受下游童鞋生产企业欢迎，产品供不应求，并一度占据了全国70%～80%的市场份额。

---

① WB光电官网，http://www.wanban.com。

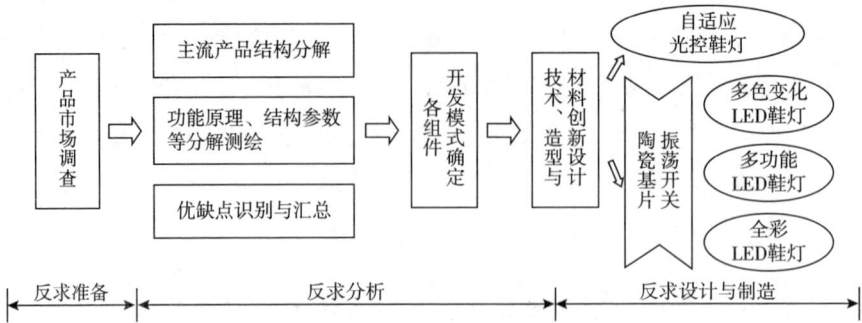

图 6-66　WB 公司鞋灯的逆向工程设计与模仿创新

　　依托鞋灯产品的成功开发经验，公司根据福建服装鞋帽业的市场需求，积极拓宽产品线，研制出草帽灯、单闪 LED、双闪 LED、七彩快慢闪 LED 等服饰嵌入 LED 模组。其中，公司开发的闪灯跳变控制器与同步脉冲感应器有效解决了脉冲频谱变化下 LED 闪灯的等比跳跃问题，实现了对七彩快慢闪 LED 闪动顺序、形式、频率的精确控制。2000 年公司成立深圳分公司，专业从事电子礼品设计与生产贸易。公司在日本手机来电闪产品拆解反求的基础上，对其分立贴片元件结构进行改进，引入 LED 闪光驱动 IC 并使闪灯模组小型化、美观化，添加各种个性化功能如振动、七彩跳变、音乐等。由于价格低、稳定性强，WB 公司来电闪产品很快占据了全国市场的半壁江山。此后，公司顺势挺进其他闪光饰品领域，成功开发了闪光贴纸、闪光电池、闪光手机挂件、闪光手机座机壳、闪光笔、汽车闪灯、闪光风扇等 LED 闪灯应用产品。

　　受制于资金、技术与发展规模，公司成立初期生产运作以家庭作坊式加工生产为主。随着公司运营粗具规模，从 1994 年开始，WB 公司陆续从深圳引进 IC 绑定机、雕刻机、丝印机、贴纸机与 SMT 贴片机等 PCB 板及电子元器件加工制作设备。公司通过引进设备进行全程跟踪调试，探寻摸索出一套有效的设备运行管护方法，这也为公司发展初期 LED 闪灯应用产品的大规模开发和生产奠定了坚实基础。

　　本阶段公司在技术上主要依托企业创始人的技术带动，掌握集成电路设计开发、IC 邦定工艺、SMT 贴片加工与 PCB 板制备印刷等生产技术。公司在通过逆向工程动态跟踪 LED 闪灯应用的最新产品技术发展，消化吸收低功耗集成电路板设计技术与 LED 驱动电路、电源供给与控制技术，成功开发出自适应光控 LED 驱动电路、闪灯跳变控制器与同步脉冲感应器与 LED 闪光驱动 IC 等技术，有效地解决了 LED 闪灯产品应用中的驱动电路及电源供给设计问题，如图 6 - 67 所示。

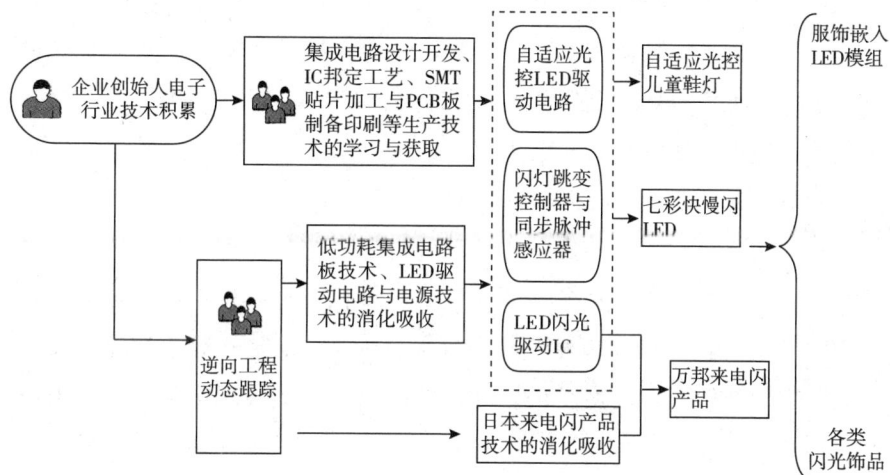

图 6 - 67　企业初创期的 LED 闪灯产品模仿创新

（二）LED 封装技术积累（2003 ~ 2007 年）——基于工艺设备革新优化的 LED 封装技术升级

随着国内外 LED 应用市场不断扩大，2003 年 WB 公司果断决定向上游封装领域拓展，实现 LED 芯片自行封装。2003 年 5 月公司通过引进 ASM 固晶机、点胶机、焊线机与划片机等封装设备，建立公司首条 LED 封装生产线，初步完善了从上游芯片封装设计开始的 LED 灯具个性化定制生产。

公司封装产线投产初期，为确保产品质量稳定，WB 公司采取 LED 外购与自行封装并举的方式，逐步进行生产过渡。在封装技术消化吸收上，公司一方面通过聘请设备企业技术专家现场指导与开展技术培训等方式，着力提升企业技术人员的业务技能与专业水平；另一方面，公司还积极引进国内专业技术人才，组建成立了企业技术研究中心。依托技术中心，公司组织多次生产设备调试，不断摸索，逐步完善了封装工艺流程与设备操作技巧，建立了关键工艺过程的标准作业指导书，不断优化工艺参数控制指标，使自行封装的产品质量逐渐达到并超过市面上同类产品水平。

同时，在封装工艺上，公司最初主要采用 LAMP 封装工艺，小批量生产圆头插脚式 LED。为适应客户对轻薄短小产品的需要以及公司不断扩大的业务需求，2004 年公司通过产线改造，引进贴片式（SMD）封装工艺，开始大规模自动化生产表面贴装 LED。鉴于大尺寸 LED 芯片存在散热和发光不均匀且发光效率低下等问题，2006 年，公司引进 COB 封装工艺，采用小尺寸芯片高密度集成封装生产功率型 LED，使其生产成本得到有效降低，散热性能也得到明显提升。

在封装产线设备上，公司通过对引进项目的技术图纸、工装方案等进行系统培训学习，并对自动固晶机、焊线机进行改进，使之效率提高了 20%～30%。此外，公司还通过与东莞机电设备制造企业合作研发的方式，主导开发了自动挑晶机、自动封胶机与自动切角分类机。为进一步提升产品性能，WB 公司还通过引入推挽式 DC/DC 变换器、电荷泵集成电路技术等，对电子线路板设计进行全面改良，研制开发出高效能 LED 驱动电路，使电源转化效率达到 0.9。

本阶段，WB 公司通过引进并组建 LED 封装生产线，实现 LED 产品方案个性化定制，企业产品线从原有鞋帽、服饰、礼品的嵌入 LED 闪灯逐步拓展到各类玩具发光机芯、发光模块的创意定制，各类信号指示灯、景观灯的设计以及普通白光 LED 的开发生产，企业产品市场也逐渐从国内拓展到东南亚，如图 6-68 所示。

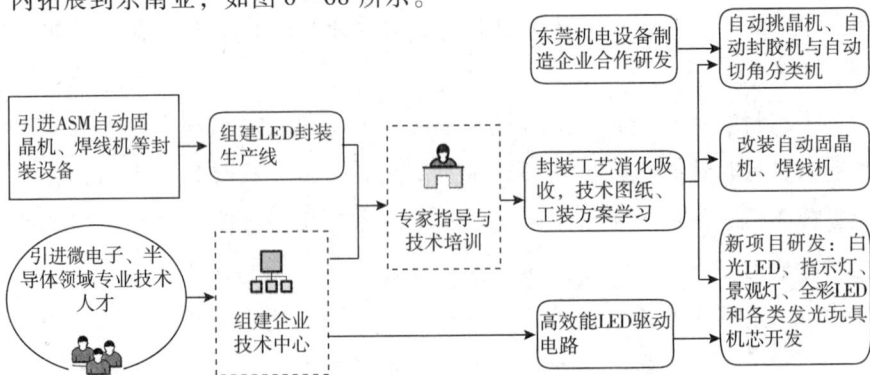

图 6-68　企业成长期的工艺设备革新优化

（三）LED 照明产品研发（2008 年至今）——基于产学研合作的照明级 LED 封装技术跨越

2006 年 12 月，WB 公司通过莆田市人才科技项目对接会，正式与中科院物构所开展技术合作，双方联手推进 LED 照明领域的研发生产。在前期普通白光 LED 封装技术积累的基础上，通过与中科院物构所合作开发，对 COB 封装工艺技术进行优化改良。2007 年，公司承担了国家光电晶体材料工程技术中心关于低成本高亮度 LED 封装项目的技术攻关，提前一年完成了该项目，实现了小功率 LED135LM/W 的产业化，经查证表明，该技术水平和产业化水平都达到国内领先水平。2008 年，WB 公司在国内率先开发的光效在 110LM/W 以上的白光照明 LED；2009 年 4 月，公司开发的小功率白光达到 175LM/W，该技术水平高于国际领先水平 161LM/W；2009 年 5 月，公司开发的大功率白光 LED 达到 159LM/W，技术指标高于国际领先水平 150LM/W。目前，WB 光电无论是小功率 LED 封装还是大功率 LED 封装均具备绝对的技术优势。公司拥有日产 20 万个球泡灯的产能，并已开发出高效率 LED 日光灯条、LED 路灯、LED 射灯等产品。公司主要产品销往欧美、亚太等 10 多个国家和地区，在国内市场，公司 LED 球泡灯销售额已占全国 3% 的市场份额。

本阶段，在工艺技术上，WB 公司引进中科院物构所研发的新型胶体材料技术，对 LED 封装材料进行改进，有效地提高了封装模组的散热速度，从而实现在低光衰的情况下，将灯泡寿命稳定提高到 40000 小时以上。2010 年，公司引入中科院物构所的磁控溅射技术，并在此基础上与物构所合作开发 MCOB（多杯集成式 COB）封装技术（该技术已申请基础性专利与国际专利），有效解决了照明级 LED 封装的散热与出光效率问题，降低了生产成本。2011 年，公司独立研发了镂空散热技术与陶瓷散热技术，并将其应用于 LED 筒灯设计，该技术改良了 LED 筒灯散热性能，并使光效提高 3%~5%。在产业中上游，WB 公司还与中科院物构所联合设计图案衬底的侧壁蚀刻芯片，并委托台湾企业加工成型。为全面突破外延片、芯片等原材料制约，实现产品的一体化与个性化定制，2010 年，公司与中科院物构所、台湾视创公司三方合作，引入外延芯片生产项目。在生产设备领域，2011 年 9 月，WB 公司还与中科院先进制造所、ASM 公司协作，完成国内首条 LED 封装全自动化生产线的投资组建。2011 年 10 月，WB 公司与中国科学院海西研究院、三安光电合作，采用表面覆膜、侧壁蚀刻芯片、BOSS 底胶、MCOB 封装等系列自主创新技术，研制出全球最高光效的 LED 路灯，初始光效达到 131.42LM/W，WB 公司 LED 封装已全面实现技术跨越，走在世界同行的前列。2012 年，独创 MCOB 封装技术，使 LED 产品整灯光效达到 170LM/W，并研制出光效达 261LM/W LED 光源；2013 年，发布 360°全角度发光晶钛陶瓷产品，并完成 MCOB 封装技术升级，开发出银合金一体封装的 LED 日光灯管产品（MCOB－Ⅱ LED 灯管），其制造成本降低了 30% 以上，并具备自动化生产能力，如图 6 - 69 所示。

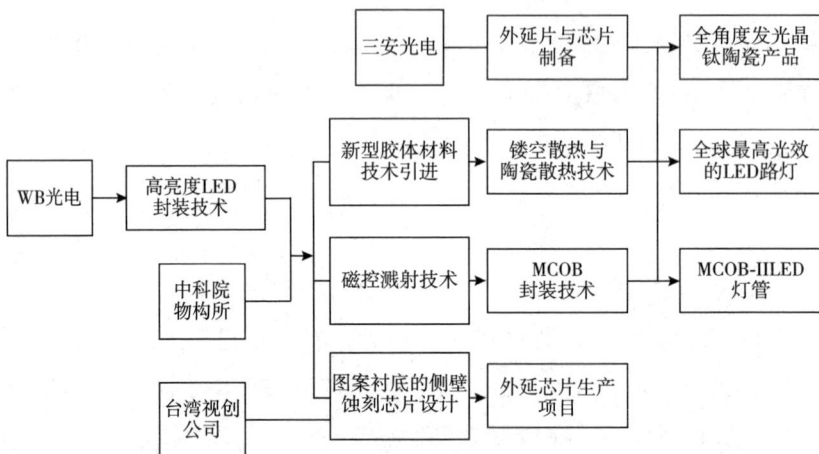

图 6 - 69　WB 公司照明级 LED 的封装技术跨越

（四）WB 公司引进技术再创新中的技术发展演化

WB 公司以电子产品来料加工起家，经过长达 18 年不断的技术引进消化再创新，实现了从 1993 年童鞋 LED 鞋灯的简单开发设计到 2011 年研制出初始光效为全世界最高的 LED 路灯的重大技术突破。

1. LED 驱动电路设计及闪灯产品开发

WB 公司光电初创时期，公司依托企业创始人在电子行业的从业经验，引进国内主流鞋灯产品，利用逆向反求工程技术对引进产品进行结构分解，继而根据自身技术优势，采取自主设计 LED 驱动电源电路的办法，开发生产了各类 LED 闪灯应用产品，其主要有鞋灯、草帽灯、单闪LED、双闪 LED、七彩快慢闪 LED、手机来电闪、闪光贴纸、闪光电池、闪光手机挂件、闪光手机座机壳、闪光笔、汽车闪灯、闪光风扇等。闪灯产品开发为 WB 公司后来转型从事 LED 封装及照明应用积累了驱动 IC设计的技术基础。本阶段，WB 公司引进再创新的主要技术领域及其发展概况如下。

（1）核心技术发展——低功耗 LED 的驱动电路设计技术

驱动电路是 LED 产品的重要组成部分，其主要功能是将交流电压转换为恒流电源，同时按照 LED 器件的要求完成与 LED 的电压和电流的匹配。无论在照明、显示还是背光源应用领域，驱动电路与电源设计都是LED 产品架构的关键配套技术之一。WB 公司根据 LED 闪灯产品的应用需要，先后自主开发了自适应光控 LED 驱动电路、闪灯跳变控制器、同步脉冲感应器与 LED 闪光驱动 IC 等技术，有效地解决了儿童鞋灯、草帽灯、单双闪 LED、七彩快慢闪和手机来电闪等各类 LED 闪灯应用中的驱动电路及电源供给设计问题。

（2）辅助技术发展——IC 绑定工艺

IC 绑定是集成电路与 PCB 板研制开发的重要辅助工艺，它由擦板、上晶片、打线、测试、过镜、封胶、烤胶等工序组成。1994 年，WB 公司引进 ASM－AB520 绑定机 6 台，建成多线 IC 绑定生产线，并于 1995年和 1997 年对原生产线设备进行技术改造与自动化控制管理，使单芯片绑定线数从 60 线增长到 240 线，有效地扩大了设备产能与生产效率。

（3）配套技术发展

PTH 插件加工技术。WB 公司的早期产品主要使用 PTH 插件加工技术，通过手工作坊形式进行生产加工。这种生产方式，技术含量不高，属于典型的劳动密集型作业，其工艺上主要依靠手工或者插件器械将LED 管芯和相关电子元器件穿过电路板孔洞的表面，再用波峰焊等设备连接双面板上的两面电路即可。其使用的生产设备依次为入板机，波峰焊，出板机，皮带线。插件加工对设备要求不高，但其生产效率低下，加工精度不高，工艺粗糙，产品容易受损。

SMT 表面贴装技术。由于鞋灯产品热销，出于大规模生产的需要，1999 年，WB 公司引进 ASM 公司的 SMT 贴片生产线，采用表面元器件贴装 PCB 方式组配闪灯 LED 产品。SMT 生产线由上料机、锡膏印刷机、接驳台、贴片机、焊接机、AOI 设备、ICT 设备、FAT 设备、下料机等组成。其生产工艺流程包括：PCB 准备检查、检查工艺，焊膏印刷、检查工艺，贴装工艺，贴装后插件、检查工艺，固化工艺，在线检查工艺，修正工艺，在线检测即 ICT，质量检查，功能测试，返修工艺，包装工艺，标签工艺等。与 PTH 插件加工相比，SMT 贴片加工具有以下特点：组装密度高、电子产品体积小、重量轻；产品可靠性高，抗震能力强，焊接缺陷率低；易于实现自动化，生产效率高；能大幅度节省材料、能源、设备、人力、时间等，如表 6 - 10 所示。

表 6 - 10　PTH 插件加工与 SMT 贴片加工的技术区别

工艺类型 项目	SMT 贴片式	PTH 插件式
生产效率	高	低
产能规模	大	小
引　脚	表面接触	穿透 PCB
焊接温度	高	低
自 动 化	贴片机	手工
焊接质量	高	低

虽然 SMT 贴片加工比较适合大规模生产应用，但其作业加工中容易出现空焊、短路、缺件、锡珠等现象。为克服上述缺陷，WB 公司通过对 SMT 贴片工艺的不断摸索、比校，制订推广了锡膏印刷、零件贴装、固化修正和光学检测等各工位工序的作业标准书，并在这些工艺过程中，引入了来板不良反馈流程与自行设计的钢网避孔处理技术。此外，在固化修正工艺上，WB 公司用再流焊技术替代了传统的波峰焊技术，改善了通孔元器件波峰焊中存在的桥接、虚焊和锡渣滞留等问题，焊接质量有明显提升，完好率有明显提高，如图 6 - 70 所示。

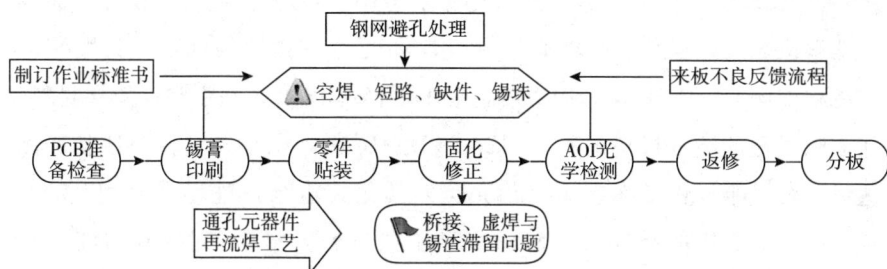

图 6 - 70　WB 公司 SMT 贴片改进示意

2. LED 封装技术内化及白光 LED 研制

由于产品多元化发展的需要，2003 年，WB 公司通过引进 ASM 公司固晶机、焊线机、划片机等封装设备，投资组建 LED 封装产线，开始自行设计、封装生产 LED 发光模组，并开发出普通白光 LED、指示灯、频闪灯、景观灯、全彩 LED 以及各类发光玩具机芯等新产品，产品远销东南亚。这些产品的封装生产为 WB 公司 LED 照明应用开发奠定了封装技术工艺基础，也为公司 LED 封装培养了一批技术骨干。本阶段，公司引进再创新的主要技术领域及其发展概况如下。

（1）核心工艺技术的发展

LAMP 引脚式封装技术。LAMP 封装是采用引线架作为各种封装外形的引脚，其封装流程是先在 LED 成型模腔内注入液态环氧树脂，然后插入压焊好的 LED 支架，放入烘箱中让环氧树脂固化后，将 LED 从膜腔中脱离出即成型。WB 公司最先研发成功并投放市场的自行封装 LED 主要采用的就是 LAMP 引脚式封装。这种封装工艺具有制作方便、成本低廉、可按需弯曲成形、产品体积小、可靠性高的特点。但 LAMP 封装一般用于电流较小、功率较低的 LED 封装，封装热阻较大，寿命较短。根据不同产品的应用需要，WB 公司先后开发出两引脚、三引脚与四引脚的 LAMP - LED，产品从单色 LED 覆盖到红、绿、蓝在内的全色 LED，从单一圆形 LED 到面向各类应用的多种规格外形的 LED 产品。

SMD 贴片式封装技术。2002 年，贴片式封装的 LED（SMD - LED）在美国、日本等发达国家兴起，并逐步被全球其他国家所接受。由于 SMD - LED 可借助自动化机器进行大规模生产，从 LAMP 封装转向 SMD

贴装，已成为 LED 产业发展的大趋势。SMD - LED 产品质量较好，能较好地解决亮度、视角、平整度、可靠性和光色一致性等问题，其贴装工艺流程如图 6 - 71 所示。SMD 贴装采用更轻薄的 PCB 基板和反射层材料，并去除较重的碳钢材料引脚，因此 SMD - LED 体积小，可轻易地将产品重量减轻一半，使最终应用更趋完美，其尤其适合户外场合使用。2004年，WB 公司引进 ASM 公司 SMD 贴装工艺与工装方案，对原有 SMT 贴片生产线进行改造升级，并独立开发了晶粒自检装置和自动进料系统。与此同时，公司还与东莞机电设备制造企业合作开发了自动挑晶机、自动封胶机与自动切角分类机等，使 SMD 产线封装效率提高了 30%。

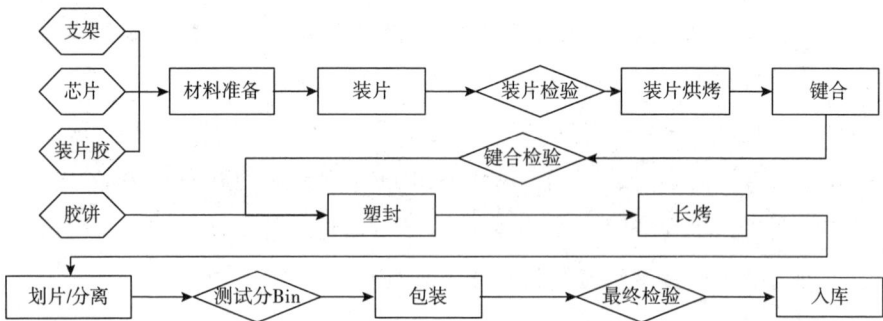

图 6 - 71　SMD 贴片式封装流程

COB 板上芯片封装技术。COB（Chip - On - Board）板上芯片封装技术也称为芯片直接贴装技术，它是采用黏结剂或自动带焊、丝焊、倒装焊等方法，将集成电路芯片直接绑定贴装在电路板上。COB 封装中，半导体芯片交接贴装在印刷线路板上，芯片与基板的电气连接用引线键合方法实现，并用树脂覆盖以确保可靠性。与 SMD 贴片式封装相比，COB 封装可将多个芯片直接封装在金属基印刷线路板 MCPCB 上，通过基板直接散热，不仅能减少支架的制造成本，还具有减少热阻的散热优势。

传统白光 LED 灯具封装方法是：LED 光源分立器件—MCPCB 光源模组—LED 灯具，其工艺不但耗工费时，而且成本较高，不利于产品普及推广。为此，2006 年，WB 公司在消化吸收欧美与日本 COB 封装工艺的基础上，自主开发出基于 COB 技术的阵列化互联白光 LED，该 LED 产品采取"COB 光源模块→LED 灯具"的技术路线，产品具有光亮度均匀、可靠性好、亮度高、结构紧凑、体积重量小、制作工艺简单、散热性好等特点。掌握白光 LED 封装技术是 LED 企业打开光源市场的必由之路，白光 LED 的开发成功是 WB 公司封装技术飞跃的重要标志。

一般 COB 封装工艺流程包含 14 道工序：①芯片检验；②扩晶；③点胶；④背胶；⑤手工刺片；⑥自动装架；⑦烧结；⑧绑定（打线）；⑨前测；⑩点胶封装；⑪灌胶封装；⑫模压封装；⑬固化；⑭后测，如图 6－72 所示。在 COB 封装过程中氧化物及颗粒污染物会降低封装产品的质量，这些污染物主要来自芯片表面、PCB 基板和环氧树脂等，传统 COB 清洁方法是预备工序和引线键合前将 PCB 基板用超声波清洗、气枪吹净、像皮擦擦拭或毛刷刷干净。WB 公司技术中心通过引入等离子清洗机革新 COB 清洁工艺，在封装工艺过程中的点胶前、邦定打线前及固化前增加等离子清洗工序；同时用铝丝超声键合代替邦定（打线）工艺，有效地提高了引线键合强度，改善芯片黏接质量，减少封装漏气率，封装器件成品率提高了 20%。

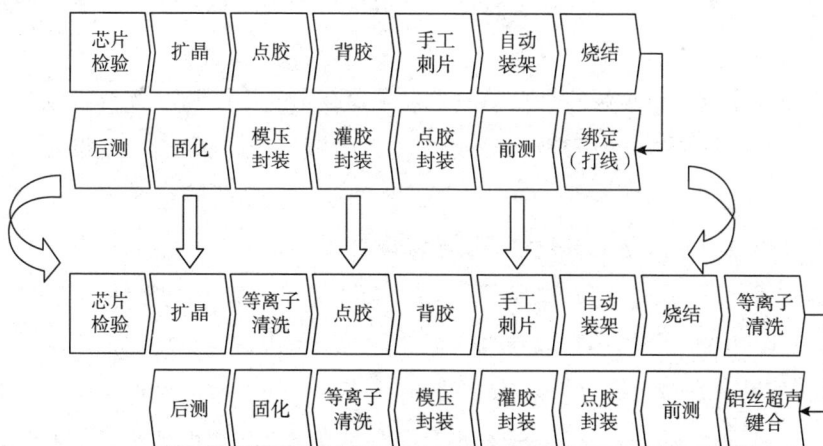

图 6－72　COB 封装工艺革新

（2）配套技术发展

引线键合技术。引线键合技术是 SMD 封装的关键配套技术，其主要原理是借助热量、压力和超声能量的共同作用，使引线与焊盘金属发生原子间扩散达到键合成为一体的技术，键合工艺水平高低对 SMD 封装质量有直接影响。目前引线键合技术有三大类：热压焊键合、金丝焊键合和超声焊键合。热压焊主要用于玻璃板上芯片键合，金丝焊则主要用于球焊引线键合，两者焊接都具有局限性，且键合质量低、成本高。为确保封装品质与控制成本，WB 公司 SMD 产线改造初期，就一次性引入铝丝超声键合工艺进行芯片引线键合。这种键合技术利用超声波焊接机的超声波发生器产生的能量，由换能器在超高频下产生磁场感应，推动劈刀迅速振动，同时在劈刀上施加一定的压力，于是劈刀在这两种力的共同作用下，带动铝丝在被焊区的金属化层（即铝膜）表面迅速摩擦，使铝丝和铝膜表面产生塑性变形，这种变形也破坏了铝膜界面的氧化层，使两个纯净的金属表面紧密接触达到原子间的结合，从而形成焊接。铝丝超声键合强度能接近于原材料本体强度，因此，用此工艺进行 LED 芯片键合，具有封装质量稳定、成本低且较容易协同控制等特点。2004 年，WB 公司 SMD – LED 投产以来，公司技术中心通过反复研究试验，组合调整并优化贴片键合点的超声波形、超声功率、冲击力保持时间、冲击速度、键合压力、引线直径、劈刀选用、劈刀运动轨迹、电子打火等主要工艺参数，不断提升引线键合强度，实现 LED 贴片封装质量稳步提高。

基于电流型电荷泵的白光 LED 驱动电路技术。传统 LED 需要直流电驱动，如果用交流电会使 LED 闪烁或者不亮，严重的话还会击穿二极管。为突破 LED 应用的这一局限，WB 公司技术中心通过消化吸收 Supertext 公司的集成电路技术，开发出一种基于电流型电荷泵的白光 LED 驱动电路，该电路采用 AAT3110 构成电荷泵电路，输出 5 伏的并联稳压。这种由 AAT3110 电荷泵驱动的 LED 电路，能够接入交流电源，适应性强，具有非常低的静态电流和较高的转换效率；负载范围大，有过热保护和短路保护功能；IC 电路布线少，工艺成本低；且外围电路不使用电感器件，无电磁干扰。此外，为进一步提升产品性能，WB 公司还通过引入推挽式 DC/DC 变换器、引脚复用的恒流电路控制技术等，对电子线路板设计进行全面改良，研制开发出高效能 LED 驱动电路，使电源转化效率为90% 以上。

3. LED 封装技术跨越及 LED 照明产品突破

2005 年全球性能源危机爆发，节能减排成为各国政府共同关注的问题，LED 照明应用在全球市场上受到追捧。在经历了数次成功转型与创业高峰之后，2006 年，WB 公司正式决定将公司 LED 产品领域从背光及指示灯应用开始转型为照明应用设计。公司通过与中科院物构所开展技术合作，引进 BOSS 底胶技术、磁控溅射技术，开发出具有自主知识产权的 MCOB 封装光源，并在此基础上通过深化与中科院物构所、台湾视创公司、ASM 公司以及中科院先进制造所等单位的产学研系列合作，迅速推进了 LED 照明技术的各项应用，并在 LED 照明的新兴应用市场上独占鳌头，其技术引进再创新的主要领域及其发展概况如下。

（1）核心技术发展

MCOB 技术，即多杯集成式 COB 封装技术，COB 技术是在基板上把 N 个芯片集成在一起进行封装，然而基板底下是铜箔，不能很好地进行光学处理，而 MCOB 直接将芯片放在多个光学杯里进行封装，提高光通量，还可以方便地实现 LED 面发光的封装，增加单个光源的功率，最大限度地避免眩光和斑马纹，提高每瓦光效。

MCOB 封装技术有效地解决了散热、光效率提升和光色的一致性等 LED 行业问题。

2010 年，公司引入中科院物构所的磁控溅射技术，并在此基础上与物构所合作开发 MCOB 封装技术。该封装技术采用磁控溅射提高可见光反射率，并利用基板直接封装工艺使散热材料、基板和芯片直接接触，而基板跟外壳又是相连的，可以快速地导热。与传统的 SMD 封装结构相比，MCOB 的基板直接封装技术，不仅可以有效改善热量淤积于光源内部得不到散失的状况，而且可以通过多种形式串并联的芯片间联结，间接降低芯片上电流密度，减少热能产生。通过全新设计的大面积金属基板，并基于热应力缓冲设计，将芯片通过固晶胶直接与金属基板绑定，减少了传统小功率光源必须通过附加一层 FR4/铝基材料的焊线层环节，简化热通道将热量直接通过金属基板传导至散热器，同时通过分离化设计将电路与金属基板完全隔离，专一的热传导途径与电流途径互不干扰，有效地达到热电分离。MCOB 是多杯结构、集成封装、空间大、出光面多、散热面大，可提高光效 20%～40%、解决散热问题（可使用旋压件散热）、降低成本（可使综合成本下降 30%～40%）。

MCOB 技术是一种基础技术，可以在球泡灯、日光灯、射灯、筒灯以及路灯、隧道灯等各类照明产品中获得应用。目前，该技术已申请基础性专利与国际专利，在此基础上，WB 公司又先后开发并申请与 MCOB 技术相关的国内发明专利 6 项、实用新型专利 7 项，申请 PCT 的 2 项，其中目前已经授权发明专利 2 项、实用新型专利 6 项。2011 年 8 月初，WB 公司采用 MCOB 封装技术，在国际上率先开发出整灯光效超过 141.2 lm/W 的低成本 LED 灯管产品，并已实现日产 5000 根 LED 灯管的产能。

（2）配套技术发展

磁控溅射技术。磁控溅射技术是目前应用最广泛的一种溅射沉积方法。它是在二极直流溅射的基础上，在靶表面附近增加一个磁场。电子由于受电场和磁场的作用，做螺旋运动，大大提高了电子的使用寿命，增加了电离产额，从而使放电区的电离度提高，即离子和电子的密度增加。放电区的有效电阻变小，电压下降。另外放电区集中在靶表面，放电区中的离子密度高，所以，入射到靶表面的离子密度大大提高，因而溅射产额大大增加。

磁控溅射可分为直流磁控溅射法和射频磁控溅射法，其基本原理都是利用 Ar – 02 混合气体中的等离子体在电场和交变磁场的作用下，被加速的高能粒子轰击靶材表面，能量交换后，靶材表面的原子脱离原晶格而逸出，转移到基体表面而成膜。磁控溅射的特点是成膜速率高，基片温度低，膜的黏附性好，可实现大面积镀膜。

BOSS 底胶技术。BOSS 底胶技术是将衬底与热沉及铝板以共晶的方式结合，使胶体导热系数比传统银胶及导热胶提高 10 倍以上，也有效地提高了封装模组的散热速度，从而实现在低光衰的情况下，将灯泡寿命稳定提高到 40000 小时以上。BOSS 底胶由 LED 芯片、PCB 胶壳一体化部件、LED 封胶、连接绑线组成，PCB 胶壳一体化部件是在 PCB 上直接注塑上高反射率、高热变形温度的胶壳，胶壳的正面按设计要求制作了许多有规律排布的空穴，在空穴内装上 LED 芯片，打上连接电极的绑线，封上胶，可单独或多个组成一个照明光源。这种新型胶体材料成倍地提高了散热速度，提高了产品的寿命与可靠性。目前 LED 灯泡最主要的散热路径为"芯片—衬底—固晶胶—热沉—黏合胶—铝板—环境"，其中固晶胶与黏合胶的热传导能力在散热路径中最差，形成了散热路径的"短板"，降低了整条线路的散热速度。而 WB 公司 LED 采用中科院物构所研发的新型胶体材料，散热路径为"芯片—BOSS 底胶—环境"。

陶瓷散热技术。热技术与热传导是 LED 照明应用中的关键环节。传统封装在解决 LED 散热问题上，通常采用铝基板。由于铝基板具有密度小、电磁屏蔽性好、机械强度高、加工性能优良等特点，因此其在普通功率 LED 产品封装中得到广泛应用。但随着 LED 产品安全性能要求的不断提升，特别是瓦级高功率 LED 的密度集成开发，铝基板的绝缘性能、导热性能及其耐温性能都难以满足产品设计要求。2011 年，WB 公司引进流延法与共晶烧结工艺，采用氮化铝（AlN）陶瓷粉体和稀土氧化物 Y2O3 为主要材料，研制出一种新型陶瓷散热器。该散热器通过将 PCB 电路基板与散热器的有效融合，实现对 LED 热敏感元件和电路进行快速冷却。由于陶瓷材料除了与 LED 具有匹配的膨胀系数、良好的化学稳定性，还具有优异的绝缘耐压特性，所以该陶瓷散热器非常适合用于高功率 LED 照明的散热。此外，公司还根据筒灯 LED 照明特点，设计开发镂空散热技术，使其光效提高 3% ~5%。

在 MCOB 封装技术、BOSS 底胶技术、磁控溅射技术与陶瓷散热技术等一系列技术创新的基础上，2011 年 8 月，WB 公司在国内率先开发出初始光效达到 125LM/W、18W 功率、4000 ~4500K 色温、显指 75，整灯达到 2250LM 的 LED 日光灯管，并顺利实现了产业化。2011 年 10 月，WB 公司与中国科学院海西研究院、三安光电共同研制出初始光效世界最高的 LED 路灯，初始光效达到 131.42LM/W。该产品全面采用了 WB 公司独立研发与合作研发的技术，如表面覆膜、侧壁蚀刻芯片、BOSS 底胶、MCOB 封装等，产品具有可靠性高、光效强等特点，而且生产成本仅为国外同类产品的 4 ~6 成。2012 年，又通过自主掌握的 MCOB 封装技术，使 LED 产品整灯光效达到 170LM/W，并研制出光效达 261LM/W LED 光源。2013 年又对该技术完成升级，使其成本降低 30%，并实现自动化生产。

（五）小结

纵观 WB 公司光电 21 年的技术发展历程，公司从电子产品来料加工起家，历经 LED 闪灯产品模仿创新、白光 LED 开发与大功率 LED 照明灯具研制三个成长阶段，通过实施产品逆向反求与模仿创新、设备引进改造与技术升级、工艺流程重组与技术优化、合作创新与技术跨越等一系列有效的技术引进再创新策略，实现了 LED 产品生产从无到有，从弱到强，从跟踪仿制到自主创新、赶超国际一流的飞跃式发展。

三　WB 公司技术引进消化再创新案例的启示

（一）逆向工程是企业初创时期引进技术模仿创新的有效途径

WB 公司是以家庭作坊起家的民营企业，企业初涉 LED 产业缺乏相应的技术积累。在企业成立初期，WB 公司确定了逆向工程、博采众长的产品技术引进方式。公司通过广泛收集 LED 闪灯应用的最新产品，利用逆向工程动态跟踪前沿技术，深入研究新产品的工作机理与技术组成，消化吸收低功耗集成电路板设计技术与 LED 驱动电路、电源供给与控制技术，成功开发出自适应光控 LED 驱动电路、闪灯跳变控制器、同步脉冲感应器与 LED 闪光驱动 IC 等技术，有效地解决了 LED 闪灯产品应用中的驱动电路及电源供给设计问题。

（二）应用创新是产业技术引进持续创新的永恒动力

应用创新是源于用户需求、为用户带来价值增值的创新应用设计。WB 公司从成立之日起，就树立以用户为中心，注重市场导向的用户创新。公司技术人员通过置身于用户应用环境的变化，参与提出创意到技术研发、验证与应用的全过程，发现并解决用户的现实与潜在需求，继而通过各种技术创新与功能模块的集成应用，推动产品创新。近年来，WB 公司通过应用创新，相继完成了各类玩具发光机芯、发光模块的创意定制，面向特殊应用的 LED 日光灯条、LED 射灯等。2011 年，公司根据物联网技术发展趋势，积极打造配套智能新光源系列产品。通过应用创新，WB 公司有效地锻炼了企业技术部门的产品设计能力与研发能力，并逐步向产业上游发展，推动产业的更新换代，提升科技水平。

（三）海峡两岸技术合作是 LED 产业规避技术壁垒的有效路径

台湾 LED 产业发展从 20 世纪 70 年代开始，到目前已有 40 多年的发展历史。目前，台湾是全球 LED 外延片、芯片与封装产业集聚的地区，生产总值为全球第二，2008 年，台湾 LED 产品占据全球 20% 的市场份额，拥有完整的上下游产业链。台湾 LED 产业具有深厚的技术积累，开展海峡两岸 LED 产业技术合作，有助于产业技术对接，也有助于整合两岸已有各种专利，交叉授权，相互许可，共同推动 LED 技术研发和专利申请，规避专利壁垒对行业造成的不利影响。WB 公司通过与台湾视创公司引入外延芯片生产项目，为 WB 公司打破外延片、芯片等产业技术壁垒，实现产业链向上游延伸，丰富产品链奠定了良好基础。

（四）项目导向的产学研合作是再创新技术跨越的重要渠道

从 LED 普通封装到 LED 照明设计，技术上需要解决高功率封装散热、光源效率以及光色一致性等系列技术难题。为实现再创新技术突破，WB 公司以市场需求为抓手，凝练出技术需求的科学问题，并通过与中科院物构所开展技术项目合作，获取技术支持方案，实现对 COB 封装工艺的改良优化。在此基础上，WB 公司积极引入中科院物构所的磁控溅射技术，合作开发 MCOB 技术与图案衬底的侧壁蚀刻芯片技术等。WB 公司还与中科院先进制造所、ASM 公司三方合作研发国内首条 LED 封装全自动化生产线。通过产学研合作，WB 公司有效地锻炼了公司的研发队伍，也促进了公司技术的长足发展。

第六节　南方路面机械有限公司技术引进消化再创新案例分析

一　南方路面机械有限公司简介

南方路面机械有限公司（简称"南方路机"）总部位于风景秀丽的历史文化名城、海上丝绸之路的起点——泉州。公司成立于 1991 年，占地面积约 36 万平方米；拥有固定资产 12700 多万元，职工 1200 余人。南方路机是一家历史悠久，长期专注于搅拌机械设备研发、制造及服务的国际化专业公司。是福建省重点工业企业和国家级高新技术企业，为商品混凝土制造商、各种混凝土设备应用者、公路路基和路面建设者、城市建设单位等提供搅拌设备全套解决方案和优质设备、服务的专业公司，已通过 ISO9001 质量认证。2009 年，中国搅拌设备职业技能鉴定站南方路机站成立，2010 年，与特雷克斯（中国）投资有限公司签订合资经营合同；2011 年，负责起草建筑施工机械与设备干混砂浆生产成套设备（线）与干混砂浆搅拌机行业标准；2012 年，与日本寿技研公司合作生产出领先世界的机制砂生产线；2013 年，与泉州市政府合作，成立福建南特建材装备研究院，为客户提供整体解决方案；2014 年，公司与华侨大学签订"基于智能化数字控制的沥青拌合站燃烧干燥系统的关键技术研究"的战略合作协议①。

南方路面机械有限公司自创建以来，就一直秉承"术业有专攻，技术贵在精"的专业理念，一门心思专攻"搅拌"二字，不断地追求将"搅拌"做"专"、做"精"、做"好"、做"久"，做到极致，做到永远。其主要产品包括以下几种。

水泥混凝土搅拌设备。南方路机经过多年的艰辛拼搏，在中国市场上基本占领了所有高端市场，并在中东、俄罗斯等国际高端市场取得好成绩，开始在全球水泥搅拌机械高端市场上，占有重要的一席之地。

沥青混合料搅拌设备。在此种设备的研发、制造上，南方路机高屋建瓴地在沥青设备的全球技术中心——西欧，开设"沥青研发中心"，依托欧洲技术设计公司，吸纳当地沥青行业顶尖人才，为我所用。以最小的代价、最短的时间，将中国、将南方路机的沥青研发、制造技术，快速地"拉高"到接近世界一流水平。

FB 型干混砂浆生产设备。南方路机综合水泥搅拌技术与沥青搅拌技术而开发干混砂浆生产设备，是国内此项技术的拓荒者。当国内干混砂浆应用市场尚未启动时，公司即预测性地投入极大的人力、物力，预先引进、消化了欧洲成套技术、工艺，填补了该行业在我国的空白。此外，南方路机还积极参与筹备制定我国该行业的有关技术标准。在国内干混砂浆的搅拌设备制造技术上，南方路机是唯一掌握成套工艺、技术的制造厂家，并已在国内高端市场承建了北京、天津、福建、浙江、四川等多条自动生产线。

为保证专业的定位，南方路机不断地加大对国际先进技术的跟进力度，在欧洲设立研究机构，聘请欧洲一流技术人才，引进、消化和吸收

---

① 南方路机官网，http://www.nflg.com。

国外的先进制造技术，在物料的振动筛分、精密搅拌、精确计量、燃烧烘干机理、电子智能控制技术和包装技术等方面取得重大突破。在搅拌技术方面，已经获得了 30 多项国家专利。南方路机 FB 预拌砂浆生产线不仅拥有时产 5~80 吨的多种设备规格及灵活的结构形式，而且可以设计紧凑型、高塔式或阶梯式的生产线，为用户提供与欧洲技术同步的全环保型干混生产设备。在中国全新的干混砂浆搅拌设备制造领域，南方路机是当之无愧的开拓者与引领者。南方路机在干混砂浆生产设备领域的技术引进消化再创新的过程值得全行业学习和借鉴。

二 南方路面机械有限公司技术引进消化再创新历程

南方路面机械有限公司已有 20 年的制作搅拌设备的经验，其在 2001 年就具有前瞻性地开始了干混砂浆生产设备的技术研发工作，在 2006 年推出了本企业第一套干混砂浆生产成套设备——FB 系列干混砂浆生产设备。产品自投放市场以来，受到广大用户的好评。为保证专业的定位，南方路机不断地加大对国际先进技术的跟进力度，在欧洲设立研究机构，聘请欧洲一流技术人才，引进、消化和吸收国外的先进制造技术，形成了同行业独具特色的技术发展模式。研究以 FB 系列干混砂浆技术项目为例，考察南方路机引进消化再创新进程。

干混砂浆生产设备可以将用于生产的原料进行储存、内部输送、精确配比计量、均匀混合，直至成品包装等一系列工序整合在一体，一般由热能设备、干燥冷却设备、筛分装置、供料系统、储存系统、配料装置、搅拌系统、包装系统、除尘系统等组成。南方路机的 FB 系列干混砂浆搅拌设备主要由五大部分组成，即烘干设备、筛分设备、计量系统、搅拌主机、包装机。

（一）干燥冷却设备

干混砂浆的主要原材料是砂，河砂是砂的主要来源。因河砂含有大量水分，原材料湿度大，呈聚合状，要对其进行储存，必须对其进行加热干燥处理才能使砂料松散，以利于不同直径的颗粒相互分开，为下一步的筛分做准备。原料砂的这一特性，决定了在干混砂浆搅拌设备中，干燥冷却设备是必不可少的组成部分，其主要功能是对原料砂进行干燥和冷却。

干燥冷却设备的主要组成部分为：热源、进料口、筒体（可多层、内包含各种叶片）及出料口等。热源提供烘干物料所需要的足够热量（可通过多种形式，如燃烧器、沸腾炉、排链炉等）；进料口及出料口是物料进出的通道；筒体是物料被烘干和冷却的场所，筒体内部有进给叶片、扬料叶片、刮料叶片等装置。

干燥冷却设备的主要工作原理是：在热源提供烘干物料所需足够热量的条件下，物料从进料口进入滚筒后，在滚筒的转动下，特殊结构的滚筒叶片将物料与热源提供的热空气充分混合，使物料中的水分温度上升并气化，通过出风管蒸汽排出，物料实现烘干的目的；被烘干后的物料由于温度过高，不能被直接使用，需要进行与冷空气相混合的冷却处理；最后，砂料从出料口漏出完成烘干及冷却过程。

1. 干燥冷却设备引进消化再创新进程

考虑到行业内普遍采用的两种形式的烘干机存在的主要问题，南方路机对国外市场进行调研，在了解了国外烘干技术发展水平的基础上，开始研发本企业的烘干设备，其主要发展历程包括以下几个阶段。

技术引进阶段（2006 年）：2006 年，在综合分析了国内同行业烘干机各项性能和国外干燥冷却技术发展水平的基础上，南方路机与意大利工程师沙·乔治先生共同设计了第一代双回程干燥滚筒设备，并进行性能测试。这是我国第一台双滚筒烘干设备。

技术消化吸收阶段（2006～2008 年）：鉴于第一代双回程干燥滚筒设备在测试中发现的出料温度相对较高的问题，南方路机技术研发团队在第一代设备基础上进行技术工艺改进，完成了第二代双回程干燥滚筒设备（如图 6－73）的生产，并将其推向市场，一直沿用至今。

技术再创新阶段（2009 年）：为进一步进行技术储备，提高企业的竞争实力及在未来市场中占得先机的能力，南方路机一方面在设计上提出了优化第二代双回程干燥滚筒设备在技术及工艺上需要改进之处，并设计图纸，计划进行第三代双回程干燥滚筒设备试制及实验测试；另一方面，借鉴目前在芬兰发展较为成熟的流化床设备，进行自主研发，生产出用于干混砂浆干燥的最好设备——LHC 低频高幅振动流化床（如

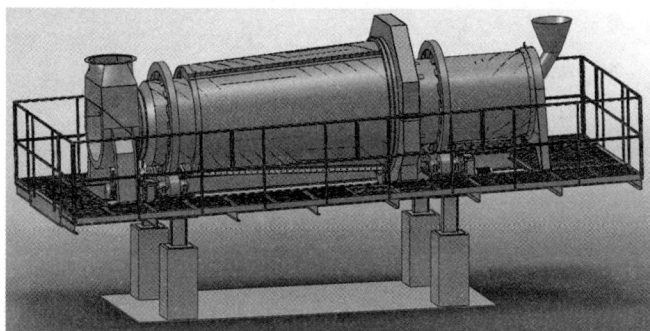

图 6 - 73　第二代双滚筒烘干机

图 6 - 74）。实现了节能环保、运行成本低、占地空间小、热效率极高、操作容易的目标。

图 6 - 74　LHC 低频高幅振动流化床

2. 相关技术及工艺改进情况

干燥冷却设备在技术及工艺方面的改进主要包括以下几点。

第一，由于第一代双回程干燥滚筒设备的出料温度仍然较高，达到120 度，该设备不能很好地解决物料的降温冷却问题，因此，在第二代双回程干燥滚筒设备的设计中将烟气端座由前端移至后端，原有位置仅作为出料口，这样物料不仅能与热源提供的热空气更为充分地混合，达到快速干燥的目的，还能确保被烘干后的物料在外层筒体与冷空气充分混合，冷却到合适的温度。

第二，在进料方式上，第一代及第二代双回程干燥滚筒设备主要采用轴向进料，第三代设备拟采用侧向进料方式，以提高设备的人性化设计，提高可操作性。

第三，在安装方式上，第一代及第二代双回程干燥滚筒设备采用的是内筒与地面成 1.5 度角，外筒与中心线成 6 度角的方式，这样有利于原料砂的流动，便于烘干；第三代双回程干燥滚筒设备拟采用内筒水平放置，外筒与中心线成 3 度角的方式，这样在理论上可以减少砂料对设备的磨损，并且可以避免进料堵料的问题，确保设备运行平稳。

第四，在 LHC 低频高幅振动流化床的设计中，南方路机独创性地在流化床内增加了流化床摆动机构以防止流化床在运行中发生"死床""穿床"的现象；另外，还增加热风回收系统，通过该系统回收冷却风尾气，充分利用冷却风尾气内的热量，从而起到节省能源的作用，具有一定的环保意义。

表 6 – 11 干燥冷却设备技术、工艺发展一览

时间 要素		2006 年技术 引进阶段	2006~2008 年技术 消化吸收阶段	2009 年	
				技术研发阶段	研发创新阶段
设备名称		第一代双回程干燥滚筒设备	第二代双回程滚筒设备	第三代双回程干燥滚筒设备	LHC 低频高幅振动流化床
发展瓶颈		出料温度高达120 度，无法解决冷却问题	磨损大，物料在进料口易发生堵料现象	能源消耗略大	燃烧室温度不能高于 550 度
解决方法		烟气端座与出料口分离	改变内、外筒体放置角度	增加热风回收装置	增强燃烧室耐高温性
工艺	冷却	烟气端座与出料口处于同一位置	烟气端座后移，出料口单独使用	烟气端座后移，出料口单独使用	下箱体冷却风室进行物料高效冷却
	进料	轴向进料	轴向进料	侧向进料	床体及摆动机构使物料移动
	安装	内筒与地面成 1.5度角，外筒与中心线成 6 度角	内筒与地面成 1.5度角，外筒与中心线成 6 度角	内筒水平放置，外筒与中心线成 3 度角	整体架设在上座上，外层耐高温隔热岩棉起保温作用
取得绩效		设备升级的基础	出料温度冷却至65 度	磨损少，有效解决堵料问题	出料温度冷却至 45度，节能为 25% 以上
		获得滚筒式干燥装置 3 项、流化床技术 2 项，共 5 项实用新型技术专利			

（二）筛分装置

筛分装置是干混砂浆搅拌设备的五大组成部分之一，其主要功能是将原始砂料按照不同的直径规格要求分别进行筛分，为下一步的计量及搅拌等工序做前期工作。原料砂的组成颗粒直径有很大区别，为 0 ~ 5mm，建筑施工所需砂料一般要求为 0 ~ 0.3mm、0.3 ~ 0.6mm、0.6 ~ 1.2mm、1.2 ~ 2.36mm、2.36 ~ 4.5mm 这几个等级，因此，筛分设备根据产品需要基本都是由三层筛网组成。

筛分设备主要由驱动装置、进料口、筛体、出料口等部分构成。其主要工作原理是当物料进入进料口后，分料器使物料均匀分布在筛网上，经过驱动装置带动筛体震动，物料经过多层筛网产生数种规格的筛上物、筛下物，分别从各自的出口排出，实现筛分的目的。

1. 筛分装置引进消化再创新历程

到目前为止，国内其他干混砂浆搅拌设备的筛分机大部分仍采用直线筛的方式，使物料在筛网上被抛起，同时向前做直线运动，物料从给料机均匀地进入筛分机的进料口，经筛分从各自的出口排出。直线筛一般是由大矿石筛进行适当改进来进行细沙筛分的，因而其筛分效率低，平均为 50% ~ 60%，混筛情况比较严重，这种筛分方式虽然可以满足普通砂浆产品短期的要求，但是不能满足特种砂浆产品长期的要求，且不利于降低砂浆成本，产品适用范围小。

考虑到行业内普遍采用的直线振动筛存在诸多弊端，南方路机经过市场调研，于 2001 年从国外公司引进了概率筛设备技术，并对设备进行技术分析及零部件研发，并于 2006 年推出本企业自主生产的概率筛设备。该设备的振动源是由双电机提供的，在双电机的驱动下筛框及筛网同步整体震动对砂料进行筛分。

2006 ~ 2010 年，南方路机的概率筛经过了多次生产工艺的改进和技术升级，筛分效果为 80% 以上，并且外观更为美观，设计更为人性化，既方便装料又便于人员维修。2010 年南方路机又从瑞典摩根森公司引进了代表新一代筛分技术的二代多电机概率筛，技术人员研究设备的工作原理及其各部件构成，不断地进行技术研发并自行试制成功，该设备已通过试验并成功推向市场。二代多电机概率筛最大的特点是可以精确筛分直径小于 0.3mm 的细物料，筛分效果可以达到 90%。且产量较大，可以达到每小时 40 吨。

同年，南方路机为进行筛分技术储备，以应对未来行业内的激烈竞争，由其技术研发团队通过参观、揣摩并引进德国生产企业一台小型设备，自行设计研发并生产了大型直线振动筛设备，该设备产量为每小时 60 吨，筛分效果在 90% 以上，并且具有良好的筛网防堵塞装置，目前处于试验阶段，预计不久便可推向市场。

2. 相关技术及工艺改进情况

筛分装置在技术工艺方面的改进主要有以下几个方面。

第一，筛网与地面所成角度早期为小于 20 度，经使用观察及相关数据分析发现，该倾斜角度不利于筛分效果的提高，经过多次试验，最后将倾斜角度调整为大于 20 度，从而在一定程度上提高了筛分效率。

第二，在筛网网格的选择上，最初是采用正方形网格，后由于在高铁砂浆设备中进行物料筛分时，发现堵料问题较为严重，因此，改为长方形网格，这样有利于提高筛分效率。

第三，在维修盖板材料的选择方面，早期采用的是铁制材料，因维修壳体较为笨重，后改为玻璃钢材料，很大程度上提高了设备的美观度及维修性能。

第四，在防堵塞工艺方面，最初的概率筛主要采取筛网筛框同时振动以达到防止原材料堵塞筛体的目的，但效果并不理想；第二代多电机概率筛采取筛框不动，筛网多点驱动的方式达到防堵塞的目的；在大型直线振动筛的防堵塞工艺方面，南方路机主要采用筛框内加橡胶小球的方式，防堵效果最为理想。

（三）搅拌系统

干混砂浆设备的组成部分中，搅拌系统是最重要、最关键的，同时也是成套设备中最为核心的部分。这主要是因为搅拌效率和搅拌的均匀性关系到产品的性能和质量。搅拌主机的主要功能是按照干混砂浆产品的性能和客户需要，将高达 20 多种不同的混合料在一个批次内充分地混合为一个配方，生成干混砂浆制成品。

搅拌系统一般由驱动装置、轴端密封装置、搅拌装置、飞刀装置、在线取样装置、卸料装置等构成。其中，驱动装置主要是通过电机产生驱动力，为搅拌装置提供动力源以进行正常运行；轴端密封装置是为了防止砂浆微细料侵入而对搅拌轴及其他零部件产生磨损；搅拌装置是系统的核心部件，它主要完成在筒体内对混合料实现均匀搅拌的任务；飞刀装置安装在筒体上，内设高速旋转飞刀，起辅助搅拌色料、打散纤维的功能；为确保混合料的搅拌质量和性能，工作人员需要定时对搅拌材料进行取样，在线取样装置就是为了实现这一目的而设置的；当混合料经充分搅拌完毕后，便通过卸料装置进入下一道工序。

1. 搅拌系统引进消化再创新历程

干混砂浆搅拌设备在技术、工艺等方面并不是特别的成熟和稳定。行业发展没有一个明显的循序渐进的发展过程。南方路机从 2001 年开始便对搅拌主机的相关技术及行业发展做了全面调研，并积极向国外学习先进的制造技术及宝贵经验，直至 2011 年，南方路机已制成 FJD600、FJD1200、FJD2000、FJD3000 及 FJD4500 五种型号的主机设备，且产品质量高、性能好、功能稳定，广受客户好评。

纵观南方路机干混砂浆搅拌主机的研发历程，大体可以划分为以下几个阶段。

市场调研阶段（2001～2003 年），企业技术研发团队了解了干混砂浆搅拌设备的国外行业发展情况，结合我国国情，通过考察等方式对搅拌主机的市场前景及相关技术指标进行了细致的调研。

技术引进阶段（2004 年），因当时国内还没有专门从事生产干混砂浆搅拌设备的企业，但意大利阿曼公司已经从事十多年该设备的研发生产，具有丰富的研发经验，且其设备性价比高，加之与南方路机一直保持较为密切的合作关系，南方路机便从意大利阿曼公司进口了一台 FJD600 型干混砂浆搅拌主机，通过研究其各部件组成、测绘的方式进行技术学习，并拟出生产该型设备的图纸。

技术消化吸收阶段（2005～2006 年），2005 年，在技术引进并学习的基础上，南方路机模仿制成 FJD600 型搅拌主机，并对主机的各项性能进行试验，同时修改图纸。2006 年，由企业自主研发的 FJD4500 型犁刀式单开门搅拌主机制成通过实验测试并推向市场，产品销售至厦门。同年，企业试制 FJD1200 型犁刀式双开门搅拌主机，并对重要技术指标进行实验测试，比较相关工艺改进后对设备效率的影响。

技术再创新阶段（2007 年至今），在这一时期，南方路机生产了包括 FJD3000 型等多种型号的搅拌主机，产品远销欧洲等地。企业根据产品试验及客户反馈对不同组成部分进行原材料的改进和结构优化，使设备的各项技术指标稳步性提升，并得到客户的一致好评。

总的来说，南方路机干混砂浆搅拌主机的技术演化路径可以归纳为：引进意大利设备—进行测绘、研发学习—试制同类型产品并试验—自主研发本企业产品—产品优化升级。

2. 相关技术及工艺改进情况

就搅拌系统而言，在其整体结构中，搅拌装置、轴端密封、高速端及驱动装置是重要的组成部分，并且这四部分在设备的工艺改进及技术升级工程中都有较大的变化。

（1）搅拌装置

衡量搅拌装置技术性能的主要指标是叶片的转速。叶片转速高才能保证混合料能够充分均匀地混合。在我国，行业内早期的搅拌主机转速均比较低，为每分钟 40～60 转，搅拌的均匀性也不高，混合料不能被均匀搅拌，设备性能差。南方路机从最初推出干混砂浆搅拌设备时其主机就采用欧洲先进的犁刀式搅拌结构，此结构的主要特点是以钢板焊碳化钨为主要材料，转速高，可达每分钟 60～110 转，是国内同行业的 1.5 倍，并且耐磨性能较好。随着机械制造水平的不断提高，以及对相关技术知识的不断积累，南方路机通过自主研发及试验的方式在 2007 年将搅拌装置由犁刀式改为铧犁式，这一改变不仅进一步提高了叶片的旋转速度，由原来的每分钟 60～110 转提高到每分钟 110～130 转，达到同行业平均水平的 2.5 倍以上，各种物料的均匀度好，混合时不产生离析，搅拌的混合比可达 1∶10000，甚至更高，能够最大限度地满足施工要求。

（2）轴端密封

轴端密封主要是为了防止微细粉料侵入而对搅拌轴及其他零部件产生磨损。南方路机的早期搅拌主机产品均使用气密封的密封方式，但这种方式的最大问题是技术上对整体的同轴度要求比较高，国内的加工设备难达到要求，零部件需要从国外进口，成本较高，另外，气密封结合盘根密封的方式平均每七天就要对设备进行一次检查，盘根的更换较为频繁，不利于客户使用。考虑到这些问题，南方路机在借鉴国外橡胶密封技术经验的基础上，通过企业内试制试验，寻找硬度、耐磨性和耐温性均符合要求的橡胶材料，最后在2010年实现将轴端密封由气密封改为橡胶密封。橡胶密封的方式对同轴度的要求相对会放低，本企业还可以进行该零部件的定制生产，不必再从国外进口，这样在保持整体设备质量的基础上降低生产成本，提高企业效益。

（3）高速端

高速端内的旋转飞刀，是起辅助搅拌色料、打散纤维的功能。高速刀的耐磨材料的选择问题，即材料的更新换代，也关系到设备的整体性能。早期，高速刀的耐磨材料选择钢板焊碳化钨，但这种材料的耐磨性较差，平均一个月要更换一次高速刀片。为解决耐磨材料选材问题，公司通过协商的方式，将当时负责售后服务的德国进口的整套设备的耐磨材料进行化验，分解其主要元素，综合国内研究的实际情况，将构成材料进行重新组合，最终采用粉末冶金材料，使高速端的耐磨性大大提升，现在平均半年才需要更换一次飞刀。

（4）驱动装置

早期搅拌主机的驱动装置采用的是液力耦合器带载启动，这种驱动方式由于始终保持匀速运行，不利于节能；另外，由于其不适应多产品的混合搅拌，因此，经过对行业内驱动装置的调研和技术研发，企业于2007年将驱动装置升级为变频器驱动，这种方式不仅适用于多种产品的混合搅拌，而且在搅拌过程中实现变速运转，有利于节约能源。

（四）配料装置及包装系统

由于国内混凝土搅拌设备的配料装置发展较为成熟，因此，南方路机在技术上没有引进国外的相关产品，设备的设计和生产主要采用国内技术，并且近十年来配料装置的组成结构没有明显变化。

计量设备主要由计量称、空气输送协槽、计量螺旋、插板阀和蝶阀传感器等部件构成，主要工作原理是：各种物料通过计量输送设备分别进入计量称内，计量称利用三个压式传感器的受力原理根据提前设计好的计量范围分别对物料进行称量，待各种物料按配比称量完毕，便分别进入搅拌主机进行混合搅拌。

南方路机的计量系统采用布袋式软连接的方式将各部件与称体相连，防止产生计量误差；另外，由于计量系统对精度的要求较高，为保证计量系统不被电器干扰，在配置上增加了防震动装置和电器抗干扰装置，并在设计上采取传感器单独走线的方式解决这一问题。

由于近十年来配料装置的组成结构没有明显变化，南方路机仅针对其部分工艺及零部件选材等进行局部改动。

包装系统是将搅拌好的成料进行袋装处理的装置。其原理是通过计量系统预先设定袋装标准，物料在给料系统和称量系统的相互配合下，通过动态计量方式完成对散装物料的成袋包装。

干混砂浆成品包含粉料、砂料及外加剂，将这些物理性质有较大差别的混合料进行包装且不发生离析，对包装设备的要求较高。目前国内大部分企业还普遍采用普通水泥包装机对干混砂浆产品进行包装的方式，这种方式由于水泥与砂浆的物料直径有很大差别，不仅容易使设备发生磨损，而且极易堵塞设备。

鉴于国外气压式包装机发展较为成熟，南方路机也借鉴了其技术发展模式，首选气压式包装机作为干混砂浆搅拌设备的包装系统。这种形式的包装机主要是利用气体压力差进行物料输送的。该设备功率为2.2KW，可实现每分钟八袋的包装效率。

由于包装系统发展较为成熟，且性能稳定，故南方路机对包装机进行生产后未进行技术、工艺等的大范围改进，仅针对部分零部件的选材等进行局部升级，以保证其稳定地运行和良好的包装效果（见表6-12）。

表6-12　包装系统零部件改进统计

时间 项目	2001年至今	2010年至今
设备名称	气压式包装机	叶轮式包装机
瓶颈问题	包装不稳定	气压、粉尘的控制
解决方法	采用其他驱动方式	增设除尘点，配备辅吹装置
改进情况	管囊阀改为蝶阀、梭阀	增加成品库内物料防离析装置
工作绩效	4~6袋/分钟	8袋/分钟

（五）小结

纵观南方路机 FB 型干混砂浆生产成套设备的发展历程，不难发现，企业首先是针对最关键的搅拌系统进行技术攻关，2001 年初开始进行搅拌系统的调研和研发，在充分了解该系统技术发展历程的前提下，2004年通过引进设备，短短的一年时间就完成了设备的模仿生产；在搅拌系统技术攻关完成后，企业又抓紧实现干燥冷却设备的研发活动，并于2006 年实现了早期干燥冷却设备的生产；筛分装置是南方路机又一关键的组成部分，该部分具有放大产能的空间，且代表了未来干混砂浆生产成套设备的发展方向——精细化生产。2001 年企业从国外公司引进了概率筛设备技术，并对设备进行技术分析及零部件研发，于 2006 年推出了企业自主生产的概率筛设备，为成套生产线的形成奠定了坚实的基础。此外，在配料装置和包装系统方面，由于该领域发展已较为成熟，因此企业未进行大规模的技术引进及研发，在一定程度上缩短了研发时间，南方路机于 2006 年成功推出了 FB 型干混砂浆生产成套设备，也是目前唯一能够制造干混砂浆生产成套设备的国内企业。

南方路机 FB 型干混砂浆生产设备技术发展的各阶段有以下特点。

第一，从技术引进方式上看，南方路机在干混砂浆生产成套设备的技术研发过程中，考虑到技术研发的时效性，选择以购买国外典型设备为主，这些设备一般代表了在欧洲市场上发展成熟的技术。引进该类技术，不仅有利于本企业的技术发展，产品推向市场后，更有利于本行业整体生产技术水平的提高。此外，值得一提的是，在干燥冷却设备生产技术的发展过程中，最初的技术开发是通过引进海外智力与培养研发团队并举实现的。公司聘请了欧洲沥青搅拌领域专家沙·乔治先生作为高级顾问，通过沙·乔治先生与南方路机研发团队共同设计开发，第一代双回程干燥滚筒设备于 2006 年研发成功，大大缩短了南方路机在该领域的技术研发周期。

第二，从消化吸收过程看，南方路机的技术团队起着举足轻重的作用。企业在技术引进前夕，就安排技术研发人员了解待引进技术的相关指标，对技术部门成员实施有针对性的培训，为未来的开发活动做技术储备；在企业引进相关技术及设备后，技术研发团队成员立即对设备进行零部件拆分，绘制设备构造图，研究设备组成、功能、配件原材料等相关技术指标，在这个过程中，不仅高效地了解了引进设备的部件构成，还结合了我国行业发展情况提出设备的改造蓝图，为干混砂浆生产成套设备的生产提供了可行性建议。

第三，从自主创新模式看，南方路机经历了"模仿创新→创造性模仿→改进型创新"的技术创新发展模式。在自主创新初期，企业主要是通过对引进产品的零部件、工艺等关键组成部分的重组来实现产品的生产，是单纯的模仿创新；在自主创新中期，通过对已售出产品的售后服务和客户回馈，发现现有产品的相关技术问题，并针对在国内市场出现的该类问题，对零部件和原材料的选择、设备的特定结构等相关性能进行优化，完成了已有技术结构与引进技术结构的相互适应融合，以实现设备的国产化生产并推向市场。在自主创新后期，企业主要是具有前瞻性地发现生产设备未来的发展趋势，预测出设备未来的主要发展类型，并在这一发展方向上重点研发，在改进原有产品工艺、技术的同时，自主研发出代表本企业特色的新产品，进行技术储备，以应对未来可能出现的各种竞争。

三 南方路面机械有限公司技术引进消化再创新案例的启示

作为具有代表性的搅拌设备生产企业，南方路机体现搅拌核心技术的三大产品已布满全国，走向全球。该企业有实力也有足够的市场份额，构建起全球 29 个销售服务中心、11 个零配件供应中心，让世界各地的用户获得公司良好、快捷的培训、安装、售后服务。随着公司技术的不断提升，客户能够长远地享受到搅拌产品技术升级的超值服务，从而保持客户自身产品的持续竞争力。从南方路面机械有限公司的发展历程和该企业产品——干混砂浆搅拌设备的技术发展进程中可以发现，该企业具有独特的发展模式和特点。

（一）以国外设计理念为先导培育企业研发团队

1. 建立海外研发中心

第二次世界大战后，特种干混砂浆产品迅速崛起，到 20 世纪 70~80 年代，商品砂浆在欧美形成了新兴产业，其产量占全球干混砂浆产量一半以上，占其建筑砂浆的 80% 以上。由于干混砂浆具有节水、节能、方便、快捷、环保、黏结力强等突出优点，干混砂浆的应用在欧洲很普遍。德国、奥地利、芬兰等国家早已采用干混砂浆作为主要的砂浆类建材，德国平均每 50 万人就拥有一个干混砂浆生产厂。我国对干混砂浆的研究还相当滞后，应用也刚刚起步。20 世纪 90 年代以来，上海和北京先后建立了一些干混砂浆生产线，但生产规模都不大。这些企业有的利用外资，有的引进国外设备，也有的立足国内技术，总的来说，无论是生产规模、研究力量还是市场占有率，我国企业与国外相比，差距还很大。

基于对国际及国内干混砂浆市场的总体认识和自身生产能力及竞争实力的分析，南方路机放弃了常规引进、仿造的老路，果断地决定设立国外、国内两种研发机构。通过在代表搅拌设备先进技术的欧洲开设"南方路机沥青研发中心"，依托欧洲技术设计公司，凝聚当地沥青行业一流人才，为我所用，不断地吸纳欧洲的先进技术和设计理念，对比分析各国具有代表性的搅拌设备和各项技术指标，采用设备引进等方式消化国外先进技术，实现企业搅拌设备设计及研发过程与世界领先水平接轨，实现了产品自推向市场便占据高端市场的目标，从而以最小的代价、最节省的时间，将南方路机的沥青研发、制造技术，快速地"拉高"到接近世界一流水平。2005 年，在欧洲研究中心的推荐下，南方路机成功地将中国首台沥青搅拌设备出口到意大利。其高水平的制作质量、可靠优异的性能，引起欧洲同行的极大震动。海外研发中心的建立也为南方路机其他系列产品的拓展，开拓了技术视野。

国内研发机构分别设立在泉州、武汉和东海等地。国内研发中心在海外研发中心的辐射下，在学习国外先进设计理念的基础上，结合我国搅拌行业客户的特定需求，对工艺、零部件、设备结构进行重塑和组合，研发出适合我国国情的、代表先进生产理念的新一代搅拌设备，提高了企业的技术研发水平和产品更新换代的速度与效率。

2. 引进行业著名设计专家

2001 年，南方路机在欧洲设立了研究机构，并聘请了拥有沥青从业 50 年经验的著名专家乔治先生为高级技术顾问，引领南方路机技术团队精英走出国门，迈向世界。

乔治先生是欧洲沥青搅拌领域的专家，作为南方路机的技术顾问，他当之无愧地成为企业技术研发团队的核心人物，他的设计思路代表了欧洲的先进研发理念，这种思路不断引领着技术团队的研发思想。乔治先生是南方路机技术研发中心的"孵化机"，在他的培育和带领下，企业生产技术水平不断地提高，引进技术的消化吸收速度明显加快，企业的技术创新能力也显著增强。他不仅为南方路机沥青搅拌站技术提升做出了显著的贡献，而且他设计的干混砂浆搅拌设备的干燥冷却设备是该系统发展的基础，在干燥冷却设备的发展历程中，由乔治先生设计的第一代双回程干燥滚筒设备是基石，在此基础上，企业研发团队才逐步开发了第二代升级系统，使之成为到目前为止南方路机干燥冷却系统的主流产品。

引进的海外先进技术理念在不断推动着南方路机乃至整个干混砂浆行业不断向前发展。只有拥有了这些先进理念，企业才能与世界接轨，生产出符合国内外企业需求的高端产品。

3. 创立实力雄厚的技术研发团队

南方路机非常重视研发人员的知识储备。在技术人员的招聘方面，企业主要招收与之专业技能相对口的大学毕业生来提高企业设计团队的整体素质。此外，南方路机设立了企业博士后科研工作站，企业不仅可以直接与高校联合招收、培养、使用博士，还可依托博士所在高校的资源优势开发研究新产品，进一步提高企业自主创新能力和产品核心竞争力，使知识、技术与市场有机结合，实现企业、高校、政府共赢的目的；在技术人员的培训方面，相关部门定期针对各设计小组所涉及的技术理念、设备构成、工艺流程等关键技术指标，聘请专业人员对研发团队成员进行有针对性的培训和考核，研发人员经考试合格后，才可以继续从事本部门负责的特定设备的研发，通过这种方式，技术研发人员巩固了专业知识，强化了设计理念和设计能力。

南方路机除了拥有大批专业技术研发人员外，还拥有配备完善的设备试验场。设备试验场在研发团队中起着重要作用。首先，在技术引进阶段，企业引进的先进设备先由技术研发人员在设备试验场中，通过边拆分边绘图的方式绘制设备结构图，然后将设备的各项性能在试验场中进行测试，分析各项性能的优劣势，以利于企业后期的技术研发及设计；其次，在技术消化吸收阶段，技术研发团队针对设备性能的改进情况逐一对改进的工艺进行技术指标的测试，通过测试发现设备存在的问题，将问题及时地反馈给设计部门，在第一时间找出解决方案，完善设备性能；再次，在再创新阶段，企业将生产出代表行业未来发展的新一代产品，这些产品在性能及零部件构造方面都发生了很大的变化，只有通过设备试验场的测试，才能及时验证这些改进是否成功，是否能满足客户未来的需求，产品是否符合安全性标准。可以说，设备试验场是企业研发团队成长的重要平台，它为研发团队的研发工作提供了可靠的数据支持和理论依据，为技术骨干的成长提供了保障。

（二）以系统结构优化提升设备性能

从干混砂浆搅拌设备的发展历程不难发现，系统中特定组成部分结构的优化有利于提升设备的性能。

第一，在干燥冷却设备发展过程中，滚筒由三层结构优化为双层结构有利于物料的冷却和设备体积的减小，从而降低生产成本，提高冷却效率；在出料口与烟气端座的位置选取上，起初采用二者处于同一水平位置的方式，后期优化为烟气端座后移，出料口单独使用的方式，从而有效提高了干燥冷却设备的冷却性能；在内、外筒体放置角度方面，从内筒与地面成 1.5 度角、外筒与中心线成 6 度角，改进到内筒水平放置、外筒与中心线成 3 度角的安装方式，有效地解决了筒体磨损大，物料在进料口易发生堵料现象等问题，提高了设备的工作效率。

第二，在筛分装置发展过程中，筛网最初采用正方形网格，后由于堵料问题较为严重，而改为长方形网格，有利于提高筛分效率；在筛网与地面所成角度的设置上，早期为小于 20 度的设置方式，经观察及相关数据分析发现，该倾斜角度不利于筛分效率的提高，经过多次试验，最后将倾斜角度调整为大于 20 度，从而以另外一种方式提高了筛分效率；此外，在筛网与筛框的震动方式方面，起初采用筛网筛框同时震动的方式达到防堵塞的目的，后来优化为筛框整体固定、筛网多点驱动的方式，经实践证明，这一结构优化方式大大提高了筛分装置的防堵塞能力。

第三，在配料装置中，防震措施是这一设备的关键技术，防震工艺的好坏直接影响配料装置的精确度。最早计量系统的称盖与称体之间采用布袋相连，这种方式的主要目的是防止称体受外力影响而出现大的计量偏差。但布袋的连接方式是用螺栓固定钢板，由于钢板易变形，容易导致粉末流出，不利于计量和环保，后来连接方式改为用螺栓固定橡胶及扁钢，有效地解决了上述问题，提高了配料装置的计量精准度和环保能力。

通过干混砂浆搅拌设备各组成系统结构的优化，使该设备的干燥冷却功能、筛分效率、计量精确度有了大幅度的提高，提升了产品的竞争能力和获利能力，使企业产品在同行业中独具竞争优势。

（三）以设备技术及零部件升级推进设备升级

南方路机自2001年起在深入了解欧洲干混砂浆搅拌设备发展前景的基础上，投放人力、物力开始从事针对干混砂浆搅拌设备的市场调研及可行性分析，到2006年推出企业自主生产的第一台干混砂浆搅拌设备，再到目前企业自主研发的四大品类、12种类型的产品，仅仅花费十年时间。南方路机的干混砂浆产品自投放市场便占据了国内的高端领域，产品质量和性能得到了用户的广泛好评。这与南方路机对本企业生产的产品不断进行设备升级有密不可分的关系。而设备升级主要通过设备技术的升级和零部件的升级共同实现。

1. 设备技术升级

南方路机干混砂浆搅拌设备共由五大系统构成，各个系统设备的不断升级共同推动了整个干混砂浆设备性能的提高和产品的更新换代。设备技术升级主要包括各组成系统相关技术的不断更新。

第一，干燥冷却技术。2006年，南方路机在综合分析了国内外干燥冷却技术发展水平的基础上，由意大利籍设计师乔治先生根据国外设计理念，设计了第一代双回程干燥滚筒设备技术，这一设备技术为干混砂浆搅拌设备的干燥冷却系统的未来发展奠定了坚实的基础。在此基础上，企业技术研发部门不断地对设备技术进行局部调整和结构优化，生产出目前仍为企业主导产品的第二代双回程干燥滚筒设备技术；鉴于目前我国对干混砂浆产品使用推广力度的不断加大和行业内竞争企业数量的增多，南方路机技术研发部门为了积蓄力量，增强技术储备，一方面在技术上进行优化，将第二代双回程干燥滚筒设备技术进行升级，实现了第三代双回程干燥滚筒设备的试制和试验测试，使之成为企业新一代的产品；另一方面，企业通过借鉴目前在芬兰发展较为成熟的流化床技术，进行自主研发，生产出对干混砂浆进行干燥的设备——LHC 低频高幅振动流化床，该设备与目前市场上的流化床最大的区别在于工作频率和振动幅度不同，从而确保节能环保、提高热效率的目的的实现。这一设备技术升级的成功，实现了干燥冷却设备的升级换代。

第二，筛分装置技术。鉴于国内同行业大部分企业还采用直线振动筛且存在诸多弊端的情况，南方路机于 2001 年从国外公司引进了较为先进的概率筛技术，通过对设备的技术分析和零部件研发，公司于 2006 年成功生产出第一台概率筛设备，2006～2010 年，经过设备的技术升级，目前南方路机生产的概率筛设备的筛分效果已为 80% 以上，远远超过同行业的其他设备。虽然概率筛的生产技术在南方路机已较为成熟，但公司高瞻远瞩，作为技术储备及积蓄未来行业内的竞争优势，2010 年企业分别引进了代表新一代筛分技术的第二代多电机概率筛和大型直线振动筛，这两种设备较普通概率筛筛分效果更好，产量更大，通过设备技术升级实现了筛分装置的设备升级。

2. 零部件升级

由于零部件是固化于设备中的，设备中零部件升级可以推动该设备的优化升级，这一规律在干混砂浆搅拌设备的搅拌系统中得以体现。纵观南方路机搅拌系统的发展历程不难发现，该系统优化升级的过程，实际上就是系统零部件在选材、形状设计等方面不断优化的过程。

叶片类型升级。衡量搅拌装置技术性能的主要指标是叶片的转速。起初，企业引进 FJD600 型搅拌主机时，其内部叶片为犁刀式叶片，在引进时，这种叶片的转速较国内同行业搅拌主机的转速高两倍左右，搅拌均匀性较高，经过几年的现场实际应用和技术部门的设计研发，设计人员发现采用铧犁式叶片可以进一步提高叶片转速，平均每分钟可提高 20 转，达到同行业平均水平的 2.5 倍以上，保证物料在混合时不产生离析，搅拌的混合比可达 1∶10000 甚至更高，能够最大限度地满足施工要求，从而实现了搅拌装置的优化升级。

轴端密封方式升级。在轴端密封方面，早期引进的搅拌主机均采用气密封的方式。轴端密封的主要作用在于防止微细物料侵入机体对搅拌轴及其他零部件造成磨损。气密封的关键环节是要保证机体内的气压平衡，若气压失衡便会对搅拌、下料、排气等方面造成影响，不利于保证设备工作的稳定性；此外，气密封方式在实际操作中需要7天对机体进行一次检查，且要频繁更换密封零部件，这样便增加了用户的成本。鉴于上述原因，南方路机技术研发部门通过不断的自主研发，设计出橡胶密封的方式，即将密封零部件更换为耐磨橡胶，周围用耐高温油脂涂抹均匀对橡胶起到保护作用。采用橡胶密封方式大大提高了密封效果，且橡胶不需要经常更换，这样不仅提高了设备性能，而且减少了客户的生产成本，达到双赢的目的。

飞刀材料升级。高速端飞刀的材料也经历了不断的更新换代。因为高速端飞刀主要起辅助搅拌色料、打散纤维的功能，所以，高速端飞刀的损耗较大，选择何种耐磨材料关系到设备的整体性能。早期，高速端飞刀的耐磨材料选择钢板焊碳化钨，这种材料的耐磨性较差，平均一个月要更换一次高速刀片；为解决耐磨材料选材的瓶颈，公司通过协商的方式，将当时负责售后服务的德国进口的整套设备的耐磨材料进行化验，分解其主要元素，综合国内研究的实际情况，将构成材料进行重新组合，最终采用粉末冶金材料，使高速端飞刀的耐磨性大大提升，提高了设备的搅拌性能，实现了设备的升级。

（四）以渐进式自主创新规避技术引进陷阱

整体技术实力不强是我国目前技术实力的现实情况。在这种情况下，我国大多数企业都采用技术引进消化再创新作为企业自主创新的主要方式。通过技术引进，一些企业的技术能力得到了提升，自主创新能力得到增强；另一些企业却陷入"技术引进陷阱"，陷入"引进—落后—再引进—再落后"的困境。造成这种现象的原因之一就是企业通过技术引进后采用了不同的技术发展模式。

南方路机在国内干混砂浆应用市场尚未启动时，便投入极大的人力、物力，预先引进了欧洲成套技术、工艺，填补了该行业在我国的空白。在此基础上，进行了渐进式的自主创新，不仅实现了设备性能的提高，还达到设备升级换代的目的。此外，在国内干混砂浆的搅拌设备制造技术上，南方路机是唯一掌握成套工艺、技术的制造厂家，并已在国内高端市场承建了北京、天津、福建、浙江、四川等多条自动生产线，在我国全新的干混砂浆搅拌设备制造领域，南方路机是当之无愧的开拓者与引领者。南方路机成功的关键源于其走出了一条渐进式自主创新的技术演进路线，有效地规避了技术引进陷阱。

第一，在技术引进阶段，南方路机详细分析了国内外干混砂浆生产设备行业现状，在进行市场、技术、设备性能对比分析的基础上，具有前瞻性地引进欧洲发展成熟的且适合我国国内市场客户需求的产品，在时间上缩短了企业的研发周期，也缩小了与先进企业技术上的差距。

第二，在消化吸收阶段，南方路机并没有一味地跟随引进设备的技术模式进行简单的模仿，而是仔细研究设备各组成部件的特性和结构特点，分析其原材料及外形等的合理性，并结合我国建筑产品的特点和客户反馈，进行零部件选材等的不断升级，逐步提高设备的性能；此外，对现有设备的工作效率进行认真细致的测试，发现问题并及时解决，利用系统结构优化来实现设备性能的提升，从而保证紧跟国外技术成熟企业的发展速度。

第三，在再创新阶段，南方路机在消化吸收的坚实基础上，渐进拓展自主创新的广度和深度，开创性地生产出代表企业的特色产品，最终建立起企业的自主创新体系。在这一阶段，不仅不需要大规模引进技术，还可以输出自己的特色技术，后来居上，实现技术跨越式发展，使企业产品在占据国内高端市场的同时，将产品逐步推向国际市场，朝着"中国第一、亚洲第一、世界前列"的国际一流企业的目标迈进。

第七节 福耀集团技术引进消化吸收再创新案例分析

一 福耀集团简介

福耀集团，全称福耀玻璃工业集团股份有限公司，1987年在中国福州注册成立，是一家生产汽车安全玻璃和工业技术玻璃的中外合资企业。

1993 年，福耀集团在上海证券交易所挂牌，成为中国同行业首家上市公司。2015 年，福耀集团加快国际步伐，成功在香港联交所主板挂牌上市。截至 2014 年，福耀集团共有员工 2100 多人，已在福清、长春、上海、重庆、北京、广州建立了汽车玻璃生产基地，还分别在福建福清、吉林双辽、内蒙古通辽、海南海口等地建立了现代化的浮法玻璃生产基地，在国内形成了一整套贯穿东南西北的产销网络体系。福耀集团总资产由1987 年注册时的 627 万元增长至 168 亿元，并在日本、韩国、澳大利亚、俄罗斯及西欧、东欧等国家和地区设立了商务机构，成为名副其实的跨国公司。面对国内外复杂的经济金融环境，福耀集团积极行动、主动作为，各方面都取得了新进展，竞争力继续加强，市场占有率进一步提升。2013 年，营业收入 115 亿元，同比增长 12.24%；2014 年，营业收入达129.3 亿元，同比增长 12.41%[①]。

福耀集团是国内最具规模、技术水平最高、出口量最大的汽车玻璃生产供应商，产品"FY"商标是中国汽车玻璃行业第一个"中国驰名商标"，自 2004 年起连续两届被授予"中国名牌产品"称号；福耀玻璃股票为上证红利指数样本股，于 2009 年被上海证券交易所授予"年度董事会奖"，并于 2011 年起，连续三年获颁"央视财经 50 指数"年度最佳成长性上市公司等。福耀集团同时还是有评选以来连续三届的"中国最佳企业公民""2007CCTV 年度最佳雇主"。2014 年，福耀集团入选财富中文网发布的中国企业 500 强榜单。董事长曹德旺 2009 年作为首位华人企业家，登顶具有世界企业界奥斯卡之誉的"安永全球企业家大奖"；2010年获得"最具影响力上市公司领袖"称号；2014 年，获年度华人经济领袖大奖。

二 福耀集团技术引进消化吸收再创新特点

福耀集团的飞跃发展与其技术引进消化吸收再创新是密不可分的。福耀的领先地位源于 1987 年果断从芬兰引进当时国际最先进的根据玻璃设计参数自动成型的钢化炉，提高了产品的质量，成功将产品打入国际

---

① 福耀集团官网，http://www.fuyaogroup.com/。

市场。在后来的十年间，福耀玻璃还通过与跨国公司合作等方式不断引进新技术。通过引进技术与自主技术创新，在汽车玻璃的成型上形成了不逊于世界知名公司的实力。2005年6月，福耀集团投资17亿元建设的高水平汽车级浮法玻璃生产线全面竣工投产，形成新的增长点。三条日熔化量600吨的汽车级优质浮法玻璃生产线全部投产后，预计年产值将达9亿元人民币。该项目引进目前世界上最先进的浮法玻璃生产设备及技术，主要生产大板宽制镜级与汽车级优质浮法玻璃、幕墙玻璃、低辐射镀膜玻璃，填补了我国浮法玻璃宽板生产技术和在线镀膜玻璃产品的空白，彻底结束了我国汽车玻璃原片依赖进口的历史。

福耀集团以科技为主导，用高新技术改造传统工业，是福州市引进先进技术和设备的大户，每年以占销售额7%的资金，专门用于对技术、设备消化吸收再创新和其他自主创新，包括科研技术研发、设备更新改造、人员出国培训等。福耀集团始终与国际最新技术发展水平保持一致，是国内同行业唯一具有多项技术专利的企业。2001年，福耀集团被中国科学技术部认定为"国家重点高新技术企业"。2006年5月，集团还建立了自己的专利部门，用于消化吸收再创新后的专利申请注册。2014年，集团有112项专利技术（其中发明专利25项）获得国家专利局授权。

（一）逐步完善的企业研发体系

福耀集团技术中心成立于21世纪初，共有汽车玻璃研究所、建筑玻璃研究所、浮法玻璃研究所、先进技术研究所、CAE/CAM应用开发部、技术情报与专利部、检测与实验中心、规划与项目管理部、设备技术研究所、模具检具研发中心10个分支机构。2006年，福耀集团技术中心被国家发改委、科技部、财政部、海关总署、国家税务总局等联合认定为"国家认定企业技术中心"。2010年7月，福耀集团入选第二批全国企事业知识产权示范创建单位；2012年，被工业和信息化部、财政部联合授予"2012年国家技术创新示范企业"。

福耀研究开发中心汇集了集团最高水平的技术骨干，包括信息技术、工艺开发、产品开发、设备研究、机械设计、电气设计、软件设计等各专业工程师。技术中心专职技术开发人员150人，其高级技术人员21人，占14%；中级技术人员105人，占70%。副总工程师、财务总监、信息技术部经理等相关专家为研发项目的技术、资金、信息提供强有力的支持。

研发及试验设施方面，集团先后从美国 Raytek、芬兰莱米诺、泰奇科技股份等厂家购买了先进的研发和实验设备，其中研发设备有德国 AFC 全自动镀膜线、奥地利李赛克全自动中空线、美国 GLASSTECH 钢化炉、法国 SEVA 钢化炉、芬兰烘弯炉、德国均质炉、德国全自动镀银镜线等；检测实验室拥有仪器设备 100 多台，在检试验设备固定资产方面的投资近 4000 万元，满足了世界各国产品检验标准的要求。其中，XRF 光谱仪、原子吸收分光光度计、高低温湿热交变箱、冷光源台式色度仪、氙灯老化仪、精密拉力机、抗冲击实验机、三坐标、摩尔扫描仪等，都是国内最先进的车辆用安全玻璃耐环境、力学、光学性能以及原料分析等检测设备。检测实验室可依据 GB9656、ECER43、ANSI Z26.1、JISR3211、韩国 KS2007、澳大利亚 AS/NZS、ASTM 以及各大汽车企业标准如国内一汽大众、上海大众、上海通用及日本本田、日本三菱、日本五十铃等有关标准进行检验。可进行汽车安全玻璃性能、铁道车辆安全玻璃性能、建筑玻璃性能、塑料材料及汽车安全玻璃包边产品以及汽车玻璃相关附件性能的试验。检测实验室承担本公司强制性产品认证检验，实验结果得到了各认证机构的认可。

福耀集团用于技术开发和科技活动的经费投入逐年增加，2013 年研发投入为 3.89 亿元，占营业收入 3.38%；2014 年研发投入达到 5.18 亿元，占营业收入 4.0%。企业对于创新研发的注重产生了很好的效益，使福耀在本行业的许多技术水平保持着国内和世界领先水平。福耀集团技术研发体系的日益发展与完善，是企业引进消化吸收再创新顺利开展的平台与载体，是激发企业创新的动力源泉。

（二）技术引进消化吸收再创新的市场本土化

福耀引进消化吸收再创新实践中成功运用了市场本土化，发挥了本土化市场的优势。通过扩大生产规模，设计各类本土需求的产品，抢占了市场份额，并利用本土的原材料供应和便利的物流设施降低了生产成本。

一是生产基地的本土化建设。目前，福耀玻璃在福建福清、吉林双辽、内蒙古通辽、重庆万盛等地建立了现代化的浮法玻璃生产基地。由于本土生产基地尽量靠近原材料供应基地或者尽量靠近成品生产企业，以确保零距离供货，减少玻璃的运输成本，从而满足下游厂商提出的零库存要求，并降低自身成本，维持竞争优势，使企业在同步研发、物流运输方面具有很大的优势。

二是在国内形成了一整套贯穿东南西北合纵连横的产销网络体系。福耀占有国内OEM市场50%以上的市场份额，是中国一汽集团（含一汽大众）、上海大众、上海通用、广州本田、二汽东风集团（含神龙公司）、重庆五十铃、金龙集团等国内112家汽车厂商的配套供应商；拥有遍布全国的1000家连锁专卖店作为销售网络；还与中国人保等保险公司长期保持稳定的合作关系，是中国人保等保险公司推荐的汽车玻璃装配点。保险公司的网点成为本公司的无形销售网络，这也是其他公司所不可比拟的。

三是原材料供应的本土化。原来生产汽车玻璃的主要原材料浮法玻璃大部分从马来西亚、泰国等地进口，而包装与运输费用就占了浮法玻璃总价的25%以上。海南浮法玻璃生产线的投产，将基本实现公司汽车及浮法玻璃自供，特别是海南天然气和石英砂不仅丰富而且价格低廉，海路运输便利，有助于降低浮法玻璃成本。

（三）企业技术引进消化吸收再创新的高效率

福耀集团利用引进消化吸收再创新战略实现了企业技术水平的稳步发展，直至达到世界先进水平，企业也从一个只是生产水表玻璃的乡镇小厂发展到资产总值达168亿元人民币的跨国大企业，这在很大程度上要归功于对引进消化吸收再创新时机的把握。改革开放伊始，大量进口汽车涌入中国，基本上使用日本玻璃，其进口的成本一两百元，而售价却是几千元，巨大的利润空间吸引福耀集团进入汽车玻璃维修领域。福耀集团引进当时玻璃制造行业最先进的芬兰设备，仅四五年时间，就占据了国内维修市场六七成的份额。福耀集团技术领先的实现也是源于高起点地从芬兰引进当时国际最领先的钢化炉设备，并且成功地将产品打进国际市场。1996年，福耀集团与法国世界级玻璃巨头圣戈本"联姻"，又一次把握了机会，福耀集团因此引进了资金、管理和技术，受益匪浅。在与PPG公司反倾销诉讼中，福耀集团据理力争，不仅与对手化干戈为玉帛，并且成功合作。另外，此事件的"国际广告"效应，还为福耀集团开辟了通向北美和欧洲市场的道路，PPG甚至主动为福耀集团的管理团队提供培训，帮助福耀集团提高现有的管理水平。

福耀集团坚持不间断的技术研发实现了从技术引进向自主创新的快速转变。经过十几年的技术开发，福耀集团现在能生产的玻璃产品已逾万种，能为国内市场上80%的进口车提供配套用汽车玻璃。福耀集团每年都拟定开发计划，并将该计划细分到每月、每周，以确保计划的完成。以2005年为例，这一年内，单福耀集团总部就开发了近2000个品种的汽车玻璃。现阶段福耀集团已经掌握了汽车玻璃生产线的高精尖技术，研制出许多国内先进的汽车玻璃生产工艺，开发出具有世界先进水平的环保、节能型汽车玻璃，进入国际品牌行列。

福耀集团以信息化促进工艺流程创新，提高了创新效率。福耀集团早在1994年就正式启动了以MRP2为核心的企业计划和控制系统（BPCS系统），这套系统是当时同行业中最先进的管理系统，对福耀集团体系的管理和运行起到不可估量的作用。2002年，福耀集团BPCS计算机信息管理系统基础上，按照国际制造业先进的管理模式和业务流程，建立了ORACLE ERP信息化管理平台，实现了工艺流程方面的创新与飞跃，使福耀集团在产品制造、质量监控、财务活动、购销管理方面的运作组合达到最佳效果。从根本上精简了公司内部的业务环节，提供了协作效率，充分利用集团公司的资源优势，降低运营成本，扩大营销范围，有效地提高了福耀集团在全球玻璃市场中的竞争优势。

（四）有效的企业创新流程管理

一是鼓励创新的企业文化。福耀营造了各级员工良好的学习氛围，1996年福耀集团成立了"福耀管理学院"，与厦门大学联合举办了MBA培训班，对福耀中层以上干部进行企业战略、投资、财会、营销、生产管理、人力资源开发等核心课程的培训，上岗前要培训、考核，在岗要进行个性化、日常化培训，工作之余，福耀员工60%以上的时间花在岗位操作手册、质量体系、计算机、英语、礼仪社交、文学写作等各类培训上。只要有实用的改革创新，能为公司的生产带来利益，公司就给予高额的奖金加以鼓励。多年来，福耀始终坚持每年派人员赴芬兰、意大利等汽车玻璃先进国家培训学习，通过这些培训学习，技术人员回报给福耀一项又一项的国家技术专利：单室玻璃烘弯炉、单室炉炉丝排列结构、炉丝升降结构、双重侧翼成型模具、悬臂式磨边机等。

二是做到管理制度的创新。福耀集团的领导者清醒地意识到，福耀集团要适应市场不断变化的新形势，企业的管理制度就要有与时俱进、不断创新的自我完善能力。为此，集团在不断完善和健全体系的基础上，专门成立了持续改善小组，将生产中存在的缺陷作为持续改进的主项，在现有标准的基础上定更高的标准。

三是质量创新管理。企业要做到诚实守信，公平竞争，必须先做到优质低成本。福耀集团成为行业内唯一通过国际最高行业标准认证的企业；福耀的所有产品均获得美国 DOT 标准、欧共体 CEC 标准、澳大利亚 SAA 标准及中国 CB9656 标准的认证，2001 年荣获福特汽车总部颁发的"全球优秀供应商"金奖，成为亚洲地区唯一获此殊荣的企业。在质量创新上，除了有保证质量稳定的措施，福耀集团还提出了售后服务是质量管理中重要的一部分，要求服务个性化，要按客户的标准和客户的要求，以客户满意为宗旨。通过质量创新管理，福耀集团赢得了市场竞争优势。

（五）企业技术品牌优势的确立

福耀集团汽车玻璃产品"FY"商标是中国汽车玻璃行业迄今为止唯一的"中国名牌"和"中国驰名商标"，2007 年 9 月 11 日，在北京人民大会堂中国名牌产品暨中国世界名牌产品表彰大会上，福耀集团产品继2004 年被授予中国汽车行业玻璃内首个中国名牌产品后，再次被国家质检总局授予了"中国名牌产品"称号。此外，福耀产品还被中国质量协会评选为"全国用户满意产品"。对于自主技术创新的重视，福耀实现了品牌增值。"福耀"商标经北京北方亚事无形资产评估事务所评估价值超过 45 亿元。

福耀集团荣获福特汽车公司 2000 年度全球最佳供应商金奖、2007 年度"Volvo A 级供应商"奖、德国大众集团"2009 年度最佳供应商"奖、美国克莱斯勒汽车"2011 年优秀产品质量奖"等荣誉。2013 年，福耀在六年内第五次获得通用公司"全球优秀供应商"殊荣，成为国内，乃至全球美誉度最高的汽车玻璃制造企业之一。事实说明了福耀已经获得了汽车生产厂商的充分认可。技术引进与技术创新获得成功，使福耀已经具有与汽车生产厂商进行同步设计的能力，有资格参与福特、通用、大众、现代等世界知名汽车厂商的全球设计投标。福耀集团总裁曹德旺自信地说："福耀完全有能力在技术上做到与国际同等水平，凭借着技术实力，福耀已跻身世界著名品牌行列。"

（六）借助外部条件实现创新发展

产学研方面，福耀集团作为科技开发的主体，与厦门大学、福州大学、武汉理工大学、中科院福建物构所、福建地质研究测试中心、日本积水化学株式会社、美国 PPG 等多家高等学府及研究机构合作开展玻璃领域的研究开发。通过产学研结合，有效地促进了对引进技术的消化吸收和二次研发创新，并且有力地将科技成果迅速转化为生产力。

人才引进方面，福耀高层充分认识到，企业从一个小工厂发展成一个大集团，并且要持续高速发展，特别是在面临全球化市场竞争的今天，企业走向国际化，管理水平必须还要有一个质的飞跃。最有效的办法就是聘用一些经验丰富、管理理念先进的国际职业经理人担任管理工作。为了更好地同国际接轨，福耀集团不惜花重金聘请国内外知名企业的高管加入，引进其先进的经营管理理念和手段。

与国外企业合作方面，福耀在进军北美市场的同时，选择有 300 多年历史、在汽车玻璃行业处于国际领先行列的法国圣戈班进行联姻，这次合资在福耀的发展史上具有重要意义。三年时间里，福耀的员工直接到圣戈班的生产线培训，从设计思路、流程和生产工艺上见识了国际先进水平的管理方法，学会了怎样做一个典范的玻璃制造商。圣戈班变成福耀全面提升企业能力的一块跳板。合资确实让福耀在产业链条中上移了一步，从单纯生产跨入设计、研发领域，奠定了福耀日后成长为世界级大型企业集团的关键基石。

三　福耀集团技术引进消化吸收再创新的启示与借鉴

（一）要结合企业发展各阶段的实际情况和特点，实现引进消化吸收再创新的综合效益

改革开放初期，福耀领导者成功地预见了汽车玻璃维修领域的市场需求和巨大的利润空间，引进了当时玻璃制造行业最先进的芬兰设备，仅四五年时间，就占据了国内维修市场六七成的份额。首度进军加拿大汽修市场，因质量问题被全部退货，这让福耀认识到自己与"能够满足轿车工业需要"的玻璃工厂的差距。随后，福耀再次重金从芬兰引进当时国际最领先的钢化炉，并按芬兰标准建设新工厂，抓住美国对高能耗、高成本产业进行削减的时机，福耀成功地进军了北美市场。随着中国汽车业的高速发展，国内中、高档轿车和客车对技术和安全要求的逐渐提高，汽车零部件的技术含量日益增加，必须要不断研发特殊的技术和工艺。根据不断变化的市场需求，福耀集团用于技术开发和科技活动的投入每年都在增加，2014 年，福耀投入的研发费用已超过 5 亿元，占销售收入的比例已达 4%，一些自行加工或改造的设备都已经达到国际先进水平。

在福耀发展过程中，福耀管理层预见性地分析了不断发展的技术市场需求，结合企业自身的发展战略，通过高起点地引进国际最新技术设备，并逐步加大引进消化吸收再创新的力度，成功实现了企业初期占领国内市场、后来进军国际市场以及保持现阶段国际技术领先地位的目标。因此，只有结合企业各发展阶段的实际情况进行引进消化吸收再创新，才能逐步提升企业技术核心竞争力，实现引进消化吸收再创新的综合效益。

（二）要充分利用国内外各种资源，促进引进消化吸收再创新本土化与国际化的有效结合与共同发展

福耀所属的汽车玻璃业是典型的劳动密集型产业，福耀玻璃产品的员工成本不到美国同行的 1/5，加上关税和运费，仍有很强的竞争力。此外，福耀在国内的固定投资成本也远低于国际同行。福耀生产汽车玻璃的主要原料浮法玻璃 95% 依赖进口，包装与运输费占总价的四成以上，浮法玻璃的自产，使福耀大大地降低了成本。福耀将引进消化吸收再创新与本土廉价的原材料、劳动力、营销网络和物流设施等资源有效结合，充分发挥了本土化的低成本优势。

福耀在引进国外先进技术的同时，还充分利用了国外各种资源。为了使玻璃制造真正跟国际接轨，福耀选择让圣戈班控股，福耀的员工直接到圣戈班的生产线培训，从设计思路、流程和生产工艺上见识了国际先进水平的管理方法，学会了怎样做一个典范的玻璃制造商。此外，福耀还聘用了经验丰富的国际化人才，并与国外研究机构合作开展玻璃领域的研究开发，借助强大的外力，福耀在运营、管理、技术、理念上使公司朝世界一流企业迈进。

福耀企业引进消化吸收再创新的成功就是充分利用了国内外各种资源，结合了本土化的低成本优势和国际化的先进技术及管理优势。国际化与本土化各有利弊，相辅相成，只有扬长避短，充分结合和发挥本土化和国际化的优势，才能使企业引进消化吸收再创新取得最佳成效。

（三）企业引进消化吸收再创新要立足于自主研发

在引进消化吸收再创新过程中，福耀认识到，只有自主研发，才能持续创新，企业才能持续发展壮大。为了提高企业自主创新能力，福耀构建了自主创新平台，建立了企业研发体系，并且通过加大研发投入，完善研发设施，引进研发人才，不断提升企业的自主研发能力。通过自主研发，福耀掌握了汽车玻璃生产线的高精尖技术，研制出了许多国内先进的汽车玻璃生产工艺，开发出具有世界先进水平的环保、节能型汽车玻璃，提升了国际技术竞争力，铸造了国际知名品牌。

企业引进技术要想在本土"生根"，必须把握好方向，把投入的重点放在消化吸收再创新上，并持之以恒。只有通过加强自主研发，才能打破"引进—落后—再引进—再落后"的怪圈，开辟通过创新壮大企业的新天地。

（四）实现技术创新、文化创新、市场创新和管理创新的有效结合

通过引进消化吸收再创新，福耀不仅实现了企业技术水平和技术能力的飞跃发展，还实现了企业文化创新、市场创新和管理创新的协调发展。文化创新方面，福耀通过进行全员培训和建立宽松的技术开发环境，塑造了良好的学习和激励创新的文化氛围。市场创新方面，与三大保险公司长期保持稳定的合作关系，借助保险公司的网点成为福耀的无形销售网络，这也是其他企业所不可比拟的。管理创新方面，福耀很早就引入了更透明的治理结构，使用国际知名审计师，通过国际管理标准认证，引进信息管理系统，聘请国际外脑进行管理改进，在管理上不断提升。

福耀企业创新体系的协调发展，使其在技术上达到了与国际同行同台竞争的水平，在企业治理水平上不断提升，由此带来的竞争优势使福耀能够过关斩将，成为国内外知名企业。

从福耀发展实际中可以看出，企业引进消化吸收再创新需要实现技术创新、文化创新、市场创新和管理创新的有效结合。技术创新、文化创新、市场创新和管理创新是有机的创新整体，具有时间、空间上的并存性和相互依赖性，只有通过协同才能使创新目标最终实现。引进消化吸收再创新带动了企业文化创新、市场创新和管理创新的同步发展，而文化创新、市场创新和管理创新反过来又支撑着企业技术创新的发展。

（五）引进消化吸收再创新要和品牌建设有机结合起来

福耀产品在国内外享有盛誉，获得了成功，就是重视了引进消化吸收再创新和品牌建设的联动。引进消化吸收再创新加上品牌建设是企业大幅度提高产品附加值的一条蹊径，只有把引进专有、专利技术加以消化吸收，进而形成自主知识产权技术和品牌产品，才能真正实现引进技术向自主创新的跨越。通过把提高产品质量、技术档次、售后服务和品牌结合起来，福耀产品不仅增强了在国际市场上的竞争力，也保证了企业的持续健康发展。

许多福建企业引进了大量的国际先进的生产技术和设备，但是由于缺少知名的品牌，这些先进的技术和设备并没有给这些企业带来丰厚的回报。因此，福建企业引进消化吸收再创新要走与自主品牌相结合的发展道路，进一步加大对自主品牌的政策扶持力度，发挥品牌的作用，以品牌提高技术产品的附加值，以品牌集聚要素、整合资源，以品牌战略带动自主创新。

参考文献

[1] Larry E. Westphal L E, Simón Teitel, "Editors' introduction" *Journal of Development Economics.* 1984, (1): 1 – 11.

[2] Boag. D A, Rinholm. B L, "New product management practices of small high technology firms," *Journal of Product Innovation Management.* 1989, 6 (2): 109 – 122.

[3] Tura T, Harmaakorpi V, "Social capitalin building regional innovative capability," *Regional Studies*, 2005, 39 (8): 1111 – 1125.

[4] Szeto E, "Innovation capacity: Working towards a mechanism for improving innovation within an inter – organizational network," *The TQM Magazine*, 2000: 149 – 157.

[5] Perdomo – Ortiz J, Gonzalez – Benito J, Galende J, "The intervening effect of businesss innovation capability on the relationship between total quality management and technological innovation," *International Journal of Production Research*, 2009, 47 (8): 5087 – 5107.

[6] Guan J, "Innovative capability and export performance of Chinese firms," *Technovation*, 2003, 23 (9): 737 – 747.

[7] Burgelman R A, Rosenbloom R S, "Technology strategy: An evolutionary process perspective," In: Burgelman RA, Rosenbloom RS Eds. Research on Technological Innovation, Management and Policy Greenwich: JAI Press, 1989.

[8] Wang Y G, Lo H. P. J, Yang Y H, "The constituents of core competencies and firm performance: evidence from high – technology firms in Chi-

na," *Journal of Engineering and Technology Management*, 2004, (21): 249 – 280.

[9] Helper S, *Comparative supplier relations in the US and Japanese auto industries: an exit/voice approach*, Paris: GERPISA Conference, 1995, 10 – 32.

[10] Hsu J. Y, *A late industrial district Learning network in the hsinchu science – based industrial park*: [*Master thesis*], California : University of California, 1997.

[11] Verona, G, "A Resource – Based View of Product Development," *The Academy of Management Review*, 1999, (1): 132 – 142.

[12] Simmie J, "Reasons for the development of island of innovation: evidence from Hertford shire," *Urban Studies*, 2001, 35 (8): 1261 – 1289.

[13] Young Sung Kim, *The impact of social capital and industrial market structure on economic growth in United States Metropolitan Counties: 1987 – 1997*. [Master thesis] . New York: Cornell University, 2001.

[14] Burgelman R A, "Managing corporate entrepreneurship: New structures for implementing technological innovation," *Technology in Society*. 1998, (7): 91 – 103.

[15] Chiesa V, Coughlan P, Voss C A, "Development of a technical innovation audit," *Journal of Product Innovation Management*, 1996, 13 (2): 105 – 136.

[16] Tobias M P, Ander S, "I2MM – integrated innovation maturity model for lean assessment of innovation capability," *Sustainability in Innovation*, 2011 (6): 12 – 15.

[17] Hurley R F, Hult G T M, "Innovation, market orientation, and organizational learning: An integration and empirical examination," *Journal of Marketing*, 1998, 62 (3): 42 – 54.

[18] Romijn H, Albaladejo M, "Determinants of innovation capability in small electronics and software firms in southeast England," *Research*

Policy, 2002, 31 (7) . 1053 - 1067.

[19] Caloghirou Y, Kastelli I, Tsakanikas A, "Internal Capabilities and External Knowledge Sources: Complements or Substitutes for Innovative Performance," *Technovation*. 2004, (1): 29 - 39.

[20] Wang C, Lu I, Chen C, "Evaluating firm technological innovation capability under uncertainty," *Technovation*, 2008, 28 (6): 349 - 363.

[21] Tiid J. Bessant J, *Pavitt K. Managing innovation: Integrating technological, market and organisational change*, Chichester: John Wiley&Sons Ltd, 23 - 50

[22] İzadia A, Zarrabib F, Zarrab F, "Firm - Level Innovation Models," *Procedia - Social and Behavioral Sciences*, 2013, 75 (3): 146 - 153.

[23] Autio E, Lumme A, "Does the innovator role affect the potential for growth? Analysis of four types of new technology - based firms," *Technology Analysis & Strategic Management*, 1998, (10): 41 - 54.

[24] Rothwell R, "Successful industrial innovation: Critical factors for the 1900s," *R&D Management*, 1992, 22 (3): 221 - 240.

[25] Frambach R T, "An integrated model of organizational adoption and diffusion of innovations," *European Journal of Marketing*, 1967, 27 (5): 22 - 41.

[26] Andergassen R, Nardini F, "Endogenous innovation waves and economic growth," *Structural Change and Economic Dynamics*, 2005, (4): 522 - 539.

[27] Forbes N, Wield D, "Managing R&D in technology - followers," *Research Policy*, 2000, 29 (9): 1095 - 1109.

[28] Sikka P, "Analysis of in - house R&D centers of innovative firms in India," *Research Policy*, 1998 (27): 429 - 433.

[29] Johannessen JA, "A systemic approach to innovation: the interactive innovation model," *Kybernetes*, 2009, 38 (2): 158 - 176.

[30] Chesbrough, H, *Open innovation, the new imperative for creating and profiting from technology*, Boston: Harvard Business School Press,

2003.

[31] Lee S, Park G, Yoon B, et al, "Open innovation in SMEs—An inter-mediated network model," *Research Policy*, 2010, 39 (2): 290 – 300.

[32] Clausen TH, Korneliussen T, Madsen EL, "Modes of innovation, re-sources and their influence on productinnovation: Empirical evidence from R&D active firms in Norway," *Technovation*, 2013, 33 (6): 225 – 233.

[33] Rothwell R, Zegveld W, *Reindustrialization and technology*, Longman, M. E. Sharpe, 1985.

[34] Beije, P, *Technological change in the modern economy*, Cheltenham, U. K. : Edward Elgar, 1998.

[35] Sikka P, "Technological innovations by SME's in India," *Technovation*, 1999, 19 (98): 317 – 321.

[36] Tann J, Platts AE, Stein J, "The roles of independent research and technology organizations in the United Kingdom's technology transfer mechanism to SMEs," *Technology Analysis & Strategic Management*, 2002, 14 (2): 241 – 249.

[37] Howard VA, Guijarro AM, Garcia – Perez – de – Lema D, "Innovation and performance in Spanish manufacturing SMEs," *International Journal of Entrepreneurship & Innovation Management*, 2008, 8 (1): 36 – 56.

[38] Leiponen A, Byma J, "If you cannot block, you better run: Small firms, cooperative innovation, and appropriation strategies," *Research Policy*, 2009, 38 (9): 1478 – 1488.

[39] Moenaert R K, Souder W E, Meyer A D, et al, "R&D – Marketing inte-gration mechanisms, communication flows, and innovation success," *Journal of Product Innovation Management*, 1994, 11 (94): 31 – 45.

[40] Edquist C, "Systems of innovation: technologies, institutions and organ-izations," *Economic Journal*, 1997, 41 (1): 135 – 146.

[41] Lechner C. Dowling M, "Firm networks: external relationships as sources for the growth and competitiveness of entrepreneurial firms,"

Entrepreneurship & Regional Development，2003，15（1）：1 – 26.

［42］ Baptista R，Swann P，"Do firms in clusters innovate more，" *Research Policy*，1998（27）：525 – 540.

［43］ Berghman L，Matthyssens P，Streukens S，et al，"Deliberate learning mechanisms for stimulating strategic innovation capacity，" *Long Range Planning*，2013，46（s 1 – 2）：39 – 71.

［44］ Klewitz J，Hansen E G，"Sustainability – oriented innovation of SMEs：a systematic review，" *Journal of Cleaner Production*，2014，65（4）：57 – 75.

［45］ 魏江、许庆瑞：《企业创新能力的概念、结构、度量与评价》，《科学研究管理》1995 年第 5 期，第 50 ~ 55 页。

［46］ 魏江、许庆瑞：《企业技术能力与技术创新能力之关系研究》，《科研管理》1996 年第 1 期，第 22 ~ 26 页。

［47］ 许庆瑞、魏江：《中小企业提高技术能力的对策研究》，《科研管理》1995 年第 1 期，第 15 ~ 19 页。

［48］ 魏江、寒午：《企业技术创新能力的界定及其与核心能力的关联》，《科研管理》1998 年第 6 期，第 12 ~ 17 页。

［49］ 吴运建、吴健中、周良毅：《企业技术创新能力测度综述》，《科学学与科学技术管理》1995 年第 10 期，第 13 ~ 15 页。

［50］ 付家骥：《技术创新学》，清华大学出版社，1998。

［51］ 李卫星：《中小企业创新能力缘何不强》，《中国乡镇企业报》，2001 年 7 月 5 日。

［52］ 许庆高：《试论中小企业创新能力的培养》，《企业研究》2002 年第 2 期，第 60 ~ 61 页。

［53］ 姚莉：《提高我国中小企业创新能力的政策与环境分析》，《生产力研究》2004 年第 5 期，第 152 ~ 154 页。

［54］ 曲永义：《以集群发展推动山东中小企业创新能力的提升》，《东岳论丛》2005 年第 5 期，第 84 ~ 87 页。

［55］ 何亚琼、秦沛、苏竣：《网络关系对中小企业创新能力影响研究》，《管理科学》2005 年第 6 期，第 18 ~ 23 页。

[56] 高飞、雷德森：《科学园、孵化器在提升中小企业创新能力中的作用与方式》，《科技创新导报》2007 年第 36 期，第 132～133 页。

[57] 汪应洛、马亚男、李泊溪：《培育我国中小企业持续创新能力的策略研究》，《企业活力》2002 年第 5 期，第 26～27 页。

[58] 解其斌、张国强：《提升中小企业自主创新能力的对策剖析》，《理论前沿》2006 年第 15 期，第 34～35 页。

[59] 刘友金：《集群式创新与创新能力集成——一个培育中小企业自主创新能力的战略新视角》，《中国工业经济》2006 年第 11 期，第 22～29 页。

[60] 冯潇：《中小企业自主创新能力培养及其制度优化》，《现代商业》2010 年第 7 期，第 93～94 页。

[61] 李水蓝：《关于提升我国中小企业持续创新能力的对策思考—基于企业内部资源的视角》，《经济论坛》2013 年第 11 期，第 64～67 页。

[62] 黄丽、罗锋：《中小企业自主创新能力提升的网络化服务体系构建——基于广东顺德家具产业的调查分析》，《科学学与科学技术管理》2008 年第 6 期，第 44～49 页。

[63] 童峰：《我国中小企业自主创新能力提升策略研究》，《价值工程》2011 年第 28 期，第 82～83 页。

[64] 朱荣凯：《新形势下中小企业自主创新能力培养探究》，《决策咨询》2013 年第 6 期，第 18～22 页。

[65] 姜卫韬：《中小企业自主创新能力提升策略研究—基于企业家社会资本的视角》，《中国工业经济》2012 年第 6 期，第 107～119 页。

[66] 傅小舟：《中小企业全面创新管理能力研究——以浙江省中小企业为例》，浙江大学硕士学位论文，2008。

[67] 许庆瑞：《应用全面创新管理提高中小型企业创新能力研究》，《管理工程学报》2009 年第 23 卷（增刊），第 1～6 页。

[68] Xu Qingrui, et al. To leverage innovation capabilities of Chinese small & medium – sized enterprises by total innovation management. Zhejiang University Press, 2012.

[69] 陈艳、范炳全：《中小企业开放式创新能力与创新绩效的关系研究》，《研究与发展管理》2013 年第 2 期，第 24~35 页。

[70] 董黎晖、宋国防、赵璋：《中小企业开放式创新能力提升途径研究》，《技术经济与管理研究》2014 年第 6 期，第 39~44 页。

[71] 毕克新：《中小企业技术创新测度与评价研究》，哈尔滨工业大学博士学位论文，2005。

[72] 李柏洲、王玉英：《价值管理视角下的中小企业自主创新能力评价研究》，《科技管理研究》2008 年第 10 期，第 7~9 页。

[73] 远德玉、董中保、常向东：《企业技术创新能力的综合评价和动态分析方法》，《科学管理研究》1994 年第 2 期，第 50~52 页。

[74] 杨宏进：《企业技术创新能力评价指标的实证分析究》，《统计研究》1998 年第 1 期，第 53~58 页。

[75] 郑春东、和金生：《企业技术创新能力评价研究》，《中国软科学》1999 年第 10 期，第 108~110 页。

[76] 张凌、伦洪涛、刘井建：《中小企业自主创新能力的综合评价》，《统计与决策》2007 年第 12 期，第 164~166 页。

[77] 李燕强：《科技型中小企业自主创新能力评价与提升研究》，江苏大学硕士学位论文，2010。

[78] 赵浩宇：《中小企业自主创新能力指标评价模型》，《企业研究》2014 年第 4 期，第 14~15 页。

[79] 吕一博、苏敬勤：《基于创新过程的中小企业创新能力评价研究》，《管理学报》2009 年第 3 期，第 331~337 页。

[80] 郑晓东：《中小企业技术创新模式探讨》，《中小企业科技》2000 年第 7 期，第 26 页。

[81] 林榕辉：《我国中小企业创新模式理性选择》，《特区经济》2006 年第 3 期，第 261~263 页。

[82] 张新艳：《试论中小企业的技术创新模式选择》，《河南社会科学》2002 年第 5 期，第 87~88 页。

[83] 李根：《中小企业合作技术创新模式》，《科学管理研究》2001 年第 6 期，第 4~6 页。

[84] 徐鹏、张洪：《合作创新模式与中小企业发展》，《西南民族学院学报》（哲学社会科学版）2001 年第 12 期，第 188～190 页。

[85] 景思江：《中小企业技术创新模式的探讨》，《商业研究》2002 年第 20 期，第 136～138 页。

[86] 詹正华：《中小企业未来技术创新路径选择》，《企业经济》2004 年第 5 期，第 82～84 页。

[87] 史永进：《试论我国中小企业创新的机制、环境及模式》，《企业经济》2005 年第 5 期，第 96～97 页。

[88] 黄学工：《湖南省中小企业技术创新模式选择》，《企业技术开发》2005 年第 2 期，第 24～26 页。

[89] 王众托：《系统集成创新与知识的集成和生成》，《管理学报》2007 年第 5 期，第 542～548 页。

[90] 韩家栋：《中小企业的创新路径》，《企业改革与管理》2008 年第 4 期，第 81～82 页。

[91] 陈勇星、秦秋英、李由胜：《中小企业技术创新模式选择策略》，《统计与决策》2008 年第 8 期，第 175～177 页。

[92] 杜跃平、汪超：《基于博弈论的我国中小企业技术创新模式研究》，《科技创业月刊》2011 年第 18 期，第 1～4 页。

[93] 尹作亮：《中小企业技术创新模式及其风险的比较分析》，《技术与创新管理》2012 年第 3 期，第 252～255 页。

[94] 单航英：《中小企业技术创新过程模式及其选择：基于利益相关者的研究》，《科技体制与管理》2009 年第 8 期，第 50～53 页。

[95] 刘志峰、赵楠：《试论中小企业自主创新模式》，《黑龙江社会科学》2012 年第 1 期，第 87～89 页。

[96] 张震宇、陈劲：《开放式创新环境下中小企业创新特征与实践》，《科学学研究》2008 年第 S2 期，第 525～531 页。

[97] 吴伟：《科技型中小企业开放式技术创新模式——以辽宁省为例》，《中国流通经济》2012 年第 11 期，第 71～77 页。

[98] 王洁：《集群内中小企业协同创新模式的研究》，长春理工大学硕士学位论文，2014。

［99］苗晓娜：《基于产业集群视角的县域中小企业协同创新模式研究》，《现代商业》2014 年第 25 期，第 78～80 页。

［100］解学梅、刘丝雨：《协同创新模式对协同效应与创新绩效的影响机理》，《管理科学》2015 年第 2 期，第 27～39 页。

［101］张惠琴、魏亚军、赵春艳：《中小企业技术创新模式与创新绩效的关系——以四川省中小企业为例》，《国土资源科技管理》2014 年第 6 期，第 1～8 页。

［102］刘自新：《中小企业技术创新机制构成因素探析》，《商业经济与管理》2001 年第 7 期，第 43～45 页。

［103］向刚、汪应洛：《企业持续创新动力机制研究》，《科研管理》2004 年第 6 期，第 108～114 页。

［104］邱玥、宋焕斌：《中小企业技术创新动力机制研究》，《集团经济研究》2007 年第 1 期，第 114 页。

［105］郭祥：《中国中小企业创新能力提升研究》，河海大学硕士学位论文，2006。

［106］葛玲英：《中小企业技术创新的动力机制的建立》，《中小企业管理与科技》2009 年第 34 期，第 17～18 页。

［107］施放、缪珊珊：《浙江省中小企业创新动力驱动系统构架》，《经济论坛》2013 年第 2 期，第 35～38 页。

［108］蔡瑞林、孙洁：《中小企业技术创新机制的力学模型研究》，《科技管理研究》2012 年第 8 期，第 101～105 页。

［109］王丽：《企业技术创新动力机制研究——基于收益激励和风险保障》，《现代商贸工业》2014 年第 6 期，第 6～7 页。

［110］年志远：《中小企业技术创新激励机制研究》，《长春大学学报》2002 年第 4 期，第 28～31 页。

［111］杨文兵：《构建中小企业技术创新激励机制的思考》，《技术经济》2003 年第 1 期，第 2～4 页。

［112］刘君、蔡印成：《构建中小企业技术创新激励机制》，《技术经济》2004 年第 6 期，第 11～12 页。

［113］于珊珊、李旭：《黑龙江省中小企业创新激励机制体系构建》，

《商业经济》2013 年第 11 期，第 15～16 页。

[114] 陆海霞：《科技型中小企业技术创新问题研究》，山东农业大学硕士学位论文，2006。

[115] 秦利芹：《我国企业自主创新的外部激励机制研究》，郑州大学硕士学位论文，2009。

[116] 阙四清：《中小企业创新激励机制研究》，《中小企业管理与科技》2010 年第 9 期，第 38～39 页。

[117] 龚征旗、姜景军、万祝蓉：《企业技术创新过程中的激励机制研究——基于内部分配的视角》，《商业经济研究》2015 年第 11 期，第 103～105 页。

[118] 王飞绒、龚建立：《试论小型高新技术企业技术创新的运行机制》，《经济问题》2000 年第 9 期，第 26～29 页。

[119] 吴晓妹、王章豹、黄希婷：《中小企业技术创新中介服务体系的构建与运行》，《科技进步与对策》2007 年第 1 期，第 134～137 页。

[120] 张广凤：《中小企业联合创新机制研究——社会资本视角》，《经济研究导刊》2010 年第 12 期，第 18～19 页。

[121] 彭小宝：《基于价值网络的中小企业开放式创新运行机制研究》，中国科学技术大学博士学位论文，2012。

[122] 李俊华：《"知识—技术—组织"三维融合的双元性创新运行机制研究》，《科技管理研究》2014 年第 5 期，第 149～154 页，160 页。

[123] 田家林、徐立岗、陈月梅：《中小企业协同创新机制研究》，《经济研究导刊》2012 年第 35 期，第 168～169 页。

[124] 冯德连：《中小企业技术创新的价值判断与模型分析》，《企业管理》2000 年第 12 期，第 78～82 页。

[125] 李文博：《科技型中小企业技术创新机制分析与对策研究》，西北工业大学硕士学位论文，2003。

[126] 齐振彪、林景：《中小企业技术创新机制研究》，《产业与科技论坛》2008 年第 1 期。

[127] 杨栩：《我国中小企业技术创新系统研究》，哈尔滨工程大学博士

学位论文，2006。

[128] 刘素杰、王旭辉、蔡晓芹：《构建中小企业自主创新能力机制的思考》，《中小企业研究》2006年第12期，第219～220页。

[129] 汤林伟：《基于供应链技术流视角的中小企业创新机制研究》，《科技管理研究》2011年第22期，第10～13页。

[130] 尹忠明、刘斌、贾俊红：《试论中小企业创新机制的构建》，《华章》2007年第1期，第23～24页。

[131] 陈光：《论中小企业创新机制的构建》，《现代商贸工业》2010年第11期，第26～27页。

[132] 许庆瑞：《全面创新管理——理论与实践》，科学出版社，2007，第53～100页。

[133] Zhu Bin, Fang Jincheng. Research on Applying TIM Theory to Improve Innovation Capability of SMEs in Fujian Province. Hangzhou: Zhejiang University Press. 2009, 110–116.

[134] 吴佳音、朱斌：《中小企业要素导向型创新形态的演化机理》，《软科学》2010年第12期，第111～116页。

[135] Tushman ML, Anderson P. Technological Discontinuities and Organizational Environments. Administrative Science Quarterly. 1986 (31): 439–465.

[136] 张文辉：《技术创新生命周期的生物经济学研究平》，《社会科学》2004年第9期，第5～13页。

[137] 韩德昌、王菁娜：《基于技术变化周期的企业能力重置机制选择研究》，《南开管理评论》2008年第2期，第101～106页。

[138] Dosi G. Technological paradigm and technological trajectories: a suggested interpretation of the determinants and directions of technical change. Research Policy. 1982 (11): 147–162.

[139] Kodama F. Analyzing Japanese High Technologies: The Technological Paradigm Shift. New York: Printer Publishers, 1991.

[140] 郑雨：《技术范式与技术创新》，《创新论坛》2006年第4期，第16～19页。

［141］许广玉:《科技企业孵化器在技术范式转换过程中的作用分析》,《科技进步与对策》2009 年第 9 期,第 143～145 页。

［142］Jenkins M, Floyd S. Trajectories in the evolution of technology: A multi – level study of competition in formula racing. Organization Studies, 2001, 22 (486): 945 – 969.

［143］傅家骥、雷家骕、程源:《技术经济学前沿问题》,经济科学出版社, 2003, 第 146～159 页。

［144］朱斌、吴佳音:《自主创新进程探索:主流与新流的动态演进》,《科学学研究》2011 年第 9 期,第 1389～1396 页。

［145］Zhu Bin, Ou Weiqiang. Mainstream and new – stream patterns for indigenous innovation in China: evidence from local manufacturing firms. Journal of Science and Technology Policy in China, 2013, 4 (1): 55 – 70.

［146］Zhu Bin, Jiang Xinjie. Element – oriented innovation and evolvement of mainstream and newstream: case study of Fujian Haiyuan Automatic Equipments Co., Ltd. Proceedings of PICMET 13: Technology Management for Emerging Technologies. 2013, 782 – 789.

［147］Kauffman S A. The origins of order: self – organization and selection in evolution. Journal of Evolutionary Biology, 1993, 13 (1): 133 – 144.

［148］Khuranal A. Managing complex production processes. Sloan Management Review, 1999, 40 (2). 85 – 97.

［149］饶扬德:《复杂科学视角:企业创新机理研究》,《中国科技论坛》2005 年第 6 期,第 37～41 页。

［150］Nelson RR, Winter SG. In search of useful theory of innovation. Research Policy. 1977, 6 (2): 36 – 76.

［151］Brown E D. Online copyright infringement presents some special issues. Journal of DuPage County Bar Association. 2008 (21): 22.

［152］梁展凡、袁泽沛:《基于复杂性创新机理的科技创新管理研究》,《商业时代》2008 年第 16 期,第 90～92 页。

［153］成思危:《复杂性科学探索》,民主与建设出版社, 1999。

［154］王学军:《基于复杂性科学的企业创新机理研究》,《涪陵师范学

院学报》2005 年第 6 期，第 159 ~ 163 页。

[155] 吴佳音、朱斌：《中小企业复杂性创新机理研究》，《科技进步与对策》2011 年第 1 期，第 88 ~ 92 页。

[156] Zhu Bin, Wu Jiayin. Research on Complexity Innovation Mechanism of Small and Medium – sized Enterprises. Proceeding of 2010 International Conference on Management and Service Science. Wuhan：Wuhan University Press, 2010. 1151 – 1156.

[157] 风笑天：《现代社会调查方法》（第三版），华中科技大学出版社，2005，第 107 ~ 112，98 ~ 101 页。

[158] 周爽、朱志洪、朱星萍：《社会统计分析》，清华大学出版社，2006。

[159] 刘思峰、谢乃明：《灰色系统理论及其应用》（第四版），科学出版社，2008，第 83 ~ 87 页。

[160] 方金城、朱斌、张岐山：《基于三角白化权函数的企业创新能力评估及其实证研究》，《哈尔滨商业大学学报》（自然科学版）2011 年第 1 期，第 101 ~ 104 页。

[161] 阮桂海、蔡建琼、朱志海等：《统计分析应用教程》，清华大学出版社，2003，第 59 ~ 67 页。

[162] Drucker PF：《创新与企业家精神》，蔡文燕译，机械工业出版社，2007，第 7 ~ 20 页。

[163] 喻湘存、熊曙初：《系统工程教程》，清华大学出版社，2006，第 280 ~ 281 页。

[164] 张庆仁：《岗次动态管理体系》，企业管理出版社，2008，第 377 ~ 380 页。

[165] 汪澜：《逆向营销渠道模式研究》，《中国集体经济》2007 年第 10 期，第 71 ~ 72 页。

[166] 马少林、徐萍：《技术创新的可逆性与逆向工程基本模式研究》，《科学学与科学技术管理》2006 年第 1 期，第 83 ~ 86 页。

[167] 杜蕾：《培育中小企业创新能力的土壤》，《企业活力》2006 年第 10 期，第 56 ~ 57 页。

[168] 吴建平：《企业集成创新链研究》，武汉理工大学硕士学位论文，2007。

[169] 余向平：《集群式供应链视角下的技术创新网络构建》，《经济问题探索》2007 年第 4 期，第 162～167 页。

[170] 曹丽莉：《产业集群内的供应链创新》，《经济与管理研究》2008年第 10 期，第 122～127 页。

[171] 任家华、牟绍波：《企业创新升级机制研究：全球价值链视角》，《科技管理研究》2009 年第 7 期，第 44～47 页。

[172] 程凯：《价值链管理研究》，武汉大学硕士学位论文，2005。

[173] 刘骅、谢科范：《区域自主创新平台构建中的系统机理分析》，《科学学与科学技术管理》2009 年第 2 期，第 84～87 页。

[174] 曾德明、何银芳、彭盾：《基于超循环理论的产学研系统中知识转移障碍研究》，《软科学》2009 年第 7 期，第 1～6 页。

[175] 熊学兵、任佩瑜：《基于超循环理论的组织知识管理系统演化研究》，《经济经纬》2010 年第 1 期，第 89～92 页。

[176] 陈乃醒：《孤峰原理与短板理论的对比分析》，《管理与财富》2007 年第 7 期。

[177] 刘兴才：《权变理论与管理方式的选择》，《辽宁教育行政学院学报》2003 年第 11 期。

[178] 王硕：《协同理论在虚拟企业协调发展中的应用》，《合肥工业大学学报》2005 年第 2 期，第 29～31 页。

[179] 碧明：《圣农集团，成就亚洲最大的农业产业集群企业》，《集团经济研究》2007 年第 2 期，第 5～8 页。

[180] 宏泰顾问：《诺贝尔经济学大师的智慧》，中国纺织出版社，2004。

[181] 昝廷全：《经济系统的资源位凹集模型及其政策含义》，《中国工业经济》2004 年第 12 期，第 83～89 页。

[182] 陆国庆：《产业创新：超越传统创新理论的新范式》，《江汉论坛》2003 年第 2 期，第 10～13 页。

[183] 植草益：《信息通讯业的产业融合》，《中国工业经济》2001 年第2 期，第 24～27 页。

［184］ 吴晓波：《高技术产业与传统产业协同发展的战略模式及其实现途径》，《科技进步与对策》2006 年第 1 期，第 50～52 页。

［185］ 王国才：《供应链管理与农业产业链关系初探》，《科学学与科学技术管理》2003 年第 4 期，第 46～48 页。

［186］ 宋毅：《提高技术创新能力，走出低层次技术引进误区》，《中国科技论坛》1999 年第 3 期，第 28～31 页。

附　录

中小企业创新情况调查问卷

第一部分　企业基本信息

1. 企业名称：＿＿＿＿＿＿＿＿＿＿＿＿＿＿＿＿＿＿＿＿＿＿＿＿＿；
成立于＿＿＿＿＿年

2. 企业性质（　　）

A. 民营（或个体）　　　B. 国有　　　　　　C. 集体

D. 中外合资　　　　　　E. 外资或港澳台投资　F. 其他

3. 企业类型（　　　）

A. 劳动密集型　　　　　B. 资本密集型　　　　C. 技术密集型

4. 企业从事的行业（　　　）

A. 电子信息制造　　　　B. 机械及器材制造业　C. 生物医药

D. 建材制造业　　　　　E. 通用设备制造业

F. 冶金及金属制品业　　　　G. 交通运输设备制造业

H. 纺织、服装等轻工制造业　I. 石油化工

J. 化学原料及化学制品制造业　K. 食品、饮料制造业

L. 其他，请注明

5. 目前企业所处的发展阶段（　　　）

A. 初创期　　　　　　　B. 发展期　　　　　　C. 成熟拓展期

6. 企业员工总数（　　　）

A. 300 人以下　　　　　B. 300～500 人

C. 501～2000 人　　　　D. 2000 人以上

7. 技术人员占员工总数比重（　　　）

A. 5% 以下　　　　　　B. 5%～10%

C. 11%～30%　　　　　D. 30% 以上

8. 企业年销售额（　　　）

A. 3000 万元以下　　　B. 0.3 亿～1.5 亿元

C. 1.5 亿～3 亿元　　　D. 3 亿元以上

9. 企业 R&D（研究与开发）经费投入占销售收入的比重（　　　）

A. 10% 以下　　　　　　B. 10%～20%

C. 21%～30%　　　　　D. 30% 以上

第二部分　企业创新现状与困境

1. 目前最急需的人才是（　　　）

A. 技术研发人才　　　　B. 管理人才　　　C. 高素质技术工人

D. 普通工人　　　　　　E. 暂不缺人才

2. 创新人才状况为（　　　　）（可多选，请按重要性大小排序）

A. 资金不足，养不起创新人才、团队

B. 体制限制，创新人才提拔机会少，易流失

C. 学习交流机会少，创新人才成长空间有限

D. 生产工人对技术创新人员不理解，轻视创新工作

E. 管理层创新动力不足，创新失败容忍度小，人才创新积极性受限

F. 其他

3. 创新资金状况为（　　　　）

A. 急需融资，有很大资金缺口

B. 需要融资，资金仅够购买设备维持现有生产，难负担技术研发

C. 暂无资金缺口

4. 资金筹集渠道（　　　　）（可多选，请按重要性大小排序）

A. 自有资本积累　　　　B. 银行贷款　　　　C. 上市融资

D. 民间借贷　　　　　　E. 政府资助　　　　F. 其他

5. 企业的最高管理者是（　　　　）

A. 企业创办人或其家族成员　　B. 内部员工提拔　C. 政府指派

D. 外聘　　　　　　　　　　　F. 其他

6. 创新管理状况为（　　　　）

A. 管理体制灵活，为企业创新提供组织和制度支持

B. 管理水平一般，在一定程度上有助于创新

C. 管理体制僵化、创新激励机制不足，但改革阻力大

7. 企业的产权制度（　　　　）

A. 产权清晰　　　　　　　B. 不清晰，家族式管理制约

C. 不清晰，政企不分　　　D. 不清晰，其他原因

8. 企业中最常见的创新活动是（　　　　）（可多选，请按重要性大小排序）

A. 技术改进或创新　　　　B. 市场需求预测、客户管理和营销手段创新

C. 组织结构优化、精简　　D. 管理体制变革

E. 企业文化建设　　　　　F. 战略调整或创新

G. 其他方面创新

9. 近 5 年来，企业开展频率较高的技术创新活动有（　　　　）（可多选，请按重要性大小排序）

A. 对市场同类产品的简单模仿　　B. 模仿后再创新

C. 对企业产品、工艺的改良创新　D. 独立研究开发新产品、新技术

E. 购买专利、技术　　　　　　　F. 引进设备、新生产线

G. 与高等院校或科研机构合作开发

H. 委托外部机构开发　　　　　　I. 其他

10. 企业自有技术的研发需求（　　　　）

A. 需求迫切，条件允许愿投入成本研发

B. 需求一般，引进成熟技术、模仿再创新投入更少、见效更快

C. 无所谓，现有技术水平已能满足企业利润创造

11. 企业所处市场环境状况（　　　　）（可多选，请按重要性大小排序）

A. 市场秩序混乱、不规范，同质化竞争激烈

B. 同行企业多急功近利，短期行为普遍

C. 同行间模仿、抄袭现象严重

D. 市场信息不全，发展趋势难把握　　　E. 其他

12. 创新信息、灵感主要来自（　　　　）（可多选，请按重要性大小排序）

A. 客户需求或信息反馈　　　　B. 供应商

C. 直属企业或同行企业　　　　D. 科研机构、大学

E. 政府　　　　　　　　　　　F. 中介机构

G. 行业协会　　　　　　　　　H. 技术市场

I. 网络、传媒渠道　　　　　　J. 行业性展会

K. 其他

13. 同行企业对您企业创新的影响是（　　　　）

A. 彼此独立，几乎没有交流

B. 有非正式的人员交谈、往来等接触，因此出现技术、经验扩散

C. 有与同行建立合作关系，共享关联信息、技术

14. 行业中的龙头企业对您企业创新的影响是（　　　　）

A. 龙头企业只是供模仿和学习的对象，难以实际接触

B. 曾获得正式参观、学习龙头企业的机会

C. 已成为龙头企业的合作伙伴之一，获得龙头企业技术转移

D. 对龙头企业情况了解很少

15. 企业与高等院校、科研院所的合作情况是（　　　　）

A. 没有合作

B. 在当地政府引导下开展项目合作

C. 企业主动联系高校、科研院所寻求合作

D. 高校、科研院所上门与企业开展合作

E. 其他方式合作，请注明

16. 与科研机构合作创新存在的问题有（　　　　）（可多选，请按重要性大小排序）

A. 缺乏合作机会和渠道　　　B. 科研院所的技术成果与市场脱节

C. 科研院所合作积极性不高　D. 企业在合作中主动权太小

E. 企业和科研院所利益分配不合理

F. 企业缺乏转化实验室技术的人才、设备和资金等

17. 企业开展创新活动享受过哪些金融服务支持（　　　）（可多选，请按重要性大小排序）

　　A. 银行信贷优惠　　　　　　　B. 民间信贷机构担保服务

　　C. 创业板、中小企业板上市融资　D. 风险投资机构资金支持

　　E. 其他优惠，请注明　　　　　　F. 没享受过优惠

18. 企业获得过哪些社会创新服务（　　　）（可多选，请按重要性大小排序）

　　A. 提供资金　　　　B. 提供场地　　　　C. 信息咨询

　　D. 人才培训　　　　E. 技术指导　　　　F. 贷款担保

　　G. 其他，请注明　　H. 从未获得中介服务

19. 企业开展创新活动享受过哪些政府支持（　　　）（可多选，请按重要性大小排序）

　　A. 财政政策支持（奖励性津贴、政府采购、资助等）

　　B. 税收政策支持（税收减免、税收返还等）

　　C. 金融政策支持（担保贷款、贴息、低息贷款等）

　　D. 创业政策支持（风险担保基金、风险投资等）

　　E. 政府部门技术指导，承担政府项目

　　F. 政府提供技术、展会信息等信息服务支持

　　G. 法律保护（专利申请补助、知识产权保护等）

　　H. 没享受过以上支持，创新支持面窄、门槛高

20. 企业对政府的期望（　　　）（可多选，请按重要性大小排序）

　　A. 降低优惠政策享受门槛，提高办事效率，简化审批手续

　　B. 减少行政干预，冲破行业垄断，按经济贡献率、靠市场配置创新资源

　　C. 提供项目支持，技术指导

　　D. 降低中小企业融资门槛，落实中小企业金融信贷优惠

　　E. 出台细化、可行的中小企业创新扶持政策并监督落实

　　F. 建立并规范中小企业创新服务机构

　　G. 健全知识产权法律法规，依法规范市场秩序

　　H. 及时发布和提供信息服务

　　I. 其他，请注明

第三部分　企业创新能力水平调查

请为您的企业打分，5分为最符合企业现状，3分为不确定，1分为最不符合		得　分					
技术创新能力	技术研发投入占销售收入的比重保持稳定水平	1	2	3	4	5	（　）
	有稳定的技术人才和团队	1	2	3	4	5	（　）
	拥有竞争对手难以模仿的自主研发核心技术	1	2	3	4	5	（　）
	具有较强的工业技术设计能力	1	2	3	4	5	（　）
	技术整合能力强	1	2	3	4	5	（　）
	能快速吸收、掌握和运用外部引进的生产设备和工艺	1	2	3	4	5	（　）
	不断地对生产工艺和流程进行改进	1	2	3	4	5	（　）
	产品或设备的再创新能力强	1	2	3	4	5	（　）
	对技术发展趋势的监测、预见能力强	1	2	3	4	5	（　）
	在现有产品老化、淘汰前，能超前储备新技术或新产品	1	2	3	4	5	（　）
市场创新能力	有清晰的市场定位和目标客户	1	2	3	4	5	（　）
	对市场需求变化的响应速度快	1	2	3	4	5	（　）
	善于从用户需求、反馈信息中捕捉创新点	1	2	3	4	5	（　）
	重视产品的售前、售中、售后服务，并不断改进	1	2	3	4	5	（　）
	营销手段丰富多样，富有创新性	1	2	3	4	5	（　）
	产品已具有品牌效应	1	2	3	4	5	（　）
	重视新市场开拓	1	2	3	4	5	（　）
	市场开拓的方式方法灵活，富有创新性	1	2	3	4	5	（　）
	对潜在市场的分析、预测能力强（比同行更早发现新的市场机会）	1	2	3	4	5	（　）
	用户、竞争对手等市场信息的收集、整合能力好	1	2	3	4	5	（　）
管理创新能力	企业家（最高管理者）富有创新精神和创新意识，容忍创新失败	1	2	3	4	5	（　）
	管理层鼓励创新，企业制定了可操作的创新战略	1	2	3	4	5	（　）
	不同职能部门的工作职责界定清晰，组织运转高效	1	2	3	4	5	（　）
	具有规范、有效的用人制度（上至管理层，下至普通员工的招聘、考核、奖惩制度等）	1	2	3	4	5	（　）
	具有规范、有效的创新激励机制（晋升、深造等奖励）	1	2	3	4	5	（　）
	鼓励员工持续学习，重视员工培训	1	2	3	4	5	（　）
	具有完备的质量管理体系	1	2	3	4	5	（　）
	具备标准化的生产运作流程并严格按照流程执行	1	2	3	4	5	（　）
	具有严格的预算管理制度	1	2	3	4	5	（　）
	有统一的信息化平台，在全企业范围内实现信息流通与共享	1	2	3	4	5	（　）

请为您的企业打分，5 分为最符合企业现状， 3 分为不确定，1 分为最不符合		得 分				
发展创新能力	与产业链上下游企业保持密切联系，并从中获得创新信息	1	2	3	4	5 （ ）
	能快速学习同行中小企业的共性技术、共性经验，获得技术扩散	1	2	3	4	5 （ ）
	为同行大企业提供配套产品或服务，获得技术转移	1	2	3	4	5 （ ）
	创新活动获得当地政府支持，享受一定优惠	1	2	3	4	5 （ ）
	与高等院校或科研机构具有良好合作关系	1	2	3	4	5 （ ）
	与银行等投融资机构具有借贷关系	1	2	3	4	5 （ ）
	获得生产力促进中心支持	1	2	3	4	5 （ ）
	获得中介服务机构支持	1	2	3	4	5 （ ）
	获得技术服务机构支持	1	2	3	4	5 （ ）
	获得公共信息服务平台、技术市场信息支持	1	2	3	4	5 （ ）

第四部分　企业创新经验与共识

根据您的经验，请对以下观点进行打分，5 分为最同意， 3 分为中立，1 分为最不同意	得 分				
中小企业企业家是影响企业创新主动性、积极性和创新效率的关键人物	1	2	3	4	5 （ ）
中小企业创新的初衷是为了降低成本，解决企业的生存问题	1	2	3	4	5 （ ）
创新有风险，不创新更危险	1	2	3	4	5 （ ）
中小企业以自身优势为突破口，通过创新放大企业现有优势	1	2	3	4	5 （ ）
技术创新不一定要发明创造，外部技术转移、技术改良、工艺改进更普遍	1	2	3	4	5 （ ）
相比技术创新，风险小、投入少、见效快的市场创新更受青睐	1	2	3	4	5 （ ）
拥有核心技术才能确保中小企业长远发展	1	2	3	4	5 （ ）
实现市场利润最大化是中小企业创新的最主要动力	1	2	3	4	5 （ ）
以"客户为中心，市场为导向"是中小企业一切创新的核心思想	1	2	3	4	5 （ ）
技术创新与非技术创新的全面发展，是中小企业创新的大势所趋	1	2	3	4	5 （ ）

后　记

2009 年，我参加了中国工程院院士、浙江大学许庆瑞教授主持的 IDRC 项目 "To Leverage Innovation Capabilities of Chinese Small & Medium – Sized Enterprises by Total Innovation Management"，承担子项目 "Application of Total Innovation Management to Leverage Innovation Capabilities of Small & Medium Sized Enterprises in Fujian Province"，为本书的出版奠定了坚实基础。在研究过程中，课题组多次赴浙江大学学习与参加国际学术研讨会，受到许庆瑞院士及浙江大学创新与发展研究中心（RCID）团队的真诚帮助与热情指导，在此致以衷心的感谢！

本书是课题组全体成员潜心研究、共同努力的成果。参与课题研究的主要人员有博士与硕士研究生：方金城、欧伟强、吴赐联、马楠、吴佳音、张秀梅、焦丹丹、罗　豫、林晓强、袁春艳，在此对他们的努力与付出表示衷心的感谢！

福建海源自动化机械股份有限公司、凤竹纺织科技股份有限公司、金天梭 – 鑫源机械有限公司、福顺微电子有限公司、WB 光电科技有限公司、南方路面机械有限公司、福耀玻璃工业集团股份有限公司的领导与技术团队，均为本书提供了丰富的案例材料和翔实的数据资料，并对课题组的实地调研、蹲点调研、赴香港及深圳典型企业的调研工作给予了大力支持。在此，对这些企业表示衷心的感谢！

福州大学经济与管理学院、福州大学经济与管理学院林迎星教授、福州大学软科学研究所雷德森教授对本书的出版给予了积极支持与帮助，在此表示衷心的感谢！

本书付梓之际，我们衷心感谢社会科学文献出版社的领导和编辑。有他们的辛勤劳动，本书才得以与读者见面。

朱　斌

2015 年 8 月

图书在版编目（CIP）数据

中小企业自主创新道路探索／朱斌著．—北京：社会科学文献
出版社，2015.12

ISBN 978 - 7 - 5097 - 8309 - 2

Ⅰ.①中…　Ⅱ.①朱…　Ⅲ.①中小企业 - 企业创新 - 研究 -
中国　Ⅳ.①F279.243

中国版本图书馆 CIP 数据核字（2015）第 261581 号

中小企业自主创新道路探索

著　　者／朱　斌

出 版 人／谢寿光
项目统筹／宋　静
责任编辑／宋　静

出　　版／社会科学文献出版社·皮书出版分社　（010）59367127
　　　　　地址：北京市北三环中路甲 29 号院华龙大厦　邮编：100029
　　　　　网址：www.ssap.com.cn
发　　行／市场营销中心（010）59367081　59367090
　　　　　读者服务中心（010）59367028
印　　装／三河市东方印刷有限公司

规　　格／开　本：787mm×1092mm　1/16
　　　　　印　张：22.25　字　数：343 千字
版　　次／2015 年 12 月第 1 版　2015 年 12 月第 1 次印刷
书　　号／ISBN 978 - 7 - 5097 - 8309 - 2
定　　价／79.00 元